本书是教育部人文社会科学研究资助项目"《澳门宪报》(1850—1911)与近代澳门社会转型研究"(课题编号:18YJA860017)成果

浙江省哲学社会科学规划
后期资助课题成果文库

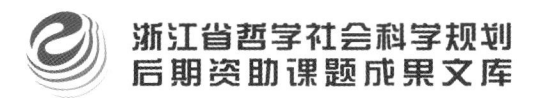

《澳门宪报》中文公告与近代澳门社会：1850—1911

徐莉莉 著

中国社会科学出版社

图书在版编目(CIP)数据

《澳门宪报》中文公告与近代澳门社会:1850—1911/徐莉莉著.—北京:中国社会科学出版社,2021.3

(浙江省哲学社会科学规划后期资助课题成果文库)

ISBN 978-7-5203-8038-6

Ⅰ.①澳… Ⅱ.①徐… Ⅲ.①报刊—史料—澳门—1850—1911②社会发展史—研究—澳门—1850—1911 Ⅳ.①G219.295②K296.59

中国版本图书馆CIP数据核字(2021)第038353号

出 版 人	赵剑英
责任编辑	宫京蕾
责任校对	郝阳洋
责任印制	李寡寡

出　　版	中国社会科学出版社
社　　址	北京鼓楼西大街甲158号
邮　　编	100720
网　　址	http://www.csspw.cn
发 行 部	010-84083685
门 市 部	010-84029450
经　　销	新华书店及其他书店
印刷装订	北京君升印刷有限公司
版　　次	2021年3月第1版
印　　次	2021年3月第1次印刷
开　　本	710×1000 1/16
印　　张	21
插　　页	2
字　　数	355千字
定　　价	118.00元

凡购买中国社会科学出版社图书,如有质量问题请与本社营销中心联系调换

电话:010-84083683

版权所有　侵权必究

目　　录

绪言 …………………………………………………………………………（1）
第一章　《澳门宪报》中文公告概述 ……………………………………（13）
　第一节　《澳门宪报》的近代语境 ……………………………………（13）
　　一　《澳门宪报》之创办 ………………………………………………（13）
　　二　《澳门宪报》之媒介特征 …………………………………………（25）
　第二节　《澳门宪报》中文公告的基本特征 …………………………（37）
　　一　《澳门宪报》中文公告的投放与发展 ……………………………（38）
　　二　《澳门宪报》中文公告的刊载模式 ………………………………（49）
　　三　《澳门宪报》中文公告的特点 ……………………………………（62）
　　四　《澳门宪报》中文公告的历史地位 ………………………………（64）
第二章　《澳门宪报》中文政治公告与澳门政治 ………………………（77）
　第一节　《澳门宪报》中文政治公告的定义及内容 …………………（77）
　　一　澳门近代政治及其与政治公告的关系 ……………………………（77）
　　二　《澳门宪报》中文政治公告的具体内容分类及内涵
　　　　界定 …………………………………………………………………（80）
　　三　《澳门宪报》中文政治公告的总体数量及比重变化 ……………（82）
　第二节　《澳门宪报》中文政治公告的分类 …………………………（88）
　　一　军事公告 ……………………………………………………………（88）
　　二　外交公告 ……………………………………………………………（94）
　　三　公共安全公告 ………………………………………………………（98）
　　四　法务公告 ……………………………………………………………（103）
　　五　选举任免公告 ………………………………………………………（108）
　　六　华人管理公告及表彰公告 …………………………………………（111）
　　七　城建公告与交通公告 ………………………………………………（119）

八　税收（公钞）公告 ………………………………………（128）
第三节　《澳门宪报》中文政治公告的特征 ……………………（133）
　　一　对外表明澳葡政府实行殖民统治的"主权"身份 ………（133）
　　二　对内彰显澳葡政府管控华人的殖民治理权威 …………（135）
　　三　服务于澳葡政府扩大殖民利益的诉求 …………………（137）
　　四　引导居澳华人现代政治诉求的表达 ……………………（139）
　　五　服务于澳门城市化发展的现代转型 ……………………（140）
第四节　《澳门宪报》中文政治公告对澳门近代政治的呈现及
　　　　影响 ……………………………………………………（142）
　　一　《澳门宪报》中文政治公告对澳门近代政府管理形态的
　　　　呈现 ……………………………………………………（142）
　　二　《澳门宪报》中文政治公告对澳门近代政治制度变迁的
　　　　历史影响 ………………………………………………（146）

第三章　《澳门宪报》中文经济公告与澳门经济 …………………（151）
第一节　《澳门宪报》中文经济公告的定义及内容 ………………（151）
　　一　澳门近代经济及其与公告的关系 ………………………（151）
　　二　经济公告的具体内容分类及内涵界定 …………………（152）
　　三　《澳门宪报》中文公告中经济公告的总体数量及变化
　　　　趋势 ……………………………………………………（153）
第二节　《澳门宪报》中文经济公告的分类 ………………………（159）
　　一　《澳门宪报》的专卖公告 ………………………………（159）
　　二　《澳门宪报》的鸦片与博彩公告 ………………………（169）
　　三　《澳门宪报》的海外招工公告 …………………………（186）
　　四　《澳门宪报》的航运公告——船期公告 ………………（195）
　　五　《澳门宪报》其他经济活动的公告类别 ………………（200）
第三节　《澳门宪报》中文经济公告的特征 ………………………（213）
　　一　经济信息的简单告知功能 ………………………………（213）
　　二　经济利益诉求色彩相对淡化 ……………………………（214）
　　三　体现澳葡政府的现代经济管理与服务职能 ……………（215）
　　四　存在部分虚假公告 ………………………………………（218）
第四节　《澳门宪报》中文经济公告对澳门的近代经济呈现及
　　　　产业影响 ………………………………………………（219）

一　《澳门宪报》中文经济公告是殖民地产业发展的动态
　　　　反映 …………………………………………………………（219）
　　二　报刊公告形态受澳门近代经济转型与产业结构变迁的
　　　　影响 …………………………………………………………（220）

第四章　《澳门宪报》中文文化公告与澳门文化 ……………………（223）
　第一节　《澳门宪报》中文文化公告的定义及内容 ………………（223）
　　一　澳门近代文化的定义及其与公告的关系 ……………………（223）
　　二　《澳门宪报》中文文化公告的具体细分分类及内涵
　　　　界定 …………………………………………………………（224）
　　三　《澳门宪报》中文文化公告的总体数量及变化趋势 ………（225）
　第二节　《澳门宪报》中文文化公告的分类 ………………………（228）
　　一　教育考试公告 …………………………………………………（228）
　　二　卫生防疫公告 …………………………………………………（232）
　　三　宗教民俗公告 …………………………………………………（236）
　　四　市容管理公告 …………………………………………………（239）
　第三节　《澳门宪报》中文文化公告特征 …………………………（243）
　　一　华人传统文化背后的社会支撑力量及其延续 ………………（243）
　　二　反映引入西方式治理模式产生的冲突及规制 ………………（245）
　　三　治理政策上对华人文化传统的尊重与包容 …………………（247）
　　四　城市化转型中呈现现代西方制度的导向与建构 ……………（249）
　第四节　《澳门宪报》中文文化公告对澳门的近代文化呈现及
　　　　　影响 …………………………………………………………（250）
　　一　《澳门宪报》中文文化公告推动澳门近代文化与制度的
　　　　转型 …………………………………………………………（251）
　　二　《澳门宪报》中文文化公告有助于近代澳门文化的形塑
　　　　及其辐射效应 ………………………………………………（253）

第五章　《澳门宪报》中文社会公告与澳门社会 ……………………（256）
　第一节　《澳门宪报》中文社会公告的定义及内容 ………………（256）
　　一　社会公告的定义及其与社会发展的关系 ……………………（256）
　　二　社会公告的总体数量及变化趋势 ……………………………（257）
　　三　《澳门宪报》中文社会公告的分类及内涵界定 ……………（259）
　第二节　《澳门宪报》中文社会公告的分类 ………………………（264）

  一 入籍公告 …………………………………………………（264）
  二 遗产公告 …………………………………………………（271）
  三 社会服务公告 ……………………………………………（274）
  四 社会管理公告 ……………………………………………（278）
  五 邮政公告 …………………………………………………（287）
  六 气象预告公告 ……………………………………………（291）
  七 社会特殊群体管理公告 …………………………………（295）
 第三节 《澳门宪报》中文社会公告特征 ………………………（300）
  一 反映以华人为主体的社会族群构成变化 ………………（301）
  二 澳门社会公共领域的形成与发展之体现 ………………（304）
  三 辅助现代社会管理制度的导入与建构 …………………（306）
  四 城市化转型中社会服务功能的拓展与完善 ……………（309）
 第四节 《澳门宪报》中文社会公告对澳门近代社会转型的呈现
    及影响 ………………………………………………………（312）
  一 《澳门宪报》中文社会公告推动澳门
    近代社会的转型 …………………………………………（312）
  二 近代澳门社会的融合形塑了《澳门宪报》中文公告的
    多元化 ……………………………………………………（314）

结论 ……………………………………………………………………（316）

参考文献 ………………………………………………………………（323）

绪　言

一

报纸上刊载的"公告"一词自古有之，多为官方张榜公布政策或信息的一种大众传播形式，其传播历史渊源甚久，甚至可以说是一种最早出现的大众传播形态，在大众报刊出现之前就往往被专门书写于单张的纸媒之上或发布在公众日常容易接触的各类材质媒介上，独立发挥着大众传播的政治、经济宣传功能，具有鲜明的社会价值属性和官方色彩。

信息媒体上的各类公告，其内涵与外延往往是随着时代的变迁而变化的。不同的时代背景下，公告的基本内涵、形式、所依托的信息媒体及其在当时社会发展阶段中发挥的功能与影响都有所不同。因此，从其传播目标及功能、形式上看，公告实则介于新闻与广告之间，不仅有发布新近消息的新闻价值，也常常发挥了官方对经济贸易或社会活动的管理职能，而具有一定的广告宣传属性和政策导向性。

正是因为公告具有大众传播功能的复杂性和较强的社会管理适用性，往往难以被明确地归类和概念界定，因而在学术研究分类之初就被拆分到其他大众传播形式的概念话语之下，而遮蔽了其悠久的大众传播历史和独立的宣传特征。有时它被视为一种官方的政治新闻或政策宣传手段的政治性广告；有时，它又被视为协助政府机构、精英阶层用来强化社会治理、启发民智的宣传告示或政党言论。这些分类实则都是围绕着如何呈现和贯彻其信息发布者的喉舌功能及其在推动社会发展维度上的大众传播价值而展开，故未被给予更恰当的"名分"和概念分类上的独立地位，一定程度上遮蔽了它具有如此独特表述形式的传播价值研究和具有悠久历史的演进规律梳理。因此，本书试图还原其社会功能的本来面目，将这一传播目的性极强的媒介话语形式作为独立的研究对象进行历史考察，从其借助近代大众报刊的传播功能升级为学术梳理的发端，基于推动社会转型的宏观视角，以补足和细化大众传播史的专题性和系统性研究。

该学术史考察主要拟从两方面切入：一是传播媒介形态对公告形式演进规律的影响。近代报刊诞生以来，公告更多地依托了持续面向大众传播的纸质媒体，作为一种新闻或广告的主要分类形式存在着；而从其传播主体来看，公告一直是信息发布者所倚重的劝服与宣传工具，在不同的社会发展阶段和媒体演进史中发挥了显著的社会治理功能。报刊公告是人类社会首次进入大众媒体时代后一次公告形态的蓬勃发展期：近代以来的中文公告最早出现在西式报刊上，被视为一种面向大众传播的早期新闻形式，集中呈现了作为信息发布者的社会管理阶层对运用宣传工具上的一次功能强化和全面升级，报刊上的公告被赋予了大众传播时代舆论导向和社会治理等重要的历史使命。因此，在研究大众媒介的喉舌功能时，报刊公告具有不可或缺的样本价值。

二是传播时空条件对公告社会功能的影响。就公告的社会功能影响力而言，在近代社会急剧转型的历史背景和传播语境下，无疑迎来了最为显著的一次跃升。例如在近代社会的东西方不同社会制度与文化习俗交汇之处，在中国最早开埠的近代澳门，当时的报刊媒体是当地政府、革命政党最为倚重的宣传动员工具。《蜜蜂华报》《知新报》《澳门宪报》等澳门具有重要影响力的早期报刊，相应呈现了澳葡人政党、中国资产阶级革命派政党、澳葡政府利用报刊媒体推进各自的改革目标、发动民众、宣传政策主张的历史，这些报刊宣传活动背后都有着强烈的大众传播目的性；而以公告为主要内容的《澳门宪报》则最显著地反映出早期的政府治理方式和以公告形式推进澳门社会转型的成败得失。澳门，虽然是中国的一个面积很小、人口不多的"政治特区"和小型"经济体"，但它在世界近代的东西方文化交流中、在西方殖民者以华人为主要对象的西方式制度实践上具有独特的历史地位和典型的代表性。同样，澳门的近代中文报纸及报纸公告在中国近代报刊史和新闻史中自然也因其所处的特殊社会发展环境而具有独特、重要的地位。

《澳门宪报》是澳葡政府于1838年在澳门创办的第一份政府公报，它是澳门近代报刊中历史较为悠久的一份报纸，同时也是我国境内近代以来第一份官方报纸、第一份双语（葡萄牙语和汉语）报纸、第一份刊登征婚公告的报纸、第一份刊登船期公告的报纸等。《澳门宪报》不但刊载了大量的用葡文和中文发布的政府动态信息和社会新闻，也登载了许许多多、各式各样的葡文和中文公告，开启了中国近代官报公告之先河，对于丰富中国近代报刊史具有一定的理论借鉴意义和学术价值。

澳门文化是澳门400多年来得以生存和发展的核心内质，因此，通过对《澳门宪报》中文公告的研究，特别是通过对《澳门宪报》中文公告与澳门社会形态关系的梳理，并运用传播学和发展学等相关理论，来对《澳门宪报》中文公告进行多元多维的深入、细致的考察和研究，可以对澳门传播史研究进行补充，使人们对澳门在鸦片战争前后至1911年期间的经济、政治和社会发生重大变化及这一变化所产生的深刻影响有一个比较准确、客观和深刻的认识，从而使澳门传播史的研究能在更为全面、深入、科学的基础上，为中国传播史多元性、宽角度的研究提供一个新的理论依据和理论范式。而《澳门宪报》中文公告依托了中国境内近代最早出版的报纸之一，它所具有的历史参照性也是不言而喻的。对今天的澳门而言，19世纪中叶之后的半个多世纪里整个中国出现前所未有的重大变化对澳门的影响都真实、鲜活地反映了在《澳门宪报》的各类公告之中。因此，笔者选择了"《澳门宪报》中文公告与近代澳门社会（1850—1911）"作为自己的研究对象，认为澳门在近代中国的历史发展与变迁中独具魅力和典型性，而报刊公告作为反映当地社会治理与政治、经济、文化活动的"多棱镜"，对它的研究将必然成为我们挖掘其产业发展与社会转型特征的重要切入点。

（1）《澳门宪报》中的大量宣传博彩政策、应招海外劳力等中文公告，反映了19世纪50年代后澳门成为世界罪恶的"苦力贸易"、鸦片贸易的中心，以及发展为世界知名博彩中心的历史。因此，这些公告是研究澳门政治体制变革、经济转型、文化传播、社会发展的史料来源。

（2）《澳门宪报》中有大量发布交通管理章程、电话及邮政网络规制、航运设施信息、金融税收制度政策、教育慈善事业宣传等中文公告，这些公告是考察19世纪中叶以后澳门的城市化建设、现代化进程的历史档案。

（3）《澳门宪报》中大量发布的华人入籍、政治参选等中文公告，反映了19世纪中叶以后内地的大批华人迁入澳门后的社会结构变化及澳葡政府调动华人力量协助社会治理，乃至推进社会公益事业如管理乞丐、娼妓等社会底层民众的现实行动。这些公告是研究澳门不同族群的社会矛盾以及近代澳门华人移民的社会生活记录。

同时，澳门是中国近代报业的鼻祖，由于澳门是中国领土的一部分，因此，本书集中于对澳门早期最重要的报纸——《澳门宪报》的公告研究将为近代中国报业史的多视角考察、为中国近代新闻史的深入探析、为中国中外大众传播史的比较研究提供一个可供解读的典型个案，对提升大陆学者对澳门研究的学术地位等具有现实的支撑。澳门成功的社会转型史及其进程中发挥重要作用的报刊公告史证明，《澳门宪报》（1838年9月5日创刊）的中文公告（1850年开始刊登）"是一座澳门近代史原始资料的宝库，也是一座中国近代报业、新闻、广告、传播等发展史原始资料的宝库。它将为我们深入研究并补充中国报业、新闻、广告、传播史，提供了不可多得的宝贵文献资料"。①

"今天的现实是明天的历史，昨天的历史也是当时现实的反映，现实的发展常常从历史的长河中寻找智慧。"对于当下的报刊公告，我们习惯于注重考察它的政策意图、传播模式或宣传功能；而若把视野放得开阔一点，可以分析公告作为一种综合性的大众传播形式，对加速社会信息交流、提升政府治理效率的积极作用；如果眼界再高一些，则如发展传播学所关注的那样，可以探寻它对于传媒业发展乃至提升社会治理水平、国家进步的宏观效能。而对于已经成为过去的公告，我们不仅将其视为服务于社会需求的大众传播工具，更感兴趣的是它成为我们回溯历史、窥探当时社会面貌的"多棱镜"。而这正是本书的关注点。可以说，对报刊公告与近代社会的关系研究是一种宏观研究的学术视野，这一研究视角具有更强烈的社会观照和人文关怀。基于这一研究取向，本书聚焦于报刊公告发布最为集中的一份近代澳门地区官报——《澳门宪报》上的中文公告，以此为主要对象来管窥报刊公告如何反映并推动着近代社会的城市化与现代化进程，从研究视角上应隶属于大众传播的社会学研究与报刊新闻史学的交叉领域，希望为该领域研究提供一个新的视角与个案。

二

澳门是我国近代报刊的发源地，其报刊公告也开始得很早，是我国近

---

① 查灿长：《中国近代中文报刊起源探究——以〈澳门宪报〉为个案》，《新闻界》2006年第6期。

代报刊公告的源头之一。中国近代报刊始于19世纪的澳门。1822年9月在澳门创刊的葡萄牙文报纸 A Abelha da China（中文译为《蜜蜂华报》）是在中国境内出版的第一家外文报纸，也是我国新闻学界公认的中国境内第一份近代报纸。在此之后，由澳门一系列近代报刊所衍生出来的各类中文报刊公告于19世纪上半叶兴起和发达，成为澳门报业繁荣发展的时期。一些原在广州出版的英文报刊也迁到澳门，使澳门成为当时外国人在中国办报的基地，进而使"澳门成为近代中西文化交流的孔道与桥梁的同时，亦成为中国近代中文报刊公告的发源地之一"。[①] 根据不完全统计，这一时期在澳门出版的报纸，除了《蜜蜂华报》，还有《依径杂说》（1827）、《澳门月报》（1832）、《澳门钞报》（1834）、《澳门帝国人报》（1836）、《澳门宪报》（1838）、《商报》（1838）、《澳门邮报》（1838）、《澳门新闻纸》（1839）、《澳门灯塔报》（1841）、《澳门曙光报》（1843）等20余份葡、中、英文报刊。但是这些报刊中的大多数都很短命，如创办最早的《蜜蜂华报》在1823年12月26日就因葡萄牙立宪政府被推翻而停刊了，总共才发行了67期；澳门最早的中文报纸《依径杂说》因揭露清政府的腐朽统治在出版后不久即被查封。而《澳门宪报》却是其中唯一的例外，该报1838年5月9日创刊，中间虽经几次停刊，却坚持下来，一直持续到1999年才停刊。从这一意义上说，《澳门宪报》是澳门近代报刊中历史最悠久、出版发行时间最长的一份报纸。

总体来看，澳门地区早期的报业发展影响并带动了中国报刊传播近代化的历程：报刊史普遍认为，中国报刊的近代化是在鸦片战争之后，随着中国的沿海口岸城市洞开，在外国资本输入和影响下才开启的。在1757年清政府确立的广州"一口通商"政策及广东地方政府也限制外国人居留广州的政策，使得广州门户——澳门直到1843年鸦片战争结束前均都是西方来华商人、传道士聚集的落脚之地，西方资产阶级革命的思想和消息不断地传播至此，为近代报刊萌芽准备了思想和咨询方面的条件。与此同时，澳门葡人社会同时附庸于清朝政府与葡萄牙管制，又比两个政治统治下的其他地方拥有更多的自治权，这种稍宽松的夹缝状态，为居澳葡人开办近代报刊挑战葡萄牙专制王权提供了必要政治空间。如：中国境内最早的一批英文报刊——1820—1838年创刊于广州的《广州纪事报》《广州

[①] 查灿长：《〈澳门宪报〉中文广告评述》，《新闻界》2007年第1期。

周报》《中国丛报》；世界最早的一批中文报刊，包括诞生于马六甲的迄今世界上发现最早的近代中文报刊《察世俗每月统计传》和中国境内第一批近代中文报刊——诞生于广州的《东西洋考每月统计报》《各国消息》，中国戊戌维新人士的喉舌——《知新报》，中国境内最早的官报《澳门宪报》都诞生在澳门。这些报刊，都是鸦片战争后澳门特殊地位的产物。鸦片战争后，随着邻近的香港被割让给英国并且迅速崛起，澳门作为来华外国人落脚的地位无可挽回地衰落下去，各国媒体纷纷转至香港出版，但澳门本埠报刊仍如战前一样继续涌现。

综观19世纪内孕育或者诞生或者避难于澳门的种种早期近代报刊的事实，可以看到世界各地信息与思想汇集到澳门之后，且以澳门为中心向外传播路线的历史发展脉络：从《蜜蜂华报》《广州纪事报》等在华外文媒体由外国人向外国人传播，到《察世俗每月统计传》《东西洋考每月统计报》等早期中文媒体由外国人向中国人传播，发展到《知新报》等中文报刊由中国人向中国人传播、中国人向全球华人传播，最终《澳门宪报》外国人向外国人传播又向中国人传播。澳门见证了西风东渐步步推进的历史过程。从澳门创办的中国境内第一份报纸《蜜蜂华报》开始，澳门、广州乃至中国内地的办报传统绵延不绝，葡人、华人共同上阵，最终以《知新报》的诞生与营销，集中展示了澳门汇集东西方资讯与思想的包容性，以及向全球华人世界进行资讯与思想传播的辐射性、向后世中国人展现近代报刊舆论威力的示范性。19世纪早期澳门报纸显现出：西方资本主义国家"与华通商的经济目的取代传教的政治目的，出于满足在华外国商人获取商业信息的需要，一大批外资的商业报刊大量涌现，欧美公司在这些报刊大量刊登了面向欧美商人的公告。随着中国商人阶层的兴起，这些外报随之创办了中文版，并最终独立成中文报纸，大量的中文公告应运而生"。[①] 在这一发展主线上，澳门地区的报刊公告发展作为中国报刊近代化历程中的一个分支既有典型性也有特殊性。

一是因为澳门在明末即成为西方殖民性质的"租借地"，近代化的开启时间较早，成为中国近代中文报刊的发源地之一，也是公告刊载的信息媒体率先迈入大众传播时代；二是以西方化特征为主的近代报刊公告形式

---

① 汪前军：《〈大公报〉（1902—1916）与中国广告近代化》，博士学位论文，华中科技大学，2012年。

较之中国古代张榜式公告更加适合于逐步半殖民地化的市场经济需求，而澳门官报上的各类公告具有强烈的半殖民地化色彩，对于内地报刊公告的近代化有很强的参照意义和可借鉴性。因为"近代中国资本主义的产生并非主要缘于自身经济的自然发展，而是在很大程度上与西方资本主义的入侵相联系"[1]，所以近代中国的公告也并不完全是按照自然发展的常规而诞生的，而经历了断层式、跨越式的近代化过程，各个地区的发展进程也极不平衡，大部分的偏远落后地区仍处于古代传统公告阶段，而少数较早对外开放的地区则一下进入到近代阶段，这其中澳门无疑是最早的典型代表之一。

因此，在研究近代中国地方的报刊史时，应从历史和空间维度上进行长跨度、多地区的综合性比对，才能得出科学、准确的分析和评价。而澳门地区作为最早的殖民性质的"租借地"，其市场环境包括报刊发展环境的东西方文化冲突与融合无疑也是较为激烈而显著的。这对于研究"西风东渐"的历史背景下，近代中国地方报刊的发展与变迁也具有一定的样本价值。

当前，对澳门地区报纸研究的国外学者以葡萄牙的萨安东（Antonio Vasconcelos de Saldanha）和施白蒂（Beatriz Basto da Silva）为代表，但其研究主要聚焦于《澳门宪报》有关澳门葡萄牙人的特定群体，具有较大的局限性；而国内代表性学者有汤开建、程曼丽、程美宝、吴志良、吴义雄、查灿长、胡雪莲、姚金楠等。

程曼丽关于澳门《蜜蜂华报》的开创性专题研究，如《中国的第一份外报〈蜜蜂华报〉的历史坐标》《论〈蜜蜂华报〉对中国近代社会和近代报业的影响》等论文，以及由澳门基金会出版的《〈蜜蜂华报〉研究》专著。她认为《蜜蜂华报》"其特殊性就在于，首先，它是中国境内出版的第一份近代报刊，开启中国近代报业之先河；其次，它是洋人在中国领土上创办的第一份外报，读者对象是居留中国的外国人；最后，它是用葡萄牙文出版发行的"[2]。从澳门当地报刊在报刊史开先河之价值，以及启发中国近代化进程的传播功能、路径上进行了系统而深入的剖析，从而大

---

[1] 朱英：《近代中国广告的产生、发展及其影响》，《近代史研究》2000年第4期。

[2] 程曼丽：《中国的第一份外报〈蜜蜂华报〉的历史坐标》，《国际新闻界》1997年第2期。

大地提升了澳门报业的报刊史地位："这三个第一，奏响了中国近代报业这部雄浑壮阔的交响乐的序曲，并预示着（同时影响着）它的高潮的到来。"①

姚金楠《浅析译报在中国社会发展中的作用》一文也强调了澳门地区报业对中国近代报业发展的启发与借鉴价值，他认为："中国最早的译报是林则徐在广东禁烟时创办的《澳门新闻纸》，以《澳门新闻纸》为开端的译报把外国传教士在华创办近代报纸的理念和方法吸收到中国报刊发展中来，尽管它像中国古代的邸报一样，还称不上是真正意义上的报纸，但译报借鉴了西方的报纸理念并客观上推动了国人自主办报的高潮。"②

胡雪莲对《知新报》《镜海丛报》都有长期关注，其《何廷光与〈知新报〉的诞生——兼及19世纪末年澳门华商的交往》③《整合"澳门人"：〈镜海丛报〉中文版的地方意识》④等文从研究澳门报人和报刊社会功能方面进行了生动而细致的历史梳理，为后续研究者深入了解当时的报业发展环境提供了翔实资料。

吴义雄的《〈镜海丛报〉反映的晚清澳门历史片段》⑤则更深入地梳理了澳门报业同当地社会变迁、历史演进的内在关系，特别关注了中西文化在该地区共存和交融的具体现象。但各位学者的研究均是在传统新闻史、报刊史视域下展开的，而对澳门近代报刊公告为对象的研究，尤其是澳葡政府如何利用官报为工具推动当地社会转型的发展上，尚未发现过专题性的关注和系统研究。

而研究《澳门宪报》的专题学术研究论文仅有3篇：汤开建的《进一步加强澳门近代史研究——以〈澳门宪报〉资料为中心展开》为该专题领域提供了重要的理论奠基。汤先生认为："研究澳门近代史，现存的近代澳门报刊应是一类极为重要的第一手资料，而《澳门宪报》又是这

---

① 程曼丽：《论〈蜜蜂华报〉对中国近代社会和近代报业的影响》，《国际新闻界》1998年第1期。

② 姚金楠：《浅析译报在中国社会发展中的作用》，《企业技术开发》2011年第1版。

③ 胡雪莲：《何廷光与〈知新报〉的诞生——兼及19世纪末年澳门华商的交往》，《新闻与传播研究》2011年第2期。

④ 胡雪莲：《整合"澳门人"：〈镜海丛报〉中文版的地方意识》，《学术研究》2012年第7期。

⑤ 吴义雄：《〈镜海丛报〉反映的晚清澳门历史片段》，《广东社会科学》2012年第2期。

一类报刊中重要作用居于首位者。然而，对于这样一份重要的澳门报刊，学术界对其资料的开掘、使用及研究是极为不够的，除葡国学者萨安东（Antonio Vasconcelos de Saldanha）、施白蒂（Beatriz Baste da Silva）及中国学者吴志良等少数人外，可以说大多数涉及澳门近代史研究的人均未对这份报刊的资料进行较为充分的利用。其中除了时下某些研究者学风浮滥之外原因，该报深藏澳门历史档案馆而他处无从寻觅，也应是一个很重要的原因。"① 这一论点明确指出了澳门地区诞生最早、发行时间最久的官方报刊研究的难度及其意义价值，也为本书选择对《澳门宪报》中文公告进行较为细致、全面、系统梳理提供了一个学术视野上的启发。

该书还发掘了大量《澳门宪报》中有关19世纪澳门华商的珍贵史料，重点探讨了澳门当时的八大华商家族，并梳理了《澳门宪报》在近代的刊发历史。作者对国内出版的部分涉及澳门近代史的著作提出了批评，认为这一部分内容"多空洞无物"，具体表现在"无论是政治、经济、社会、文化诸方面，均缺乏血肉饱满的史实及精确详尽的统计，其研究显得十分薄弱"。② 作者分析了这种研究薄弱的根源在于缺少详尽、系统的史料支撑，而发行长达60余年、包含丰富史料的官方报刊媒体《澳门宪报》未被发掘和重视是一大遗憾："未参阅《澳门宪报》中的相关资料，应是其中一个很重要的原因。"③ 因为《澳门宪报》的内容包罗万象，涉及各行各业的社会动态，史学研究价值极高，被作者视为研究澳门近代史的宝库。体现在"澳门之市政建设，澳门之邮政、交通、金融、教育、宗教、文化乃至澳门人的海外移民，每一项均有相当重要的资料公布。即使是那些不起眼的启事、告白，其中内含的史料信息亦不可低估，要考察澳门早期华人家族之传承兴衰，澳门下层社会的娼妓、乞丐，葡华社会之间的矛盾冲突，其中不乏极佳素材"。④

胡雪莲在《整合"澳门人"：〈镜海丛报〉中文版的地方意识》一文

---

① 汤开建：《进一步加强澳门近代史研究——以〈澳门宪报〉资料为中心展开》，《学术研究》2003年第6期。

② 汤开建、吴志良：《澳门宪报·中文资料辑录（1850—1911）》，澳门基金会2002年版，第IX—XXVIII页。

③ 同上。

④ 汤开建：《进一步加强澳门近代史研究——以〈澳门宪报〉资料为中心展开》，《学术研究》2003年第6期。

中专门论述了《澳门宪报》的历史及其发行中文公告的目标："为使自己的统治有效施行于华人社群,刚刚攫取了澳门主权的葡萄牙当局不得不在语言方面作出妥协……以刊登澳葡当局政令为主要内容、出版到 1999 年中国恢复行使对澳主权为止的政府公报——《澳门宪报》,率先将其中直接与华人社群相关的内容译成中文刊发,以使华人社群能够遵照执行……所发表的中文信息也大多局限于与华人直接相关的命令、公告等。《澳门宪报》所用语言发生变化的时间,与葡萄牙争夺对澳主权后必须同时管治华、葡社会的新局势高度吻合,两者之间的关联是显而易见的。"[1]

而查灿长教授的《中国近代报刊起源探究——以〈澳门宪报〉为个案》一文,则进一步深化《澳门宪报》公告研究,他认为《澳门宪报》上的近代广告记载了 19 世纪 50 年代以后澳门成为"中国土地上出版的第一份外文报、婚姻报、船期报和中国境内最早的近代报刊发刊地的最直接物证",[2] 因此,它是研究中国近代报刊史原始资料的一个不可或缺的重要史料。

总的来看,学术论文中有关近代报刊研究已成为一个成果较为丰富的专题领域。通过中国知网数据平台在"中国期刊网全文数据库""中国博士学位论文全文数据库"等进行关键词搜索,发现该领域以专题研究或个案研究为主,综合研究较少,这主要是受制于近代报刊公告的印刷媒体种类繁多、信息量巨大而学术论文的单篇容量有限,尤其是澳门近代报刊的系统研究尤为缺乏,在博士学位论文、专著中均未涉及公告这一关键概念,鉴于澳门报刊公告在中国报刊史中的重要地位,不得不说是一种研究上的缺憾。因此,本书基于《澳门宪报》发布的大量官方通告和新闻信息为依据,尝试从近代大众传播史的视角,分析社会转型进程中报刊媒体所承载的喉舌职能及其与社会治理的互动关系,为今天的现代化建设乃至一带一路等文化传播建设提供历史借鉴。

三

本书的研究主线拟围绕《澳门宪报》中文公告的传播内容、具体特

---

[1] 胡雪莲:《整合"澳门人":〈镜海丛报〉中文版的地方意识》,《学术研究》2012 年第 7 期。

[2] 查灿长:《中国近代报刊起源探究——以〈澳门宪报〉为个案》,《新闻界》2006 年第 6 期。

征及其功能影响进行报刊史梳理，之所以选择澳门及《澳门宪报》的中文公告作为研究样本，主要是基于近代报刊公告真实、全面地反映了当时社会发展变迁的现实，并在社会环境中发挥了尤为显著的历史影响，也鲜明地表征了报刊与近代社会的互动关系。探讨这一问题需要我们关注近代澳门社会的独特魅力及其成功的发展历程。

澳门于16世纪中叶（1553）开埠，历经400多年沧桑，依旧风采不减，其在社会发展中稳定的社会转型和城市化进程给我们留下了许多历史的追忆和思考。它是中国近代一个开埠最早的国际化商港和外国在中国的第一个"租借地"，也是鸦片战争后被纳入中国"条约口岸"体系的自由港之一；它是于16世纪中叶被远道而来的葡萄牙殖民者使用"行贿"手段"入居"并开埠的中国第一个"政治特区"（中国拥有主权），而于1887年中葡两国签订了《中葡和好通商条约》后，澳门又成为葡萄牙人"永居管理"[①]的所谓"殖民地"。澳门在经济（商埠与贸易）、政治（主权与治权）和社会（文化与意识）等方面能在长达400多年的历史进程中，充分发挥自己的比较优势来推进其极具个性化的现代化之路，并以它那独特的产业——博彩业的繁荣而闻名于世。

澳门的土地面积狭小（虽经泥沙冲积和不断填海拓地，至2004年，澳门的总面积仅为27.3平方公里）[②]缺乏自然资源，人口不足47万人（即使20世纪80年代以来澳门人口急剧增加，至2004年，澳门的总人口也仅为46.11万余人）[③]，且华洋杂居。但是，澳门却是近代中国与西方文化交错共处的中心，是中国近代思想形成、发展与走向世界的滥觞。

因此，我们想要追问的是：在长达400多年的历史长河中，澳门的政治、经济和文化如何能够得以保持长期的稳定发展乃至繁荣？尤其是在鸦片战争后，澳门在其内外环境都发生重大社会转型和变化之际，实行殖民统治的澳葡政府如何克服和应对这一系列挑战？葡人与华人、天主教与佛教（妈祖）、西方文化与中华文化如何能够和安相处、相蓄包容而没有发生过诸如亨廷顿所说的"文明冲突"，东西方不同制度、不同民族、不同

[①]《中葡议定通商和好条约条款》第二款。参见中国第一历史档案馆等《明清时期澳门问题档案文献汇编》（三），人民出版社1999年版，第372页。

[②] 参见澳门特别行政区政府统计暨普查局，http：//www.dsec.gov.mo（2004.11）；澳门特别行政区政府地球物理暨气象局，http：//www.smg.gov.mo（2004.11）。

[③] 同上。

宗教、不同文化习俗混杂的澳门社会如何运转与维系？最根本的是，一直隐现其中的《澳门宪报》扮演了什么角色？作为澳葡政府的官方报刊，它以公告形式为主要内容如何发挥出报刊的喉舌功能、助力社会治理与文化融合？

基于上述疑问，本书从传播学、社会学、历史学等相关学科领域出发，尝试运用社会发展理论，以《澳门宪报》中文公告为研究切入点，探究近代《澳门宪报》的中文公告如何呈现澳门社会的转型与发展及其推动作用，希望为中国报刊史和大众传播社会学的研究提供一个新的视角与个案依据。通过澳门在鸦片战争前后至1911年的官方报刊研究，开展近代中国沿海商埠和港口体系的多视角考察、为中国报刊史的深入探析、为中国城市现代化的比较研究提供一个可供解读的独特切入点，从而对我们深入了解澳门今天的社会、政治、经济与文化现状的历史成因，更好地理解今日澳门独特的社会机理，及"一国两制、澳人治澳"的伟大方针，具有重要的意义和价值；也对今天如何加强大陆与澳门特区之间的沟通融合，理解澳门今天社会发展的现代化道路和模式提供重要的历史线索。

首先，根据胡绳等史学家自1954年以来《中国近代史分期问题》等重要文献中的主流历史分期意见，1840—1919年为中国近代史阶段，因此本书截取1850-1911年为研究时段是隶属于近代报刊史的研究范畴；

其次，基于《澳门宪报》1838年创刊到1999年停刊的这段历史，本书主要研究的报刊公告是以其1850年刊载中文公告为起点，以1911年辛亥革命爆发、中国封建社会即清政府统治的落幕为终点，这段时期也是澳门近代社会变迁最为剧烈、对内地影响最大的时期，最具有史学研究的典型性和代表性。

而且从传播史的视角侧面分析澳门1911年之前的近代军事、外交、选举等问题作为支撑案例研究，进一步揭露和反思了澳葡政府殖民色彩的官方政策导向及其后果。

第一章

《澳门宪报》中文公告概述

第一节 《澳门宪报》的近代语境

《澳门宪报》作为澳葡政府在近代澳门创办的第一份官报，也是公告——这一古老传播形式在中文报刊上的重要载体，不仅从社会意义上表达了官方的政治导向与社会治理目标，也开启了我国近代官报公告的先河，把近代中文公告的发展推向了一个新阶段。

一 《澳门宪报》之创办

葡萄牙人在澳门创办的第一份政府公报就是《澳门宪报》，其原名为《澳门政府宪报》，由 Tipographia Macaense（澳门印刷所）印刷发行，该报正式创刊于 1838 年 9 月 12 日（农历）。[①] 在创刊初期，《澳门宪报》基本上以官方文件为主要内容。[②] 创刊后 30 年都是葡萄牙文的标题，其葡文标题也常常发生变化。据不完全统计，该报标题前后总共出现以下不同的标题：Boletim Official do Governa de Macao（《澳门政府公告》1938）；Boletim do Governo da Província de Macao, Timor, e Solor（澳门、地们、梭罗省政府公告 1846—1856）；Boletim do Governo de Macao（《澳门政府公告》，

---

① 有关正式创刊《澳门宪报》的时间，学术界始终没有一个统一的说法，施白蒂认为是 1838 年 9 月 5 日；汤开建认为是 1838 年 9 月 12 日；戈公振则认为是 1839 年 1 月 9 日。戈公振：《中国报学史》，上海古籍出版社 2003 年版，第 94 页。根据本人掌握的一手史料，本文赞同汤开建 1838 年 9 月 12 日的提法。详见汤开建、吴志良《澳门宪报·中文资料辑录（1850—1911）》，澳门基金会 2002 年版，"前言"第 XXVI 页。

② 参见［葡］施白蒂《澳门编年史·1900—1949》，姚京明译，澳门基金会 1998 年版，第 69 页。

1856—1866）；Boletim do Governo de Macau e Timor ①（《澳门地扪政府公告》，1867）；Boletim da Província de Macau e Timor（《澳门地扪宪报》1867—1890）；Boletim Official do Governo da Província de Macau e Timor（《澳门地扪宪报》，1891—1896）；Boletim Official do Governo da Província de Macau（《澳门宪报》，1896—1927）；Boletim Official (do Governo) da Colónia de Macau（《澳门政府公报》，1928—1951）；Boletim Official de Macau（《澳门政府公报》，1951—1999）。②

《澳门宪报》内容在办报初全部是葡文出版，"1850年开始部分翻译成中文，1857—1872年完全停止刊登中文，1872—1878年，所载中文资料寥寥无几"③。从1858年开始，该报的内容上升明显，不仅刊登官方文件，还刊登了经济、社会、消息与其他内容等，并改由J.达·席尔瓦私人印刷厂印刷发行，④ 到1879年又改由费尔南德斯私人印刷厂印刷出版。⑤ 到了1901年，《澳门宪报》不再由私人公司印刷发行，开始改由澳门官印局印刷发行。⑥ 按照发行周期，《澳门宪报》属于周刊，每周六出版一期；在价格方面，该报的单张售价为25仙，全年定价是8元。⑦ 从1850年开始，澳门华人逐渐增加，澳葡当局为了"不识葡文的澳门华人能看政府宪报"⑧对部分与华人相关的重要内容都翻译成中文刊出。该报从1858—1871年共有14年停刊中文翻译，1872年恢复了中文翻译，1872—1878年这7年间，《澳门宪报》中的中文翻译量很少。直到1879年2月18日起，澳门当局宣称"英国属地香港，凡有印出宪报，皆译华字，"⑨ 澳门总督正式决定："自今以后，澳门宪报要用大西洋及中国二样

---

① 汤开建、吴志良：《澳门宪报·中文资料辑录（1850—1911）》，澳门基金会2002年版，第IX—X页。
② 吴志良：《翻译的神话与语言的政治》，载汤开建、吴志良主编《澳门宪报·中文资料辑录（1850—1911）》，澳门基金会2002年版，第9—10页。
③ 同上书，第11页。
④ 详见［葡］施白蒂《澳门编年史·1900—1949》，姚京明译，澳门基金会1998年版，第133页。
⑤ 同上。
⑥ 同上书，第6页。
⑦ 《澳门地扪宪报》1880年1月3日（第一号）。
⑧ 《澳门地扪宪报》1879年2月8日（第六号）。
⑨ 同上。

文字颁行"。① 这份作为澳门政府公告的《澳门宪报》从 19 世纪中叶开始刊登部分中文内容，主要是因澳门华人社会地位的上升趋势有直接关系。这种趋势变化首先明显地体现在人口比重的变化上："在 1839 年鸦片战争爆发前夕林则徐巡视澳门时，澳门华人为 7033 人，葡人为 5612 人"②，华人与葡萄牙人在人数上相差不是太多。19 世纪中期，当时中国大陆"爆发太平天国起义和天地会起义，许多中国内地人尤其是广东人避往澳门，使澳门人口组成改变为葡人 4611 人，华人 8 万人"③，此后，"到 1896 年，澳门的人口组成是葡人与其他西洋人 4000 人，华人 74627 人；1910 年，人口组成是葡人与其他西洋人 3845 人，华人 71021 人"。④

从华洋人口构成比重的变化，我们可以发现《澳门宪报》的刊行增加了中文内容不仅是"应时之需"，还有巩固长远统治的战略考虑：一方面澳门居民中的华人数量大增，澳门当局在管理上需要借助报刊媒体的宣传加强管控、发布一些旨在应对和规划更大规模的社会活动所必要的政策和信息；另一方面，葡萄牙当局也旨在通过加强官方报刊的传播渠道，进一步接管清朝广东地方政府过去对澳门华人社会行使的管理权。这是在信息控制上的一种长远的战略考虑，是配合澳葡政府一系列侵占澳门管理权的"媒体掌控"行动。在政治管理上，澳门当局有一系列的"夺权行动"："1845 年擅自宣布澳门为自由港、1846 年驱逐清朝香山县丞的政府常设机构、1887 年则通过《中葡和好通商条约》取得对澳门永居管理权。"⑤ 这些行动一步步排除了长久以来清政府通过广东巡抚对于澳门地区的华人行使的管理权。

但这个管理权的转换过程必然面临当地华人的抵制问题。表现之一就是占据澳门人口绝大多数的华人社群，对于澳门当局坚持用作官方语言的葡文非常陌生，在官民之间的信息沟通和政策执行上缺少理解与互动，因此给澳葡当局预想的统治计划造成了诸多困难。在这种环境下，如何发挥

---

① 《澳门地扪宪报》1879 年 2 月 8 日（第六号）。
② 《林则徐全集》编辑委员会编：《林则徐全集》第 3 册，第 194 页。
③ ［葡］施白蒂：《澳门编年史：十九世纪》，金国平译，澳门基金会 1999 年版，第 144 页。
④ 《1892—1901 年拱北关十年贸易报告》，载莫世祥等编译《近代拱北海关报告汇编（1887—1946）》，澳门基金会 1998 年版，第 82 页。
⑤ 胡雪莲：《整合"澳门人"：〈镜海丛报〉中文版的地方意识》，《学术研究》2012 年第 7 期。

现有渠道的传播效率、强化借助媒体工具的管控成为一种必然的策略。作为官方报刊的《澳门宪报》增刊华文版无疑是最直接、最自然的选择。

《澳门宪报》由澳葡政府的秘书处直接管理，并在 1901 年开始改由澳门官印局印刷发行。① 从 1850 年开始，为了应对澳门华人逐渐增加的信息需求，澳葡当局对部分与华人相关的重要内容都翻译成中文刊出。其中文信息逐渐增加之后，刊载的内容不仅有大量的"告白""公告""通告""公式"和私人的"公告""声明""启示"等各种公告，而且还有大量投标、招标、纳税之类的官方告示，还出现了部分社会消息和科教文卫信息；到了 1900 年，该报的对华人入籍管理规章等信息也迅速增加，反映了澳门华人移民迅速增加后，当地城市化进程的加速。作为澳门近代第一份官方报纸，《澳门宪报》不仅客观地记录了澳门近代史，而且对澳门近代的政治、经济、文化、社会都产生了深远影响，它还有助于我们理解中国近代社会发展早期的城市化进程，见证了"西学东渐"的文化融合过程，反映了充满殖民化色彩的传统社会发展过程。具体体现在该报承载了大量关于近代澳门社会发展图景的史料，记录了近代澳门人的生活百态，让我们看到了真实的近代澳门，呈现了近代澳门社会发展转型过程，反映了近代澳门社会发展的转型诉求；同时为学者们研究近代澳门的政治、经济、社会、科教文卫等方面的变革提供了可靠而翔实的历史资料。

（一）《澳门宪报》创办的政治背景

澳门地处中国南海之滨，属于三面环海、北接大陆的半岛，原来是中国数千年来地处边陲的小渔村，在历史上的秦代曾隶属中国的南海郡番禺县，晋代划归到东官郡，到了隋唐时期则先后隶属南海县、东莞县，南宋以后②则基本区划定型，一直归广东府香山县管辖。政府制度方面，鸦片战争前，澳门的主权一直属于中国。

数千年来这个地处边陲的小渔村在东西方碰撞的近代时期遭遇了历史剧变，原因是澳门在 16 世纪，被葡萄牙殖民者选定为进入东方商贸圈的第一个立足点，并以贿赂等手段非法入居此地。有学者说，它"既把中国

---

① ［葡］施白蒂：《澳门编年史·1900—1949》，姚京明译，澳门基金会 1998 年版，第 6 页。
② 南宋高宗绍兴二十二年（1152）时，拆东莞县，建香山县，由是澳门从此一直归广东香山县管辖，隶属广州府。

人送到世界，也将世界带进中国"。①

明末的 1553 年，葡萄牙殖民者以"骗"（以借地晾晒船货为借口和谎报国籍）和"贿"（徇贿地方官员和同意缴纳税课）的手段"入居"此地。② 明代郭棐曾在万历三十年（1602）修撰的《广东通志》卷 69 "澳门"条中有如下记载："嘉靖三十二年（1553），舶夷趋濠镜者，托言舟触风涛缝裂，水湿贡物，愿借地晾晒。海道副使汪柏徇贿许之。时仅篷累数十间，后工商牟奸利者，始渐运砖瓦木石为屋，若聚落然。自是诸澳俱废，濠镜为舶薮矣。"③ 随后，澳门逐渐开埠通商，发展成远东地区一个重要的国际贸易中心，这个中心与其他港口城市一样，"连同许多类似的节点——果阿、马六甲、巴达维亚、马尼拉、新加坡、广州、香港、上海、长崎、横滨——交织出一个复杂的海洋贸易网络。数百年来，主要来自东南沿海的华人，就是在这个网络往来游弋的"④。这使当时的澳门经济快速得到发展，但繁荣仅仅持续了约一个世纪。17 世纪以后，由于它所依靠的中欧航线、中日航线等重要的几条国际航线都陆续中断等原因，澳门的国际贸易开始日渐萎缩，经济停滞不前，衰落了近两个世纪。鸦片战争（1840）开始，则是澳门历史的一个分水岭，从此澳门的历史发生了剧变。

澳葡政府对中国和葡萄牙实行"双重效忠"原则，对葡人与华人实行的是"华洋共处分治"这种二元的管治方式；而鸦片战争后，一系列不平等条约的签订使中国从一个独立自主的国家逐步沦为半殖民地半封建社会，在这种情况下，葡萄牙人先后向中国索取澳门主权和治权：1887 年借清政府急切希望澳葡政府配合内地开展的禁烟运动而签订了《中葡和好通商条约》，从而正式获得了"永居"澳门的政治身份，对澳门正式开始殖民"管理"的主权。这种变化使澳门原有的政治体制发生了剧变，具体表现在：在对外关系上，澳葡当局名义上听命于葡萄牙和清政府的

---

① 程美宝：《把世界带进中国：从澳门出发的中国近代史》，社会科学文献出版社 2013 年版，第 256 页。

② 查灿长：《转型、变项与传播：澳门早期现代化研究（鸦片战争至 1945 年）》，广东人民出版社 2006 年版，第 29 页。

③ 同上书，第 28 页。

④ 程美宝：《把世界带进中国：从澳门出发的中国近代史》，社会科学文献出版社 2013 年版，第 108 页。

"双重效忠"原则变成了"单一效忠"葡方的单边关系；在统治机构的性质上，原来葡人"自治"的议事会权力中心变成了总督专权；在对居澳华人的管理方面则由其原来一直奉行的"华洋共处分治"转变为"华洋共处共治"等。可见，从政治上割断了名义上对中国的依附性、政治权力机构的改制、夺取居澳华人"治权"等，这些变化使澳葡政府的政治地位空前提高，从原来并未具有主权的"番坊"自治政府，变成了"永居且管理澳门的、具有法律（条约）保证的葡萄牙殖民政治实体"；①居澳华人被纳入葡人的管治中，"每年要被迫向澳葡政府缴纳繁重的地租、人头税和地产税等税项"。② 如《澳门宪报》道光三十年十二月十三日刊登的一则公告：

> 大西洋理事官唛嚟哆吗忌士为饬纳地租事。
> 照得所有铺户应纳司打（Fazenda Publica）地租者，期又经逾，今限本月内所有旧租新租，该铺户务须遵照携银赴司打清纳，不得拖延，致干严究，各宜知之。道光三十年十二月十三日谕。

反映了作为清政府香山县府辖属的地方管理者，却以大西洋理事的名义发布催缴地租的政令，可见名为"入居"却实施殖民统治的实质。诸如此类，《澳门宪报》中有大量的税收、管制政策类公告刊载，这些无一不反映出居澳华人受到澳葡政府殖民剥削、严厉控制的史实。

（二）《澳门宪报》创办的经济背景

在经济上，鸦片战争前后的商贸环境变迁是一个澳门经历产业变化的关键分界。

鸦片战争前，16 世纪初叶到 19 世纪中叶，位于广州海上门户位置的澳门凭借其自然条件和地缘优势而具有的巨大国际商贸中心的潜质。这也是吸引西方殖民者占据澳门的根本动力。

对于葡萄牙殖民者来说，占据澳门，以之为据点打开中国市场和开辟

---

① 查灿长：《转型、变项与传播：澳门早期现代化研究（鸦片战争至 1945 年）》，广东人民出版社 2006 年版，第 164 页。
② 叶农：《两次鸦片战争期间澳门政治发展——以〈华友西报〉资料为中心》，《华南师范大学学报》（社会科学版）2009 年第 6 期。

东方国际贸易航线是他们努力促成澳门开埠的关键目标。在 1542 年时，葡萄牙走私者曾一度"占领"了澳门以西 30 英里的一个名叫"浪白滘"的岛屿，并在 1554 年时将其走私贸易集中在这里进行。浪白滘位于珠江三角洲南部，因其地理位置的原因，它是个天然的走私贸易集散地。[①]

对中国方面来说，广州和珠江三角洲沿海地区一直是中国对外贸易的窗口，即使在明朝的"禁海"期间，也从来没有完全断绝对外贸易。早在 1506—1521 年，广东当局就曾延邀过外国商人经常去一个位于广州城西南方向，陆地距离为 180 英里，名叫"电白"的地方去做贸易生意。[②]同时，澳门以西 30 英里的浪白滘[③]也在当时的海外通商贸易中扮演着重要的角色。

中国内陆通商开埠在鸦片战争前仅有广州一地，因此在东西方为数不多的贸易路线的关键节点中，靠近广州的澳门开埠与通商具有重要经济价值，它使得中国、远东乃至整个东西方的海上商路得以连接和通畅。这对于澳门的历史地位和发展模式来说，其意义又远远超出了它本身所能影响的范畴。

鸦片战争之后，澳门的贸易枢纽地位遭遇香港开埠的严峻挑战。随着中国沿海地区诸多通商口岸的陆续开放与中国贸易重心的逐渐北移，澳门的商埠地位渐渐被削弱；而香港作为殖民地被割占后，受益于世界第一工业强国——英国的支持，迅速取代澳门成为东西方贸易的枢纽，在短短几年间迅速取代澳门成为华南地区第一国际商港，这一强大竞争对手给了澳门经济致命的一击。在内陆商埠与外国商港的竞争夹击下，澳门的经济支柱——国际贸易"腹背受敌"，一蹶不振，因此不得不寻求经济转型。

在近半个世纪的摸索与尝试中，澳门终于到 19 世纪末基本完成了经济的转型，呈现出新的产业结构，是"以鸦片贸易为主要内容的对外贸易业、以博彩赌博等为主要内容的'特种'服务业及以渔业、新兴手工业为主要内容的出口工业"。[④] 而创刊于鸦片战争前夕的《澳门宪报》则真

---

① 查灿长：《转型、变项与传播：澳门早期现代化研究（鸦片战争至 1945 年）》，广东人民出版社 2006 年版，第 27 页。

② 同上。

③ 该地位置的详细说明见《澳门记略》上卷"形势篇""插图一"。

④ 查灿长：《转型、变项与传播：澳门早期现代化研究（鸦片战争至 1945 年）》，广东人民出版社 2006 年版，第 155 页。

实地记录了近代澳门经济支柱的变迁过程,全面地呈现了澳门依赖于"鸦片贸易""苦力贸易"与国际赌城的发展特征。

澳门地区近代阶段的主要支柱产业如下。

1. 海外劳工贸易——"苦力"贸易

根据鸦片战争后的"条约商埠"的开放协定,几乎所有商品均可在中国各口岸自由地进出口,澳门不能像以前那样垄断华南的进出口贸易,曾经的支柱性收入面临严重萎缩的局面。从而使得"澳夷不能专利,渐至穷蹙"。[①] 而鸦片战争后,开始沦为半殖民地的中国其禁止贩卖人口的禁令名存实亡。在这种情况下,为了维持澳门的财政收入,澳门背靠大陆丰富的劳动力资源,自然将目光转向了作为"中介"向海外输出劳工即所谓"苦力"贸易。1871年的《北华捷报》(North China Herald,简称 N.C.H.)就曾报道:"在澳门,可以买卖的商品'人'的价格大约是每名六十元,或者不超过八十元;而在卡拉欧,'人'这同一商品的价格却自三百五十元至四百五十元不等。"[②] 有学者统计,如果"把每一个中国移民运送到目的地(德墨拉拉,Demerara)的全部费用是一百七十元,包括收容站的各项费用和路费。在到达以后,这些'连带契约的苦力们'遂被拍卖,大约每人能卖到二百元,多的时候达到'平均四百元'的数目",[③] 可见劳动力贩卖的利润之大。从19世纪40年代后期开始,在澳葡当局的支持和纵容下,缺少实业生产的澳门将可以谋取暴利的苦力贸易发展成为当地的一大支柱性产业。"1875年,臭名昭著的苦力贩运在历时长达25年之后,终于被禁止。在此期间,澳门大约贩运五十万华人出洋,获得巨大的暴利",[④] 从而成为亚洲地区一个重要的"苦力"贸易中心。

2. 鸦片贸易

第一次鸦片战争后,由于内陆通商口岸的开放,澳门失去了中外重要贸易中转站的优势地位,从而引发了澳葡当局严峻的财政危机。据史料记

---

① 陈澧:《香山县志》卷22,《附记》。转引自邓开颂、黄启臣编《港史资料汇编(1553—1986)》,广东人民出版社1991年版,第356页。
② 聂宝璋编:《中国近代航运史资料》第一辑上册,上海人民出版社1983年版,第116页。
③ [美] 马士:《中华帝国对外关系史》第2卷,第183—184页。转引自聂宝璋编《中国近代航运史资料》第一辑上册,上海人民出版社1983年版,第116页。
④ 《1887—1891年拱北关贸易报告》,载莫世祥等编译《近代拱北海关报告汇编(1887—1946)》,澳门基金会1998年版,第26页。

载,19世纪40年代初,几乎是澳葡当局唯一收入来源的葡海关收入降低到仅4万余两(而葡海关收入在鸦片战争前的1834年达7.5万多两)。有学者考证,"亚马留1846年任澳门总督时,澳门公务员甚至已有5个月没有拿到工资了,可见澳门财政之困境"。① 于是,鸦片战争后不久,受暴利产业的驱使,澳门的经济努力地从原来的"国际贸易"中心开始向赚取暴利的鸦片贸易中心迈进了。

其实,早在澳门开埠后不久,葡萄牙人就通过这一中转站将鸦片输入内地。初期鸦片的输入量还比较有限;18世纪末以后,向中国走私鸦片的贸易逐渐被英国所把持,他们开始将原产于其印度的鸦片经澳门大量运入中国,这种毒品于是很快地成为从印度输往中国最重要的货物。

鸦片走私贸易给澳门带来了"罪恶的繁荣",有人估算过"澳门走私鸦片的巨额利润,从当年理船厅(Harbour Master)写的有关1882年本口岸贸易情况的报告中可见一斑。当年转运到中国的洋药约值3597029元,其中报关船运约1633952元,秘密船运1963076元(据推测是以小船走私,武装护送登陆)"。② 因此推算出每年逃税达110万两海关银。

3. 博彩业

在鸦片战争之前,博彩只是当地华人娱乐的一种形式;鸦片战争后,"澳葡当局因财政困难,利用其特殊的经济和政治地位,采取大力发展和经营",③ 以包括博彩(赌博)业、娼妓业和鸦片业为主要内容的所谓"特种行业"政策,来增加其财政收入。其中,博彩业是获利最高的特种行业:"葡政府坐收其利,每年烟赌之税不下五百万元",④ 澳葡当局于1847年(道光二十七年)颁布法令,正式宣布澳门赌博的合法性,并公开招商设立赌场,并向其征收赌饷,以扩大税源、填补其紧张的财政。而澳门总督亚马留1849年上任后,又第一次允许在澳门设立"番摊"赌

---

① 王昭明:《鸦片战争前后澳门地位的变化》,《"澳门沿革"论文集》,第44页。

② 《1887—1891年拱北关贸易报告》,参见莫世祥等译《近代拱北海关报告汇编(1887—1946)》,澳门基金会1998年版,第26—27页。

③ 叶农、欧阳开方:《两次鸦片战争之间澳门经济转型与发展——以〈华友西报〉为中心》,《暨南学报》(哲学社会科学版)2011年第6期。

④ 李德超:《台湾出版之有关澳门史料及庋藏之澳门档案举隅》,《文化杂志》1994年第19期。

博,"加之随之产生的中国式博彩'闱姓'① 和'白鸽票',成为保持澳门财政平衡的一种有效方式"。② 而自"1851—1863 年,在基马良士总督执政期间,开始实行赌博专营"。③ 并于"1877 年 10 月 27 日宣布(在澳门)可以自由进行'幸运博彩'活动,如番摊、摸彩和玩纸牌,并允许通过预先支付牌照费设立适当场所"④ 于是,自 19 世纪 50 年代开始,博彩业(赌博)⑤ 在澳门政府的积极支持下即以"黑马"之姿迅速崛起并泛滥,它为澳葡当局在凋敝的经济中带来了"每年承缴赌税有百数万之多"⑥ 的巨额税收收入,"赌饷"已成为鸦片战争后澳门财政的一项重要收入,这一特种产业一直传承延续下来,而使之成为与美国的拉斯维加斯、摩纳哥的蒙特卡洛齐名的三大赌城之一。

(三)《澳门宪报》创办的社会文化背景

1. 城市社会及其文化雏形

经过数百年的发展,澳门由贸易开端,逐渐成为一个繁荣的商埠乃至最早具有现代化雏形的"城市"。史料记载,其"来者日众,华洋杂处,房舍栉比,蔚然成埠"⑦。这个"城市"的形成,以澳门与广东其他地区的紧密经济联系和便利人员交流为基础,后期越来越明显地表现出附近的粤人在其中的重要角色。"粤民侨寓澳门,人数众多,良莠互异。南番香顺等县,商民来往省澳者,何止数万,往往两地置产,两地行商,无从限至于奸民滥匪,往来如鲫,尤无纪极。"⑧ 这是因为澳门与邻近粤港地区

---

① "闱姓"赌博创始于清道光年间,是一种利用科举考试来进行赌博的方式。这种赌博的方法就是事先由赌商公布入闱应试者的姓名,赌客从中选择 20 个姓投买一票,每 1000 票为一簿。考试发榜后,以猜中中试者姓氏的多寡来计算输赢。当时这种赌博在广东一带很流行。

② [葡] 施白蒂:《澳门编年史·1900—1949》,姚京明译,澳门基金会 1998 年版,第 102—103 页。

③ 同上书,第 112 页。

④ 同上书,第 208 页。

⑤ 在澳门,赌博被称为博彩。所谓博彩,就是由机会或者使然率所支配的,或受其影响并有一定风险的任何赌博、押注和抽彩行为。

⑥ 《申报》1881 年 8 月 1 日。转引自广东省档案馆编《广东澳门档案史料选编》,中国档案出版社 1999 年版,第 347 页。

⑦ 何大章、缪鸿基:《澳门地理》,《广东省文理学院》1936 年第 2 期。

⑧ 黄培坤:《澳门界务争持考》,《近代史资料》总第 94 号,中国社会科学出版社 1998 年版,第 156 页。

的往来十分便利，而任何居民进入澳门时无须"一纸印照"和理事官的"入境"检查。这种人口的高度流动性也使澳门具备了现代城市所特有的文化多元性特征。加上澳门实行的"华洋分治"政策，宪报中文公告自然较多地反映并服务于当地华人的社会生活和文化制度情况。

此外，澳门在近代化的城市发展中，对邻近地区产生了深远的影响和经济、文化吸引力。譬如在紧邻澳门的香山（中山），受其影响最为显著。有民国时的地理学者曾调查表明：（中山）县境伸出珠江口外，东南面临海洋……华侨遍布世界。县境去香港、澳门，不过一步之距，日可往返……经济活动受港澳之影响极深。[1] "往来中山内地之人，多取道澳门，形成与中山内地关系之隔膜。"[2] 澳门对于这些地方的意义，甚至远超他们所属的行政中心，甚至到了 20 世纪初，邻近澳门的香山人向国内拍发电报，还是通过澳门。其迥异于内地传统农业社会的城市经济文明、现代科技文明都是潜移默化地促进内地文化进步的重要源泉。

2. 东西方文化的融合

首先，从行政区划上看，澳门本是广东香山县管辖，香山人往来澳门有地利之便，因此香山籍人就占到本地人口的大部分。人口的流入自然也带来了粤文化元素，粤文化因此成为孕育澳门城市文化的主要来源；而与此同时，澳门又遭遇了强势而来的西方文化，两种文化在此交汇，使澳门成为东西方文化碰撞与融合的前沿阵地。珠三角地区不仅融汇了中外商品，中外语言和思想观念也在此发生了碰撞与交融。在公告内容和反映的民俗风情上，时常可以发现粤文化的痕迹，以及公告所体现出的东西方文化的冲突与融合。

其次，迁入人口的经济与社会活动也使得"华洋分居"政策无法彻底执行，更无法遏止文化间的碰撞与交融，使澳葡政府在发布城市管理等公告时也越来越注意到文化的差异性和协调问题。例如鸦片战争后，获得澳门治权的葡萄牙人开始大规模地推进澳门的城市建设，主要包括邮政通信以及交通事业、公共安全与医疗卫生等。虽然葡萄牙人很早就"想方设

---

[1] 何大章：《解放前夕之中山县地理概要》，载中国人民政治协商会议中山市委员会文史委员会编《中山文史》总第 15 辑。

[2] 何大章：《中山县湾仔乡土地理》，载《中山文献》创刊号，中山县文献委员会编印，1947 年。

法要限制试图居住或定居澳门的华人,在入籍方面发布五花八门的居住限制",①但19世纪澳门华人社会地位的崛起无法遏止。19世纪初,"澳门华人就开始把人力和资本都投向澳门"②。到19世纪中期,由于内地太平天国、1854年广东天地会起义等动荡,这种迁移情况呈现加速趋势,大批广东官绅平民来到澳门避乱,华人迁入所聚集的"大量财富,使华人资本崛起成为澳门经济的中坚力量。到19世纪60年代,中国商人已经在这一地区站稳了脚跟",③而从这时起直到20世纪初前后,澳门的葡、华人口一直保持着大约1∶20的比例。澳门出现了众多的重要文化机关,如马礼逊学校、一些医疗局和《中国丛报》等出版机构,使它们对近代中国的思想观念变迁能够产生显著的辐射作用。而且这一时期澳门的现代城市功能也迅速发展,邮政、卫生等现代事业出现飞跃,华人的现代生活意识有了质的提高,华人慈善社团、市民阶层社区组织甚至是工商业者、无产阶级为抗争权益的罢工罢市都陆续出现,反映在《澳门宪报》中的社会公告上就是数量大幅增多,并且此后基本上一直呈递增的趋势,特别是到了19世纪末期,社会公告的数量出现了"井喷式"的增长。发展到19世纪,像"英国人马礼逊(Robert Morri-son)这类来华传教或经商的外国人在这里向各类店铺的老板、自己的仆人或者专门延聘的中文教师学习粤语和中国官话"④,"这里的普通中国百姓开始与外国人混居"⑤,"为外国人提供各类生活服务"⑥,"出洋谋生、到外国人开设的教育机构就读等等"⑦,这些社会活动都有助于澳门形成独特的文化特质。

---

① 胡雪莲:《何廷光与〈知新报〉的诞生——兼及19世纪末年澳门华商的交往》,《新闻与传播研究》2011年第2期。
② [美]杰弗里·C. 冈恩:《澳门史(1557—1999)》,中央编译出版社2009年版,第62页。
③ 胡雪莲:《何廷光与〈知新报〉的诞生——兼及19世纪末年澳门华商的交往》,《新闻与传播研究》2011年第2期。
④ 参见苏精《马礼逊与中文印刷出版》,中央编译出版社2009年版,第56页。
⑤ 清代地方官员的著作记载18世纪中期广东澳门居民向居住在此的葡萄牙人学说"西洋语""西洋语虽侏离,然居中国久,华人与之习,多有能言其言者。"见印光任、张汝霖《澳门记略》卷下《澳蕃篇(诸蕃附)》,人民出版社1999年版,第53页。
⑥ 程美宝:《水上人引水——16—19世纪澳门船民的海洋世界》,《学术研究》2010年第4期。
⑦ 莫世祥等编译:《近代拱北海关报告汇编(1887—1946)》,澳门基金会1998年版,第143页。

可见，澳门作为一种现代城市的雏形吸收了内地的南北文化、欧洲的盎格鲁—撒克逊文化、拉丁文化等各种文化要素，成为东西方文化混杂、融合之地。在多元文明的接触与交往中，发挥了重要的传输与辐射作用，特别是在思想观念、社会风气和生活习惯方面，对内地毗邻地区，产生显著影响，并由此而影响到整个中国，彰显了全球化进程中不同文明之间的相互影响、相互融合过程。

如《澳门宪报》1851年7月19日（第三十五号）刊登的一则公告：

> 惟查该华人在临近各房屋之处，每搭棚厂，唱戏祭神等教内诸事，谕该烧纸焚香等物，不独火之危，且多人拥挤喧闹，及有滋生事端，临近家难堪忍受，又碍路上行人。

这则公告反映了澳葡当局面对日渐兴盛的华人文化活动所采取的一种意欲抵制又无可奈何的态度。

又如后期《澳门宪报》1851年6月4日（第二十三号）刊登的这样一则公告：

> 照得现欲新设华人坟园之章程，业经澳门公会允准，亦经与各衙门会商，兹将该章程后开颁行。查在澳门创设华人坟园，大有裨于人民，实为公便，是以将后开章程并经辅政司画押，本部堂均一准行。

以上简要梳理了1850—1911年这61年间《澳门宪报》的历史背景。从总体上看，这段时期的《澳门宪报》在政治上担负着维护澳葡政府的殖民统治的使命，大力宣传葡萄牙宗主国的政治理念与法律制度，以弱化民族矛盾和社会矛盾为目标，以期同化澳门华人的殖民化色彩；在经济上则为澳门的产业转型提供各种的商业信息和政策支持，发挥一种近代化的推手作用；在社会文化方面它则呈现出了澳门当地华洋交流日益增多，与内地及外部世界进行全方位的接触、融汇的全球化特征。

二 《澳门宪报》之媒介特征

《澳门宪报》与近代的其他报纸相比，有着自己的鲜明特征，具体来讲，主要有以下几大显著特点。

（一）《澳门宪报》的殖民化色彩

《澳门宪报》作为澳葡政府的主办和政府秘书处直管的官方报纸，必然承担着政府宣传喉舌的媒体职能，其创办的根本目的就是为维系其殖民统治服务。因此，在其内容设置和传播目的上都鲜明地体现了西方殖民化的色彩。所谓"殖民"是指"资本主义国家把经济、政治势力扩张到不发达的国家或地区，掠夺和奴役当地人民"[①] 因此，殖民化色彩的最鲜明地体现在国家间以强凌弱的控制上。葡萄牙作为15、16世纪的殖民主义强国，对于澳门的占据和控制已经形成了一套自成特色的制度体系，而官方报刊则是这一制度体系中负责社会舆论控制和信息霸权的关键一环，其本质是在澳门这一区域内对羸弱的华人群体实施有力的管控与同化政策，《澳门宪报》则充当了这些政策与规制的宣传鼓手角色。具体表现为以下三个方面。

首先，《澳门宪报》的主要内容是以殖民统治者语气发布的官方通告，为了加强对华人管控效果在葡语公告的基础上增设了中文版本，用葡文、中文两种语言对照刊出，而在语言上的双重性则是殖民地报纸的典型特征。

如《澳门宪报》1879年2月8日（第六号）年首先刊登的一则报刊使用双语公告：

> 照得澳门并澳门所属之地华民，应知澳门宪报刊印官出军令札谕章程各事，惟华人庶乎均不识西洋文字，凡是不翻译华字，则华人不得而知。又查近澳之英国属地香港，凡有印出宪报，皆译华字，以所属华人得知。是以本总督定意举行于左：
>
> 自今以后，澳门宪报要用大西洋及中国二样文字颁行，由翻译官公所译华文校对办理，并正翻译官画押为凭。合行札仰该官员知悉，各宜遵照毋遵。须至札者。光绪五年正月十六日札谕第二十五号。

这则公告为传达官方政策的《澳门宪报》后续发布一系列针对华人的管理规制奠定了基础，使用两种文字刊发公告的目的就是为了面向华人传播殖民政策和官方思想，因为"惟华人庶乎均不识西洋文字，凡是不翻

[①] 宋淑君：《浅谈殖民主义》，《文化研究》2009年7月（上旬刊）。

译华字,则华人不得而知"。而且公告还明确规定了具体的新闻负责人和信息"把关人"的职责:"翻译官公所译华文校对办理,并正翻译官画押为凭",自此正式揭开了《澳门宪报》长达近50年的中文公告历史。

其次,1887年澳葡当局与清政府签订了《中葡和好通商条约》从而获得了正式的殖民统治身份,因此希望通过颁布各类针对居澳华人的法规,树立其殖民统治权威。例如《澳门宪报》1892年4月6日(第三十号)上刊载的一则"大西洋国律例"公告:

> 照得前据澳门华商叠次具禀前来,请将料半酒饷准其承充等语。旋即奏闻大君主,于西纪去年十月初一日奉上谕,准在澳门设立承充料半酒饷等因。迨至华本年本月初六,业已投成,后来风闻有华人或在三街会馆,或在镜湖医院聚集,有为商议抗逆投充料半酒饷事宜,至地方不得平安。
>
> 一、澳门及所属地方,乃是大西洋管理,无论本国及外国人,一到本澳地方居住,必须遵守大西洋国例律。
>
> 二、原来本国例律,甚属和平,准华人在澳照行中国风俗,亦久无大辟之行。
>
> 三、由澳外所来之华人,在澳居住者,如于本国律例有不满意,尽有善法,可出律例范围之中,即自行离澳,更胜于被官驱逐也。
>
> 五、有聚众为搅扰滋乱,抗违官命等事,无论公请私请,均概严禁不准,即将该为首之人拿交衙门惩治……

从这则政策性公告我们可以清晰地解读出澳葡当局旨在树立政府权威、强化对华人行为管理的殖民统治意图。如政策的第五则:"有聚众为搅扰滋乱,抗违官命等事,无论公请私请,均概严禁不准,即将该为首之人拿交衙门惩治。"明显地体现出当局恐惧华人集会反抗政令的心态,也表示出"如于本国律例有不满意,尽有善法,可出律例范围之中,即自行离澳,更胜于被官驱逐也"的强硬态度。

最后,对外关系上,澳葡当局十分注重在外交活动中通过他国的认可来表明自身的"执政"身份。如《澳门宪报》1911年9月12日(第三十六号),澳门实行民主共和政体的改革后,对外电文中就强调了各国对其独立"主权"身份的认可与尊重:

大西洋澳门辅政司奉宪命颁行后开电报，俾众知悉。

一千九百一十一年九月十一日理斯波。澳门总督：本日英、德、澳、西班牙、意大利国钦使声明，奉政府命令公认西洋民主国。督理属务部。西一千九百一十一年九月十二日。澳门辅政司罗颁行。

国会。西八月廿一日上谕，宣布大西洋民主国政体。西八月廿三日上谕，饬将属务兼海军部分立两部。宣布万奴威厘·阿哩耶架（ManueldaArriaga）已被公举为大西洋民主国总统之上谕。

从上述公告中可以看出，澳葡政府借内地辛亥革命政局动荡、政治力量角逐的中央权力真空期，发布了改革政府体制、获得与中国新生政权对等的、独立政治身份的外交声明，借机进一步提升了澳门对外联系的国际地位和话语权，并后续发布了对于新政体成立的庆典公告，以加强对外影响和国际认可，又如澳葡当局以大西洋国执政者的身份自居。

（二）《澳门宪报》内容的高度政治化

首先，《澳门宪报》作为澳葡政府出资发行的官方报纸，其目的宗旨是维护其殖民统治，而首要的职能就是成为政府规制与政策的发布平台和宣传喉舌。因此，虽然《澳门宪报》中的内容涉及领域极为丰富，但主要以官方通告的形式为主。其中政府公告数量占公告总量为977则，所占比例为34%（见图1-1）。

政治公告具体可以包括：军事、外交（战争与政治立场声明）、公共安全（治安巡捕与犯罪统计）、法务、选举与任免（华人参政）、政府表彰（节日庆典）、华人管理章程（双语公告、丧葬类章程、组织机构设立）、城建（征地）、交通、税收（公钞）规定。这些政府公告是面向公众发布的各类声明与通告，是关于政权组织形式、政治与军事活动等所有澳葡政府行使统治职能的体现，这些规章制度、管理措施与具体治理行为，不以获取经济利益为直接目的，而是为实现具体的政策宣传目标、提供某种公共服务所发布的公告信息。

其次，除了《澳门宪报》的政府公告，其他经济、文化、社会生活领域的公告中也包含了大量政策、规制等内容，公告的行文和表述方式也以官方发布公告的语气为主，具有强烈政治色彩。如文化公告中有一则《澳门宪报》1885年11月15日（第四十四号）澳葡政府发布的旨在规范

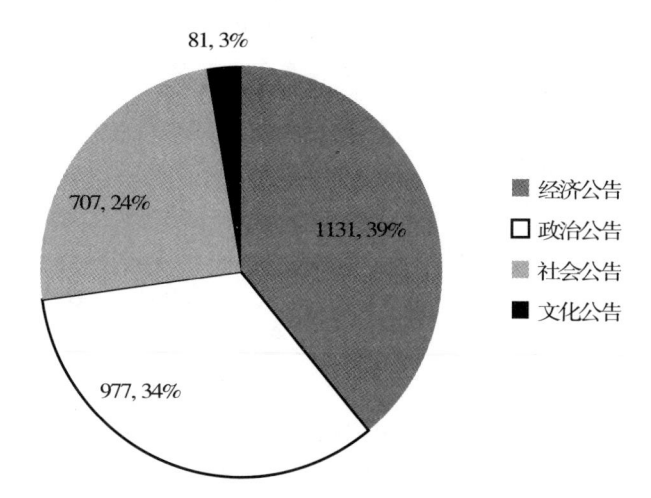

图 1-1　政治公告、经济公告、文化公告、社会公告
数量占总公告数量的比例

华人节庆燃放鞭炮和戏曲表演的公告：

> 大西洋澳门议事公局咁嘛唎写字吋哗唎吐奉公局命，今将一千八百八十三年八月初二日之告示，再行申明，开列于后：
> 百八十三年八月初二日之告示，再行申明，开列于后：
> 一、每夜自十一点钟起至翌早七点钟，严禁烧烟花起火爆竹等件。
> 附款二：如遇华人过新年，于除夕、初一、初二，该三夜不在禁内。
> 如华人或有时演木头戏，今仍准其开演，但于城内演木头戏，只限至晚上十二点钟停止。

这一则行政管理公告由"议事公局"发出，虽然是事关华人日常燃放烟花爆竹的文化生活内容，但其目的是限制燃放时间，内容中充斥了各种细致的强制规定。

再如《澳门宪报》1851年1月18日（第九号）经济公告中刊登的一则税收章程公告：

大西洋理事官唛嚟哆吗忌吐为饬纳地租事。

照得所有铺户应纳司打（Fazenda Publica）地租者，期又经逾，今限本月内，所有旧租新租，该铺户务须遵照携银赴司打清纳，不得拖延，致干严究，各宜知之。道光三十年十二月十三日谕。

上述公告虽属于按期缴纳租税的经济事务，但是以行政命令来严惩拖欠者的要求，反映了政府在经济规制推行过程中的强烈行政干预色彩。可见，其各类公告中浓厚的政治色彩是《澳门宪报》作为政府"喉舌"的职能定位使然。

（三）《澳门宪报》报刊媒体的不成熟性

《澳门宪报》的创刊时间在中国近代报刊中是较早的，但是相比西方工业化国家大众报刊已经进入繁荣时期，我国及亚洲地区的总体报刊发展还处于初创阶段。例如英国早在1622年第一份刊载公告（1650）的英文报纸《每周新闻》就已经创刊；18世纪西方各国就已先后出现了刊载大量公告的日报和晚报；19世纪30年代英美等国开始相继进入了大众廉价报纸时代，公告已成为大众廉价报纸的主要收入来源；但亚洲及中国地区最早的中文报刊《察世俗每月统记传》1815年才创办于马六甲；1830年前后《广州纪录报》（1827）、《东西洋考每月统记传》（1833）以及《澳门宪报》（1838）等陆续在广州和港、澳创刊；内地的报业19世纪五六十年代起才在上海起步，如上海第一份英文商业报刊《北华捷报》（1850），以及中文大众报刊《上海新报》（1861）、《字林西报》（1864）等；日本于1861年才陆续出现了英文报纸《长崎航讯》（*The Nagasaki Express*）、《日本快邮》《日本时报》等专为外国人服务的外文报刊。从这种东西方报业发展的对比可见，包括《澳门宪报》在内的中国报刊在发展上所处的社会环境无法超越时代背景的局限，仍处于传统向近代报刊形态过渡的阶段。

作为一份官方周报，《澳门宪报》尚缺少现代报纸注重新闻性和时效性等基本特征，具体表现在：其内容多是发布澳葡政府官方的政策、规定和通告，以及官方工作和社会活动的一周动态，缺少对新闻事件的报道，时效性不强；报纸中也没有评论和副刊，缺少深度报道；形式上缺少内容提炼性的标题，行文语气上是官方通告的表述方式，比较生硬，缺少修辞与描述等。

究其原因，近代以来的工业化、城市化的社会需求是推动大众报刊发展的重要动力，第二次工业革命提供了近代报刊所需的传媒技术、印刷技术，使得报刊及公告的形式更加多样化，如彩色公告、摄影图片、通栏公告、整版公告等在西方报刊上开始普遍运用；而中国内地的工业化进程真正起步于鸦片战争后，尤其是洋务运动之后，无法对澳门大众传媒业发展提供先期的借鉴和产业支撑；就澳门自身的报业发展基础来看，虽然作为最早开埠的东西方国际贸易中心，其近代工商业起步较早，但由于澳门的经济规模过小，且一直倚重鸦片、博彩等特殊专卖产业和"苦力"贸易等作为经济支柱，因此迟迟未能建立起系统的近代化工业基础，故大众报刊发展所需的经济基础比较薄弱，发展需求和动力不足，影响了报刊形式的成长与成熟。

（四）《澳门宪报》版面编排形式的单调性

《澳门宪报》是以澳葡政府主办的周报，虽然具有现代报纸周期性刊发的基本方式，但在版面设计和内容编辑等方面与现代报纸的差距尤为明显。与其他图文并茂、排版方式多样灵活、文字表述生动活泼的商业报纸不同，《澳门宪报》在版式、内容、语言上都比较单调呆板，具体表现为如下三个方面。

首先，基本以文字为主，鲜有图片和图表。据全文检索来看，出现图的只有唯一的一处、出现表的公告只有13处（邮政、税收、犯罪等），如其中有《澳门宪报》1879年12月27日（五十二号）公开刊登的一则"入监"人数统计表，旨在对动荡的社会局势起到一定的威慑作用（见表1-1）。

表1-1　《澳门宪报》刊登的一则"入监"人数统计

指明该人情景	归何官办理			总数
	总督	理事官	别管	
经在监内	3	35		38
后入	5	9		14
释放		6		6
为遵断出去		5		5
往炮台出去	5			5
为往医院出去				
现存	3	33		36

自己卯年十一月初七日至十三日监房出入监人数册：

己卯年十月十四日监房发出司狱（Fructuoso Machado de Figueiredo）签名。

唯一出现图片的报道也只有一处，《澳门宪报》1887年2月16日（第六十号附报）发布的一则图文并茂的填地工程招标公告，在公告中详细列出了项目的用途、前景、预估费用等信息，为了直观说明还附上了平面图（见图1-2）。

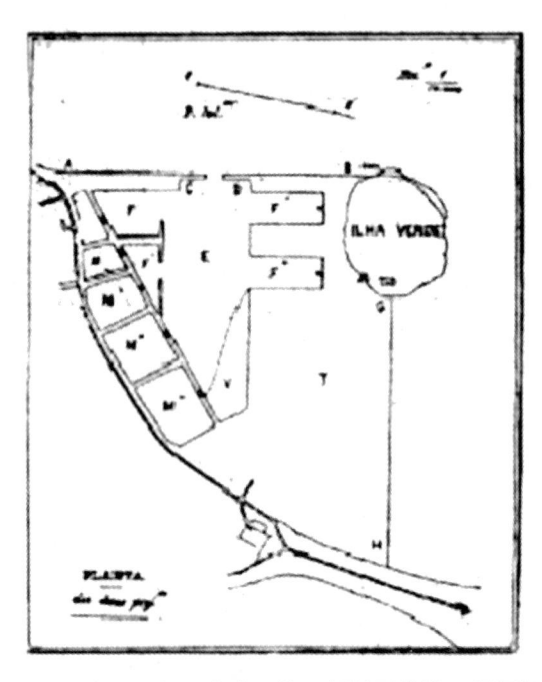

图1-2 《澳门宪报》中唯一的一幅插图填地工程招标公告

这也是《澳门宪报》中唯一的一幅插图公告，其图文并茂的形式在当时还处于现代公告雏形阶段的《澳门宪报》中是极其少见的。

其次，内容编辑上以政府机构的信息发布者开头，缺少现代报刊起到提要作用的标题。绝大多数的公告都列有这样的标题：

大西洋钦命澳门、地扪暨属地总督布为谕知事。

第一章 《澳门宪报》中文公告概述

照得前经出示严禁枪炮火药及军械等，不准由澳门载往中国内地各埠……为此札饬本澳文武官员军民人等，一体知悉。须至札者。光绪十八年三月十二日谕。①

大西洋澳门西洋政务厅叭之咕（Albino Antonio Pacheco）为出示晓谕事。

照得入西洋籍华人何廷光即何连旺，禀求在群队地瑞隆栈炮竹厂外之地建一分厂，内设火轮汽机为造炮竹纸之用……②

上述两则均以信息发布机构的名义作为题头，标题的差别仅是机构名称不同，从中无法了解下文的内容概要。可见，《澳门宪报》这种"标题"并非采用现代报纸的新闻导语形式，而是以政府发布公告的格式提醒公众关注，体现出浓厚的行政命令色彩。

最后，以公文、通告的文体为主，缺乏语言的表现力。《澳门宪报》上刊载的信息基本上是以这种行文格式为模版的：

大西洋澳门医生局书记啰查（Antonio Augusto da Rocha）现奉督宪仑，将本局所有下列之条款颁行，俾众咸知。惟所发之条款，并非本澳现时有疫症流行，不过疏疏间有屙呕之症耳。查以症华人多有染者，但思其所由来，乃因饮食不调，居住不洁，即有疾病，亦不速医所致。③

凼仔过路湾政务厅廉报称丙戌年十月二十日至廿六日所有事件开列于后：

廿一日，获到中查私小火船，名保捷，因该小火船在西洋水界内抛锚，但伊所抛之处是不准中国查私船在此抛锚故也。并且又在该处查船二只，乃系湾仔万兴号之船并过路湾陈吉之船，该二船同水行驶，故解往船政厅④。

---

① 《澳门宪报》1892 年 4 月 16 日（第十五号）。
② 《澳门宪报》1890 年 8 月 28 日（第三十五号）。
③ 《澳门宪报》1885 年 8 月 20 日（第三十三号）。
④ 《澳门宪报》1886 年 11 月 25 日（第四十七号）。

从上述内容中可以看出，两则公告均以信息发布机构作为题头："大西洋澳门医生局""氹仔过路湾政务厅"，然后叙述具体事件内容或颁布规章条款，最后或做简要解释或加以强调。这种行文模式基本用于陈述法律条款或事实声明，鲜见具有修辞色彩的描述用语和深入的逻辑推理分析，可见《澳门宪报》的内容基本属于相对简单、单调的"告白"或条令性质，缺乏内容表现力和思辨深度。

（五）《澳门宪报》新闻来源较为单一化

《澳门宪报》作为澳葡政府的官方报纸，其新闻来源较为单一，具体表现在内容上基本以政府发布的各类法规和通告为主，旨在向公众传达政府机构的各项工作情况、措施以及最终做出的意见、决定、行政通知等，因此政府自然是最主要的新闻来源。而其信息来源的单一性以下三方面根本原因。

首先，《澳门宪报》的官报属性决定了其传播信息的过程是服务于澳葡政府行使社会管理和服务职能的体现，根本目的是维护澳葡政府的殖民统治。因此，为了保证报纸的权威性和可靠性，《澳门宪报》只能以刊载政府公告为主，在主观意愿上它不能像《申报》等同时期的其他商业报刊那样，主动去拓展搜集信息的渠道，扩大新闻来源。

其次，《澳门宪报》所处的19世纪下半叶，澳门及周边地区大众传媒事业刚刚起步，各地之间的信息交流及传播通信技术尚不发达，这些技术局限性也决定了《澳门宪报》缺少现代报纸拓展信息来源的客观支持。

最后，《澳门宪报》官方报纸的定位就是一份专注于刊载本地信息尤其是体现官方政策导向的地方报纸，刊登的各类公告和官方的意见、态度口径一致，以服务本埠居民为主，因此鲜有关注外埠内容，信息来源具有很强的范围局限性。

（六）《澳门宪报》公告种类的丰富性及用语的地域化色彩

首先，《澳门宪报》内容基本以官方发布的公告为主，从性质和目的来看实则为一种具有浓厚政府色彩的公告形式，这类公告种类极其丰富。由于《澳门宪报》中文版的发行时间是从1850—1911年，61年间共计1234期；根据全文检索，发现除政府公告以外，还有涉及经济、文化、社会多领域的公告信息，本书将其2896则公告大致分为54个具体项目（公告的三级分类）的内容（见表1-2）。

第一章 《澳门宪报》中文公告概述

表1-2 《澳门宪报》中文公告分类表

公告一级分类	公告细分项目（公告三级分类）
政治公告	①税收公告；②公共安全公告；③法务公告；④城建公告；⑤投票选举与华人参政公告；⑥官员任免公告；⑦政府表彰公告；⑧交通公告；⑨军事公告；⑩外交公告；⑪组织机构与政府设立、华人管理章程、规定等公告；⑫土地征收公告；⑬公钞规定；⑭治安巡捕类公告；⑮公墓及丧葬章程公告；⑯罪犯统计公告；⑰战争声明；⑱政治立场声明；⑲表彰、庆典类公告；⑳双语公告
经济公告	①商品公告；②其他行业专卖公告；③招标公告（暗投公告）；④租赁与拍卖、破产、转让公告；⑤商务合同告示；⑥海外招工公告；⑦办厂公告；⑧博彩业公告（闱姓、白鸽票、番摊）；⑨鸦片专卖公告；⑩典当、担保公告；⑪财产遗失公告；⑫货币发行公告、银牌纸通告；⑬船期公告；⑭经济章程公告
文化公告	①宗教公告；②教育考试公告；③公共卫生及环保公告；④市容管理公告；⑤医疗类公告；⑥民俗公告；⑦媒体公告
社会公告	①邮政公告；②招寻公告；③气候预报公告；④慈善公告；⑤个人服务公告；⑥入籍公告；⑦娼妓公告；⑧乞丐公告；⑨婚姻公告；⑩丧葬管理公告；⑪辟谣公告；⑫遗产公告；⑬慈善与捐赠活动公告

资料来源：依据1850—1911年《澳门宪报》全部的中文广告内容编制。

可见，《澳门宪报》种类丰富的公告类别一方面源于澳门近代社会多元化的产业结构和来自东西方的不同文化元素的交融过程；另一方面也能够较为全面、真实地反映其近代丰富多元的社会状况和活跃的发展动态。但是需要说明的是，尽管《澳门宪报》中的公告数量和种类很多，与同期的诸如《申报》等其他民办报纸相比，其公告总体发展水平还处于比较初始的阶段。由于《澳门宪报》官报媒体的性质，并不十分注重对公告经营，因此其中文公告具体的内容表现、设计与编排方面都与大众商业报刊上的公告形式有着一定的差距。

其次，《澳门宪报》在语言上也具有明显的地域色彩，一是体现为强烈的葡文或其他外文痕迹，二是融入了邻近的粤语等方言元素。例如《澳门宪报》1892年12月7日（第四十九号）刊登的一则有关海外劳工输出的驳船平安到港的消息：

大西洋澳门署辅政使司费（João G. Duarte Ferreira）现奉督宪命爲通知各人事。

照得本澳美唎士公司代理船艘事务，接到回头信，内称卑文（Bremen）埠之活顿（Wuotan）船，前于八月初八日，由澳装载华客前往公个（Congo）马打的（Matadi）埠，经于九月十九日平安抵港。

特此通知。壬辰年十月十七日。

这则消息中出现了多处具有明显葡语痕迹的音译词："活顿船"由葡文"Wuotan"音译而来，"公个"是由葡文"Congo"音译，"马打的"由葡文"Matadi"，另外，还出现"夜冷""猪栏"的广东话及"德律风"英语音译等。

诸如此类的用语在《澳门宪报》中经常出现，大部分的中文公告几乎都以一段葡译中文作为题头："理事官唛嚟哆奉议事亭呵咑（Senado da Camara）命谕在澳各人知悉""大西洋理事官唛嚟哆吗唂吐奉公会命谕各人知悉"等。可见，这些官职名称和人名皆由葡文直接音译而来，行文中很多内容也由葡文直接音译并以葡文加括号备注其后。这种语言表述方式与《澳门宪报》1836年创办后全部使用葡萄牙语出版，直到1850年才刊行中文版本有关。

还有一类是从英文音译而来的名词，如下面一则公告：

澳门德律风馆（José Agostinho de Sequeira）为通知事。

照得本馆添设德律风两号，合就通告各人知悉。板障庙前救火壹局，内河东边救火第三局。戊申年十二月二十二日。公务司美（A. P. de Miranda Guedes）阅。①

上述内容中的"德律风"意为"电话"，是从英文 Telephone 音译而来的。反映了澳葡政府为了更好地管理通信事业而专门设立电话局即"德律风馆"的现代公共服务行为。

除此之外，《澳门宪报》中经常出现来自邻近的珠三角地区的粤语方言。如下面一则经济类信息中的专卖公告：

大西洋理事官唛嚟哆吗忌吐奉公会命谕各人知悉：

缘澳中牛栏批期将满，预定本月十九日十一点钟，在议事亭从新出投夜冷……少西班牙语，如有愿承充此行买卖揽头者，到亭声出若干批银，以出高价并遵规条者，准令承充。为此谕之。道光三十年是

---

① 《澳门宪报》1909年1月16日（第三号）。

二月初四谕。①

上述内容中出现"出投""夜冷""牛栏"等词皆出自广东语。"出投夜冷"为粤语方言中的"公开投标"之意。再如下面两则经济类信息中的博彩公告：

> 大西洋澳门正督理国课官柯为通知事。
> 照得澳门、凼仔、过路湾开设白鸽票及山票生意。经已于西纪十一月十五日在本衙门订立合同，准余国鬵承充。其期系自公历一千九百零五年十二月初一日起至一千九百一十一年六月三十日止。每年规定银二十八万二千元。所有各款章程列左②。
> 大西洋澳门公物会书记亚宋生奉公物会宪命为通知事。
> 照得前月十五日已将澳门、凼仔、过路湾承充闱姓生意出投，经立合同，惟查此合同现已销废，兹复定于本月二十一日壹点钟，在本公会大堂将澳门、凼仔、过路湾承充闱姓生意再行出投，如有出价高者，仍要合本公会宪意，方准承充③。

上述两则博彩招标公告中出现了"白鸽票"（Pa-ca-pio）、"山票"（San-pio）、"闱姓"等澳门当地赌博方式，这些名词都来自粤语的发音，前两者属于澳门彩票主要方式（除此之外还有铺票 Pu-pio、番摊）；而"闱姓"则是时广东最为流行的赌博方法。这些赌博形式在澳门当局的庇护下迅速发展起来，投买与揽承的交易活跃，澳葡政府从中获取了巨大的税金收入。

第二节 《澳门宪报》中文公告的基本特征

《澳门宪报》中文数量丰富、类型多样、特点鲜明，具有显著的公告经营意识，在中国近代报刊公告史上有着特殊的史料价值；已成为近代历

---

① 《澳门宪报》1851 年 1 月 11 日（第八号）。
② 《澳门宪报》1905 年 11 月 25 日（第四十七号）。
③ 《澳门宪报》1881 年 7 月 6 日（第二十七号附报）。

史最悠久、出版发行时间最长的报刊媒体，虽表述形式较为单一，但内容涉及范围大、反映面广，可谓"澳门近代史原始资料的宝库"；同时，作为中国近代官报公告的始祖，对此后的其他官报公告有着引导、借鉴作用。

一 《澳门宪报》中文公告的投放与发展

《澳门宪报》作为一种具有官方公报性质的印刷媒体，其发行与管理基本归澳葡政府全权负责。因此，报刊在公告经营上缺乏着眼于媒体运营的商业动力，主要服务于政府的政令发布、商业信息告知以及社会管理等职能，商业化色彩较淡。它最早由澳门印刷所（Tipographia Macaense）刊印发行，但从1858年改由J. 达·席尔瓦私人印刷厂印刷发行，① 1879年又改由费尔南德斯私人印刷厂印刷出版，② 到1901年则不再由私人公司印刷发行，最终改由澳门官印局印刷发行。③

但是，《澳门宪报》作为政府官办的媒体，却体现出较为鲜明的公告经营意识，自创刊起就积极发布公告吸引公告主前来投放，譬如《澳门宪报》在1880年正月初三日的第一号就公布了公告的刊例价与折扣：

> 凡有民间告白，无论用华字、西洋字、英字均可印刷。所用西洋字告白之价：每十行字，印第一次，价银一元；印第二次，每十五行字，价银一元。印英文告白同价。所用华字告白，每百字，第一次价银一元，下次再印者一半价。凡用华字印书印告白等件，不拘用何色样之纸，本馆均肯接印，价值相宜。

从公告内容和种类上看，《澳门宪报》创刊初期"基本上以官方文件为主要内容。1858年起不仅刊登官方文件，还出现社会消息等多样化的内容"④；尤其从1879年开始大量增加了刊登公告的种类，内容涵盖从选举、人事任命到交通、华人管理、邮政服务等全方位的社会信息，不再仅

---

① ［葡］施白蒂：《澳门编年史·1900—1949》，姚京明译，澳门基金会1998年版，第133页。
② 同上书，第216页。
③ 同上书，第6页。
④ 同上书，第69页。

由法务、外交、公共安全等政令性公告构成。

可以说,《澳门宪报》中文公告在绝对数量和内容占比上一直占有重要地位。大量的"告白""晓谕"不仅发挥了近代报刊媒介的传播政策信息、服务社会发展与经济交往的需求,而且也在潜移默化中传播了西方的现代文化理念,为澳门城市化乃至中国内地的近代化转型提供了动力。本书拟研究从1850年到1911年这61年间的共计2896则《澳门宪报》所刊登的中文公告,通过全面、细致的统计分类与内容分析,解读《澳门宪报》中文公告所反映的澳门近代社会的历史面貌与变迁过程。

(一)《澳门宪报》中文公告产生与发展的动因

1. 政治上,维护了澳葡政府对华人的殖民统治与管控

《澳门宪报》作为服务于澳葡政府殖民统治的官方报纸,在中文公告中政府公告占据很大比重,按照公告内容所涉及的领域,《澳门宪报》中的政府公告大致分为20个小类:①税收公告;②公共安全公告;③法务公告;④城建公告;⑤投票选举与华人参政公告;⑥官员任免公告;⑦政府表彰公告;⑧交通公告;⑨军事公告;⑩外交公告;⑪组织机构与政府设立、华人管理章程、规定等公告;⑫土地征收公告;⑬公钞规定公告;⑭治安巡捕公告;⑮公墓及丧葬章程公告;⑯罪犯统计公告;⑰战争声明;⑱政治立场声明;⑲表彰、庆典公告;⑳双语公告。这类公告不但反映了澳葡当局对待华人移民的统治态度以及管控方式,也从客观上为澳门政治制度的宣行提供了重要平台。如《澳门宪报》1851年1月18日(第九号)刊登的一则法务公告:

> 大西洋理事官唛嚟哆吗忌士谕各色人等知悉:
> 照得本署门常启为预办公,盖求办公者,不论西洋字禀、华人字禀,抑小事口诉,悉准投赴。至于递禀者,必须亲身前来,不应使抱,亦不须另带通事。尔等应知本官办案,所秉至公,是非直剖,并无偏纵。其凡所求,或护或拿,无不立行,各宜知照。特谕。道光三十年十二月二十日谕。

这则公告明确告知了公众审理案件诉讼的规程,从侧面反映出了政府针对澳门华人行使法治管辖权的实际情形。

再如:《澳门宪报》1879年5月10日(第十九号)最早刊登的一则

入籍公告：

  大西洋澳门总督子爵施为谕知事。
  案据尔入大西洋籍之华人禀求大西洋君主为求身后所遗物业，照华人风俗事例而行等情。本大臣据情奏请在案，今得接部文，所称不日有上谕颁发。华人入大西洋籍，在澳门居住者，所遗物业应照华人风俗事例办理，惟如有入籍时或入籍后，有禀求将所遗物业要照大西洋律例办理者，方照大西洋律例而行等因。本大臣谅下次祖家火船到来，必有上谕，将此事定实矣。兹特据情先行谕尔入大西洋籍之华人欣悉。此紧要之事，已遂尔心，可以畅快，并知本大臣用心体顾尔之便益，并大西洋君主亦有圣意保护你等也。合行谕知。须至谕者。己卯年闰三月十六日。

  从这则公告可以看出，这是一则澳葡政府发布的关于加入葡萄牙国籍的华人之资产该如何处理的公告，说明早在19世纪70年代澳葡政府对华人自愿加入葡籍持有"用心体顾"的鼓励态度，将之视为"紧要之事"。

  2. 经济上，着眼于服务澳门经济发展与产业转型

  《澳门宪报》上的经济公告几乎涵盖了所有澳门经济活动的内容，笔者具体分为14个小类：①商品公告；②其他行业专卖公告；③招标公告（暗投公告）；④租赁与拍卖、破产与转让公告；⑤商务合同公告；⑥海外招工公告；⑦办厂公告；⑧博彩（闱姓、白鸽票、番摊）公告；⑨鸦片专卖公告；⑩典当、担保公告；⑪财产遗失公告；⑫货币发行公告、银牌纸公告；⑬船期公告；⑭经济章程公告。

  这些种类繁杂的经济公告是澳门地区日趋复杂的经济交往和中外贸易活动的直观体现，其总的发展趋势体现出跟随澳门地区的经济产业结构逐渐转型而变化的特征。鸦片战争后，中国沿海地区诸多通商口岸的陆续开放，澳门在中外贸易中心地位的逐渐衰落，导致了其经济支柱——国际贸易业迅速萎缩，在这种情况下，政府财政收入大减，不得已开始尝试产业转型。而《澳门宪报》作为官方媒体在公告信息上自然反映出这种经济转向的政府态度。具体体现在以下两个方面。

  首先，它呈现了澳门传统经济支柱的衰落与新兴产业的发展。
  虽然早在《澳门宪报》1854年12月9日（第八号）就出现了航运公

告，但其所占比重逐渐下降，反映了澳门国际贸易和航运中心的地位受到挑战。当时最早的一则船期公告内容如下：

兹者香港东藩火船公司议定：

自此以后，每逢礼拜二、礼拜四、礼拜六日，有火轮船由港（香港，笔者注）往省（广州，笔者注），由省来港，礼拜六由省来港之火轮，与礼拜二由港往省之火船，经过澳门下铙（锚）一刻，然后直往。每欲快行到步火船开行之候，不能一时而定，因潮水日日不同之故矣。每船开行之时候，必日日声明于新闻纸内。搭客水脚银照旧一样，船面搭客有遮帐。本公司之火轮船舱位阔大，若有粗货亦可装载，水脚银面议。咸丰四年十月十六日，东藩火船公司大班启。

这则公告比目前学界公认的我国中文报纸中最早刊登航运公告的《香港船头货价纸》早了4年，也是澳门航运业较为兴盛时期的媒介呈现。《澳门宪报》1891年9月10日（第三十七号）刊登的船期公告记载了其发达的航运业数据："谨将近四年内并本年上六个月所有出入口船只挂号部抄出呈览。入口船数：一千八百八十七年有四千三百七十五艘；一千八百八十八年有五千七百三十艘；一千八百八十九年有五千九百三十七艘；一千八百九十年有六千二百九十四艘；一千八百九十一年上六个月有三千三百二十三艘；出口船数：一千八百八十七年有四千三百五十一艘；一千八百八十八年有五千七百二十六艘；一千八百八十九年有五千九百二十七艘；一千八百九十年有六千二百七十七艘；一千八百九十一年上六个月有三千一百八十七艘。"

从这些公告数据中我们可以看出，近代澳门的航运业比较繁荣，与世界各地都有密切的交通往来，从一个侧面也反映出当时国际贸易的发达程度（见图1-3）。

与此同时，澳门在19世纪末的经济结构开始转向依赖鸦片贸易、博彩赌博为主，二者并列成为澳门的支柱性产业。如《澳门宪报》上的博彩公告在所有专卖公告中的占比为最高（详见表3-2），说明所有出现的专卖公告中有超过一半是与博彩业有关的；而据史料统计，以1882年为例，当年"转运到中国的洋药（即鸦片）约值3597029元，报关船运约

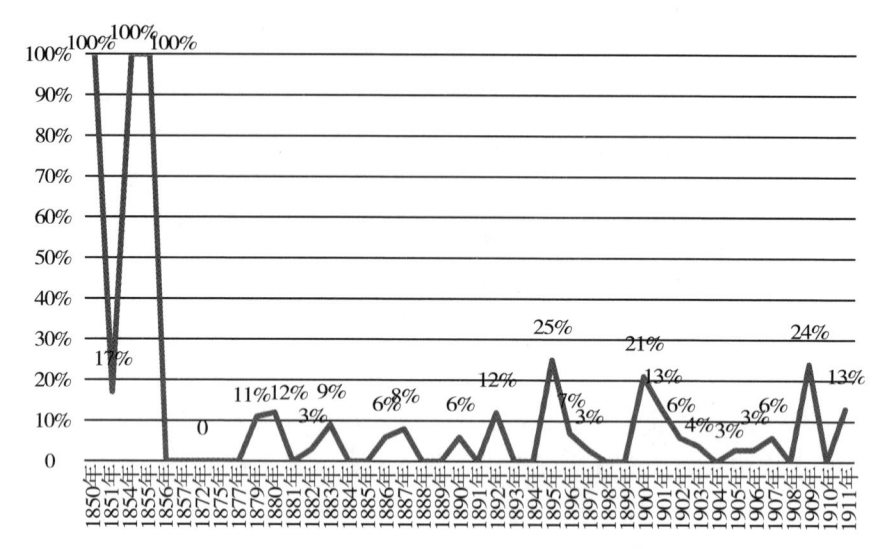

图 1-3　航运公告占经济公告总量的比重变化趋势

1633952 元，秘密船运 1963076 元"；① 1882 年度上缴葡萄牙的闱姓生意特许经营财政款也高达 353000 元；② 内地的《申报》1881 年 8 月 1 日曾报道：由于"粤省香港既已禁止（赌博）……于是合省港于澳门，以三而一，此所以每年承缴赌税有百数万之多"③ 这种情况在媒体上也有所体现，如《澳门宪报》刊登的一则博彩公告：

> 大西洋澳门公物会书记亚宋生奉公物会宪命为通知事。
> 　照得前月十五日已将澳门、凼仔、过路湾承充闱姓生意出投，经立合同，惟查此合同现已销废，兹复定于本月二十一日壹点钟，在本公会大堂将澳门、凼仔、过路湾承充闱姓生意再行出投，如有出价高者，仍要合本公会宪意，方准承充。④

---

① 《1887—1891 年拱北关贸易报告》，参见莫世祥等编译《近代拱北海关报告汇编（1887—1946）》，澳门基金会 1998 年版，第 26—27 页。
② 莫世祥：《近代澳门贸易地位的变迁——拱北海关报告展示的历史轨迹》，《中国社会科学》1999 年第 6 期。
③ 《申报》1881 年 8 月 1 日。转引自广东省档案馆编《广东澳门档案史料选编》，中国档案出版社 1999 年版，第 347 页。
④ 《澳门宪报》1881 年 7 月 6 日（第二十七号附报）。

反映了澳葡政府对于源自广东的一种赌博方式——闱姓博彩场所进行全城范围的管控并从中谋利的产业政策。

其次，它反映了政府在产业转型方面的政策导向。

由于特许经营制度给澳葡政府带来的税收极其丰厚，澳葡当局于鸦片战争后传统产业日渐凋敝的情况下，加大通过公告媒体宣传、推行"特许经营制度"的产业政策，譬如《澳门宪报》专卖公告总量158则，于1851年刊载的5则专卖公告是其最早的经济公告，此时正值特许经营制度推行伊始，《澳门宪报》上该类公告的投放力度不断加大，到1892年其数量不断增多，一度占据了《澳门宪报》经济公告47%的比重。此类专卖公告主要包括鸦片、博彩、鱼盐、猪牛肉以及一些包税专卖的转让、撤销、定价等公告。如《澳门宪报》1851年1月18日（第九号）刊登的一则猪肉专卖公告：

> 奉公会命谕澳中人等知悉：
> 照得辛亥年猪栏所出规条并卖猪肉各价，于本月十九日出投夜冷，已准人投得。遵照所规定条，除卖猪肉各价外仍照本年旧式，每元银不能卖至十斤之下。所有交易，照每礼拜钱价申算，此皆公会裁准，各宜知照。特示。道光三十年十二月二十九日示。

这类公告中招标出投的专卖公告用语时常出现："定于……日……点钟，在公物会大堂当公物会宪前将澳门……生意出投，招人承充……""照得定于……日……点钟，在本衙招人落票暗投，承充抽收本澳……生意规银，以……年为期……"反映了澳葡政府对于各类经济活动的严格监控与渴望从中谋取税利的积极态度。

"特许经营制度"是一种包税专营专卖制度，即政府将某一产业产品的经营或贸易的总税额与专营或专卖权一并交给包税商，包税商按与政府签订的合同交足税额后，即换取了对该商品或贸易的生产或经营的垄断权。①

---

① 查灿长：《转型、变项与传播：澳门早期现代化研究（鸦片战争至1945年）》，广东人民出版社2006年版，第184页。

3. 文化上，有助于澳门东西方文化的共存与融合

澳门的国际商埠地位和华洋混居的社会结构吸收了来自东西方不同文化的基因，在此基础上形成了自身独特的文化特质。尤其在思想观念、社会风气和生活习惯方面，这种多元文化的共存与融合是它最具特色的文化魅力所在，也使得它在不同文明的交往中，对内地毗邻地区产生了深远影响，成为西风东渐的"桥头堡"。而公告则是体现一个地区文化活力和发展动态的最显著载体，《澳门宪报》的中文公告就最直接地彰显了西方统治者与当地华人在思想文化方面的冲突与交融过程，这实际上是考察近代中国文化在迈向全球化、现代化进程中的一个典型样本。

如《澳门宪报》1851年7月19日（第三十五号）上就发布了公告，就华人敏感的"唱戏祭神等教内诸事"做出过严格的规定，即"嗣后凡有搭棚唱戏祭神等事，惟准在马阁庙前及新渡头宽阔之地，余外不准在别处搭棚"。之后，这类的管理公告在《澳门宪报》中越来越多，如"每夜自十一点钟起至翌早七点钟，严禁烧烟花起火爆竹等件"。[①] "凡行丧礼，不准摇钟、击鼓、鸣锣、奏乐、诵经、喧天"。但同时也规定，"如遇华人过新年，于除夕、初一、初二，该三夜不在禁内"，[②] 也在一定程度上尊重华人的习俗。

此外，入籍政策中还体现出澳葡政府对华人风俗习惯的尊重，比如关于入籍华人的资产应该如何处理的问题，澳葡政府就下令"照华人风俗事例而行"，"所遗物业应照华人风俗事例办理"，[③] 即按照华人自己的风俗习惯进行处理，体现了官方在文化上的尊重与包容态度。

4. 社会管理上，服务于澳门华人社会的治理与现代化改造

首先，华人移民的流入导致其治理的难度加大，加大政策上的公告宣传成为必要手段。

有学者统计，澳门地区华洋人口的比例保持在20∶1的水平[④]。尤其在1900年前后由于内地战乱的加剧，华人移民的大量持续迁入使得澳葡政府在华人群体的管理上难度加大。因此陆续出台了入籍政策、安全法

[①] 《澳门宪报》1883年10月20日（第四十二号）。
[②] 《澳门宪报》1884年2月2日（第五号）。
[③] 《澳门宪报》1879年5月10日（第十九号）。
[④] 程美宝：《把世界带进中国：从澳门出发的中国近代史》，社会科学文献出版社2013年版，第226页。

规、公共事务章程等多方面的措施强化对华人群体的管控。如公共领域的活动方面成立了多个社会组织及行业机构，弥补政府对经济和社会公共领域活动的管理空白。

《澳门宪报》1877年5月12日（第十九号）上的一则社会机构成立公告就清晰地显示了这种西方政府在社会治理上的现代方式：

Nomes das repartções publicas de Macau：

澳门总督衙门（Palacio do governo de Macau），总督公会（Coselho do governo），议政公会（Coselho da provincia），公物会（Junta da fazenda），工程公会（Coselho techniço das obras publicas），文献公会（Junta de justiça civil），武献公会（Junta de justiça militar），按察司衙门（Juizo de direito），商政工会（Tribunal do commercio）。

上述内容中出现了多个社会公共机构的名称，而这些机构正是承担澳葡政府行使社会公共管理职能的重要实体和政府的各个具体部门。

又如在社会公共安全上，针对华人移民带来的治安隐患，澳葡政府出台了鼓励华人举报匪盗、强化公安巡捕的法规公告：

大西洋理事官唛嚟哆吗呢吐为赏格事。

照得风闻仍有匪徒在澳抢夺，为此悬赏，各人知悉：有能知该贼匪窝藏之处，或知其姓名，有确实偷抢证据，无论其在河在岸，赴亭报知，带兵拿获审确，每贼一名，立赏报信银三大元。特行赏格者。咸丰元年正月二十七日。①

大西洋理事官唛嚟哆吗忌士为晓谕事。

现查得大街各围裏有屋窝藏匪类，夜间出来偷抢。本西洋官当留心查明，以悉该匪头等名，合行晓谕在澳各居大街等处良民知悉，尔等欲免咎累，切勿容留此等奸细，且不许邻舍有窝匪之者，凡疑有奸细所住之处，应即前来通报，必定相护查拿，各宜知悉。特谕。道光三十年十二月十六日谕②

---

① 《澳门宪报》1851年2月15日（第十三号）。
② 《澳门宪报》1851年1月18日（第九号）。

而这一政策的实施背景是 19 世纪末华人移居澳门的数量大增，澳葡政府希望通过加大入籍管理来严格管控华人移民，这一官方意图也反映在入籍公告数量的增长上如图 1-4 所示。

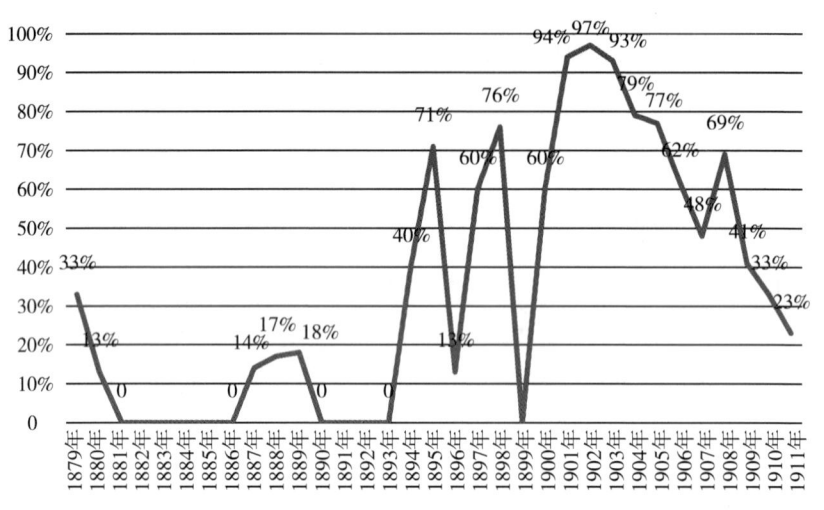

图 1-4　入籍公告占社会公告总量的比重变化趋势

从图 1-4 可见，入籍公告的数量在 1893 年到 20 世纪初又呈现了一个较明显的增长高峰。对此，澳葡政府一方面希望通过吸引华人大量移民为经济发展、产业转型提供更丰富的人力资源，同时也通过这种籍贯身份的管控措施加强对华人移民的控制。如 1906 年发布的一则入籍政策公告：

> 大西洋澳门华政厅马（José Luiz Marques）为晓谕事。
> 案奉西一千九百零六年正月初六日第一号澳门宪报颁行上谕内开，凡系在澳门及澳门属地出世之华人，于上谕颁行日期之后，欲表明其在该处出世者，必须将遵照华人在澳出世注册章程所定经已出世注册之凭据，在该册内抄录一纸呈出，方能作为确是澳门出世之实凭据。除该册以外按照上谕所有别项凭据，均不得作准。特将上谕录示，以俾众周知。……乙巳年十二月十八日。华政署写字阿美（Alfredo Augusto Ferrirad'Almeida）签名①。

---

① 《澳门宪报》1906 年 1 月 20 日（第三号）。

第一章　《澳门宪报》中文公告概述

从上则公告可见,澳葡政府对澳门居民在本地出身的证明采取了严格的认定方式:"必须将遵照华人在澳出世注册章程所定经已出世注册之凭据,在该册内抄录一纸呈出,方能作为确是澳门出世之实凭据。除该册以外按照上谕所有别项凭据,均不得作准。"即以后只有出示官方开具的出生证明记录的居民方可有澳门居民的资格认定,说明此时入籍政策已经日趋严格和规范化。

其次,公告传播服务于澳门城市发展的现代化转型。

澳门随着中外贸易、航运业数百年的发展,日益紧密的经贸联系和生活交往使得往来和定居的各国人口逐渐增加,也推动了其城市化的进程加速,逐渐成为中国最早近代化的"城市"。"来者日众,华洋杂处,房舍栉比,蔚然成埠"①,正是澳门近代城市化的写照,其城市的人口构成来源以澳门与广东其他地区的为主,澳葡政府应对城市规模的扩大及其带来的日益复杂的社会活动需求,也不得不通过颁布一系列完善市政设施建设、市容管理法规的方式来加强对城市的经营和管理:

西洋理事官奉议事亭司打命谕所属各人知悉:

照得各街名板字色不亮,司打现雇匠修整。至于何处铺屋门号之牌,尚有残坏,该业主自应修复明亮。合此谕饬,各宜凛遵。特谕。咸丰元年七月二十日谕②。

澳门议事亭公会书记咛哗唎(S. A. Tavares)为通知事:

照得西洋坟近日所值花木,现查得有往来之辈擅行扳摘者,即按咁嘛喇告示总汇册第二款例,每人罚银二大元。今欲各人周知,是以在华政衙门将示译出华字张贴,俾各咸知。庚辰年三月十四日。③

澳门德律风馆(José Agostinho de Sequeira)为通知事:

照得本馆添设德律风两号,合就通告各人知悉。板障庙前救火一局,内河东边救火第三局。戊申年十二月二十二日。公务司美(A. P. de Miranda Guedes)阅④。

---

① 何大章、缪鸿基:《澳门地理》,广东省文理学院,1936年。
② 《澳门宪报》1851年8月20日(第四十号)。
③ 《澳门宪报》1880年4月24日(第十七号)。
④ 《澳门宪报》1909年1月16日(第三号)。

从上述三则分别关于市容市貌的管理、保护绿化规则以及设立电话线路的社会公告内容中我们可以推测，政府刊载此类社会公告其目的在于强化行使公共管理与服务的职能；而且还专门设立了管理通信事业的"德律风馆"等机构，可以明显体现出澳葡政府对此类现代公共服务的重视程度，意在宣传和引导广大华人居民逐步适应城市化生活。

（二）《澳门宪报》中文公告的发展阶段

1. 1850—1878 年第一阶段：初创时期

这一时期，《澳门宪报》中文公告的刊载情形是不稳定的，作为一份 1850 年刚刚刊行中文内容的政府公报，它刊登的公告数量很少，除 1851 年有 31 则以外，其他年份或者处于停刊状态（1852—1853 年、1858—1871 年、1873—1874 年、1876 年、1878 年），或者仅仅刊登一两则公告（1850 年、1854—1857 年、1872 年、1875 年、1877 年），内容上基本以商业信息为主，以及 1851 年的少量政治公告（13 则）、社会管理公告（4 则）、文化类信息（1 则）这四类形式出现。公告形式较为简单，可以称之为"政令"或"告白"的方式，反映出《澳门宪报》中文公告在初创阶段处于一种雏形状态。

2. 1879—1888 年第二阶段：起步时期

1879 年 2 月 18 日起，《澳门宪报》中的中文公告刊载量开始大幅增加，进入了发展起步阶段。至 1895 年这 15 年间，数量维持在 20 则以上，且在 1879—1882 年就出现了第一个刊行量高峰（均在 90 则以上）。数量上的大幅增加是与香港殖民地竞争使然：当时"英国属地香港，凡有印出宪报，皆译华字"[1]，为与香港看齐，澳门总督正式决定，"自今以后，《澳门宪报》要用大西洋及中国二样文字颁行"。[2] 而到 1888 年，《中葡和好通商条约》（清政府与葡萄牙）的签订，澳门成为内地清政府无力掌控的地区，从而澳葡政府获得了对澳门"永居管理"的地位，于是，有很多资产阶级革命派人士等自由力量在此汇聚。这一时期，公告种类也丰富起来，社会、文化（科教文卫）公告所占比例总体上呈上升趋势，社会公告占比从 1879 年的 3%增至 1888 年的 23%，文化公告占比从 1879 年的 5%增至 1888 年的 8%，反映了澳门地区华人规模迅速扩大所导致的华人

---

[1] 《澳门宪报》1879 年 2 月 8 日（第六号）。

[2] 同上。

群体社会文化活动日渐繁荣的趋势。

3. 1889—1911 年第三阶段：高速发展期

1889 年以后至辛亥革命民国政府成立前夕，《澳门宪报》中的中文公告刊载量进入绝对数量大幅增长，但波动较为剧烈的高速发展阶段。这一时期，公告刊载总量在 1898、1902、1905、1911 达到了四次数量高点，分别为 116、170、191、182 则，总体数量维持在 46 则以上。经济公告数量明显增加，从 1896 年的 14 则增至 1911 年的 83 则，其间还达到 126 则的高点（1905），占比一度达到 66%，反映出澳门经济活动的增加以及澳葡政府努力推动经济转型的政策导向；社会公告从 1896 年起比重缓慢增长，数量在 1898 年、1902 年、1908 年达到了三个增长周期的高点，尤其是入籍公告成为推动数量增长的主要内容，反映出华人移民在内地战乱、社会动荡时期加速移居澳门的人口变迁情况；文化公告在 1905—1909 年缓慢增长，但基本维持在占比 1%—4% 的水平，反映出东西方文化融合状态已经基本稳定，社会管控上在早期经历了文化习俗的冲突后社会各方和谐相处、文化矛盾趋于平缓的局面。

二 《澳门宪报》中文公告的刊载模式

（一）《澳门宪报》中文公告的刊载总量变化

表 1-3　　　　1850—1911 年《澳门宪报》中文公告分类统计

年份	经济 数量（则）	经济 百分比（%）	政府 数量（则）	政府 百分比（%）	社会 数量（则）	社会 百分比（%）	文化 数量（则）	文化 百分比（%）	合计（则）
1850	1	50	1	50	0	0	0	0	2
1851	13	42	16	52	0	0	2	6	31
1852	0	0	0	0	0	0	0	0	0
1853	0	0	0	0	0	0	0	0	0
1854	1	100	0	0	0	0	0	0	1
1855	1	100	0	0	0	0	0	0	1
1856	1	100	0	0	0	0	0	0	1
1857	1	100	0	0	0	0	0	0	1
1858	0	0	0	0	0	0	0	0	0
1859	0	0	0	0	0	0	0	0	0

续表

年份	经济 数量(则)	经济 百分比(%)	政府 数量(则)	政府 百分比(%)	社会 数量(则)	社会 百分比(%)	文化 数量(则)	文化 百分比(%)	合计(则)
1860	0	0	0	0	0	0	0	0	0
1861	0	0	0	0	0	0	0	0	0
1862	0	0	0	0	0	0	0	0	0
1863	0	0	0	0	0	0	0	0	0
1864	0	0	0	0	0	0	0	0	0
1865	0	0	0	0	0	0	0	0	0
1866	0	0	0	0	0	0	0	0	0
1867	0	0	0	0	0	0	0	0	0
1868	0	0	0	0	0	0	0	0	0
1869	0	0	0	0	0	0	0	0	0
1870	0	0	0	0	0	0	0	0	0
1871	0	0	0	0	0	0	0	0	0
1872	1	100	0	0	0	0	0	0	1
1873	0	0	0	0	0	0	0	0	0
1874	0	0	0	0	0	0	0	0	0
1875	1	100	0	0	0	0	0	0	1
1876	0	0	0	0	0	0	0	0	0
1877	1	100	0	0	0	0	0	0	1
1878	0	0	0	0	0	0	0	0	0
1879	27	30	56	62	3	3	5	5	91
1880	27	28	56	58	8	8	5	5	96
1881	23	24	71	75	1	1	0	0	95
1882	29	30	57	58	6	6	6	6	98
1883	23	33	41	59	3	4	3	4	70
1884	16	19	55	65	12	14	2	2	85
1885	21	24	46	52	13	15	8	9	88
1886	16	26	34	56	8	13	3	5	61
1887	13	32	20	49	7	17	1	2	41
1888	8	31	10	38	6	23	2	8	26
1889	12	32	15	39	11	29	0	0	38

续表

年份	经济 数量(则)	经济 百分比(%)	政府 数量(则)	政府 百分比(%)	社会 数量(则)	社会 百分比(%)	文化 数量(则)	文化 百分比(%)	合计(则)
1890	18	46	15	38	6	15	0	0	39
1891	9	29	11	35	9	29	2	6	31
1892	17	35	16	33	15	31	1	2	49
1893	27	40	32	47	7	10	2	3	68
1894	28	57	10	20	5	10	6	12	49
1895	12	39	7	23	7	23	5	16	31
1896	14	30	22	48	8	17	2	4	46
1897	31	46	17	25	20	29	0	0	68
1898	41	35	24	21	51	44	0	0	116
1899	17	24	52	72	3	4	0	0	72
1900	24	50	14	29	10	21	0	0	48
1901	32	37	19	22	35	41	0	0	86
1902	51	30	23	14	95	56	1	1	170
1903	49	39	11	9	64	50	3	2	127
1904	69	44	19	12	67	43	1	1	156
1905	126	66	18	9	44	23	3	2	191
1906	68	53	26	20	29	23	5	4	128
1907	54	53	17	17	27	26	4	4	102
1908	36	35	24	23	42	41	1	1	103
1909	42	39	23	21	39	36	4	4	108
1910	47	48	25	26	24	25	1	1	97
1911	83	46	74	41	22	12	3	2	182
合计	1131		977		707		81		2896

资料来源：根据1850—1911年《澳门宪报》全部中文公告的统计数字而编制。

表1-3向我们完整地展示了从1850年至1911年的《澳门宪报》中文的变化情况，将表1-3中的公告"总量"数据制成单独的折线图（图1-5），以更直观地反映这61年间的数量变化情况。

从图1-5我们可以总体上解读《澳门宪报》中文公告的数量变化：前述三个阶段的划分是建立在这一发展趋势上的。1850年《澳门宪报》首次刊登中文公告，但直到1879年（应改成1877年）基本处于少量刊发

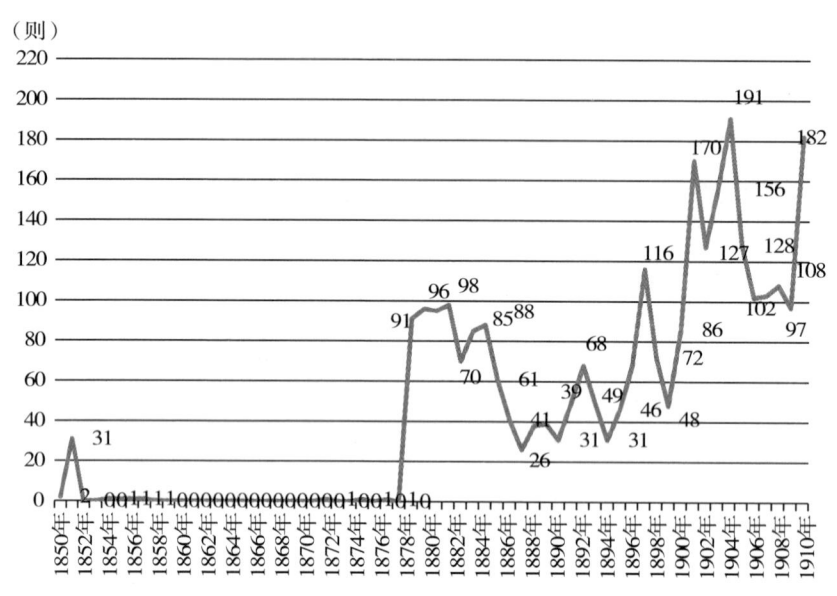

图 1-5　1850—1911 年《澳门宪报》公告总量变化趋势

资料来源：根据 1850—1889 年《澳门宪报》中文公告的统计数字而编制。

或者停刊状态，仅在 1851 年有一个短暂的增长，其他年份只有 1、2 则。其中的一个原因是 1858—1871 年这 14 年间，《澳门宪报》停止发行中文版，1872 年起才又恢复，但直到 1878 年，所刊载的中文消息并不稳定，只在少数年份有 1 则商业信息公告（1854—1857 年、1872 年、1875 年、1877 年）；1879 年 2 月 18 日起，《澳门宪报》中的中文公告数量开始大幅增多，其重要原因之一是当时"澳之英国属地香港，凡有印出宪报，皆译华字，以所属华人得知"，[①] 为与香港看齐，澳门总督正式决定，"自今以后，《澳门宪报》要用大西洋及中国二样文字颁行"。[②] 因此，从 1879—1911 年，《澳门宪报》的中文公告进入了较为平稳的发展阶段，除 1883—1898 年有短暂下降外，总体上呈现逐年上升的趋势，至 1911 年辛亥革命之前达到 183 则。考虑到 1879 年以前停刊导致样本分析不具充分代表性的情况，本书将在数据分析上着重考察 1879 年以后宪报中文公告持续发布以后的变化情况。

---

① 《澳门宪报》1879 年 2 月 8 日（第六号）第二号附报。

② 同上。

(二)《澳门宪报》中文公告的类型

《澳门宪报》中文公告信息内容庞杂、发布活动复杂,既有澳葡政府的命令、公文、法令,也有海外新闻、现行物价、统计资料等重要消息,故与现在严格意义上的公告公文不同,《澳门宪报》中文公告更多地具有"广而告之"的性质,所以,不能用一般的公告分类方式来囊括其内容。现根据《澳门宪报》上中文公告的主要内容及内容所涉及的领域,从社会治理的需要,将公告分为四大类,如表1-4所示。

表1-4　　　　　　　　《澳门宪报》中文公告内容分类

公告大类	基本内涵
政治公告	指公安、交通、法院、税收、卫生建设等部门发布的公告,这些也具有公告的作用。它是政府机关联系群众、组织社会生活不可缺少的手段
经济公告	以盈利为目的所开展的公告活动,亦称商业性公告。能够传播经济信息,沟通产销渠道,促进生产,加快流通,为生产和生活提供服务信息,推动整个社会经济的发展
文化公告	指有关宗教、教育考试、公共卫生、市容管理、医疗等公告,作用比较明确,主要是与科教文卫领域相关的公告信息,是提供特定的公共服务类别的公告
社会公告	指提供社会公共服务或个人生活服务的公告,如邮政通信公告、婚姻公告、招寻公告、气象公告、入籍公告等,它们通常是免费发布的或者只收少量的费用,能够服务于读者,满足他们对各种社会服务类信息的需求

以上四种的分类方式对于澳门宪报上的中文公告是最恰当的。这是因为,作为一份澳门地方性的报刊媒介,我们在分类上无法选择传播地域与媒介类型的划分标准。此外,《澳门宪报》的中文公告内容涉及面较广,传播对象上具有非特定的公众告知性,因此采取按照内容进行分类应为最恰当的标准,能够更细致全面地解析《澳门宪报》上中文公告的具体特征。其中,经济公告的数量最多,产生的影响亦最大;而政府、文化(科教文卫)、社会生活这三类公告是不以获取经济利益为直接目的,而是为实现某种政策宣传目标、某种公共服务所发布的公告,不存在盈利问题,亦称非经济公告。

按照《澳门宪报》中文公告的内容所涉及的领域,将《澳门宪报》的中文公告分为经济公告、政府公告、文化公告与社会公告四大类。针对《澳门宪报》中非经济性公告数量多、内容涉及面广的实际情况,为了方便研究,依据这些非经济公告内容的特点,又将之分为政府公告、社会公告、文化公告(科教文卫公告)三大类。

根据前述设定的划分标准,依据《澳门宪报》中文公告的内容,分成经济公告、政治公告、文化公告与社会公告四大类,即公告的一级分类,在四个大类下,又细分为 30 个公告二级分类、在 30 个二级分类里再细分为 54 个具体项目(公告三级分类),具体项目见表 1-5 和表 1-6。

表 1-5　　　　　　　　《澳门宪报》中文公告分类表

公告一级分类	公告二级分类
政治公告	①军事公告;②外交公告;③公共安全公告;④法务公告;⑤选举与任免公告;⑥政府表彰公告;⑦华人管理机构与章程公告;⑧城建公告;⑨交通公告;⑩税收(公钞)公告
经济公告	①商品公告;②其他行业专卖公告;③招标(暗投)公告;④租赁、拍卖、破产、转让公告;⑤商务合同公告;⑥海外招工公告;⑦营业公告;⑧博彩公告;⑨鸦片专卖公告;⑩经济规章公告;⑪典当公告
文化公告	①教育公告;②卫生防疫类公告;③宗教与文化民俗公告;④市容管理公告
社会公告	①入籍公告;②遗产公告;③个人服务类公告;④社会管理与服务类公告;⑤特殊群体管理类公告

数据来源:依据 1850—1911 年《澳门宪报》全部的中文公告内容编制。

表 1-6　　　　　　　　《澳门宪报》中文公告分类表

公告一级分类	公告细分项目(三级分类)
政治公告	①税收(公钞)公告;②公共安全公告;③法务公告;④城建公告;⑤投票选举与华人参政公告;⑥官员任免公告;⑦政府表彰公告;⑧交通公告;⑨军事公告;⑩外交公告;⑪组织机构与政府设立公告;⑫华人管理章程、规定等公告;⑬土地征收公告;⑭双语公告;⑮治安巡捕公告;⑯公墓及丧葬章程公告;⑰罪犯统计公告;⑱战争声明;⑲政治立场声明;⑳表彰、庆典类公告
经济公告	①商品公告;②其他行业专卖公告;③招标(暗投)公告;④租赁、破产转让公告;⑤商务合同公告;⑥海外招工;⑦营业公告;⑧博彩公告;⑨鸦片专卖公告;⑩典当、担保公告;⑪财产遗失公告;⑫货币发行公告、银牌纸公告;⑬船期公告;⑭经济章程公告
文化公告	①宗教公告;②教育考试公告;③公共卫生及环保公告;④市容管理公告;⑤医疗公告;⑥民俗公告;⑦传媒公告
社会公告	①邮政公告;②招寻公告;③气候预报公告;④慈善公告;⑤个人服务公告;⑥入籍公告;⑦娼妓公告;⑧乞讨公告;⑨婚姻公告;⑩丧葬管理公告;⑪辟谣公告;⑫遗产声明;⑬捐助公告

资料来源:依据《澳门宪报》1850 年到 1911 年全部的中文公告内容编制。

公告二级分类具体释义:

1. 政治公告

《澳门宪报》中的军事公告指的是由澳葡政府发布的关于澳门的军事信息，具体包括军事行动、军事设施建设、军事武装政策等与军事活动相关的公告。

《澳门宪报》中的外交公告是指由澳葡政府发布的关于澳门对外的外交政策与活动信息，体现了澳葡政府作为相对独立的政治主体行使的对外"主权"，主要包括政府发布的对外声明、战争声明、政权成立、外事活动等相关信息，以及与内地的清政府发生的交往或表达态度等声明。

《澳门宪报》中的公共安全公告是指由澳葡政府及其公共安全部门发布的关于澳门公告安全与治理的相关公告，体现了澳葡政府对内行使的政治统治权，包括各类主要针对华人的安全管控制度与措施及具体的治理行为，如巡捕公告、治安条例、犯罪情况通告等信息。

《澳门宪报》中的法务公告是指由澳门地区法院或法务管理部门发布的各类法律制度及具体执行情况的判决公告。

《澳门宪报》中的投票选举与华人参政公告是指澳葡政府发布的关于澳门各级官员的选举、上任、卸任、代任等具体政治组织变迁和各类政治活动的相关公告，尤其是涉及华人参政的信息发布，包括华人投票选举"民委官"和当选公局负责人的公告，体现了澳门采取西式民主政体的政权组织形式和行政政府管理权的组织架构，尤其是反映了当时"华洋并居"的社会结构中居澳华人政治地位逐步提高、融入澳门上流阶层的政治变迁。

《澳门宪报》中的政府表彰公告是指澳葡政府发布的表彰葡萄牙人、居澳华人以及节日庆典等公告，主要包括财物捐赠及荣誉授予信息，其目的在于宣传强化澳葡统治下的政权形象，淡化族群矛盾，体现了《澳门宪报》政府喉舌的宣传作用。

《澳门宪报》中的华人管理章程、规定公告是指澳葡政府发布的各类组织机构成立公告以及针对华人的各类规制和办法等，如官方媒体公告采用双语刊发、华人的丧葬管理办法等一系列旨在加强对居澳华人管控的规制及机构设置的公告。

《澳门宪报》中的城建公告是指澳葡政府及组织基础设施建设的相关部门发布的关于澳门市政建设和征收土地等各项公告，它们从侧面反映了19世纪下半叶澳门城市化的历程。

《澳门宪报》中的交通公告是指政府对道路、航运等交通管理办法和相关信息的公告，除了各类交通规章外，还包括一些道路、桥梁交通设施的建设、招标公告，这类信息数量较多，体现了澳门政府行使现代行政管理的职能，以及与澳门城市化进程的紧密联系。

《澳门宪报》中的税收（公钞）公告是指澳葡政府发布的要求澳门华人缴纳租税（亦称公钞）的政策性公告，由于这些政策性公告重点反映了澳葡政府对于经济"主权"的管控制度，也是其维持政府运作的主要来源，因此也列入政府公告类别。

2. 经济公告

《澳门宪报》中的商品公告包括火船公告、保险公告等，它们以促进商品的销售为目的，力求产生直接与及时的销售效果。

《澳门宪报》中的专卖公告指的是含鸦片、博彩行业、鱼盐、肉类等包税专卖公告。

《澳门宪报》中的其他行业专卖公告指的是除鸦片、博彩行业以外的鱼盐、肉类等包税专卖公告。

《澳门宪报》中招标公告的主体为澳葡政府，公告的内容是澳葡政府的对外采购招标活动，包括招标采购兵丁伙食、街灯，招人承办修建马路、建造礼拜堂等。招标公告的主体虽然是澳葡政府，但招标本身却属于经济行为，因此也被纳入了经济公告的范畴中。

《澳门宪报》中的租赁、拍卖、破产、转让公告主要包括澳葡政府拍卖土地与房屋、物品或拖欠者宣布破产被拍卖私产等内容，因此类活动也是为了获利，所以归属于经济公告的范畴。

《澳门宪报》中的商务合同公告包含企业与店铺的开张公告、转让公告、股份变更公告等，它们是关于商事的通告与声明。

《澳门宪报》中的海外招工公告是澳门发展劳务输出产业的重要工具，包含了以海外招工、招聘中介为主要内容的经济宣传和服务信息。

《澳门宪报》中的营业公告主要包括商店开业、工厂设立、经营资格牌照换领等经营活动内容。

《澳门宪报》中的博彩公告是澳门地区的特殊行业公告，《澳门宪报》中含有大量此类活动的信息因此单列；主要包括以赌博为营利方式的活动场所发生的营业资格变动信息等，闱姓、白鸽票、番摊等从内地传入或当地的赌博形式都在其列。

《澳门宪报》中的鸦片专卖公告其主体也是澳门当地一大支柱产业，这类公告包括鸦片专卖制度的颁布和相关管理章程公告，因其不同于普通经济活动而单列。

《澳门宪报》中的经济章程公告主要包括澳葡政府颁布的旨在规范、引导经济活动和产业发展的各类政策性指令或信息，这类公告能比较明显地体现当地政府对于经济活动的规划目标与管理方式。

《澳门宪报》中的典当公告主要包括物品典当、担保声明等信息；财产遗失类公告主要包括与财产直接相关的银单遗失、财务单据作废声明等；此外经济公告中还包含有货币发行、银牌纸、罢市劝告声明等。

《澳门宪报》船期公告主要包括澳葡政府面向旅客、货运需求的企业或团体发布海上通航业务的具体行程安排、航班时间等信息，体现了政府对于澳门作为东西方贸易枢纽开展交通运输业务的重视及其社会服务功能。

3. 文化公告

《澳门宪报》中的教育考试公告，主要是指澳葡政府官方发布的教育机构设立或建设招标活动等科教信息，包括育儿堂、大西洋文义学堂、女子学堂以及考试招聘类公告。招标公告的主体是澳葡政府，这类公告反映政府对于科学教育体制、人才培养制度及教育基础设施建设的投入情况。

《澳门宪报》中的公共卫生及环保公告主要包括澳葡政府对于公共卫生政策、医疗制度与信息发布、疫苗接种与流行疾病预警、环境保护等领域的信息公告，此类公告的目的是配合澳葡政府维护公共秩序，大多是促进城市化发展的政策与举措，体现了澳门社会较早地向西方式现代城市生活转型。

《澳门宪报》中的宗教民俗公告是澳葡政府发布的是有关规范华人居民生活方式、传统民俗活动的管理与服务信息，这类公告突出体现了澳葡当局殖民统治的文化治理方式以及处理华洋民族关系方面的政策意图。

《澳门宪报》中的市容管理公告包含了澳门城市基础设施的外观维护要求、规范华人居民生活习惯以保持城市环境的政策与措施等公告信息，它们是澳葡政府履行现代城市管理职能的一种体现。

依据表1-6的分类方法，本书选取从1850—1911年这61年间（即从《澳门宪报》1850年12月7日开始刊登中文公告起，到1911年12月30日止）的共计1234期《澳门宪报》为研究对象（注：1852—1853年、

1858—1871年、1873—1874年、1876年、1878年的《澳门宪报》未刊登中文公告），对其中所刊登的2869则中文公告做了分类与统计，着重考查各类公告的数量及同一年内的占比变化情况。根据笔者的全文检索，发现除政府公告以外，还有涉及经济、文化、社会多领域的公告信息，大致分为30个细分小类、54个具体项目的内容。

4. 社会公告

《澳门宪报》中的入籍公告主要是指澳葡政府官方发布的准许华人正式拥有葡萄牙公民身份的公告。入籍公告反映了澳葡政府行使澳门"主权"的社会管理职能，内容上包括入籍政策及对具体某个公民的葡籍身份认可，体现了澳葡当局行使殖民统治身份对移居澳门的华人授予权利及对其社会关系变动进行的监控与管理。

《澳门宪报》中的遗产声明公告主要是指澳葡政府受个人委托面向公众发布的个人遗嘱声明或关于某居民故亡后对财产的处置方式等信息，具有分类公告的性质。这类声明在性质上具有官方媒体为公民个人提供社会服务的目的，体现了澳葡当局殖民统治的社会治理方式以及为华人适应城市化生活而提供一定便利服务的民生举措。由于在社会公告中数量较多，出于研究的考虑将其单列分析。

《澳门宪报》中的个人服务公告是澳葡政府受个人委托面向公众发布的个人声明等信息，具有分类公告的性质。主要包括公民个人事务的公开声明如寻物、寻人启事以及有关规范华人社会生活行为的管理政策等，这类公告突出体现了澳葡当局殖民统治的社会治理方式以及为华人适应城市化生活而提供一定便利服务的民生举措。

《澳门宪报》中的社会管理与服务类公告主要是指澳葡政府颁布的向澳门居民提供城市化生活所需要的各类公共服务及管理政策信息，具体包括澳葡政府面向公众发布的气象预告、邮政服务信息、慈善捐款政策及活动信息、澄清社会谣言的通告、婚姻公告、丧葬管理公告，以及孤儿院、敬老院、疯人院等公共慈善机构的相关通告及管理政策等。此类公告是澳葡政府行使社会公共事业的管理职能的体现，主要目的是通过颁布这些民生政策与服务信息来推动澳门社会的城市化发展。

《澳门宪报》中特殊群体管理公告主要包含对娼妓、乞丐等近代澳门社会特殊行业及边缘群体实施的管控措施，它们是澳葡政府履行具有现代城市管理职能雏形的一种体现，也反映了澳葡当局对华人群体实施了较为细致、严密的管控措施。

(三)《澳门宪报》中文公告的内容分类及比重变化

《澳门宪报》中文公告的内容可谓包罗万象(主要根据61年时间所出现的所有公告内容大致分为54个小类),其中政府公告、专卖公告、招标公告、海外招工公告等的数量较多,其他小类公告的数量及其占比则较为分散,且随着年份变化呈现出不同的变化特点。例如19世纪80年代,《澳门宪报》中的法务公告和招标公告的数量较多,到了19世纪90年代,商务告示与入籍公告的数量则占优势。因此,鉴于《澳门宪报》中文公告的内容极其庞杂的这一特性,笔者主要选取了1879年中文公告连续刊出以后的这一段时期各类公告所占总量比重的变化情况,认为从这些各类公告种类对比情况和侧重点的变化能够真实而又全面地反映出19世纪后半叶澳门的经济转型、政治变革、社会与文化整合的社会动态,可以称之为反映历史变迁的一面"多棱镜"。

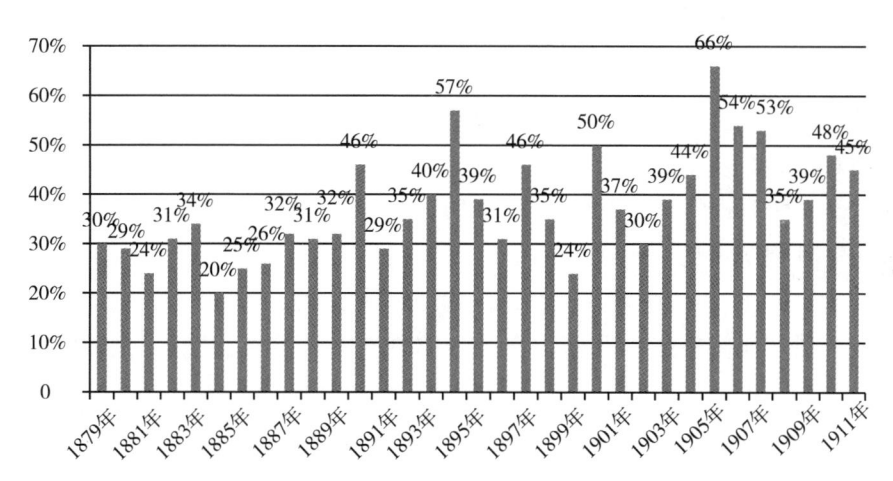

图 1-6 1879—1911 年《澳门宪报》经济公告所占比重统计

资料来源:根据 1879—1911 年《澳门宪报》经济公告的数量占比情况编制。

如图 1-6 所示,经济公告比重变化相对稳定。自 1879 年以后,《澳门宪报》中的商业公告所占比重平均约为 34%,而考察同一时期的《申报》中公告占比则高达约 55%。[①] 这反映出鸦片战争后,由于内地通商口岸的开埠,澳门丧失国际商埠的绝对优势地位所导致的商贸衰落情况。但总体

---

① 陈昱霖:《〈申报〉广告视野中的晚清上海社会》,硕士学位论文,苏州大学,2005 年。

上经济公告占比基本维持在20%以上,尤其在1895年和1905年出现了两次长达十年增长周期的显著高点,这与澳门地区经济结构上努力展开的产业转型尝试有很大关系。

《澳门宪报》种类丰富的商业公告能够较为真实地反映出该地区近代的经济发展状况。19世纪下半叶,随着内陆通商口岸的开放,尤其是毗邻的香港迅速崛起,澳门的商埠地位渐渐丧失,从而导致了澳门的传统经济支柱——国际贸易业日益萎缩。为缓解由此带来的财政危机,澳门政府开始尝试探索经济转型,一方面是愈发依赖"包税专卖制度",错误选择这种扼杀经济自由度的"饮鸩止渴"的抽税方式;另一方面则是《澳门宪报》经济公告中大量出现有关鸦片与博彩业专营的公告,从这两个方面解释了澳葡政府大力推行的经济政策导向,以及后来最终形成的通过发展博彩、鸦片等"特种"产业而使澳门成为"鸦片贸易"中心与国际赌城的转型历程。

但是,几个世纪以来国际商贸史的漫长积淀,使《澳门宪报》的经济类公告不仅刊登商业公告的时间较早,在我国公告史上也具有不可忽视的历史价值:譬如《澳门宪报》1854年12月9日(第八号)报纸中所刊登的一则航运公告是我国近代中文报纸的第一则此类公告;此外,《澳门宪报》中数量众多的专卖公告在我国其他的近代报纸上也是非常罕见的,对这类专卖公告的考查更是公告史研究中不可多得的珍贵样本。

从图1-7可见,从1879年起,《澳门宪报》中社会公告的比重开始逐年递增,在19世纪90年代末20世纪初有三次显著的增长期,最高时一度占到《澳门宪报》全部中文公告的近60%,笔者认为这与鸦片战争

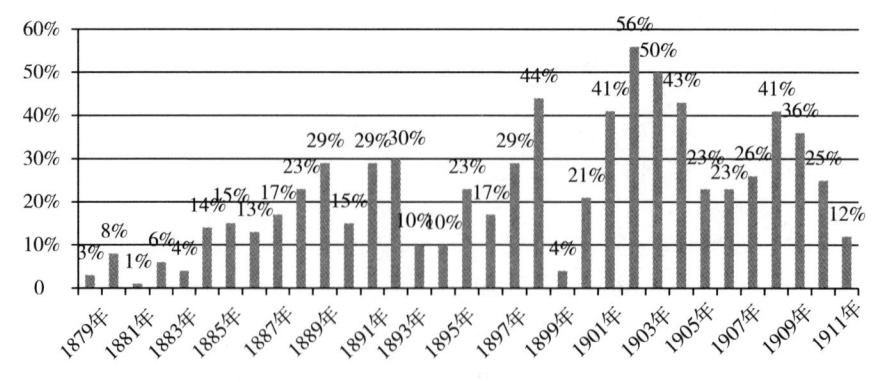

图1-7 1879—1911年《澳门宪报》社会公告所占比重统计

资料来源:依据1879—1911年《澳门宪报》社会公告统计而编制。

后，由于内地战乱、政治动荡等原因，华人的多次移民涌入有关。如1901—1904年加入葡萄牙籍的华人入籍声明数量显著增长，主要与1900年内地庚子之乱有关，此时入籍数量占社会公告总量的比重居首，大幅增加到70%以上。这种入籍情况的历史变迁说明，澳门相对稳定的政治局势使得它成为内地避乱的避风港，从而吸引了大批华人移居。

随着移民的增多，澳门作为近代城市的现代市政治理念迅速成熟，邮政、公共安全、卫生等现代公共事业出现，华人的社会活动意识日益提高，各类社会活动、组织机构、慈善社团等不断出现。另外，这与经济公告的增长曲线也有一定的重合度，反映了经济的增长带来社会活动的增加，从而间接促使政府加大了管理上的政策发布力度有关。此外，受社会局势变化的影响，《澳门宪报》中的社会公告阶段性特征非常明显。

《澳门宪报》中的社会公告服务于市民生活需求，类似于现代报刊上的"民生"新闻，其公告发布者既有邮政局、电话局等公用事业单位，也有行业协会、慈善团体等组织机构，还包括个人发布者。发布的内容主要是关于现代城市公共事业方面的通知公告、各类服务机构发布的信息启事、抗灾募捐、入籍声明、婚姻公告等信息，内容极为庞杂，好似一面真实反映出社会动态的多棱镜。值得注意的是，《澳门宪报》中的社会公告通常是免费发布的或者只收取少量费用，体现了政府治理的一种现代城市服务理念，旨在为市民的社会生活提供种种方便，这一平台也能有助于扩大报纸本身的受众面，强化其官报身份的权威性和影响力。

如图1-8所示，1879年以后，《澳门宪报》中政治公告的比重呈现递减再增加的趋势，总体上占比情况普遍较高。由1879年的62%下降到1903年的9%，再上升至1911年的41%。这与澳门当时的政治制度变迁情况比较相符。鸦片战争后，葡萄牙1887年通过《中葡和好通商条约》等先后夺取了澳门的治权与主权，行使管控统治职能，故作为一份为澳葡政府殖民统治服务的官方报纸，政治公告在《澳门宪报》中自然占据了较大比重。政治公告中有较多的颁布华人向澳葡政府缴纳地租、禁止华人罢工罢市、规劝向澳葡政府纳税、严厉控制华人的政治生活等内容，澳葡政府通过颁布纳税、公安、法务等部门发布的政府管理公告，以强化其殖民统治，如1891—1897年，《澳门宪报》还刊发了较多的禁止非法运输军备火药的公共安全公告。

可见，在推行殖民统治的最初几年里，必然存在较多、较为激化的民

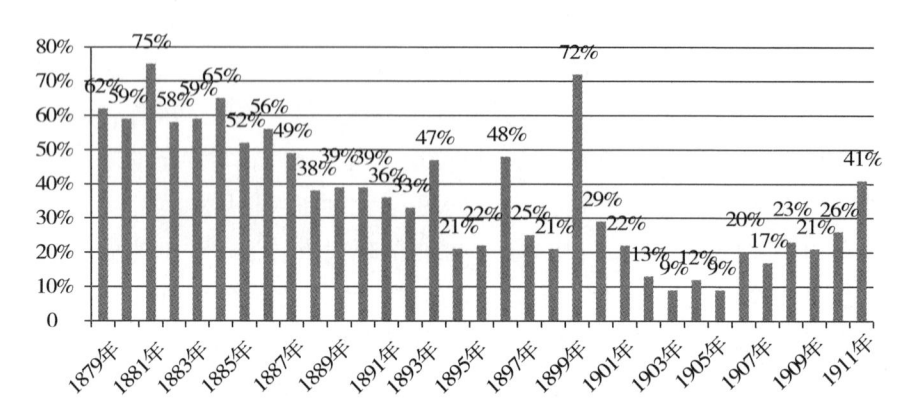

图 1-8　1879—1911 年《澳门宪报》政治公告所占比重统计

资料来源：依据 1879—1911 年《澳门宪报》政治公告统计而编制。

族矛盾和社会矛盾，导致《澳门宪报》中政治公告的比重很大。而随着华人移民迁入后基本安顿下来、东西方文化日渐融合，澳门社会慢慢趋于稳定，这时《澳门宪报》中政治公告的比重自然也随之减少。到 20 世纪初随着内地发生列强侵华战争、辛亥革命等政治动荡，华人迁移来澳的数量大增，《澳门宪报》重拾通过政治公告等宣传手段加强社会管控的方式，使政治公告数量再次增加。

从图 1-9 可以发现，文化公告占比从 1879 年的 5% 增至 1896 年的 16%，反映了澳门地区华人规模迅速扩大所导致的华人群体社会文化活动日渐繁荣的趋势；在 19 世纪 80 年代、90 年代及 20 世纪初文化公告的占比出现三次较为显著的增长，尤以 19 世纪 90 年代为最，1895 年比重猛增至 12%，1896 年达到了 16%，此后占比情况则趋于平缓，基本维持在 1%—4% 的水平。

反映出东西方文化融合状态已经基本稳定，社会管控上在早期经历了文化习俗的冲突后社会各方和谐相处、文化矛盾趋于平缓的局面。

三　《澳门宪报》中文公告的特点

（一）《澳门宪报》中文公告的政治化色彩较为浓重

由于《澳门宪报》的政府官报属性，决定了它的公告更多地具有政府公告的特征，较为全面地反映了澳葡政府在政治统治、法律规制方面的导向和意愿。这也使得其自由的商业性色彩与在此基础上产生的创意空间较为狭窄，缺乏表现力。根据本书前述的量化统计，从 1850 年到 1911 年

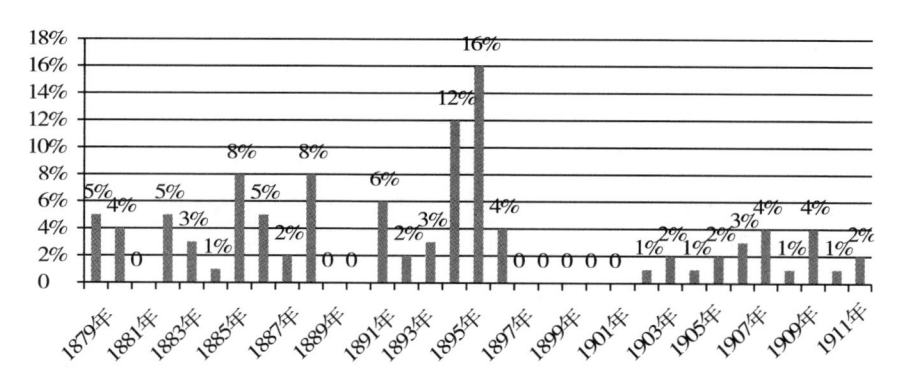

图 1-9　1879—1911 年《澳门宪报》文化（科教文卫）公告所占比重统计

资料来源：依据 1879—1911 年《澳门宪报》文化（科教文卫）公告统计而编制。

间，《澳门宪报》中政治公告共计 968 则，占全部中文公告的比重约为 34%。如此高比例的政治公告，体现了澳葡政府通过公告这种形式维护统治、服务于管控澳门华人的政治目标。以《澳门宪报》1851 年 5 月 10 日（第二十五号）所刊登的一则政府管理公告为例：

> 理事官喥嗹哆奉议事亭呵吖（Senado da Camara）命谕在澳各人知悉：
>
> 从今以后，所有欲搭盖篷棚为唱戏打醮等事，应先赴议事亭领取牌照。此牌由本哆署发给，要收牌银一十大元。为此晓谕知之。咸丰元年四月初三日谕①。

在这则公告里，澳葡政府以"官方政府"的身份自居要求华人开办的"唱戏打醮"等新业必须到政府议事亭进行登记，并缴纳费用领取营业执照。而此时澳门主权仍属于中国，直到 1887 年因《中葡和好通商条约》才彻底丧失，但 1851 年的澳葡政府已经借助英、法发动鸦片战争后订立的口岸开放及管辖权条约攫取了澳门的几乎所有治权，包括向华人课税、干预政治生活等。纵观《澳门宪报》这 61 年的中文公告，澳葡政府在此类官方媒体上发布了大量对华人强化管控的规制信息，从这则公告即可以看出其浓厚的殖民色彩。

---

① *Boletim do Governo da Província de Macao, Timor, e Solor.*

（二）《澳门宪报》中文公告的商业化色彩相对淡化

《澳门宪报》作为澳葡政府的官办媒体，是由政府出资创办发行的，正是因为这一政府投资的经济来源，使其没有商业化报纸较大的生存压力和经营模式，自然不像《申报》等民办商业化报刊那样注重公告经营，因此其商业化色彩相对淡化，经济公告所占比重平均约34%，而在同时期的《申报》中这一比重则高达55%。

而且，《澳门宪报》中的经济公告局限于商业信息告知的简单服务功能，缺乏文案、设计方面的创意色彩，处于近代报刊公告较为原始的"告白"形态，另外，商业化色彩不强还与19世纪后半叶澳门在失去传统的国际商埠地位后导致的商贸活动衰落状况有关。在财政紧张的情况下，澳葡政府错误地采取了扼杀经济自由活力的强化专卖制度来扩大税源，因此经济公告中有大量具有澳门特色的专卖公告。如《澳门宪报》1851年1月18日（第二十三号）上刊登的一则关于猪肉专卖的公告：

> 奉公会命谕澳中人等知悉：
> 照得辛亥年猪栏所出规条并卖猪肉各价，于本月十九日出投夜冷，已准人投得。遵照所规定条，除卖猪肉各价外仍照本年旧式，每元银不能卖至十斤之下。所有交易，照每礼拜钱价申算，此皆公会裁准，各宜知照。特示。道光三十年十二月二十九日示。

从这则专卖公告可以看出，包括猪肉、牛羊肉乃至粪料等主要的民生产品交易都掌控在澳葡当局的手中，政府基于扩大税源的目的，通过对这类商品的专卖制度垄断了近代社会大宗商品的交易活动，扼杀了经济的自由度。

四 《澳门宪报》中文公告的历史地位

《澳门宪报》的中文公告从1850年到1911年的61年间，共计刊载了2896则，内容涉及经济、政治、社会、文化等方方面面，反映了当时澳门在城市化、近代化转型过程中的社会百态，对近代澳门社会的转型也发挥了积极的推动作用；而从19世纪下半叶到20世纪初的这61年，也正是中国近代公告的起步阶段，内地的报刊媒体纷纷兴办，公告种类、数量都迅速增加，形式上也逐渐丰富、成熟起来。那么，二者是否具有内在的联系和相互的促动呢？这将是本书接下来需要探讨的问题。本节将首先通过对这一阶段中国近代公告的横向比较，努力能够发掘同一时期各地公告发展的异同点，借此判定《澳门宪报》中文公告在我国近代公告史中的地位及历史价值。

（一）《澳门宪报》上的中文公告是我国近代公告史中不可缺少的重要组成部分

作为中国近代报刊史上历史最悠久、出版发行时间最长的报纸之一，[①]《澳门宪报》上的中文公告与《察世俗每月统记传》《东西洋考每月统记传》等早期传教士报纸上的公告以及《申报》《循环日报》《广州记事报》等商业报纸上的公告一起，构成了我国近代报刊公告的源头，在我国近代公告史中占有着同等重要的地位。

《澳门宪报》中文公告在中国近代公告史中有着特殊的史料价值，这主要是基于两个方面的原因：

首先，《澳门宪报》是一份官报，其公告与其他早期传教报纸上的公告和商报上的公告相比，存在着很多的差异。它包含的中文资料内容丰富而广博，除了政策公告、法律条款、军事训令、经济信息以外，还有市政建设、邮政交通、金融、教育、宗教、文化、民事、海外移民等等分类信息，完整地记录了澳门当时的社会活动现象与历史变迁轨迹，即使是那些不起眼的启示、告白，所折射出的澳门早期华人家族的传承与兴衰、澳门下层社会的娼妓或乞丐等边缘人群的生存状态，葡华群体之间的社会矛盾与冲突"特别是史地、人物、制度的设置和沿革等方面的研究提供了十分可靠的一手材料等"[②]。从公告史的学术研究上看，《澳门宪报》中文资料，也是澳门近代社会发展史不可多得的原始资料。

其次，《澳门宪报》是我国近代官报中出版发行时间最早、发行时间最悠久、影响力最大的一份，其中文公告开启了我国近代官报公告之先河，影响了我国近代官报公告的发展进程，对此后出现的其他官报公告也有着引导与借鉴的作用，可谓是中国近代官报公告的始祖，意义重大。

（二）《澳门宪报》中文公告在中国近代公告史发展中的独特价值

中国近代社会发展中的报刊公告诞生于19世纪初，基本处于由传统

[①] 参见汤开建《进一步加强澳门近代史研究——以〈澳门宪报〉资料为中心展开》，《学术研究》2003年第6期。

[②] 详见汤开建、吴志良《澳门宪报·中文资料辑录（1850—1911）》，澳门基金会2002年版，"序"第VIII页。

公告形态向近代公告形态的过渡阶段，本书将此时刊登公告的部分重要报刊进行了系统梳理，其整体发展情况见表1-7。

1. 近代早期的报刊公告对比

表1-7　　　　　　　中国近代公告史中早期重要报刊一览表

报刊名称	创刊时期 近代早期	创刊时期 鸦片战争后	创刊时期 辛亥革命前后	报刊及公告刊载情况
1.《察世俗每月统记传》	1815.8.5			创刊于马六甲，为教会报刊创刊者是米怜，创刊者是米怜，创刊号上所刊登的一则"义馆"开学公告是我国近代中文报刊上最早的一则公告
2.《广州纪录报》	1827.11.8			由美国青年伍得，在广州创刊的英文商业报刊，主要报道中国近事、市场行情与船期等信息，尤其着重广州本市商场
3.《东西洋考每月统记传》	1833.8.1			创刊在广州。是我国最早刊载商业公告的期刊，该刊从1834年起，特辟"市价篇"这一专栏，刊登《省城洋商与各国远商相交买卖各货现时市价》①，是教会期刊
4.《澳门宪报》	1833.9.5（农历）			出现大量中文公告
5.《北华捷报》		1850.8		上海第一张近代报纸
6.《遐迩贯珍》		1853.9.1		英国人麦都思在香港创刊，教会期刊，有经营公告业务，为东西方商人传递商情，中文月刊有中英文对照目录出现一批公告专栏
7.《香港船头货价纸》		1857.11.3		英文孖剌报馆发行，是一份商业报纸，公告刊载情况为分类记事，以商情、船期和公告为主要内容。② 商业报纸
8.《香港中外新报》		1858—1919		世界上第一家用活体铅字排印的中文报纸，刊登船期、商业航行和少量的新闻投递
9.《上海新报》		1861.11—1870		第一张法文报，该报于上海创刊，字林洋行，商业报纸，重视公告经营，四版中有三版是船期、行情、公告等商业性资料。③ 创刊号（有公告刊例）

---

① 武齐：《近代广告媒介发轫：报刊及报刊广告的发展》，《国际商务》（对外经济贸易大学学报）2012年第5期。

② 参见方汉奇《中国新闻事业通史》第1卷，中国人民大学出版社1992年版，第294、298页。

③ 杨海军：《中外广告史新编》，复旦大学出版社2009年版，第77页。

续表

报刊名称	创刊时期 近代早期	创刊时期 鸦片战争后	创刊时期 辛亥革命前后	报刊及公告刊载情况
10.《字林西报》		1864.7		创刊在上海，该报成为公关租界工部局的喉舌，1951年3月31日该报停刊
11.《大美晚报》		1867		在上海出版，英文报
12.《中国时报》		1886		在天津出版，书籍公告——"加批红楼梦图咏出售"
13.《万国公报》		1868.9.5		《中国教会报》（1874.9.5改《万国公报》），林乐知在上海创刊的商业报，非常重视公告，多次在重要版面刊登汇丰银行、华英大药房等英商企业的通栏公告
14.《申报》		1872.4.30		由美查在上海创刊的商业报，公告所占版面超过一半，公告包含华商公告与外商公告
15.《香港华字日报》		1872.4		英文孖剌报馆发行，由陈霭庭在香港创办的商业报，独立出版后，极其重视公告，商业公告和商业信息占据了大部分的版面
16.《循环日报》		1874.1.5		由王韬在香港创刊，是资产阶级改良报纸，非常注重公告经营，公告在其中占到了3/4的篇幅
17.《新闻报》		1893.2.17		创刊于上海，中外资合办的商业报，非常注重公告经营，公告所占版面约3/4
18.《昭文新报》		1866		华人在汉口主办的报纸及其公告
19.《新闻报》		1905年前后		公告内容更加丰富，版面安排、编辑水平有所提高，表现形式丰富多彩，出现了分类、系列公告及连续性公告等

资料资源：根据笔者所收集的相关资料整理编制而成。

通过表1-7对比我们可以看出，以上这些在中国近代公告史上有着重要地位的报刊中，《澳门宪报》是唯一的一份官方报纸，其中《察世俗每月统记传》和《东西洋考每月统记传》等期刊是传教士报刊，《香港船头货价纸》《上海新报》《申报》等是商业报刊，《循环日报》是资产阶级改良派的政党报刊。

《澳门宪报》作为一份官方报纸，所刊载的中文公告必定与其他近代报刊中的公告有着诸多的不同之处，比如其公告的严肃性强、可信度高、政治色彩浓厚、商业化色彩较为淡化、体现官方的政策导向等，在公告的内容和形式方面也与其他商业报刊公告存在着诸多差异，这些特殊性"正是我们在开展澳门内部社会历史研究中最缺乏的"①，也是我国近代报刊史值得仔细研究的。

通过考查世界报刊公告发展史我们可以发现，19世纪下半叶，在欧美资本主义国家的工业化进程的推动下，以商业广告为主体的近代报刊公告发展也大大加速了，第二次工业革命提供了近代报刊公告所需的传媒技术、印刷技术；工商业的兴盛、城市化的进程以及交通事业的发展这些因素共同促成了近代公告的繁荣。报刊公告的表现形式多样，彩色公告、摄影图片、通栏公告、整版公告等开始普遍运用。可以说，西方报刊公告已步入了相对成熟的发展阶段，开始向现代公告过渡。

2. 中国近代报刊公告发展史

从前述报刊公告的发展史我们可以发现，近代以来的工业化、城市化的社会需求是推动近代公告发展的重要动力；而中国工业化的进程真正起步于鸦片战争后，尤其是洋务运动之后，因此内地的公告业发展基本仍处于传统公告形态阶段；而澳门作为中国最早开埠的地区，其工商业的近代化起步要远早于内陆，因此在中国近代公告中自然具有了发端较早的先机，其报刊公告的发展模式也间接地为内陆地区提供了有益的参照。

总的来看，中国近代公告业的诞生与发展源于沿海地区较早开埠的近代报刊，但关于近代中国报刊公告的起源有着不同的看法：有学者考证1857年在香港创刊的《香港船头货价纸》是中国境内最早的中文报纸②，其上刊登的商业船期信息可以称为最早的中文公告信息；也有学者认为中国第一份刊登商业公告的期刊是1833年创刊于广州的《东西洋考每月统记传》，其第八期上专门刊载的市价表，是我国中文报纸刊登公告的滥觞；还有人认为中国最早的近代商业性公告出现在1853年英国人于香港创办的第一份中文报刊《遐迩贯珍》的附刊"布告篇"上，上面专门登载收费性质的船期、商情和商业性公告，被认为是我国最早的收费公告。③

但根据所掌握的1838年创刊于澳门的葡文《澳门宪报》资料，从

---

① 详见汤开建、吴志良《澳门宪报·中文资料辑录（1850—1911）》，澳门基金会2002年版，"序"第8页。
② 刘家林：《中国近代早期报刊广告源流考》，《新闻大学》1999年夏。
③ 陈丽平：《中国近现代报刊广告的兴起及社会功能》，《新闻界》2009年第5期。

1850年起就用中文刊登了大量官方的"告白""通告""公示"和私人的"公告""声明""启示"等各种公告。如《澳门宪报》于1851年1月18日刊载了澳葡政府发布的招标猪肉与牛肉专卖的一则公告："大西洋理事官喽嚟哆吗叽吐奉公会命谕各人知悉。因定期出投猪栏，乃是礼拜日不暇办理，今再定本月十九日十一点钟出投猪栏，二十日出投牛栏。有愿承充者，依期到议事厅投充可也。道光三十年十二月十二日谕。"[①] 以时间上看，早于1857年在香港创刊的《香港船头货价纸》的刊载。

又如《澳门宪报》于1854年12月9日刊载的蒸汽机轮船航运日期的公告，主要在澳门、广州、香港三地之间往来："兹者香港东藩火船公司议定，自此之后每逢礼拜二、礼拜四、礼拜六日，有火轮由港往省，由省来港，礼拜六由省来港之火轮，与礼拜二由港往省之火船，经过澳门下铙（锚）一刻，然后直往。每欲快行到步火船开行之候，不能一时而定，因潮水日日不同之故矣。每船开行之时候，必日日声明于新闻纸内。搭客水脚银照旧一样，船面搭客有遮帐。本公司之火轮船舱位阔大，若有粗货亦可装载，水脚银面议。咸丰四年十月十六日，东藩火船公司大班启。"[②] 从时间上看，与1853年《遐迩贯珍》（期刊）刊登收费性质的船期、商情、商业公告很接近。也就是说，中国出现中文版的报纸公告能够被认定为19世纪中叶，而近代报刊公告究竟源自哪一份报刊，尚无明确的史料记载。基于目前掌握的史料，我们认为中国境内的近代中文报刊公告应出自《澳门宪报》。当然，其公告形式上较为落后，同时期西方报刊公告已出现通栏、整版、彩色照片等形式。

3. 中国近代官报公告发展史

鉴于《澳门宪报》作为澳葡政府官办的政府公报性质，下文将中国近代官报的相关情况单独列出进行梳理，以更有针对性地考查它在近代官报公告中所处的地位及历史价值。

《西国近事汇编》（1911年停刊），是中国内地近代最早的一份官办期刊，于1873年3月由上海江南制造局出版，它是清末洋务派创办的唯一

---

① 汤开建、吴志良：《澳门宪报·中文资料辑录（1850—1911）》，澳门澳门基金会2002年版，第2页。

② 同上书，第6页。

以国际时事为主要内容的人文类中文译刊，①其内容主要包括政治、外交、军事、经济、科学、法律、宗教、文教等方面，②可称之为"晚清时期最早由官方创办的和持续时间最长的一份期刊"③。

《官书局报》和《官书局汇报》中国内地最早以政府名义出版的近代官报，是1896年创刊于北京的，由工部尚书、当时主管官书局的孙家鼐负责编撰，此后，清政府又在全国创办了30多种新型官报，如中央级别的《政治官报》、各部主办的《学务官报》和《商务官报》、地方各级机关主办的《北洋官报》《南洋官报》《湖北官报》《四川官报》等。其中，《政治官报》是中国近代史上第一份由中央政府办的官方报纸，《北洋官报》则是清末创办最早、最有影响力的地方政府官报。④这些官报寿命都不长，它们普遍设有"要闻""实业"等反映政治、经济动态的栏目，也刊登一些商业性公告，比如《政治官报》1911年更名为《内阁官报》之后，公告刊载章程和刊例的制定较详细。

但这些官报的宣传目的除了传播官方信息外，主要职能在于抵制革命派的思想传播、推行预备立宪，是表达保守派意见的媒体平台。如于1907年创办《政治官报》，旨在"使绅民明悉国政预备立宪之意，凡有政治文牍，无不详慎登载，期使通国人民开通政治之意识，发达国家之思想，以成就立宪国民之资格"。⑤因此，此类官报并不受公众欢迎，公告经营也不成功，多数是靠政府补贴来维持运转，刊物寿命都比较短暂。这些官方报刊中唯一与《澳门宪报》相近似的官报，是创办于1907年并于1914年停刊的《青岛官报》，如刊载的公告信息来源、时效性报道等诸多内容，如报刊经营上由殖民政府出资发行，刊载各种法规、政务活动公告、城建及人事任免信息、船舶与天气信息服务预告等，"只有在刊登需要华人知晓的布告、通知、告白之类的时候，才用德文、中文对照刊出"。⑥而《青岛官报》创刊与《澳门宪报》比较迟了近一个世纪。

---

① 乐正、郑翔贵：《西国近事汇编及其亚洲报道研究》，《近代史研究》1995年第2期。
② 原付川、姚远、卫玲：《〈西国近事汇编〉的期刊本质及其出版要素再探》，《今传媒》2010年第5期。
③ 同上。
④ 杨海军：《中外广告史新编》，复旦大学出版社2009年版，第86页。
⑤ 同上书，第87页。
⑥ 徐昊天：《20世纪初叶的〈青岛官报〉》，《新闻爱好者》2010年第11期。

第一章 《澳门宪报》中文公告概述　　71

综上所述,《澳门宪报》作为中国近代史中第一份且时间最久的政府官报,其中文公告在中国公告近代发展过程中自然具有不可替代的研究价值。

中国近代报刊公告不仅来自于传教士报刊、商业报刊,还应包括各类政府官办报刊上的公告,而《澳门宪报》的中文公告作为这方面最典型的代表,在以往的公告史研究中鲜有提及。除了《澳门宪报》之外,中国近代史上也有一些其他的官方报纸,但是无论从创办时间、地位、影响力和重要性上,它们均比不上《澳门宪报》。笔者选择其中相对较为重要的几份官方报纸作为比较,具体情况见下表1-8所示。

表1-8　　　　中国近代公告史中主要的官方报纸一览

报刊名称	创刊时间	主办方	官方报刊史地位	刊载公告情况
《澳门宪报》	1838.9.5（农历）	澳葡政府	我国近代第一份官方报纸	刊载种类丰富的大量中文公告
《西国近事汇编》	1873.3	清洋务派	中国近代最早的一份官办期刊	中国最早翻译西方报刊的译刊之一,内容主要有传播船舶技术
《官书局汇报》	1896.	清政府	中国近代最早的以政府名义出版的"官报"	中国最早翻译西方报刊的译刊之一,主要内容有船舶技术
《北洋官报》	1901.12.25	地方政府	清末创办最早、最有影响力的地方政府官报	刊载少量中文公告
《湖北官报》	1901	武昌政府		不详
《青岛官报》	1907.4.17	德国殖民政府	近代中国重要官报之一	公告有刊载
《政治官报》（日报）	1907.10.26	清政府	近代中国史上的第一份由中央政府办的官报	初期少量刊载公告;1911年后,制定具体的公告刊登章程和刊例。章程中对刊载公告有如下规定:"如官办银行、钱局、工艺陈列各所,铁路矿物各公司及农工商部注册各实业,均准进馆代登公告,酌照东西各国官报公告办法办理"[①]

资料来源:根据笔者所收集的相关资料整理编制而成。

通过这份表格,我们可以看出,以上这些官方报纸中,除了《澳门宪报》外,其他的均诞生于清末,最早的一份创刊于1873年,这比创刊于

---

① 刘家林:《中国近代早期报刊广告源广告流考》,《新闻大学》1999年夏。

1838 年的《澳门宪报》晚了近 40 年。即使从《澳门宪报》1850 年开始刊登中文公告算起，也晚了 23 年。

此外，这些报纸普遍寿命不长，相对办刊持续较长时间的有《西国近事汇编》，1873 年创刊，1911 年停刊，只存在了短短的 38 年；短的如 1907 创刊，1914 年停刊的《青岛官报》，只存在了 7 年。而《澳门宪报》则不同，它一直坚持到 1911 年，是中国近代史上出版发行时间最长的报纸之一。因此，其他各官报的公告，无论从地位、重要性还是研究价值上，都无法与《澳门宪报》中文公告相提并论。

(三)《澳门宪报》中文公告在中国近代公告史中的诸多"第一"

1.《澳门宪报》开启了中国近代官报公告之先河

《澳门宪报》作为澳葡殖民统治者创办并直接管理的官报，1838 年创刊后，从 1850 年开始刊登中文公告。前文提到，作为中国近代报刊史上创办最早、持续时间最久的政府官报，其上刊载的公告自然也是近代报刊公告发展的历史开端。官方报纸中，除了《澳门宪报》外，其他均诞生于清末，最早的一份《西国近事汇编》创刊于 1873 年，较之晚了近 40 年；即使从《澳门宪报》1850 年开始刊登中文公告算起，也要晚了 23 年。因此可以推断，《澳门宪报》及其公告的确为中国近代出现时间最早，也是持续时间最长的。

2.《澳门宪报》刊载了我国官报最早的双语报纸公告

《澳门宪报》早在 1879 年就发布通告开始用中葡两种文字刊载公告：

> 照得澳门并澳门所属之地华民，应知澳门宪报刊印官出军令札谕章程各事，惟华人庶乎均不识西洋文字，凡是不翻译华字，则华人不得而知。又查近澳之英国属地香港，凡有印出宪报，皆译华字，以所属华人得知。是以本总督定意举行于左：自今以后澳门宪报要用大西洋及中国二样文字颁行，由翻译官公所译华文校对办理，并正翻译官画押为凭。①

《青岛官报》作为德国殖民者创办的中文报纸，刊载双语公告要远在 1907 年，晚了近百年。

---

① 《澳门宪报》1879 年 2 月 8 日（第六号）。

3. 《澳门宪报》是我国最早的船期公告发布媒体

国内有学者①认为，1857年创刊的《香港船头货价纸》是我国境内最早的中文报纸，该报又是我国最早的中文商业报及公告类的报纸。1853年英国人在香港创办的第一份中文期刊《遐迩贯珍》刊登附刊"布告篇"专门登船期、商情及商业公告开始收费，是我国最早的收费公告。② 但据查阅，《澳门宪报》1854年12月9日（第八号）就最早地刊载了一则澳门、香港及广州之间蒸汽机轮船（新式）航期公告，这比《香港船头货价纸》早了3年。

> 兹者香港东藩火船公司议定：
> 自此以后，每逢礼拜二、礼拜四、礼拜六日，有火轮船由港（香港，笔者注）往省（广州，笔者注），由省来港，礼拜六由省来港之火轮，与礼拜二由港往省之火船，经过澳门下锭（锚）一刻，然后直往。每欲快行到步火船开行之候，不能一时而定，因潮水日日不同之故矣。每船开行之时候，必日日声明于新闻纸内。搭客水脚银照旧一样，船面搭客有遮帐。本公司之火轮船舱位阔大，若有粗货亦可装载，水脚银面议。咸丰四年十月十六日，东藩火船公司大班启。③

不仅如此，据史料考证，上海的轮船招商公局于1872年12月2日在《申报》上刊载第一则航运公告："兹启者，本局一号船名伊顿，于十月二十日装在货物开往汕头，特此布。"④ 从时间上看，《澳门宪报》的船期公告比内地的第一则航运公告要早近18年。之所以船期公告在该报刊载如此之早，是由澳门自16世纪开埠以来一直保持着东西方贸易中心的地位决定的，发达的航运业务使得澳门当地对于船期的需求旺盛，船运公司几乎每天都在报纸上发布当日开行时间，发挥公告服务经济的职能。

4. 《澳门宪报》刊载了我国最早的海外招工公告

海外劳工输出贸易是澳门近代一项重要的经济支柱，远赴海外的大量

---

① 刘家林：《中国近代早期报刊广告源流考》，《新闻大学》1999年夏。
② 陈丽萍：《中国近现代报刊广告的兴起及社会功能》，《新闻界》2009年第5期。
③ Boletimdo Governoda Provínciade Macao，Timor，eSolor，1854年12月9日（第八号）。
④ 参见《申报》1872年12月2日。

劳动力——华工被蔑称为"猪仔",因此这类公告也被称为"猪仔"公告。其中最早的一则刊登于《澳门宪报》1856年10月4日(第五十号),据横向的时间比对,这则公告应为我国早期中文报纸中刊登的第一则海外劳工招聘公告:

> 孟光来亭说称:旧年九月十八日,伊由汕头在洋船开身载客仔往哑湾嗱(Havana)埠,该埠之人待客仔甚好,每月有工银四元,并食东家,食用甚好,各客仔十分观喜,每逢拜好日,各客仔穿着鲜明衣裳往各处游逛。又同埠内人入庙拜神,大家如兄如弟。埠内有富贵家甚多,每日晚上到三点钟时,客仔放工,任由行逛玩耍。又有客仔坐马车去逛的。其熟识功夫的客仔,每月受工艮一元八元,亦有二三十元的。此埠所用系金银,不用铜钱。哑湾嗱地方之人,富者居多,贫者甚少,此皆亲眼见真实。所称是实。咸丰六年八月二十五日。孟光洪。

相比这则公告发布时间之前的其他三份中文期刊:《察世俗每月统记传》(1815)、《东西洋考每月统记传》(1833)和《遐迩贯珍》(1853),《澳门宪报》(1838年创刊,1850年刊发中文版)应为中国境内最早的中文报纸,因此1856年10月6日(第五十号)上刊登的这则公告,确应是已知的我国境内近代中文报纸上最早的一则海外劳工招聘公告。

5.《澳门宪报》发布了我国最早的专卖公告

实行专卖制度是近代澳门经济政策的典型特征。澳葡政府为了应对香港崛起、国际航运中心地位丧失等原因导致的财政收入锐减问题,加大了专卖政策的推行力度,积极在《澳门宪报》上刊登该类公告。据查最早的一则是《澳门宪报》1851年1月11日的(第八号)上刊登的猪肉专卖公告:

> 大西洋理事官喂㘄哆吗呢吐奉公会命谕各人知悉:
> 　　缘澳中猪栏批期将满,预定本月十八日十一点钟,在议事亭从新出投夜冷(arrématante),如有愿承充此行买卖揽头者,到亭声出若干批银,以出高价并遵规条者,准令承充。为此谕知。道光三十年十二月初三日谕。

这则公告内容中谈到澳葡政府将猪肉的专营权进行拍卖即所谓的"出投夜冷",将它"承充"给愿意出价最高的包税商以获得猪肉经营的垄断权。据考证,澳门地区是我国近代时期首推包税专卖制度的地区,因此这则公告应推断为中国境内最早的专卖公告之一。

6. 《澳门宪报》是我国最早的博彩公告发布媒体

近代澳门博彩活动主要分为四种:"闱姓"赌博和属于彩票的白鸽票、山票、铺票,它们带来高额收益的经营活动被纳入澳葡政府的专卖许可制度体系当中,并逐渐发展成为澳门的特色产业。因此,政府也在官报上大力投放以出让专营许可权为主要内容的此类公告,最早的一则博彩公告刊登于《澳门宪报》1851年7月19日(第三十五号)上:

> 奉公务会命:缘澳内白鸽票厂于七月二十七日满期,是以预于六月十七日在议事亭从新出投夜冷,如有愿遵守规条及出批价最高者,准令承充。其白鸽票规条在亭与看。六月十二日谕。

从这则公告我们可以看出,澳葡政府对彩票的一种——白鸽票的制售权也实行了专卖制度,票厂合同到期后就依照竞标原则,重新组织公开竞标授予下一轮的专营权。作为实施专卖制度的重要项目,彩票业与鸦片、赌博一起"并称为构成澳葡政府财政收入的三项主要的包税专营项目"。[①]

7. 《澳门宪报》发布了我国最早的婚姻公告

婚嫁活动与相关事务是华人生活中最重要和最具文化习俗特征的社会生活内容,一方面它体现着澳葡政府在殖民统治政策上的态度和治理原则;另一方面也集中反映当时澳门社会"华洋共处"的格局与族群之间的融合。对于实行制度化管理较早的澳葡政府而言,对居民婚姻行为的规制是当局行使现代社会管理职能的重要内容,借助大众报刊发布婚姻公告的行为在近代中国同期比较来看也是最早的。首则有关婚嫁活动的管理公告出现在《澳门宪报》1886年1月14日(第二号文)上:

> 一千八百八十三年八月初二日之告示内第一款加附款六列后:凡有庆贺神诞并婚嫁之事,准其自早五点钟至晚十二点钟均可施放串

[①] 莫世祥:《近代澳门贸易地位的变迁》,《中国社会科学》1999年第6期。

爆，但必须到公局讨取人情纸，复持往巡捕营签字而行。至于为婚嫁之事，可以连准三夜；如神诞之事，祇可准一夜。一千八百八十五年十二月三十日呈局长叱利喇、绅士故叱士（F. A. da Cruz）、雅思哑（v. Gracias）画押。

从上述公告可见，澳葡政府对于举办婚嫁时的华人传统习俗采取了包容的态度，从制度章程的制定到具体风俗活动的细节要求，都注重一定程度上利用法律规制的手段逐步引导华人适应现代法制社会和城市化生活的时代要求。

第二章

《澳门宪报》中文政治公告与澳门政治

第一节 《澳门宪报》中文政治公告的定义及内容

《澳门宪报》中文政治公告承载着报刊公告中最核心的功能——代表澳葡政府与居澳华人民众进行沟通、传递政治活动信息、行使管控与治理权力等。其内容类别与数量变化的总体特征与澳葡政府的政策导向、治理重点及内地的局势变化息息相关,反映着近代澳门发展的关键转型时期,澳葡当局希望通过政治公告的形式,强化殖民统治、配合推行各种社会治理政策的政治传播目标。

一 澳门近代政治及其与政治公告的关系

(一)《澳门宪报》中文政治公告的界定

政治公告是政府公告的重要组成内容。"政治是公共权力主体对社会资源的强制性分配及由此达成的相互关系。"[1] "而政府公告作为人类社会的一种信息传播形式,它与政治之间有着千丝万缕的联系——相对于其他大众媒介的内容而言,政府公告最接近早期马克思主义对于意识形态的概念。"[2] 政治对信息传播进行的控制、管理与整合突出表现在政策和法律制度方面,而政治公告就是以政治宣传为直接目标的一种传播类型。公告既是政治主体实行控制、管理和整合的一个重要对象,也是

---

[1] 施雪华:《政治科学原理》,中山大学出版社2001年版,第17页。

[2] [美] 巴兰·戴维斯:《大众传播理论:基础、争鸣与未来》,清华大学出版社2004年版,第329页。

政治主体实现自己政治目标的重要联络手段和动员方式。一方面，政治主体常常把公告当作一种政治传播的形式，利用公告来传播意识形态、引导政治行为、营造政治关系，发挥公告的政治纽带、政治符码、政治言说的作用，政治公告称得上是这方面最集中的表现；另一方面，公告主要会在公告中植入政治内容，因形造势，借助政治话语、政治符号、政治观念来传播商业信息，公告中屡见不鲜的政治语汇、政治宣传也正体现了这种用心。可见，公告反映着一定时期的政治意识、政治态度、政治形态与政治诉求。

通常认为公告是用来发布重要事项及法律、法规的告知性文书，因此，本书依照《澳门宪报》中的各类中文公告内容所涉及的领域，将政府部门发布的涉及军事、外交、公安、法律、政治制度、华人管理、财税政策、基础设施建设等领域的政策与规章、制度与措施、各类声明等视为"政治公告"。

这些政治公告是面向公众发布的各类声明与通告，是关于政权组织形式、政治与军事活动等所有澳葡政府行使统治职能的体现，这些规章制度、管理措施与具体治理行为，不以获取经济利益为直接目的，而是为实现具体的政策宣传目标、提供某种公共服务所发布的公告信息。

"在一定程度上，早期《政府公报》与今天所说的意义不完全相同。"[①] 由于政府公告的内涵与外延往往是随着时代的变迁而变化的。那么，依托近代报刊传播的政治公告具有以下定义的要件：公告作为一种"传播信息的方式"，其信息发布主体的目的——广而告之，是为了"博得政治支持"，而这些公告信息正是通过"宣传工具"——官方报刊媒体即《澳门宪报》面向公众传播的。当然，公告信息的传播形态是受社会环境与时代发展局限的。当时澳门社会的发展阶段处于从中国农耕文明的传统社会向西方近代工业化的社会转型之中，公告传播的意识、能力、技术手段及总体水平与现代社会相比不可同日而语。现代城市化生活所创造的大规模信息沟通需求刚刚起步，因此在公告形态尚处于成型之中的历史背景下，我们不能用这些现代特征来苛求《澳门宪报》中的"广而告之"信息。可以认定的是，《澳门宪报》中文公告中的政治公告承担了澳葡政

[①] 汤开建、吴志良：《澳门宪报·中文资料辑录：1850—1911》，澳门基金会2002年版，第Ⅷ页。

府沟通华人民众、传递政治活动信息、行使管控与治理权力的重要传播功能。

(二) 澳门近代政府变迁在政治公告中的反映

政治公告不仅反映了一个地区的政治体制，也在一定程度上折射着当时社会制度的发展变化，尤其是《澳门宪报》作为官方媒体，其刊载的政治公告在数量变化、内容导向等方面都是与当时的澳门政治环境变迁密切相关的。从传播政治经济学的视角看，"是被一种宏观的政治、经济力量所控制的，它自身也是一种蕴含着复杂权力关系的话语体系，这个体系既包括了从一般意义上的语句辞藻中所体现的话语权力，也包括了从敏感的话语修辞、民族情绪等折射出来的政治权利"。[1] 19世纪中叶鸦片战争以后，葡萄牙殖民者效法英法借机夺取了澳门的治权："1845年澳葡政府擅自宣布澳门为自由港，1846年到任的葡萄牙总督亚马留，开始拒绝向中国缴纳租赁澳门的地租，驱逐清朝香山县丞，并关闭在澳粤海关，实际上侵占了中国对澳主权。"[2] 而此时的澳门在香港崛起、内地多处通商口岸开埠的情况下，失去了原有东西方唯一的经贸中心地位，财政收入开始下降；并且"由于太平天国运动，特别是1854年广东天地会起义，大批广东官民为逃避战乱迁至到澳门"[3]，大量华人的涌入导致社会动荡、民族矛盾激化；在这种"内忧外患"动荡形势下，澳葡当局必然要通过公告的形式在各个领域发布针对华人的种种规制，加大管控力度，强化其殖民统治，以配合经济转型与社会融合。因此，政治公告数量在这一时期处于较高水平，但随着族群交往与融合日益加深，管控规制目的的政治公告总体上呈下降趋势。

19世纪80年代末，由于澳葡政府在1887年通过《中葡和好通商条约》，以配合清政府查禁鸦片贸易为由"窃取"了澳门的主权，从而确立了正式的殖民统治身份，因此在政治上加强对华人管控的重要性下降；与此同时，澳门在经济上正处于财政收入锐减、产业被迫转型的艰难时期，《澳门宪报》上政策发布的重心自然转移到经济上来；而且，

---

[1] 刘英华：《从近三十年来户外广告解析广告的政治语境与话语权力》，《现代传播》2011年第9期。

[2] 程美宝：《把世界带进中国：从澳门出发的中国近代史》，社会科学文献出版社2013年版，第237页。

[3] 同上。

澳葡当局竭力通过扶持鸦片、博彩等专卖行业和劳工输出（苦力）贸易作为支柱产业，推动经济转型。在这种以经济转型为中心的政治治理背景下，为了缓和华洋民族矛盾、稳定社会秩序，服务于扩大政府收入税源、扶持经济发展的方针，澳葡政府在19世纪90年代减弱了政治上的管控，并积极鼓励和发动19世纪60年代已经成为社会经济主力的华商及华人群体的力量，① 推动澳门的经济转型，导致此时的政治公告数量持续走低。

1911年辛亥革命前夕，由于内地的政局动荡难免也波及澳门地区，且资产阶级革命党人从19世纪末20世纪初就将澳门作为清政府力量鞭长莫及的、相对安全的组织策源地和军火供应地，② 这时的澳葡政府惧怕革命激进力量所引发的社会局势动荡，因而大大增加了政治公告的发布力度，以强化对华人群体的管控。

二 《澳门宪报》中文政治公告的具体内容分类及内涵界定

《澳门宪报》中的政治公告具体包括军事、外交（战争与政治立场声明）、公共安全（治安巡捕与犯罪统计）、法务、选举与任免（华人参政）、政府表彰（节日庆典）、华人管理机构与章程（双语公告、丧葬公告、组织机构设立公告）、城建（征地）、交通、税收（公钞）公告10小类，20个细分项目。

作为在澳葡政府官方报刊媒体上发布的信息，政治公告数量在《澳门宪报》各类公告中占据着很大的比重：1850—1911年《澳门宪报》上共刊登了2896则中文公告，其中政治公告为977则，所占比例为34%。如图2-1所示。

按照公告发布者的不同和公告所涉及内容的不同领域，这些政治公告可以大致分为以下10个细分小类：军事公告、外交公告、公共安全公告、法务公告、选举与任免公告、政府表彰公告、华人管理机构与章程、城建（征地）、交通公告、税收（公钞）公告。每个细分类别的定义及具体内容如下：

---

① 程美宝：《把世界带进中国：从澳门出发的中国近代史》，社会科学文献出版社2013年版，第234页。

② 同上书，第237页。

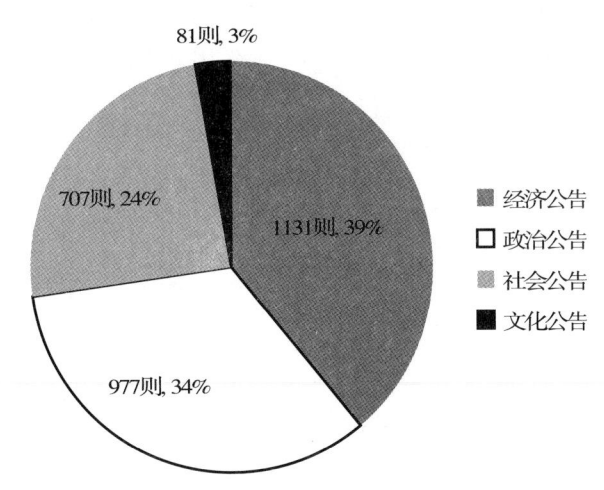

图 2-1　《澳门宪报》中文公告总量的比重统计

《澳门宪报》中的军事公告指的是由澳葡政府发布的关于澳门的军事信息，具体包括军事行动、军事设施建设、军事武装政策等与军事活动相关的公告。

《澳门宪报》中的外交公告是指由澳葡政府发布的关于澳门对外的外交政策与活动信息，体现了澳葡政府作为相对独立的政治主体行使的对外"主权"，主要包括政府发布的对外声明、战争声明、政权成立、外事活动等相关信息，以及与内地的清政府发生的交往或表达态度等声明。

《澳门宪报》中的公共安公全公告是指由澳葡政府及其公共安全部门发布的关于澳门公共安全与治理的相关公告，体现了澳葡政府对内行使的政治统治权，包括各类主要针对华人的安全管控制度与措施及其具体的治理行为，如巡捕公告、治安条例、犯罪情况通告等信息。

《澳门宪报》中的法务公告是指澳门地区法院或法务管理部门发布的各类法律制度及具体执行情况的判决公告。

《澳门宪报》中的选举与任免公告是澳葡政府发布的关于澳门各级官员的选举、上任、卸任、代任等具体政治组织变迁和各类政治活动的相关公告，尤其是涉及华人参政的信息发布：包括华人投票选举"民委官"和当选公局负责人的公告，体现了澳门采取西式民主政体的政权组织形式和行政政府管理权的组织架构，尤其是反映了当时"华洋并居"的社会结构中居澳华人政治地位逐步提高、融入澳门上流阶层的政治变迁。

《澳门宪报》中的政府表彰公告是澳葡政府发布的表彰葡萄牙人、居澳华人以及节日庆典等公告，主要包括财物捐赠及荣誉授予信息，其目的在于宣传强化澳葡统治下的政权形象，淡化族群矛盾，体现了《澳门宪报》政府喉舌的宣传作用。

《澳门宪报》中的华人管理机构与章程公告是澳葡政府发布的各类组织机构成立公告以及针对华人的各类规制和办法等，如采用双语刊发官方媒体公告、华人的丧葬管理办法等一系列旨在加强对居澳华人管控的规制及机构设置的公告。

《澳门宪报》中的城建（征地），下文简称为"城建公告"是指澳葡政府及组织基础设施建设的相关部门发布的关于澳门市政建设和征收土地等各项公告，它们侧面地反映了19世纪下半叶澳门城市化的历程。

《澳门宪报》中的交通公告是指政府对道路、航运等交通管理办法和相关信息的公告，除了各类交通规章外，还包括一些道路、桥梁交通设施的建设、招标公告，这类信息数量较多，体现了澳门政府行使现代行政管理的职能，以及与澳门城市化进程的紧密联系。

《澳门宪报》中的税收（公钞）公告是指澳葡政府发布的要求澳门华人缴纳租税（亦称公钞）的政策性公告，由于这些政策性公告重点反映了澳葡政府对于经济"主权"的管控制度，也是其维持政府运作的主要来源，因此是政治公告的重要类别。

三 《澳门宪报》中文政治公告的总体数量及比重变化

（一）政治公告的数量及占全部中文公告的比重变化

根据统计，《澳门宪报》中文政治公告的年分布并不均衡，政治公告的数量变化在1850—1878年，仅有1851年、1852年分别出现1则、16则此类公告，其余年份均为0则，而在1879年以后才经常出现，这与《澳门宪报》自1879年2月18日起中文公告刊载量开始大幅增加、进入发展起步阶段有直接关系（见图2-2）。因此，从数据分析有效性角度考虑，本书主要研究1879年以后《澳门宪报》的政治公告变化情况。

这段时期此类公告数量变化基本呈现"U"字形（见图2-3），数量较多的年份分布在初期和末期两端（1881年、1911年分别达到了71则、74则）；而政治公告的数量在初期达到顶峰后（1881年）持续下

第二章 《澳门宪报》中文政治公告与澳门政治 83

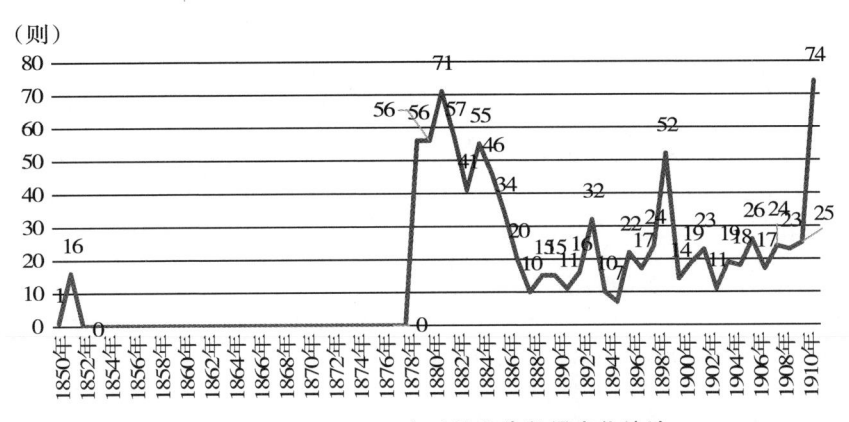

图 2-2 1850—1911 年政治公告数量变化统计

降,到 1895 年数量降至最低(仅有 7 则);之后数量每年平均 21 则左右(基本未超过 25 则,除 1893 年、1899 年超过 30 则),到 1911 年又显著升高。

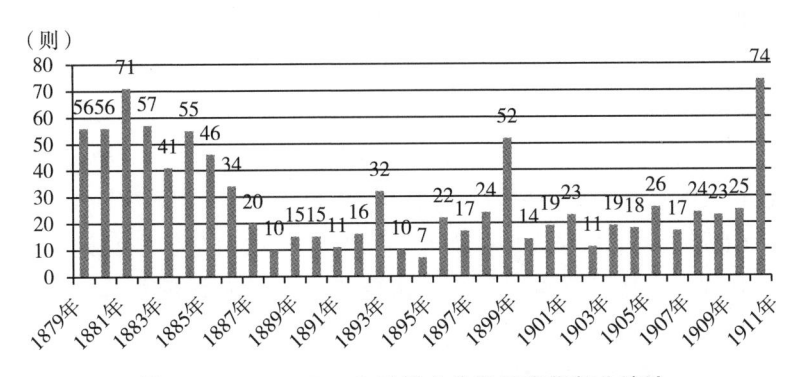

图 2-3 1879—1911 年政治公告数量变化部分统计

从前述的分析看,《澳门宪报》的政治公告与澳葡政府的政策导向、治理重点及内地的局势变化紧密相关,每当内地政府局势动荡、大批华人涌入的时期,政治公告的数量就有明显上升,如 19 世纪 50 年代太平天国时期、1899—1900 年八国联军侵华时期、1911 年辛亥革命时期都与政治公告数量变化有显著的关联;另外就是经济转型的关键时期,如 19 世纪 90 年代末 20 世纪初,这一时期由于政府政策关注点以产业转型、经济发展为主题,故政治公告的数量和比重相对较低(见图 2-4)。

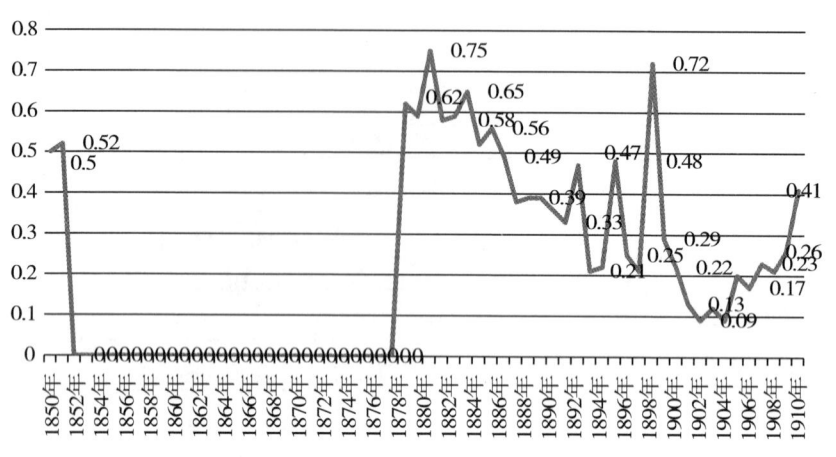

图 2-4　政治公告占《澳门宪报》中文公告比重变化趋势

（二）总体细分类别的数量及所占比重的变化

本书依据《澳门宪报》中政治公告的具体内容和涉及的领域，进行了细化 20 项分类统计（将相近类别公告归纳为 10 项列表），以便更清晰地梳理这 61 年间澳门地区的政治形势和政府政策导向的变迁（见表 2-1）。

由图 2-5、表 2-1 可以看出，在所统计的《澳门宪报》政治公告中，法务公告数量最多（239 则），占政治公告总量的 24.5%；城建（征地）公告数量其次（205 则），占了政治公告总量的 21%；公共安全公告位列第三（161 则），占比 16.5%；而军事公告、税收公告、任免选举公告基本超过 80 则，占比都在 8% 以上；其余四类：华人管理章程、交通、外交、表彰公告数量比较少（低于 50 则），占比均低于 5%。

因此，可以看出，绝对数量上法务公告最多，这与政治类信息发布的基本目标是吻合的，旨在通过法律规制的手段行使澳葡政府的统治权、加强对华人行为的管控，但也从一个侧面反映了澳葡政府向现代政府职能转变的时代进步性；而城建公告数量所占比重位列第二，说明城建活动（包括土地出投、征地通知等）在政府治理目标中居于主导地位，也侧面反映了澳葡政府在推动澳门近代城市化进程中的主导作用（见图 2-5）。

表2-1 《澳门宪报》中文公告（按二级）分类明细统计数量

单位：则

年份	选举与任免公告；投票选举与华人参政公告数量	法务公告数量	政府表彰公告数量	交通公告数量	税收（公钞）公告数量	城建（征地）公告数量	军事公告数量	外交公告数量	华人管理章程、规定组织机构与政府设立、公告塞及表彰章程公告数量	公共安全、罪犯统计、治安巡捕公告数量	政治公告总数量合计
1850	0	0	0	0	0	0	0	0	0	1	1
1851	0	3	0	0	8	2	0	1	0	2	16
1879	10	3	5	1	12	9	11	0	2	3	56
1880	7	2	2	0	5	7	9	0	7	17	56
1881	6	15	3	0	5	12	12	2	10	6	71
1882	3	19	1	0	1	12	8	0	0	13	57
1883	5	14	1	0	5	3	0	0	0	13	41
1884	1	18	1	0	5	6	2	1	4	17	55
1885	0	12	0	1	2	0	2	0	0	29	46
1886	0	1	0	0	2	4	2	0	0	25	34
1887	1	5	0	0	4	2	1	0	4	3	20
1888	0	0	0	2	0	4	1	0	0	3	10
1889	5	1	0	0	0	0	2	1	2	4	15

续表

年份	选举与任免公告;投票选举与华人参政公告数量	法务公告数量	政府表彰公告数量	交通公告数量	税收(公钞)公告数量	城建(征地)公告数量	军事公告数量	外交公告数量	华人管理章程,规定组织机构与政府设立、公告墓葬章程及公告数量	公共安全、罪犯统计、安巡捕公告数量	政治公告数量总合计
1890	3	0	1	0	4	1	0	0	0	6	15
1891	1	1	1	0	0	3	1	3	0	1	11
1892	2	1	0	0	0	5	2	4	1	1	16
1893	3	1	0	1	4	13	1	5	2	2	32
1894	3	1	0	0	2	2	1	0	0	1	10
1895	0	2	0	0	0	5	0	0	0	0	7
1896	2	8	0	0	3	8	1	0	0	0	22
1897	2	2	0	1	1	4	7	0	0	0	17
1898	1	17	0	1	1	1	2	0	1	0	24
1899	0	43	0	2	2	4	1	0	0	0	52
1900	1	3	0	1	1	4	4	0	0	0	14
1901	0	4	0	2	0	13	0	0	0	0	19
1902	0	9	0	1	0	10	2	0	0	1	23

第二章 《澳门宪报》中文政治公告与澳门政治

续表

年份	选举与任免公告：投票选举与华人参政公告数量	法务公告数量	政府表彰公告数量	交通公告数量	税收（公钞）公告数量	城建（征地）公告数量	军事公告数量	外交公告数量	华人管理章程、规定组织机构与政府公署设立、公墓及丧葬章程公告数量	公共安全、罪犯统计、治安巡捕公告数量	政治公告数量总数合计
1903	1	1	0	3	1	4	1		0	0	11
1904	0	3	0	1	4	5	5	0	1	0	19
1905	5	2	0	2	0	7	1	0	1	0	18
1906	0	8	0	6	4	6	1	0	1	0	26
1907	1	6	0	2	2	5	1	0	0	0	17
1908	2	8	0	0	2	11	1	0	0	0	24
1909	2	8	0	0	0	8	0	0	2	3	23
1910	3	5	0	0	2	7	2	0	3	3	25
1911	14	13	0	0	4	18	6	5	7	7	74
合计	84	239	15	27	86	205	90	22	48	161	977

说明：由于1852—1878年《澳门宪报》中文公告中未见政治公告，故本表省略这些年份的数据；栏中填"0"表示当年未有此类公告。

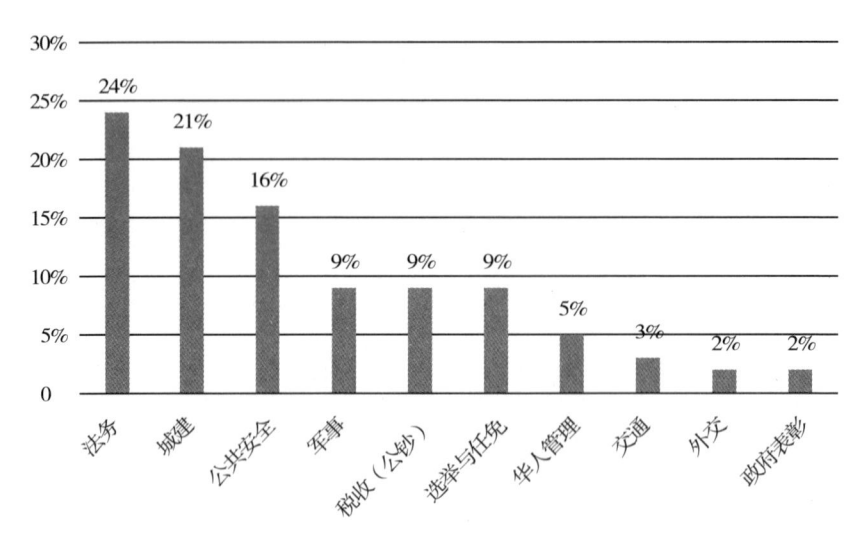

图 2-5 政治公告各细分项目占政治类公告总量比重的排名

第二节 《澳门宪报》中文政治公告的分类

《澳门宪报》中文政治公告依据内容主题可具体分为 10 小类、20 个细分项目，每个类目都在不同领域反映出了澳葡政府旨在强化殖民统治，同时引入现代化社会治理思想的官方意图和政治手段。

一 军事公告

（一）军事公告与澳门的历史渊源及其内涵界定

回顾历史上，澳门 17、18 世纪就在军事上与内地的关系紧密，尤其体现在军事技术的传播方面。据黄一农的考证，明末西方军事技术传入中国包括：万历年间福建工匠经吕宋传入内地、天启初年闽粤官员抗击荷兰人中所学、清初南明郑氏政权与英国东印度公司交易等几种主要途径，[①]其中明清之际西方的火炮技术以及跟随火炮一同引进的西洋炮师经由澳门传入的这种方式，曾引发了中国军事领域的重要变革。澳门成为明政权与

---

① 黄一农：《明清之际红夷大炮在东南沿海的流布及其影响》，《"中央研究院"历史语言研究所集刊》第 81 册，2010 年 12 月。

清军交战，以及后来清军统一中国、荡平抵抗力量时，借以获取西方先进的军事技术、人员的重要渠道，这就使得明清两朝统治者在看待澳门政权的存在价值上增添了分量，也使澳葡政府在与内地官方的政治交往上获得更多的价值筹码。可以说，军事战略上的存在价值为澳葡统治政权的存在与延续起到了辅助作用。

到了近代，由于澳门具有相对独立的政治地位与毗邻对外经济发达的广东省的地理优势，使之成为西式军火武器流入华南、进入内地的重要通道。军火贸易在澳门具有悠久的发展史，它"与中国香港、日本、东南亚等地保持着军火贸易的关系网络"[①] 19世纪末20世纪初，西式枪炮通过澳门向华南乃至内陆地区扩散，助长了地方武装的军事化，为资产阶级革命党发动辛亥革命推翻清政权的统治提供了必要的物质条件。

正是在这个意义上，澳门的军火贸易及其技术传播在全球化进程中推动了传统社会结构的变革，显示了军事工业文明的辐射效应：19世纪下半叶，清政府在鸦片战争见识近代"洋枪洋炮"的威力后，开始转向从西方引进、仿制新式火药武器。[②] 这也推动了澳门本身的军事发展，使其对内地的军事战略价值再次发挥了重要的作用。从军事类公告上，也能够反映出当时澳葡政府对于军事建设与发展的重视程度。

因此，《澳门宪报》中的军事公告指的是由澳葡政府发布的关于澳门的军事信息，具体包括军事行动通告、军事设施建设的招标公告、军事武装政策等与军事活动相关的公告。

（二）军事公告的总体变化趋势及其内容分析

从表2-1和图2-7可见军事公告的变化情况。此类公告占政治公告总量约9%，占比排名第4位。

图2-6显示，澳门军事公告在19世纪80年代至90年代初、19世纪末20世纪初出现了4次相对的增长高峰（1879年20%、1897年41%、1899年29%、1904年26%），这与澳门当时所处的政治环境、与内地的政治关系密切相关。鸦片战争后葡萄牙殖民者效法英法借机夺取了澳门的治权；1887年澳葡当局与内地签订了《中葡和好通商条约》，从而确立了

---

① 程美宝：《把世界带进中国：从澳门出发的中国近代史》，社会科学文献出版社2013年版，第105页。

② 同上书，第104页。

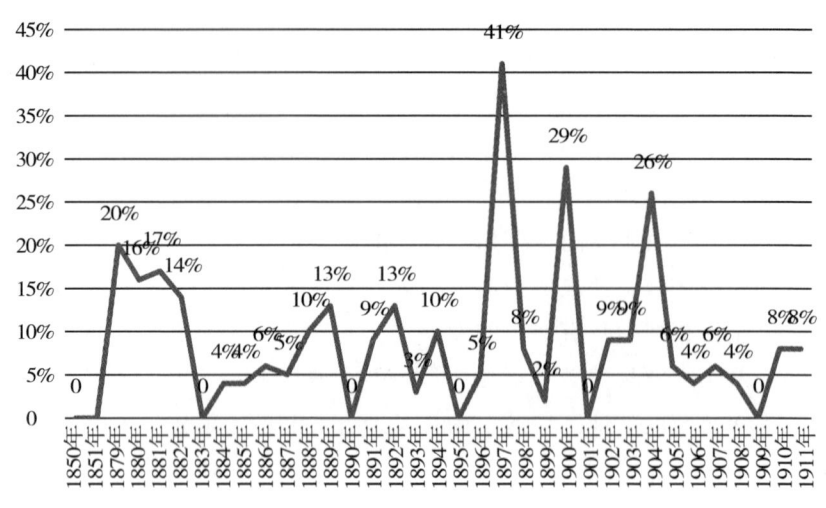

图 2-6　军事公告占政治公告总量的变化趋势

正式的殖民统治身份，因此在政治地位上的提升促使其加强军事设施的建设，次年开始大量发布了一系列强化军事安全政策与加速军事设施建设的招标公告（见表 2-2）。

表 2-2　　军事公告的数量占政治公告比重变化统计

年份	军事公告数量（则）	军事公告占当年政治公告总量比重（%）	政治公告总数量（则）
1850	0	0	1
1851	0	0	16
1879	11	20	56
1880	9	16	56
1881	12	17	71
1882	8	14	57
1883	0	0	41
1884	2	4	55
1885	2	4	46
1886	2	6	34
1887	1	5	20
1888	1	10	10
1889	2	13	15
1890	0	0	15

续表

年份	军事公告数量（则）	军事公告占当年政治公告总量比重（%）	政治公告总数量（则）
1891	1	9	11
1892	2	13	16
1893	1	3	32
1894	1	10	10
1895	0	0	7
1896	1	5	22
1897	7	41	17
1898	2	8	24
1899	1	2	52
1900	4	29	14
1901	0	0	19
1902	2	9	23
1903	1	9	11
1904	5	26	19
1905	1	6	18
1906	1	4	26
1907	1	6	17
1908	1	4	24
1909	0	0	23
1910	2	8	25
1911	6	8	74
合计	90	9	977

例如《澳门宪报》1891年10月17日（第四十二号附报）上发布的一则旨在强化其军事安全的政策：

> 大西洋钦命澳门、地扪总督布为札知事。
> 照得现在中国内地有不平之情形，查阅香港西纪本月初一日发出第五号告示，限六个月严禁军器火药等械，不准由香港载运出口。咨会前来，请本大臣协助严禁，庶免香港虽禁无益等语。兹奉本国大君主谕，准是以议定自本日起六个月内，严禁由澳门载运军器火药等械

出口，前往中国各埠等处。

第二条，如运军装往香港及东便外国属地，须要先赴船政厅具禀，误禀内声叙人姓名、籍贯、住址、军装若干、是否优劣、价值多寡、前往何处、由某船载去等字样，并将该船牌附入禀内……

第五条，至于该担保银必须俟有第三款附款二之凭单，指明该船经已到埠，军装亦以登岸，方将该担保银给回。

第六条，自给照之日起限六个月内，如无该凭单呈出船政厅，则担保单作为废纸，其担保银则应充公，其领照人则交衙门办理。

第七条，该船开身之日，该副船政厅或署理官要到该船查明所载之军装，与在船政厅所立之甘结是否相附。附款一：查封之后，该副船政厅须立一单给与船主，该单声明该船主领照运军装出口，该军装多少优劣，并领照之人姓名，前往某处。附款二：该船主一收到船政厅所发之字据，立即开行，如有意外不测，方得延搁。附款三：如查船之时，有查出军装比对甘结之数较多，即不准该船开行，其担保银立即充公，另照棍骗罪案办理。

第八条，如军装系由澳门载往香港，附搭港澳省轮船公司之火船运去者，不在此列，免守本章。辛卯年九月十七日，总督布画押。

上述公告表明，澳葡政府因内地政局动荡，通过"严禁由澳门载运军器火药等械出口，前往中国各埠等处"的详细章程，以维系与清政府的政治关系，保护因刚刚签订《中葡条约》而确立的殖民统治身份，故采取这种支持清政府的官方态度；同时也避免因军火泛滥波及澳门的殖民统治，影响两地关系。

19世纪末20世纪初，澳门军事公告数量和比重再次大幅提升，如1897—1900年，1904年前后。其中，1897年军事公告数量占当年政治公告总数的41%，达到历史占比的高峰。其主要原因也是由于内地戊戌变法与义和团运动导致的政局动荡。到了1911年辛亥革命前夕，资产阶级革命党人已将澳门作为相对安全的革命"组织策源地"和"军火供应地"[①]，这时的澳葡政府由于担心内地的政局动荡难免也波及澳门地区，因而大大

---

① 程美宝：《把世界带进中国：从澳门出发的中国近代史》，社会科学文献出版社2013年版，第237页。

增加了军事公告的发布力度,以强化对华人群体的管控。

作为弹丸之地的澳门,对于影响甚大的内地政局变化是极为敏感的,也因此在官方态度上严控军火走私,避免因军事问题与内地关系的紧张,这种官方态度也延续下来,使其一直比较重视与清政府以及辛亥革命后的国民政府维持良好有序的军事关系。

可见,在加强对外军事关系的同时,澳葡政府也重视自身的军事建设,如《澳门宪报》1903年3月7日(第十号)刊载的一则军火生产方面的军事设施建设公告:

> 案据华人林石泉禀称,在沙岗群队街北向空地,南向隆炮永仗厂,东向群队街,西向白灰围之地,开设炮仗厂一间。经饬华政务厅及工程公所勘验,均以无碍居民,合行照准禀覆。

再如《澳门宪报》1889年5月30日(第二十二号)中文公告刊载的一则军事类公告:

> 大西洋澳门巡捕兵营粮饷公会书记波治(José Abellard Borges)为通知事。
>
> 定于五月十七日十一点钟,在岗顶巡捕总营将本营兵丁所用之食物招人出投承办,以六个月为期。又于同日同时招人承办西洋红酒、华糯米酒,以为国家喜庆之日用者,均以六个月为期,自西纪本年七月初一日起至十二月三十一日止。谁出价低者得。其章程俟出投时声明。特此通知。

上则军事后勤方面的公告表明,澳门军事建设与后勤保障这方面采取的是政府招标政策,这体现了一种现代政府采购行为的雏形。澳葡政府在19世纪90年代由于财政收入锐减,自此转向服务于以经济转型为主要任务的政治目标,《澳门宪报》上政策发布的重心自然是经济政策;加强军事基础设施的建设以及改善军队福利、保持军事供给的稳定充足也是澳葡政府强化自身安全的重要手段,尤其是利用具有专卖色彩的政府工程招标方式,调动19世纪60年代已经成为社会经济主力的华商及华人群体的经济力量①为澳门军事建设服务、为强化澳门殖民统治服务，体现了澳葡政府在现代政治管理方式上的一种进步性。

二 外交公告

（一）外交公告与澳门历史的渊源及其内涵界定

16世纪葡萄牙殖民者靠向当地官员"行贿"的手段获得"入居"澳门的权力，其实仅仅行使了管理权。因为从澳门的行政区划上仍然归广东香山县管辖，还要象征性地向中国政府交纳"租金"，所以19世纪80年代以前的澳门在严格意义上说并不具有"外交"资格。

而这种情况直到19世纪中叶的鸦片战争以后才有所改变："1845年澳葡政府擅自宣布澳门为自由港，效法英法借机夺取了澳门的治权；1846年到任的葡萄牙总督亚马留，开始拒绝向中国缴纳租赁澳门的地租，驱逐清朝香山县丞，并关闭在澳粤海关，实际上侵占了中国对澳主权。"② 1887年澳葡当局借清政府希望换取禁绝澳门地区从事鸦片贸易的要求，与清政府签订了《中葡和好通商条约》，自此才最终确立了正式的殖民统治身份。

从严格的政治主体资格上说，1887年之后的对外声明或外事公告才真正称为法律意义上的澳门"外交"公告，这些公告才真正体现了澳葡政府作为相对独立的政治主体行使的对外"主权"。

因此，本书所研究《澳门宪报》中的外交公告是指由澳葡政府发布的关于澳门对外的外交政策与活动信息，主要包括政府发布的对外声明、战争声明、政权成立、外事活动等相关信息，以及与内地的清政府、太平天国政权发生的交往或表达态度等声明。

（二）外交公告的数量变化及内容分析

外交公告数量占政治公告总量（977则）的3%。具体的变化情况见图2-7。

从图2-7可见，外交公告在19世纪80年代末90年代初、1911年的占比较高，其背后的因素主要与澳葡政府执政地位的变化、内地出现的政

---

① 程美宝：《把世界带进中国：从澳门出发的中国近代史》，社会科学文献出版社2013年版，第234页。

② 同上书，第237页。

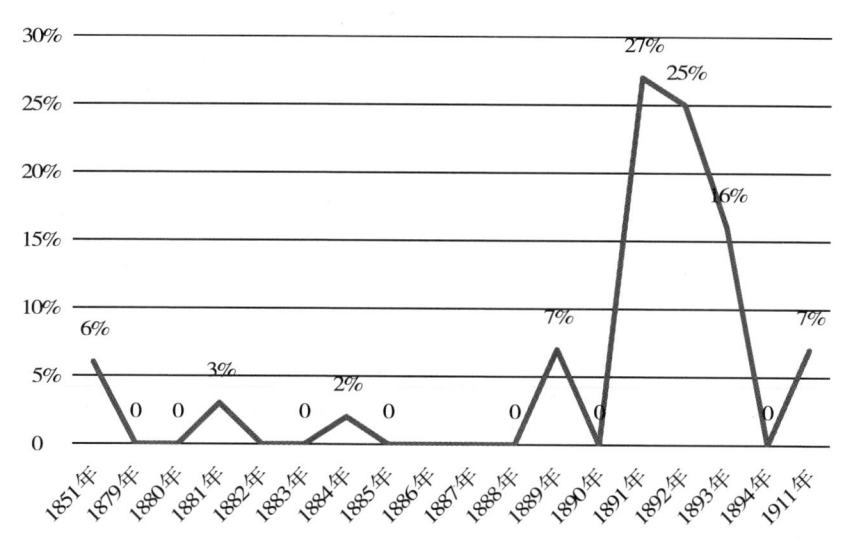

图 2-7 外交公告占政治公告总量的比重变化趋势

治事件有关。陈序经指出:"自十九世纪以来,中国的政治运动之最能令人注意者,要算太平天国的政治运动、戊戌的维新运动以及辛亥革命运动。这三种运动,虽各有其特殊之点,但也有其共同处,这就是三者都是受过西洋文化的影响,而且通通是策源于南方。"[1] 由此可推论,澳门作为西方思想传入的"孔道"对中国近代这些政治、革命事件的发生,必然会产生促动作用。而"澳门因素所造成的社会流动性和新思想的输入,是这一地区代有人才、首倡革新、影响全局的社会基础"[2]。但是,澳葡政府官方的态度则是在内地政局动荡时表明主权立场,力争提高对外交往、国际事务中的话语权。

自 1887 年澳葡政府通过签订《中葡和好通商条约》、确立了正式的殖民统治身份,之后几年的外交公告数量占比大幅增加(从 1889 年的 7% 增至 1892 年的 25%,详见表 2-3),1891 年、1892 年数量为 3—4 则、占比分别达到 25%—27% 的历史峰值,这与 1887 年后澳葡当局希望借一些外交声明对外表明"大西洋国"的主权身份有关。

---

[1] 陈序经:《中国南北文化观》,中国人民大学出版社 2004 年版,第 126 页。
[2] 程美宝:《把世界带进中国:从澳门出发的中国近代史》,社会科学文献出版社 2013 年版,第 146 页。

表 2-3　　　　　　　外交公告的数量及比重变化统计

年份	外交公告数量（则）	外交公告占当年政治公告总量的比例（%）	政治公告合计（则）
1851	1	6	16
1879	0	0	56
1880	0	0	56
1881	2	3	71
1882	0	0	57
1883	0	0	41
1884	1	2	55
1885	0	0	46
1886	0	0	34
1887	0	0	20
1888	0	0	10
1889	1	7	15
1890	0	0	15
1891	3	27	11
1892	4	25	16
1893	5	16	32
1894	0	0	10
1911	5	7	74
合计	22		635

注：1895—1910 年《澳门宪报》没有刊登外交公告。

例如《澳门宪报》1891 年 12 月 24 日（第五十二号）刊载的一则涉及外交事务的公函：

> 兹经驻澳葡督张贴示谕，自本年九月十五日起限六个月内，严禁由澳载运军火，前往中国内地，足见葡督敦睦邦交美意。似此各埠严防，想匪徒无从购运，自当敛迹。除照覆粤海关部广查照外，合将葡督示谕照录一纸附粘，申呈查核办理等由。本部堂查匪徒私运军火，前经照会英国倭署总领事官，转准香港总督出示限禁等由……即经分别咨行，查照在案。兹接贺税务司申称，澳门现亦严行定章示禁，具见贵大臣谊重邦交，实力协助，本部堂阅悉之下，欣感良深，除分别

第二章 《澳门宪报》中文政治公告与澳门政治

咨行外，相应备文致谢。为此，照会贵大臣，烦为查照，顺候时祉。须至照会者。右照会大西洋钦命驻扎澳门、地扪总督布。辛卯年十一月十四日。

这是一则清政府致谢澳葡政府的公函，以"大清头品顶戴兵部尚书两广总督部堂李为会事"的名义撰写，表明了清政府对于澳门严禁军火运入内地的感谢之意："足见葡督敦睦邦交美意。"从内容上看强调了澳葡政府支持清政府的官方立场，之前澳门颁布了严禁军火走私贸易的政策，目的是协助内地镇压革命党人、维系与清政府的政治合作关系："澳门现亦严行定章示禁，具见贵大臣谊重邦交，实力协助"；而刊载这一公函也有另一层寓意：就是向外界公开表明，澳葡政府对清政府尊重其"主权"以及希望加强与清廷、港英当局的政治合作，维系政治关系的成效："前经照会英国倭署总领事官，转准香港总督出示限禁等由……即经分别咨行，查照在案。"

1911年辛亥革命前夕，外交类公告绝对数量又创新高，占当年政治公告总数比重的7%，这反映了内地局势动荡时期澳葡政府的政治立场和希望择机而动谋取政治利益的心态。如《澳门宪报》发布的两则政府外交声明：

大西洋澳门辅政司奉宪命颁行后开电报，俾众知悉。

一千九百一十一年九月十一日理斯波。澳门总督：本日英、德、澳、西班牙、意大利国钦使声明，奉政府命令公认西洋民主国。督理属务部。西一千九百一十一年九月十二日。澳门辅政司罗颁行。[①]

国会。西八月廿一日上谕，宣布大西洋民主国政体。西八月廿三日上谕，饬将属务兼海军部分立两部。宣布万奴威厘·阿哩耶架（Manuelda Arriaga）已被公举为大西洋民主国总统之上谕。[②]

这两则公告表明，澳葡政府借内地辛亥革命政局动荡、政治力量角逐的中央权力真空期，发布了改革政府体制、获得与中国新生政权对等的、

---

① 《澳门宪报》1911年9月12日（第三十六号附报）。
② 《澳门宪报》1911年9月30日（第三十九号）。

独立政治身份的外交声明,借机进一步提升了澳门对外联系的国际地位和话语权,并后续发布了对于新政体成立的庆典公告,以加强对外影响和国际认可:

> 大西洋澳门议事公局长马为通知事。
>
> 兹特邀请本澳官宪、各国驻澳领事官、水陆兵官、当差人员及其家眷,并本澳所有各界会员、本澳居住各商家、民家人等,于十月初五日,即华八月十四日十二点钟到本公局大堂齐集,为开纪念大西洋民主国第一周年庆典大会,以昭盛举。为此通知。一千九百一十一年九月廿一日。①

上述公告表明,澳葡政府借改革政体、成立新政府之机,邀请政界、军界等各路人士及驻澳外宾参加"大西洋民主国第一周年庆典大会",实质上是通过这种盛大的仪式行为来强化澳门的国际影响力,获得内地革命新政权、国际社会的认可与重视。

三 公共安全公告

(一) 公共安全公告的内涵界定及数量变化

《澳门宪报》中的公共安全公告是指由澳葡政府及其公共安全部门发布的关于澳门公告安全与治理的相关公告,体现了澳葡政府对内行使的政治统治权,包括各类主要针对华人的安全管控制度与措施及其具体的治理行为,如巡捕公告、治安条例、犯罪情况通告等信息。公共安全公告的数量较多,共 161 则,占政治公告总量的比重也仅次于法务和城建公告,位居第三(16%),一方面反映当时的澳门面临着较为严峻的社会治安问题;另一方面也反映出澳葡政府对于华人的管控措施和力度。具体数量占比变化如图 2-8 所示。

从图 2-8 可见,公共安全公告数量的总体走势呈现下降趋势,在 19 世纪 80 年代公告数量呈现一个增长高峰(1885 年达到绝对数量峰值 29 则,1886 年达到占比峰值 74%),19 世纪 90 年代以后迅速下降,仅在辛亥革命之前才略有回升(1911 年占比 9%)(详见表 2-4)。这种变化趋势

---

① 《澳门宪报》1911 年 9 月 23 日(第三十八号)。

与 19 世纪 80 年代澳葡政府经济凋敝、处于产业转型的艰难时期有直接关系。因为，社会稳定程度往往与一地的经济形势密切相关，每当经济萧条、失业率增加的时期，人们在饱受饥困之苦的折磨下，受强烈的生存动机驱使，往往容易降低道德自律的底线，社会因此陷入动荡时期；而在 1879 年以后"破产转让公告"的数量占比显著增加，说明当时的澳门经济正处于传统国际贸易中心地位丧失、财政收入匮乏、经济产业转型尚未完成的艰难时期，因而导致当时的社会矛盾激化，华人群体对殖民统治的抗争活动增加等一系列社会问题。

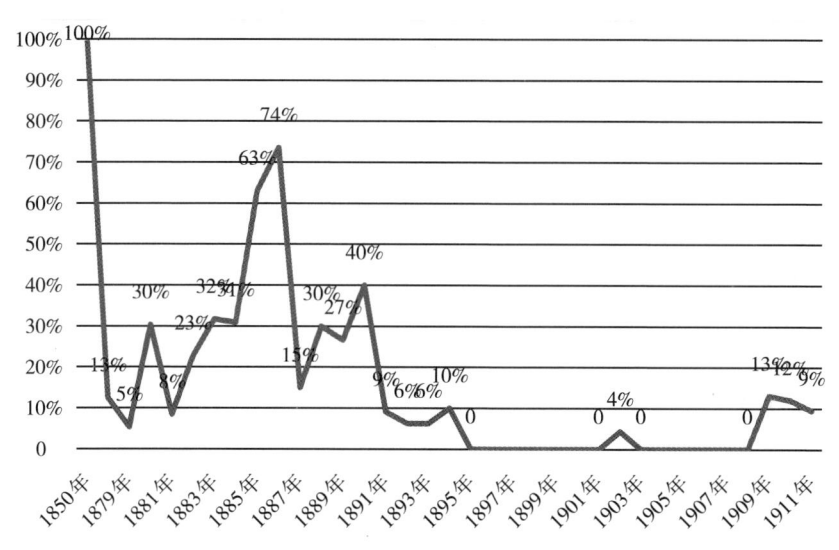

图 2-8　公共安全公告占政治公告总量的比重变化趋势

为此，澳葡政府本着维护殖民统治的稳定、为经济转型营造安全环境的考虑，通过官报《澳门宪报》的治安信息传达和对内的安全政策通告等方式，加大打击犯罪活动的力度，以维护澳门社会的稳定。其实，这种行使政府管理职能在 1850—1851 年就较早地出现了。

表 2-4　　　　公共安全公告的数量及比重变化统计

年份	公共安全公告数量（则）	公共安全公告占当年政治公告总量的比重（%）	政治公告数量合计（则）
1850	1	100	1
1851	2	13	16
1879	3	5	56

续表

年份	公共安全公告数量（则）	公共安全公告占当年政治公告总量的比重（%）	政治公告数量合计（则）
1880	17	30	56
1881	6	8	71
1882	13	23	57
1883	13	32	41
1884	17	31	55
1885	29	63	46
1886	25	74	34
1887	3	15	20
1888	3	30	10
1889	4	27	15
1890	6	40	15
1891	1	9	11
1892	1	6	16
1893	2	6	32
1894	1	10	10
1895	0	0	7
1896	0	0	22
1897	0	0	17
1898	0	0	24
1899	0	0	52
1900	0	0	14
1901	0	0	19
1902	1	4	23
1903	0	0	11
1904	0	0	19
1905	0	0	18
1906	0	0	26
1907	0	0	17
1908	0	0	24
1909	3	13	23
1910	3	12	25

第二章 《澳门宪报》中文政治公告与澳门政治　101

续表

年份	公共安全公告数量（则）	公共安全公告占当年政治公告总量的比重（%）	政治公告数量合计（则）
1911	7	9	74
合计	161		977

（二）公共安全公告的内容分析

《澳门宪报》1850年12月14日（第五号）公共安全公告中的刊登最早的一则：

> 大西洋理事官吗嘌吐（Marques）为晓谕事。
> 　照得本公会现在查闻有贼匪烂息来澳偷抢，已经严行定令，除绝此弊，以安良善。本公会惟知严行办理，至尔各铺户船艇，切勿窝藏匪类。倘查出，必定严责。凡各良民有能知贼匪住足之处，即宜前来禀报，以便拿办，为此晓谕各人知悉。特谕。道光三十年十一月初七日谕。①

这则严禁百姓"窝藏匪类"的公共安全公告表明，澳葡政府的安全部门对于华人居民的管控十分严格，并借助《澳门宪报》这一中文媒体工具，扩大治安宣传的普及面；并注意强调对民众的问责严防内地流入澳门的盗匪："倘查出，必定严责。"从一个侧面也反映出澳葡政府在内地人口流入问题上面临的管理难题，希望调动居澳华人的社会力量强化治安管理。

对《澳门宪报》中全部161则公共安全公告进行梳理，可以发现19世纪下半叶澳门社会治安废弛下的严峻形势，《澳门宪报》记载了多种犯罪事件，包括偷盗、抢劫、诱拐儿童、携带军器、拒捕、造假、闹事与命案等等。如《澳门宪报》1883年2月10日刊登的这样一则公共安全公告：

> 壬午年十一月二十四日。署理事官马画押。②

---

① *Boletim do Governo da Província de Macao, Timor, e Solor.*
② 《澳门宪报》1883年2月10日（第六号）。

102 《澳门宪报》中文公告与近代澳门社会（1850—1911）

表 2-5　　　　　　　　　《澳门宪报》公共安全公告

西月	1	2	3	4	5	6	8	9	10	11	12	共
为盘问	30	8	21	10	20	20	19	17	7	10	10	169
抢劫				8	1	2		2	2	4		26
偷窃	6	50	40	4	11	10	18	13	7	8	9	131
欠银					1		1		1			3
伤创	1		2		2	3		3		2	4	20
犯章程	2	1	1		15		28		6	5	9	85
击敲			4		1	1	2	1		1	2	12
发处誓						1						2
滋事			1								15	16
佩带严禁之军器					17				4			21
凌辱人					2	1				1		4
游行	1	3			1	1	13			7	37	67
拒捕						1	1					5
欺骗	1			1		2	3				1	8
犯命	4	2		2	1	1	1		4	1	2	27
总数	27	29	43	43	55	42	87	36	31	39	89	596

注：原文注"并列明所控何罪名汇成此册开列于后"，由于原文计算不准确，表内数字相加与总和有误差，笔者仅在引用原文基础上编写表格序号。

这则公告上是全年度（1882）澳门犯罪情况的统计表，通过这则公共安全公告中的犯罪数量记载，我们可以发现在当时仅有 7 万居民左右（68086 人）的澳门社会治安情况是较不稳定的：由于表中显示澳门 1882 年的犯罪总数是 596 人次；而澳门人口总数约为 7 万人，[①] 根据公式"城市犯罪率＝城市罪犯总数÷城市人口数"，则计算出当时近代澳门社会犯罪率约为 85.14/10000，这一数字比例还是较高的，反映出民众的安全感低，社会较为动荡的局面。反映澳葡政府面临较大维护社会治安稳定的压力。

从表 2-4 公共安全公告的数量及比重变化统计数据上看，1894 年以后的公共安全公告比例基本为 0 了。直到内地辛亥革命前因政局动

---

① 查灿长：《转型、变项与传播：澳门早期现代化研究（鸦片战争至 1945 年）》，广东人民出版社 2006 年版，第 296 页。

荡，发生大量华人迁入的情况才使得澳葡政府重新加强了对华人的管控，在1909—1911年公共安全公告数量略有提升，但总体也未超过10%的比例。

此外，除了对社会刑事案件的治理，澳葡政府还发布了大量的管控经济犯罪行为的公告，如1884年刊载的这样一则"拿获伪银者"的公告：

> 赏格。宪示第三百八十二号：
> 署辅政使司史案奉署督宪谕悬赏捉拿事。
> 照得现有许多低伪单毫子在港行用，实为易场中之大害，尔居民人等有能作线将铸此等银之人拿获，讯确后即赏给花红银一千元。倘有知此伪银所来之处，前来禀报。
> 如所禀系确凿有据，则赏给花红银二百元。倘有知故意贩运此等伪银入港，或故意将其行用之人前来禀报，至能获案，讯确后，即赏给花红银一百元。倘二人或多人同来禀报，没各应得花红银多寡，悉由国家裁夺。若伙同铸造此等伪银或助其行用者，该人本非正犯，倘能改过自新，前来禀报上列各款者，除尽赦其罪外，仍照格赏给，各毋观望。须至赏格者。一千八百八十四年十一月初一日示。①

从上面这则惩治经济犯罪的公共安全公告，我们可以看出澳葡政府的治安管辖范围也涵盖了经济领域的活动，这种严厉治理整治扰乱澳门经济运行日常控制和金融秩序的行动，反映了澳葡政府比较先进的、视野开阔的政府治理观念，旨在通过规范金融秩序配合当局推行的专卖制度、维护有利于经济发展的稳定环境。

四　法务公告

（一）法务公告的基本内涵及数量变化

《澳门宪报》中的法务公告是指澳门地区法院或法务管理部门发布的各类法律制度及具体执行情况的判决公告。在政治公告中这一类的数量最多，为239则（详见表2-6），占政治公告总量的24.5%。

---

① 《澳门宪报》1884年11月8日（第四十五号）。

表 2-6　　　　　　法务公告数量及比重变化统计

年份	法务公告数量（则）	法务公告占当年政治公告总量的比重（%）	政治公告数量合计（则）
1850	0	0	1
1851	3	19	16
1879	3	5	56
1880	2	4	56
1881	15	21	71
1882	19	33	57
1883	14	34	41
1884	18	33	55
1885	12	26	46
1886	1	3	34
1887	5	25	20
1888	0	0	10
1889	1	7	15
1890	0	0	15
1891	1	9	11
1892	1	6	16
1893	1	3	32
1894	1	10	10
1895	2	29	7
1896	8	36	22
1897	2	12	17
1898	17	71	24
1899	43	83	52
1900	3	21	14
1901	4	21	19
1902	9	39	23
1903	1	9	11
1904	3	16	19
1905	2	11	18
1906	8	31	26
1907	6	35	17
1908	8	33	24
1909	8	35	23
1910	5	20	25
1911	13	18	74
合计	239		977

第二章 《澳门宪报》中文政治公告与澳门政治

这种情况与政治类信息发布的基本目标是吻合的,反映了澳葡当局旨在通过法律规制的手段行使澳葡政府的统治权、加强对华人行为的管控,但也从一个侧面上反映了澳葡政府向现代政府职能转变的时代进步性(见图2-9)。

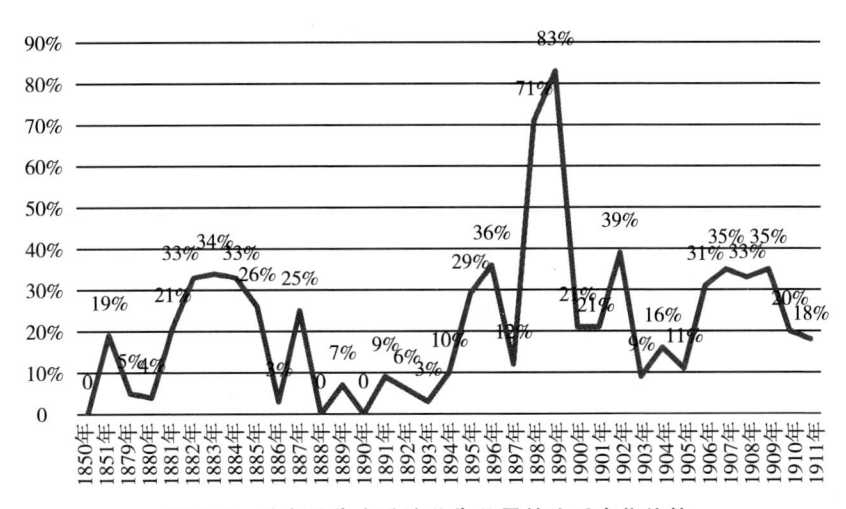

图2-9 法务公告占政治公告总量的比重变化趋势

(二)法务公告的内容分析及其社会影响

《澳门宪报》中最早的一则法务公告出现于1851年5月10日(第二十五号):

> 大西洋钦命水师协镇侍郎,御赐圣奔多亚飞斯大银星,肇建极品忠勇勋劳阁剑暨降世生两金星、澳门、地扣、梭罗总督呲呤呵咕、安哆喱、公吵喊威、家啰嗦(Francisco Antonio Gonsalves Cardoso)为晓谕。
>
> 照得所定澳内华人输钞之例,未得公平。查华夷均受保护之恩,应同遵守一例,自是公平,不应以谁多谁少之别。查因办法公务受亏已是见闻矣,为此现定新章程,庶办平允明白妥当,不惟公务受益,则输钞之人均得便宜无碍。合行所定章程开列于左:
>
> 一、定以咸丰元年七月初五日起,将收销旧例一概更改,嗣后各铺户及各项生理,所应输公钞照准牌而输。至于如何给准牌?如何办法?看五月十七日告示明矣。今照此示办法,令合澳遵守。
>
> 二、设准牌,澳内华人应照所输:(一)其有屋宇出赁与人,每

年该银若干，以价上每年每百元银抽银十元；自己居住者，应酌议能赁若干，于议价每年每百元银抽银十元，拨还一元，交业主以为修葺之需。（二）其城外屋宇、田地出赁与人者，该赁价每年每百银元抽银十元；如有屋宇，田地自居自用者，议每年能赁银若干，以于议价每百元抽银十元。（三）各地租亦是以每年若干银十分抽一，是以该地主如办，公钞会查问应将各情节据实报明。

上述这一则公告表明，澳葡政府希望通过法规的形式明确"公钞"（即税收）的征收办法，详细规定了需要缴纳"公钞"的项目和金额，这种通过制度化行为来管控经济交易活动的方式，无疑体现了西方式的法治特色，为澳门经济的有序活动确立了基本规则；但是我们也应认识到，这种法制方式虽然体现了澳葡政府运用法律制度来行使社会管理权的一种进步性，也实现了政府扩大税源的目标，但其根本宗旨仍是保证政府的财政收入和为殖民统治服务的。

在内容上看，法务公告数量最多的是关于具体经济、民事类案件的执行情况或判决公告。如《澳门宪报》1881年9月3日（第三十六号）上刊发的一则经济盗窃案件处理公告：

在华政衙门国家律师控告陈亚珍犯罪一案，今复禀呈澳门谳局批词录后：

澳门谳局为讯究批断事。

查其上控禀内，所列各缘由，殊属虚渺，所禀批不准行。据理事官所科罪刑并非太过，因该犯所犯罪恶，情形均属重大。另查该犯所行强抢，罪有应得，不能借以所窃赃物不过二万哩吐，则不得科以大罪。如系暗窃，便可依此言司内所言"充军不论何处，大西洋属地亦可"一语，此句宜更。但按刑律部第五款而论，该犯陈亚珍定议充军，发往大西洋外洋东边属地。另饬所拿获赃物，均给回失主收领，立单在案，存据可也。辛巳年闰七月初七日批画押。主席澳督贾、臬司柯（Eduardo A. Braged'Oliveira）、绅士叭之咕、吗嗯吐（L. Marques）、啡难地（B. S. Fernandes）。

这则公告显示"所窃赃物不过二万哩士"，但"按刑律部第五款而论，该犯陈亚珍定议充军，发往大西洋外洋东边属地"反映了澳葡当局对于华人犯罪行为刑罚较重，管制严厉，通过重刑、高压等强制方式控制华人，巩固其殖民统治。

此外，经济、民事类公告的比重较高反映了澳门近代社会生活愈发转向法治化、制度化运行的色彩，也反映出葡萄牙殖民者鲜明的西方式社会治理观念。虽然大量的法务公告强化了澳葡当局对于华人社群的规制约束和严密管控，但客观上说，这种强调将传统人际关系、权责关系进行公示化的方式，彰显了澳门近代社会具有浓厚的公共领域色彩的生活面貌，使得脱胎于中国传统"人治"社会的澳门，逐渐在向注重法治的现代社会模式转变。

例如当局重视法律约束的方式和严格法治的社会氛围也间接地树立了澳门华人用法律维护权益的现代法治观念，促使华人拿起法律武器抗争澳葡政府的剥削和殖民统治。如《澳门宪报》1884年2月9日（第六号）中连续出现华人上告澳葡政府的四则公告：

>大西洋澳门总督公会批词录左：
>据澳门第二等小押行禀求公钞公会减轻现增之生意公钞，而公钞公会不准其请，故该小押行不服，前来上控。兹本公会查第二等小押行原纳之生意公钞未免过轻，较之年中所赚溢息，似不相符，惟查公钞公会现时所增亦未免太多，是以本公会略为俯准，著令第二等押行每年减轻缴纳生意公钞银一百二十元可也。澳门一千八百八十四年正月廿二日。督宪罗、臬司施、副将施、噶由叮·架吧喇、辅政司咖由度、公物公会书记哑宋生不惬·叭之咕画押。

这则表明，华人通过法律武器上诉法院，抗议政府收税过重："故该小押行不服，前来上控。"而澳葡当局则遵循了西方三权分立的政治原则和治理方式，尊重法院的判决，接受华人胜诉的结果最终实施减税："惟查公钞公会现时所增亦未免太多，是以本公会略为俯准，著令第二等押行每年减轻缴纳生意公钞银一百二十元可也。"从另一个侧面也体现了澳门政府出于缓和民族矛盾、稳定人心的考虑，选择认可了法院的判决结果，这种尊重法治的政府态度，已具有了一定的现代行政管理雏形。

五 选举任免公告

（一）选举任免公告的数量及比重变化

《澳门宪报》中的选举任免公告是澳葡政府发布的关于澳门各级官员的选举、上任、卸任、代任等具体政治组织变迁和各类政治活动的相关公告，尤其是涉及华人参政的信息发布。

这类公告共有84则，占政治公告总量的8.6%，比较其他类别的政治公告数量居第6（详见图2-5）；而从这类政治公告的数量变化上看，19世纪80年代、90年代和20世纪初都有增长的高峰出现，其中1889年到达了巅峰（占当年政治公告总量的33%）（见图2-10、表2-7）所示。

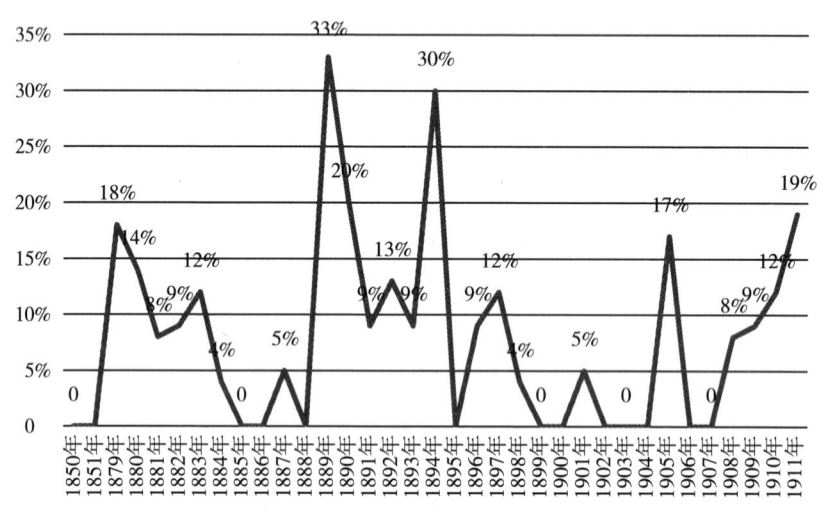

图2-10 选举任免公告占政治公告总量的比重变化趋

表2-7　　　　选举任免公告的数量及比重变化统计

年份	选举任免公告数量（则）	选举任免公告占当年政治公告总量的比重（%）	政治公告数量合计（则）
1850	0	0	1
1851	0	0	16
1879	10	18	56
1880	8	14	56
1881	6	8	71
1882	5	9	57

续表

年份	选举任免公告数量（则）	选举任免公告占当年政治公告总量的比重（%）	政治公告数量合计（则）
1883	5	12	41
1884	2	4	55
1885	0	0	46
1886	0	0	34
1887	1	5	20
1888	0	0	10
1889	5	33	15
1890	3	20	15
1891	1	9	11
1892	2	13	16
1893	3	9	32
1894	3	30	10
1895	0	0	7
1896	2	9	22
1897	2	12	17
1898	1	4	24
1899	0	0	52
1900	0	0	14
1901	1	5	19
1902	0	0	23
1903	0	0	11
1904	0	0	19
1905	3	17	18
1906	0	0	26
1907	0	0	17
1908	2	8	24
1909	2	9	23
1910	3	12	25
1911	14	19	74
合计	84		977

（二）选举任免公告的内容分析

澳葡政府发布的选举任免公告的内容包括：任免葡籍官员、组织华人投票选举"民委官"和当选公局负责人的公告，体现了澳门采取西式民主政体的政权组织形式和行政政府管理权的组织架构。例如《澳门宪报》1884年7月26日（第三十号）发布的这则包含诸多任免信息和选举通知的公告：

> 大西洋澳门填册公会主席丫唎威士（Mariano Francisco Alvares）、加玉、吡唎喇（VicenteSaturninoPereira）、施唎哗（J. M. Silva）、唎猈地阿士（Migueldos Remedios）、罗地列忌（Francisco de Paula Rodrigues）、施威玲为出示晓谕事。
>
> 照得现奉澳门督宪甲申年闰五月廿二日第一百六十一号札谕通知，一定于公历本年七月廿七日，即华六月初六日上午九点钟，在议事公局集众投名，拣选澳门民委员官一员，遵照一千八百八十四年五月十五日之律例而行。兹本公会照一千八百五十二年九月三十日之上谕内第十及第十一章并四十二、四十三、四十四、四十五等款，邀请所有近日填册之各民人集众，在议事公局投名拣选民委官一员。

诸如此类公告的内容表明，澳葡政府的机构组织遵循着较为严格的官员任免程序，凡官员到任或卸任均在《澳门宪报》上刊发公告，以示殖民治理的"公开、公正"性质，这种类似今天公务员招聘选拔任用的公示制度也反映了澳门在近代政治体制架构和行政管理制度上是比较符合国际惯例的；而被任命的官员多以葡萄牙人为主，他们表面上也接受澳门公众的"监督"，从另一个侧面彰显了葡萄牙在澳门实行殖民统治的权威性。

此外，这则公告中要求华人前往投票，规定了具体的投票时间、地点："华六月初六日上午九点钟，在议事公局集众投名"，且依据严格的选举规章进行："遵照一千八百八十四年五月十五日之律例而行。兹本公会照一千八百五十二年九月三十日之上谕内第十及第十一章并四十二、四十三、四十四、四十五等款"，从选举的程序性上可以看出"在议事公局投名拣选民委官一员"一事具有政治严肃性和一定的公开公正性："邀请所有近日填册之各民人集众"，也反映了当时"华洋并居"的社会结构中居澳华人政治地位逐步提高、融入澳门上流阶层的政治变迁。

六 华人管理公告及表彰公告

(一) 华人管理公告的总体数量及变化趋势

1. 华人管理公告的内容构成

这两大类政治公告内容较为庞杂,但其公告的目标和效果只有一个,就是巩固澳葡政府对华人的殖民统治。一种手段是加强管控的硬性规制方式;另一种则是奖励表彰或利用庆典仪式缓和华洋矛盾,调动华人群体的力量参加澳门社会的政治治理和发展建设。

其中《澳门宪报》中的华人管理机构与章程公告是澳葡政府发布的各类组织机构成立公告以及针对华人的各类规制和办法等,如采用双语刊发的官方媒体公告、华人的丧葬管理办法等一系列旨在加强对居澳华人管控的规制及机构设置的公告。

而《澳门宪报》中的政治表彰公告是澳葡政府发布的表彰葡籍或居澳华人等公告,主要包括财物捐赠及荣誉授予信息,其目的在于宣传强化澳葡统治下的政权形象,淡化族群矛盾,体现了《澳门宪报》政府喉舌的宣传作用。

2. 华人管理公告的数量及占政治公告总量的比重

从涉及华人管理、参政的政治公告的数量来看,共有 48 则,占政治公告总量的 5%,排名第 7 位(详见图 2-5)。华人管理公告具体情况如表 2-8 所示。

表 2-8　　　华人管理公告的数量及比重变化统计

年份	华人管理公告数量(则)	华人管理公告占当年政治公告总量的比重(%)	政治公告数量合计(则)
1850	0	0	1
1851	0	0	16
1879	2	4	56
1880	7	13	56
1881	10	14	71
1882	0	0	57
1883	0	0	41
1884	4	7	55
1885	0	0	46

续表

年份	华人管理公告数量（则）	华人管理公告占当年政治公告总量的比重（%）	政治公告数量合计（则）
1886	0	0	34
1887	4	20	20
1888	0	0	10
1889	2	13	15
1890	0	0	15
1891	0	0	11
1892	1	6	16
1893	2	6	32
1894	0	0	10
1895	0	0	7
1896	0	0	22
1897	0	0	17
1898	1	4	24
1899	0	0	52
1900	0	0	14
1901	0	0	19
1902	0	0	23
1903	0	0	11
1904	1	5	19
1905	1	6	18
1906	1	4	26
1907	0	0	17
1908	0	0	24
1909	2	9	23
1910	3	12	25
1911	7	9	74
合计	48		977

3. 华人管理公告的变化趋势

从变化趋势上看，此类公告在19世纪80年代、20世纪头10年都呈现增长趋势（见图2-11），这一变化趋势与澳葡政府当时处于推动产业转型和社会发展的攻坚阶段，因而依赖居于澳门居民主体的华人力量有直接关系。澳葡政府在政策导向上通过作为官报媒体的《澳门宪报》，发布大量强化华人管理、鼓励华人参政的公告。其动机一方面希望建立健全各类规制、加强对居澳华人的管控；另一方面希望通过鼓励华人参政的政治激励措施，调动实力强大的华商力量更多地参与澳门社会建设，协助澳葡当局更顺畅地行使政治治理、推动社会融合的行政职能。

第一个增长高峰发生于 1879—1881 年，此时《澳门宪报》开始大量刊载中文公告。

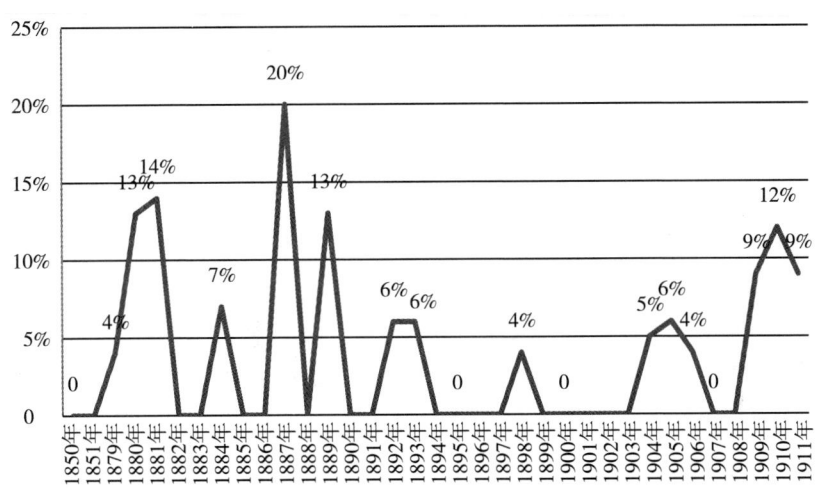

图 2-11　华人管理公告占政治公告总量的比重变化趋势

作为官方媒体在刊行中文内容之初，大量颁布针对华人管理的规制自然是其体现宣传喉舌功能的必然选择。如《澳门宪报》1879 年 2 月 8 日（第六号）首先刊登的一则报刊使用双语的公告：

> 照得澳门并澳门所属之地华民，应知澳门宪报刊印官出军令札谕章程各事，惟华人庶乎均不识西洋文字，凡是不翻译华字，则华人不得而知。又查近澳之英国属地香港，凡有印出宪报，皆译华字，以所属华人得知。是以本总督定意举行于左：（自今以后澳门宪报要用大西洋及中国二样文字颁行，由翻译官公所译华文校对办理，并正翻译官画押为凭。）合行札仰该官员知悉，各宜遵照毋遵。须至札者。光绪五年正月十六日札谕第二十五号。

这则公告为传达官方政策的《澳门宪报》后续发布一系列针对华人的管理规制奠定了基础，使用两种文字刊发公告的目的就是面向华人传播殖民政策和官方思想，因为"惟华人庶乎均不识西洋文字，凡是不翻译华字，则华人不得而知"。而且，公告还明确规定了具体的新闻负责人和信息"把关人"的职责："翻译官公所译华文校对办理，并正翻译官画押为凭"，自此正式揭开了《澳门宪报》长达近61年（1911年停刊）的中文公告历史。

第二个增长高峰期发生1887年，正值《中葡和好通商条约》签订之后，澳葡当局获得了正式的殖民统治身份，因此希望通过颁布各类针对居澳华人的法规，树立其殖民统治权威；同时由于当时政府陷入了财政紧张，也希望借"参政"等政治激励手段吸引华商的力量推动政府主导的经济转型。可见，这种鼓励华人"参政"的政策导向是服务于经济利益和从根本上巩固澳葡政府合法统治目标的。例如《澳门宪报》1892年4月6日（第十三号附报）上刊载的一则"大西洋国律例"公告：

照得前据澳门华商叠次具禀前来，请将料半酒饷准其承充等语。旋即奏闻大君主，于西纪去年十月初一日奉上谕，准在澳门设立承充料半酒饷等因。迨至华本年本月初六，业已投成，后来风闻有华人或在三街会馆，或在镜湖医院聚集，有为商议抗逆投充料半酒饷事宜，至地方不得平安。

第一条：澳门及所属地方，乃是大西洋管理，无论本国及外国人，一到本澳地方居住，必须遵守大西洋国例律。

第二条：原来本国例律，甚属和平，准华人在澳照行中国风俗，亦久无大辟之行。

第三条：由澳外所来之华人，在澳居住者，如于本国律例有不满意，尽有善法，可出律例范围之中，即自行离澳，更胜于被官驱逐也。

第五条：如有聚众为搅扰滋乱，抗违官命等事，无论公请私请，均概严禁不准，即将该为首之人拿交衙门惩治。

第六条：所有匿名揭帖，搅扰滋乱，非礼污秽之言，概行严禁，如查出为首之人，或见其张贴，立即拿交衙门办理。

第七条：特先通知所有澳内各行生意及手艺人等，如无端闭门，

第二章 《澳门宪报》中文政治公告与澳门政治

显有抗违地方律例之心，即为倡乱之阶，立将该行店生意牌缴销，并将其人交衙门。

从这则政策性公告我们可以清晰地解读出澳葡当局旨在树立政府权威、强化对华人行为管理的殖民统治意图。如政策的第五条："如有聚众为搅扰滋乱，抗违官命等事，无论公请私请，均概严禁不准，即将该为首之人拿交衙门惩治。"明显地表达了当局恐惧华人集会反抗政令的心态，也表示了"如于本国律例有不满意，尽有善法，可出律例范围之中，即自行离澳，更胜于被官驱逐也"的强硬态度。

在对华人的经济活动采取强硬手段以推行专卖制度的同时，澳葡当局在文化习俗的政策上采取尊重华人风俗，引导其逐步适应城市化管理要求的策略，突出体现在发布关于丧葬习俗的规制公告上：

照得现欲新设华人坟园之章程，业经澳门公会允准，亦经与各衙门会商，兹将该章程后开颁行。查在澳门创设华人坟园，大有裨于民人，实为公便，是以将后开章程并经辅政司画押，本部堂均一准行。[①]

从上述规定可以看出，澳葡政府设立了符合华人丧葬风俗的坟园，便于集中管理华人的墓地，这也体现了当局通过政令推行澳门城市化进程的进步性。

而第三个增长高峰则始于1903年，20世纪初内地局势动荡，大量华人再次流入澳门定居，在这种情况下，澳葡政府又出台了一系列华人管理政策以维护殖民统治的稳定。对比华人入籍公告（图2-12）的数据变化可见，从1900年开始，入籍公告数量开始快速提升，屡创新高。在这种环境下，对每年大量涌入的华人在大众报刊媒体上颁布管理政策，无疑是传播范围最广、最为便捷有效的政治传播渠道。

（二）华人参政公告的数量变化及内容分析

澳葡政府还在加强管控的同时，也积极发布任命华人官员的公告，以吸引和拉拢华人参政。从图2-13可见，单就华人参政的公告数量统计看，19世纪八九十年代是刊发比较集中的时期，当时澳葡政府正处于财

---

① 《澳门宪报》1881年6月4日（第二十三号）。

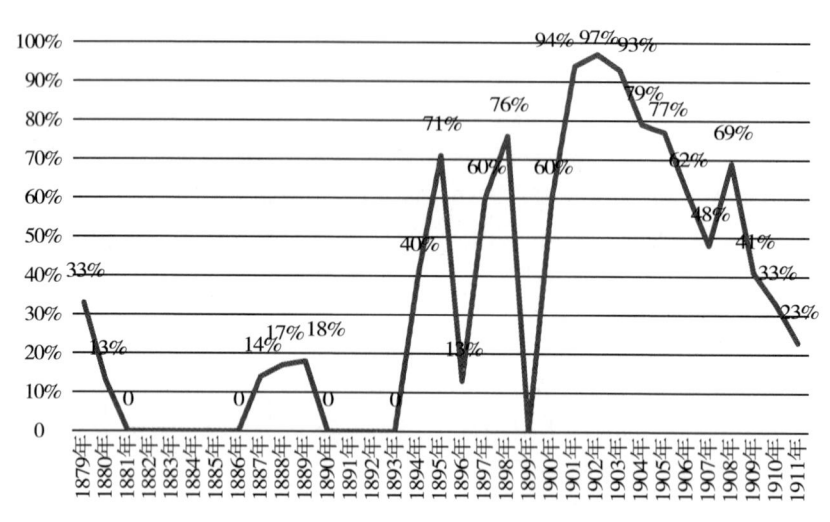

图 2-12　入籍公告占政治公告总量的比重变化趋势

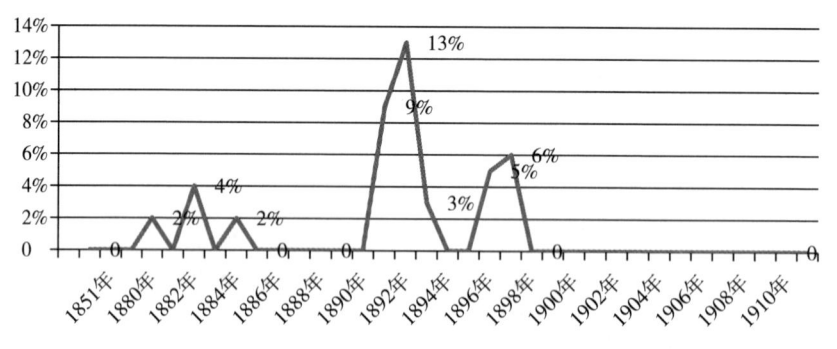

图 2-13　华人参政公告占政治公告总量的比重变化趋势

政收入锐减的窘境，迫切需要通过吸引参政手段来调动华人群体的力量，配合当局共同促进经济发展、推动产业转型。如1884年发布的一则公告：

> 大西洋钦命澳门、地扪总督罗（thomaz de Souza Roza）为札饬尊照事。
>
> 照得据凼仔、过路湾政务厅申请保举单三纸前来，本部堂按照一千八百六十九年十二月初一日之上谕内第七十二款第三付款，简选其所保举仁兴号郑种福并安和泰号徐海楼为凼仔、过路湾两处公司，以明年一千八百八十四年为期，遵照以上上谕办理该两处街坊事务，并准心同泰号庄亚森、同和号陈亚周为代替办理人。合行札饬各军民人

等一体知照。须至札者。癸未年十二月初三日第一百卅八号札谕。①

上述内容表明，澳葡政府任命的一些华人担任基层官员，但这些职位多是处理"街坊事务"的基层岗位。实际上，依据澳门的华人自19世纪60年代开始就已经成为澳门居民的主体，任命华人处理各处街坊的事务无疑是澳葡政府提升对华管理效率的必然选择，在这些华人聚居区域实行"澳人治澳"的管理策略，也为今天澳门更易接纳"一国两制"的高度自治方式奠定了历史基础。

(三) 表彰政治公告的数量变化及内容分析

在加强华人管控措施的同时，澳葡政府还通过发布主要针对华人的表彰公告来缓和华洋矛盾、凝聚人心，尤其是通过表彰华商当中比较突出的慈善捐赠者来吸引和拉拢华人支持其行政管理，巩固澳葡当局的殖民统治。据统计，最早的一则政府表彰公告出现在1879年：

大西洋国内务部尚书三巴玉（Antonio Rodrigues Sampaio）奉上谕：

该水副将内阁上卿澳门总督施（Carlos Eugenia Correia da Silva），功勋昭著，才德兼优，自莅任以来，办理地方事务，悉臻妥协。兹据管理水师军务兼管外洋属地政务部奏奖，着加恩赏给本身吧嗦吔尔咕子爵（Visconde de Paço de Arcos），以示优异。钦此。大西洋朝廷。一千八百七十九年正月二十三日，己卯年正月二十三日②。

从第一则表彰公告可以看出，澳葡政府鼓励所任命的官员尽心尽力、尽职尽责的表现，主要是出于维护殖民统治的目的。而表彰对象主要是针对葡籍官员，通过授予爵位或者奖金以保证其官僚系统能够有效发挥政治管理职能。而这些表彰官员往往是澳门政界、军界的高级官员。

这一类表彰公告数量不多（共15则），占政治公告总量的比重仅为2%，但是发挥的积极引导作用却不可轻视，也从一个侧面反映了澳葡当局也会使用怀柔的手段维护殖民统治的谋略。从时间上看，它们也集中在

---

① 《澳门宪报》1884年1月5日（第一号）。
② 《澳门宪报》1879年3月15日（第十一号）。

19世纪80年代，与前述的澳葡政府激励华人参政的目的与时间段比较相似。这一时期，由于财政收入锐减，澳葡当局迫切希望通过奖励、表彰等手段来缓和华洋矛盾，调动华人群体参与澳门经济发展和社会转型的积极性。

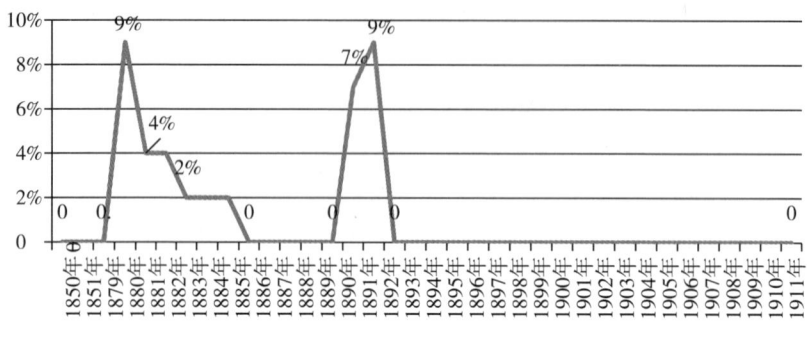

图 2-14　表彰公告占政治公告总量的比重变化趋势

从内容上看，主要包括表彰葡人和华人两类。表彰葡人的主要目的是宣传葡萄牙殖民统治正面形象，弱化华洋矛盾。具体如澳门华人居住地失火，葡人前往救火等表扬信形式的政治公告，充分体现了《澳门宪报》担当政府宣传喉舌的官媒作用。

第二类则是表彰华人的公告。如1881年和1884年刊载的两则表彰公告：

公历一千八百八十一年六月内，所有御赐爵衔之日开列于后：

六月初二日，大西洋大君主赏给陈六御赐耶稣降生宝星（Cavalheiros da ordem militar de Nosso Senhor Jesus Christo）。陈六系澳门居住商人，大清国民人，因大君主查明陈六事迹，且大君主（厚）惠博施，故特赏赐。

仝日，所赐澳门居住商人柯桂，照上一体赏给。①

大西洋国吏部大臣于公历本年六月十九日奉上谕：

据管理水师事务兼管外洋属地部大臣保举，在澳居住入西洋籍之华人何连旺，着赏赐基唎斯督宝星（Cavalleiro da ordem militar de

---

① 《澳门宪报》1881年8月6日（第三十二号）。

Nosso Senhor Jesus Christo)[①]。

这两则表彰提到了有突出表现的华人被葡国王赏赐"基唎斯督宝星""耶稣降生宝星"等荣誉奖章,表彰对象是向澳葡政府捐赠钱物的华商代表。澳葡当局希望通过这些表彰能够树立支持其殖民统治的典型模范,借助榜样的力量诱导居澳华人为当地的经济发展贡献力量,也通过公告宣传了澳葡当局重视华人群体、希望调动华商力量支持澳门经济、社会发展的官方态度。

七 城建公告与交通公告

(一)《澳门宪报》城建公告的数量及变化趋势

1. 城建公告内涵的界定及数量统计

《澳门宪报》中的城建公告是指澳葡政府及组织基础设施建设的相关部门发布的关于澳门市政建设和征收土地等各项公告,它们从侧面反映了19世纪下半叶澳门城市化的历程。

城建公告的数量在各类细分的政治公告中位列第2,从1850年到1911年,《澳门宪报》中的城建公告一共有205则,占了政治公告总量的21%(详见图2-5)。在反映官方政策导向的《澳门宪报》上,城建公告如此高的比重说明它在政治公告中的重要地位,反映出城建活动在政治治理目标中居于主导地位,也从侧面反映了澳葡政府在推动澳门近代城市化进程中的主导作用。

表2-9　　　　　　　　城建公告数量及比重变化

年份	城建公告数量合计(则)	城建公告占当年政治公告总量的比重(%)	政治公告数量合计(则)
1850	0	0	1
1851	2	13	16
1879	8	14	56
1880	6	11	56
1881	12	17	71
1882	10	18	57

① 《澳门宪报》1884年9月20日(第三十八号)。

续表

年份	城建公告数量合计（则）	城建公告占当年政治公告总量的比重（%）	政治公告数量合计（则）
1883	3	7	41
1884	6	11	55
1885	0	0	46
1886	4	12	34
1887	2	10	20
1888	4	40	10
1889	0	0	15
1890	1	7	15
1891	2	18	11
1892	5	31	16
1893	18	56	32
1894	2	20	10
1895	5	71	7
1896	8	36	22
1897	4	24	17
1898	1	4	24
1899	4	8	52
1900	4	29	14
1901	13	68	19
1902	10	43	23
1903	4	36	11
1904	5	26	19
1905	7	39	18
1906	6	23	26
1907	5	29	17
1908	11	46	24
1909	8	35	23
1910	7	28	25
1911	18	24	74
合计	205		977

2. 城建公告的变化趋势及内容分析

城建公告数量变化的趋势表明，在 1887—1897 年呈现了一次增长高峰；而这一时期正是 1887 年签订《中葡和好通商条约》之后的 10 年，澳葡政府获得了正式的殖民统治地位之后，在城市规划与发展建设上投入了较多的经费和精力，发布了大量城建工程的招标公告。这一方面是想通过城建工程改善城市基础设施建设，为产业转型服务，以巩固其殖民统治地位；另一方面，也从客观上加速了澳门的城市化进程（见图 2-15）。

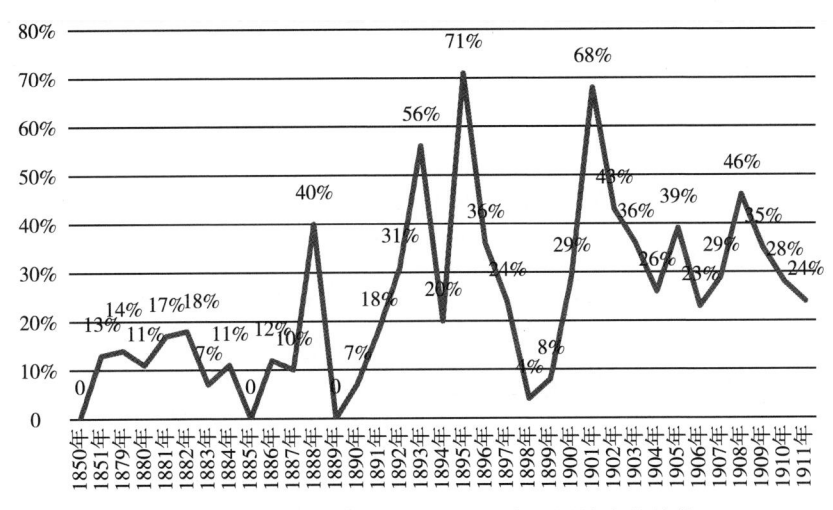

图 2-15 城建公告占当年政治公告总量的变化趋势

从 1900 年开始城建公告的数量再次大幅增长，且直至 1911 年所占政治公告总量的比重一直维持在 23% 以上。可见，进入 20 世纪，澳门的城市化完全进入了高速发展的时期，这与香港、内地的上海城市化竞赛也有一定关系；但也反映出澳葡当局希望完善城市设施建设、为经济发展、殖民统治创造良好的硬件条件的城市经营理念。如《澳门宪报》上刊载的一则有关城市土地出投的公告：

> 大西洋澳门正督理国课官方为晓谕事。
> 兹定于西三月十二日，即华正月廿二日一点钟，在本署大堂将空地一段出投，招人承批。谁出价高于底价每丁方勿度路三仙者得。该空地北向空地；南向新胜街；东向顺城街；西向兴华街。该九十二个

勿度路七十五个先的勿度路（decimetro）。特此谕知。辛丑年正月初十日。①

从这则公告可以看出，澳葡政府对于城市发展用地采取的是招标拍卖的开发方式："本署大堂将空地一段出投，招人承批"，这与今天的政府城市经营理念基本相似；而且通过详细介绍出投土地的位置："该空地北向空地；南向新胜街；东向顺城街；西向兴华街。该九十二个勿度路七十五个先的勿度路（decimetro）"，以及提前公布招标时间、地点等公告方式，反映了政府在城市经营、开发土地方面的相对公平性："兹定于西三月十二日，即华正月廿二日一点钟，在本署大堂将空地一段出投。"

诸如此类的城建公告很多，本书按照其内容主要归纳为以下三类。

（1）城市发展用地的扩容

澳门的土地面积狭小多山，可用于建设开发的土地资源十分有限。随着19世纪下半叶澳门移入大量华人和经济的发展，澳门开始面临用地不足的问题。于是，澳葡政府尝试通过填海拓地的方式为城市发展提供用地。从1863年至1910年，澳门在北湾和浅湾等地区进行了较大规模的填海造地建设工程，《澳门宪报》的城建公告中就有记载："新填之地业经竣工，须将该地各街名分别议定。……新填地海边一带，自北至南，其二尾与旧海边街相连，该海边街名为吧嗦咩尔咕街……"② 通过填海造地的方式，澳门在1912年面积较之前扩大了4倍，达到了12.69平方公里。③

再如《澳门宪报》1887年2月16日（第六十号附报）发布的一则图文并茂的填地工程招标公告，在公告中详细列出了项目的用途、前景、预估费用等信息，为了直观说明还附上了平面图（见第一章图1-2填海平面图），而图文并茂的形式在当时还处于现代公告雏形阶段的《澳门宪报》中是极其少见的。

（2）城市内部街道的拆迁与新建

澳门在向外扩容土地的同时，在城区内部也开展了一系列的街道拆迁

---

① 《澳门宪报》1901年3月2日（第九号）。
② 《澳门宪报》1882年11月18日（第四十六号）。
③ 黄汉强、吴志良：《澳门总览》，澳门基金会1996年版，第2页。

与道路新建工程,如:"兹定议自本札谕颁行之日起,只限三十日内,将红花里、千日红里两围拆迁……"① "自该札颁行之日起,只限卅日内,将本澳新桥坊之红花里、千日红里两围内所有作住家之蛋家艇一概拆迁……"② 这种城区内的改造和再开发行为一方面推动了澳门城市基础设施的建设,但更重要的是它也受到强大的经济利益驱动。

澳葡政府往往借助这些拆迁、改造获得发展用地,并通过转让商业用地获得巨大的财政收入,如将某些地块"批给"华商用于建房或设厂,例如《澳门宪报》1895年1月12日(第二号)刊载了这样一则转让土地的公告:

> 照得现据隶籍西洋之华商卢九禀请将沙岗各地段批领,从廉构建屋舍,以便工艺民居等情。本部堂体查该处情形,允宜创建一坊,以为权与……按照一千八百五十六年八月廿一日所规定之例,准自本日起,免收该领批华商及其后嗣暨其将权利转让与之人等该地租银十年。……该领批之华商应永远认国课衙门为地主,现所批给之该地段,共计五千三百九十六个四方未度路,均以地图内之西洋字ABCDE为号,起建屋宇,将来满第一款所定十年期限之后,该华商应每年交纳地租银五十三元二毫六……

上述内容表明,政府作为中介向华商转让土地开发权的行为,应视为澳门早期房地产业的雏形。由于澳门土地的所有权归属于澳葡政府,它将土地"批给"华商用于建房后,"免收该领批华商及其后嗣暨其将权利转让与之人等该地租银十年",从而使得开发土地的华商得以在此期间租售给普通百姓从中获利。可见,华商在这一环节充当了现代意义上的土地开发商,他们拿到政府授权的土地开放权后,建造房子出租出售,并每年向澳葡政府缴纳地租。

澳葡政府是土地开发过程中的最大获利者,它通过这种方式获得了高额财政收入,因此才积极地通过《澳门宪报》发布了空地招标公告:

---

① 《澳门宪报》1888年4月26日(第十七号)。
② 《澳门宪报》1888年5月3日(第十八号)。

照得定于西本月廿七日，即华十一月十二日十二点钟，在和隆园当本官面前，将下列分段之空地出投，招人承批……①兹本国课官按照护理督宪批词，定于西本月十四日，即华七月初六日一点钟，在本署大堂将该剷狗湾种蚝水地出投招人承批，以一年为期……②

这种通过土地所有权获利的商业开发，在当时来看是比较先进的城市经营方式，为澳葡政府的殖民统治带来了大量的财政收入。

(3) 城市基础设施的建设

澳门以港口立市，以航运兴市，因此在城市基础设施建设中，对于航运业的设施投入比较重视，突出表现在1864年（同治三年）澳葡政府组织建造了"东望洋灯塔"。该灯塔高15米，照射半径16海里，当时被称为"中国沿海第一塔"，也是远东地区最古老的一座海岸灯塔，由葡萄牙人卡洛斯·文森特·达·罗沙（Carlos Vicente da Rocha）设计③。东望洋灯塔的建造不仅具有服务于航运业的功能，还是澳门作为近代城市的著名地标。《澳门宪报》1883年6月16日（第二十四号）曾专门刊载了这样一则公告：澳门新设立的其他重要建筑物普遍以东望洋灯塔为指向："照得现奉督宪钧命，定在澳门入口之槟榔石设立木浮一个……视东望洋炮台灯塔廿八度东北……为此布告，各宜知悉。"另外，东望洋灯塔建成时澳门正处于国际贸易中心地位丧失、经济被迫转型的艰难时期，财政收入锐减的澳葡政府希望"这一灯塔能指引澳门走出衰败，但愿这座长明灯能保佑澳门之星永远不落"！④ 可见，灯塔已经超越了单纯导引航向上的功能价值，而是凝聚了文化上的深层寓意。

(二) 交通公告的数量变化及内容分析

《澳门宪报》中的交通公告是指政府对道路、航运等交通管理办法和相关信息的公告，除了各类交通规章外，还包括一些道路、桥梁交通设施的建设、招标公告。这类信息有27则，占政治公告的比重为2.8%（见

---

① 《澳门宪报》1895年12月14日（第五十号）。
② 《澳门宪报》1896年8月8日（第三十二号）。
③ 参见查灿长《转型、变项与传播：澳门早期现代化研究（鸦片战争至1945年）》，广东人民出版社2006年版，第305页。
④ ［葡］徐萨斯：《历史上的澳门》，黄鸿钊、李保平译，澳门基金会2000年版，第261页。

图 2-5),数量和占比虽然不多,但体现了澳门政府行使现代行政管理的职能,以及同澳门城市化进程的紧密联系。具体的数量变化趋势如图 2-16 所示。

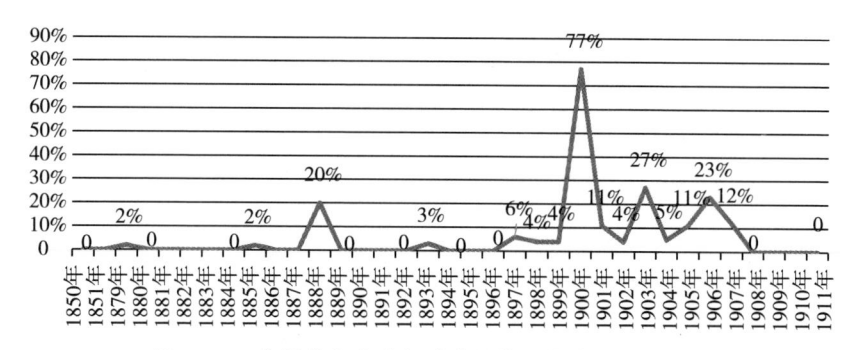

图 2-16 交通公告占当年政治公告总量的比重变化趋势

表 2-10 交通公告数量及其占政治公告比重

年份	交通公告数量（则）	交通公告占政治公告总量比重（%）	政治公告数量合计（则）
1850	0	0	1
1851	0	0	16
1879	1	2	56
1880	0	0	56
1881	0	0	71
1882	0	0	57
1883	0	0	41
1884	0	0	55
1885	1	2	46
1886	0	0	34
1887	0	0	20
1888	2	20	10
1889	0	0	15
1890	0	0	15
1891	0	0	11
1892	0	0	16
1893	1	3	32
1894	0	0	10

续表

年份	交通公告数量（则）	交通公告占政治公告总量比重（%）	政治公告数量合计（则）
1895	0	0	7
1896	0	0	22
1897	1	6	17
1898	1	4	24
1899	2	4	52
1900	1	77	14
1901	2	11	19
1902	1	4	23
1903	3	27	11
1904	1	5	19
1905	2	11	18
1906	6	23	26
1907	2	12	17
1908	0	0	24
1909	0	0	23
1910	0	0	25
1911	0	0	74
合计	27		977

从图2-16可见，交通公告的数量在19世纪80年代末和20世纪初占比显著增加，这与前述城建（征地）公告的变化趋势基本一致，都反映了当时澳葡政府在推动澳门城市化方面的政策导向和成效。

在内容上，此类公告较多的是关于市政道路的工程建设招标和管制规章等公告。如《澳门宪报》1882年12月9日（第四十九号）发布的一则关于道路建设招标的公告：

大西洋澳门公物会书记亚宋生奉公物会宪命为通知事。

定于十一月十四日午后一点钟，在本公所大堂招人出投，承接新开马路一条，自二龙喉花园起至镜湖医院马路止，其价银四千元，所有圆形章程在工程会所。如欲观者，除安息日外，每日十点钟至三点钟均可到看。特此通知。壬午年十月廿九日字。

第二章 《澳门宪报》中文政治公告与澳门政治

公告的内容是，澳门的市政道路建设也是采取了政府招标制："在本公所大堂招人出投，承接新开马路一条"；并明确规定了招标价格："其价银四千元"，反映出招标过程中采取的"明投"的方式，相对比较公开公平。一方面这种方式有助于降低工程成本、控制造价预算；另一方面也向公众传达了澳葡政府着眼于便利民众生活、积极开展社会公益工程的服务意识。

另外一类交通公告则是具有现代城市交通管理雏形的法规公告。如《澳门宪报》1900年9月15日（第三十七号）发布了一则车辆管理规章：

> 大西洋澳门议事公局书吏卢奉公局命为通知事。
> 所有东洋车车主前领出赁各处往来东洋车之三个月牌照，计至西本年九月三十日即为期满，如该东洋车车主欲续行出赁各处往来东洋车，仍须照例换领西本年十月初一日起至十二月三十一日止至三个月新牌照；至于来本局换领牌照之期，是自华本月二十七日至闰八月初七日止。特此通知。庚子年八月十九日。

再如《澳门宪报》1906年1月20日（第三号）发布的一则假日交通管制公告：

> 大西洋澳门政务厅嘉（João Mariano Gracias）为晓谕事。
> 照得西本月廿三、廿四、廿五即华十二月廿九、三十及来年正月元旦等日，凡有轮各车辆均不准在下列各街道往来，以免拥挤。如有不遵者，严刑责罚。计开：大街、草堆街、皇家新街自沙栏仔起至快艇头止、又自红窗门起至白眼塘止。今将此事译出华文，黏在常贴告示之处。特示。乙巳年十二月廿四日。

上述这两则交通公告表明，近代澳门作为城市化快速发展的地区具备了现代城市交通事业的雏形。虽然《澳门宪报》中交通公告的数量并不多，但它们却彰显着鲜明的时代进步性，不仅是我国境内较早的交通公告，可以丰富我国公告史的研究，而且也较为全面地反映了19世纪下半叶澳门市政建设迅速发展的态势，帮助我们深入地了解近代澳门城市建设的发展情况。

对澳门当时所处的经济环境和历史背景分析,限于澳门 19 世纪下半叶处于艰难的经济转型期的财力和人力,这些市政建设的规模不大,与同期的香港和上海相比,澳门的城市现代化建设起步虽早,但后劲不足,澳葡政府以鸦片、博彩等专卖行业作为主要财政来源的畸形发展也难以长期、持续地推动澳门的城市化进程,澳门的城市化建设被香港、上海相继超越也是历史的必然。

八 税收(公钞)公告

(一)税收(公钞)公告的数量及比重变化

《澳门宪报》中的税收(公钞)公告是指澳葡政府发布的要求澳门华人缴纳租税(亦称"公钞")的政策性公告,由于这些政策性公告重点反映了澳葡政府对于经济"主权"的管控制度,也是其维持政府运作的主要来源,因此将其列入了政府公告的细分类别。

据统计,税收(公钞)公告的数量有 86 则,占政治公告总量的 8.8%、位列第 5(详见图 2-5)。可见,税收(公钞)公告在官方媒体的宣传中是占有较为重要的地位的。因为这涉及澳葡政府的正常运作和主要财政来源,也与澳门经济形势的变化密切相关(详见图 2-17、表 2-11)。

表 2-11 　　税收(公钞)公告的数量及比重变化统计

年份	税收(公钞)公告数量(则)	税收(公钞)公告占政治公告总量的比重(%)	政治公告数量合计(则)
1850	0	0	1
1851	8	50	16
1879	12	21	56
1880	5	9	56
1881	5	7	71
1882	1	2	57
1883	5	12	41
1884	5	9	55
1885	2	4	46
1886	2	6	34
1887	4	20	20
1888	0	0	10

续表

年份	税收（公钞）公告数量（则）	税收（公钞）公告占政治公告总量的比重（%）	政治公告数量合计（则）
1889	0	0	15
1890	4	27	15
1891	0	0	11
1892	0	0	16
1893	4	13	32
1894	2	20	10
1895	0	0	7
1896	3	14	22
1897	1	6	17
1898	1	4	24
1899	2	4	52
1900	1	7	14
1901	0	0	19
1902	0	0	23
1903	1	9	11
1904	4	21	19
1905	0	0	18
1906	4	15	26
1907	2	12	17
1908	2	8	24
1909	0	0	23
1910	2	8	25
1911	4	5	74
合计	86		977

从图 2-17 可见，税收（公钞）公告在 19 世纪 50 年代、19 世纪 90 年代初期及 20 世纪初呈现了增长高峰，这与当时澳葡政府的财政收入以及澳门的经济形势有直接关系。鸦片战争后的 19 世纪 50 年代，受内地开埠和香港殖民地的竞争影响，澳门丧失了国际贸易中心的地位，澳葡政府 19 世纪 50 年代面临财政收入锐减的窘境，为此在官方媒体的《澳门宪报》上大量刊载税收（公钞）、推行专卖制度，目的是扩大税源，以弥补

政府的财政锐减。而19世纪90年代，由于澳门刚刚借助签订《中葡和好通商条约》之机确立了正式的殖民统治身份，且经济上处于产业转型的关键时期，希望通过强化税收（公钞）来巩固其殖民统治地位、为经济转型服务。到了20世纪初，大量华人涌入澳门，澳葡政府借机加强对于华人经济活动的管控，出台了一系列税收制度以扩大税源、进一步增加政府的财政收入。

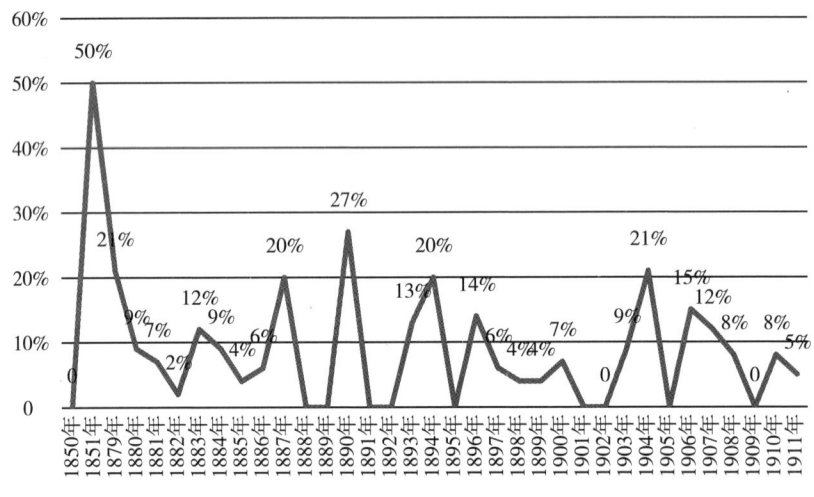

图2-17 税收（公钞）公告占政治公告总量的比重变化趋势

（二）税收政策公告的内容分析

首先，税收政策公告是与澳门经济政策密切联系的，这些政策的共同目标是服务于澳门19世纪下半叶开始的经济转型，也为维系澳葡政府殖民统治、推进澳门城市化进程提供了必要的资金支持。因此，税收公钞制度一方面反映了澳葡政府对于经济活动的管控方式，另一方面也彰显了澳门政府功能运作的架构与机制，这是一种政治体制特色的体现。如《澳门宪报》1903年1月10日（第二号）刊载的一则税收机构设置公告：

大西洋澳门公钞局长美（Antonio Maria Fontes Pereirade Mello）为通知事。

按照西一千八百九十三年三月初九日奉旨批准澳门业主公钞章程第七十二款所载，特于本日设立业钞公会，以便办理澳门业钞事务。兹将所议会员开列于下：正会员，律政司宪、国课局书史，晏多尼·

美鲁（Antonio Alexandrinode Mello）、嘉路士·亚宋生（Carlos Augusto RochadAssumpção）、若坚罗、王棣；副会员，意都哗度·孖结士（Eduardo Marques）、要知鸟·亚华士（Eugnio Marciano Alvares）、柯六、萧登。今欲各人周知，特用西华文刊行宪报，并粘在常贴告示之处。此示。壬寅年是十二月初四日。

上述机构人员的任免和岗位设置表明，税收机构亦被称为"业钞公会"，具有"办理澳门业钞事务"即负责征税的职能。该机构有专门的管理办法："澳门业主公钞章程第七十二款"，按照规范的章程开展税收工作；而且，这一机构是由"华洋官员"共同组成的，从不同称谓的姓名上就可以看出这种"华洋合作"的政府组织架构。

其次，澳葡政府财政收入的最主要来源是税收，因此，政府对于税收工作重视度较高，常常发布些要求公民缴纳租税和办理执照的公告。而《澳门宪报》中的第一则中文公告便是一则税收公告：

奉公会命：现查得所有头艋船，向由附近海口来澳贸易者，辄疑与趁洋各艋船同输入澳顿钞。为此，合行出示，明白晓谕尔各头艋船等知悉该入澳顿钞之例。惟是，该趁洋白艚船及头艋船等大船由喙喇吧（Portosde Java）、暹罗（Siam）、新埠（Estreitode Malaca）等外洋，不在中国所属之处载货来澳者，应输顿钞，其余由附近来澳之船不在例内，可照旧免钞，各宜知之。特谕。道光三十年十一月初三日谕。①

从航运业实行本土商船免税的公告表明，不同来源地的商船途经澳门所缴纳的"顿钞"（即关税）是不同的，澳门及内地商船是可以享受免税的，而外国商船则无法享受此项优惠，即"不在中国所属之处载货来澳者，应输顿钞"，而"其余由附近来澳之船不在例内，可照旧免钞"。根据这一差别化的税收（公钞），我们也从另一个侧面解读出澳葡政府有意通过税收优惠鼓励澳门航运业发展的政策导向。

再如《澳门宪报》1907年3月13日（第十三号）刊载的一则税收章

---

① *Boletim do Governo da Província de Macao, Timor, e Solor*，1850年12月7日（第四号）。

程，详细规定了公钞的征收办法和适用的规则：

> 大西洋钦命澳门总督墨为札谕事。
> 兹据公钞会长申称，查澳门有数等铺店，向未将所应纳之公钞缴纳。因为一千八百八十七年十二月三十日所定公钞章程附入之单，未有将此数之铺店应纳钞费若干数目等因。本总督查输纳公钞以供公用，原属应尽之义务，为须视其生意之大小而定所纳之多寡。今用一千八百八十七年十二月三十日公钞章程之九十五款之附款所授予本总督之权，邀集澳门总督公会各员详细商问，均称应属照此办理。是以本总督特将现附本札谕宣示，经辅政签名之所定公钞单批准举行。为此札谕阖澳官员一体知悉遵照。须至札谕者。西一千九百零七年三月初七日即中历光绪卅三年正月廿三日发。

上述公告中表明，澳葡政府以税收是商民应尽义务的名义，强调了华人居民的必须纳税责任及适用的标准："本总督查输纳公钞以供公用，原属应尽之义务，为须视其生意之大小而定所纳之多寡。"另外也从税制制订的合法程序上强调了税法的权威性："用一千八百八十七年十二月三十日公钞章程之九十五款之附款所授予本总督之权，邀集澳门总督公会各员详细商问，均称应属照此办理。……经辅政签名之所定公钞单批准举行。为此札谕阖澳官员一体知悉遵照。"经查阅所有的税收公告之后发现，澳葡政府对居澳华人实施严厉的税收制度，具体表现在以下三点。

第一，澳葡政府向华人征税的范围很广，反映出当局强烈的殖民统治色彩，希望能榨取华人资产的目的，在《澳门宪报》的税收公告中就有生意税、街灯税、个人所得税、关税、遗产所得税与地租等。

第二，澳门华人对这些沉重的税赋法令有过激烈反对，在征税过程中澳葡政府受到了华商群体的抵制，抗争导致了澳葡政府经常在《澳门宪报》官方媒体上大量刊登税收公告，对缴税日期给予多次宽限，如"今再示将该期宽限至闰七月初七日为止，期内可以携银输纳业钞"[1]，"今奉上命，准再限至唐七月十三日止"等[2]。

---

[1] 《澳门宪报》1881年8月6日（第三十二号）。
[2] 《澳门宪报》1879年8月2日（第三十一号）。

第三，澳葡政府对抗税的华人往往采取强制措施，如拍卖欠税者的房产货物来抵扣税款："如有拖欠生意公钞及街灯公钞不纳者，应将其货物等项抄点发卖，取银填还";① 19世纪70年代还多次发生澳葡政府将"欠公物会地租银""欠公物会业钞银"的华人房屋强行"出投发卖，为填还所欠地租银"或"缴纳公物会地租"的事件。② 这些严厉的征税措施反映了在澳葡政府统治下华人沉重的经济负担，也鲜明地表现出了葡萄牙殖民者在澳门实行殖民统治、搜刮华人财富的真实面目。

第三节 《澳门宪报》中文政治公告的特征

《澳门宪报》中文政治公告总体上体现为五大特征，无论对外和对内都围绕着澳葡统治者旨在树立政府权威的核心目标，但为了强化管控效果，也不得不在一定程度上顺应华人居民的部分政治诉求，并采取一系列现代化治理方式，这客观上助推了社会转型。

一 对外表明澳葡政府实行殖民统治的"主权"身份

这些外交和军事公告，传达了的一种对外宣誓殖民"主权"的意味。如《澳门宪报》1911年9月23日（第三十八号）发布的一则庆祝"大西洋国"成立的庆典预告通知：

> 大西洋澳门议事公局长马为通知事。
> 兹特邀请本澳官宪、各国驻澳领事官、水陆兵官、当差人员及其家眷，并本澳所有各界会员、本澳居住各商家、民家人等，于十月初五日，即华八月十四日十二点钟到本公局大堂齐集，为开纪念大西洋民主国第一周年庆典大会，以昭盛举。为此通知。一千九百一十一年九月廿一日。

上述这则公告表明，澳葡政府希望利用"大西洋国"政府成立庆典

---

① 《澳门宪报》1879年5月24日（第二十一号）。
② 《澳门宪报》1879年7月5日（第二十七号）、1879年10月18日（第四十二号）、1879年11月15日（第四十六号）、1879年12月6日（第四十九号）。

这样隆重的仪式场合，强化澳门本土官员的荣誉感与凝聚力，更重要的是在各国外交使节面前表明自身的政权独立身份。

军事政策方面，澳葡政府也利用通过与内地、香港的外交合作与公函互动，表明自身的政治立场与权力价值。如前文列举了《澳门宪报》上刊登的一则关于清政府致谢澳葡政府的公函，由"大清头品顶戴兵部尚书两广总督部堂李为会事"的名义撰写，表明了清政府对于澳门严禁军火运入内地的感谢之意：

> 兹经驻澳葡督张贴示谕，自本年九月十五日起限六个月内，严禁由澳载运军火，前往中国内地，足见葡督敦睦邦交美意。……兹接贺税务司申称，澳门现亦严行定章示禁，具见贵大臣谊重邦交，实力协助，本部堂阅悉之下，欣感良深，除分别咨行外，相应备文致谢。为此照会贵大臣，烦为查照，顺候时祉。须至照会者。右照会大西洋钦命驻扎澳门、地扪总督布。辛卯年十一月十四日①。

刊载这一公函其实也有另一层寓意：就是向外界公开表明，澳葡政府接受清政府的请求，行使对于军事事务的独立"主权"，并希望加强与清廷、港英当局的政治军事合作，维系这种外交关系的成绩。而且，这则致谢公函与此前刊发的澳葡政府严禁军火运往内地的军事法令有关：

> 大西洋钦命澳门、地扪总督布为札知事。
> 照得现在中国内地有不平之情形……咨会前来，请本大臣协助严禁，庶免香港虽禁无益等语。兹奉本国大君主谕，准是以议定自本日起六个月内，严禁由澳载运军器火药等械出口，前往中国各埠等处。②

可见，上述公告的内容就是澳葡政府配合清廷查禁军火走私的声明，而从相呼应的两则公告中，可以推论澳葡政府与内地在军火禁运问题上的合作关系。我们从《澳门宪报》公告中记载的这一军事外交事件上，可

---

① 《澳门宪报》1891年12月24日（第五十二号）。
② 《澳门宪报》1891年10月17日（第四十二号附报）。

第二章 《澳门宪报》中文政治公告与澳门政治

以确认这些资料是具有代表性和史料研究价值的。因为在以往的澳门外交关系史研究中，政治上的斗争是常见主题，也是在论述澳门与邻近地区的关系时通常持有的观点，有学者就认为"现存文献（出自官府和绅商的居多）多数是政治争拗的产物，易于显现政治上的对立"[1]。而这两则相互照应的法令公告、致谢函则恰好反映出澳葡政府与内地的紧密合作关系，究其原因则是19世纪90年代澳门当局刚与清政府签订了《中葡和好通商条约》，因此获得了正式的殖民统治权认可。而这种以合作而非对抗的官方态度背后，不仅有澳门与内地军事历史方面的渊源，更隐含着澳葡政府当时逐步掌握对华"平等"的话语权及其权力交易背后的一种政治考量。

二 对内彰显澳葡政府管控华人的殖民治理权威

有学者统计，近代澳门地区华洋人口的比例保持在20:1的水平[2]，移居澳门的华人在数量及经济实力上自19世纪60年代伊始就已成为澳门居民的主体。[3] 移民的高峰期最明显地出现在1850年与1900年前后，内地华人移民为避战乱大量、持续地迁入，使得澳葡政府对华人的管理难度加大。因此在政府公告方面陆续颁布了一系列治安法规和章程规制，希望借此强化对居澳华人管控。

这是《澳门宪报》1879年一则使用双语刊发的公告：

> 照得澳门并澳门所属之地华民……凡是不翻译华字，则华人不得而知。……自今以后澳门宪报要用大西洋及中国二样文字颁行，由翻译官公所译华文校对办理，并正翻译官画押为凭。……光绪五年正月十六日札谕第二十五号。[4]

这则1879年的双语公告颁布之后，中文公告数量大幅增加，而非像此前的个别年份仅有一两则的断续发布情况；这些中文公告为了向居澳华

---

[1] 程美宝：《把世界带进中国：从澳门出发的中国近代史》，社会科学文献出版社2013年版，第110页。
[2] 同上书，第226页。
[3] 同上书，第226、234页。
[4] 《澳门宪报》1879年2月8日（第六号）。

《澳门宪报》中文公告与近代澳门社会（1850—1911）

人传达官方政策和实施一系列针对华人的管理规制奠定了基础，自此《澳门宪报》长达近61年的中文公告传播史才正式拉开帷幕。

针对华人移民管控治理的重点体现在对内的在社会公共安全公告上，针对大量涌入澳门的移民所带来的治安问题，澳葡政府采取了奖罚并举的治理措施。一方面发布鼓励华人举报匪盗、强化公安巡捕的法规公告：

> ……有能知该贼匪窝藏之处，或知其姓名，有确实偷抢证据，无论其在河在岸，赴亭报知，带兵拿获审确，每贼一名，立赏报信银三大元。特行赏格者。咸丰元年正月二十七日。[1]

另一方面则对窝藏罪犯的华人采取严厉的惩罚措施，以使混杂在华人移民中的匪徒无处藏身：

> 现查得大街各围裹有屋窝藏匪类，夜间出来偷抢。本西洋官当留心查明，以悉该匪头等名，合行晓谕在澳各居大街等处良民知悉，尔等欲免咎累，切勿容留此等奸细，且不许邻舍有窝匪之者，凡疑有奸细所住之处，应即前来通报，必定相护[2]。

而完善治安法规仅是巩固对华殖民统治的措施之一，澳葡当局还通过颁布严格的法律规章、建立警局与监狱等国家暴力机关等一系列行动，加强对居澳华人的多方管控。

例如《澳门宪报》1892年4月6日（第十三号附报）上刊载的一则"大西洋国律例"法务公告：

> 第一条：澳门及所属地方，乃是大西洋管理，无论本国及外国人，一到本澳地方居住，必须遵守大西洋国例律……
>
> 第二条：由澳外所来之华人，在澳居住者，如于本国律例有不满意，尽有善法，可出律例范围之中，即自行离澳，更胜于被官驱逐也。

---

[1] 《澳门宪报》1851年2月15日（第十三号）。
[2] 《澳门宪报》1851年1月18日（第九号）。

第五条：如有聚众为搅扰滋乱，抗违官命等事，无论公请私请，均概严禁不准，即将该为首之人拿交衙门惩治……

　　这则法律规章公告明确地传达了澳葡当局树立殖民统治权威、强化对华人行为管理的政治意图。并强硬地表示了"如于本国律例有不满意，尽有善法，可出律例范围之中，即自行离澳，更胜于被官驱逐也"这种殖民统治高高在上的态度。

　　又如《澳门宪报》1879年12月27日（第五十二号）公开刊登的一则"入监"人数统计表（见表2-9），旨在对动荡的社会局势起到一定的威慑作用。

　　在对华人实施管控的同时，澳葡当局还通过一些表彰和吸引华人参政的办法，拉拢具有较高社会地位或较强经济实力的华人、华商参与社会治理，尤其是提升对华人的管控效果。

　　《澳门宪报》的政府公告中有关华人参政的内容约10则，内容上多为澳葡政府任命一些华人担任基层官员，但这些职位多是处理"街坊事务"的基层岗位。实际上，居澳门的华人19世纪60年代开始就已经成为澳门居民的主体，任命华人处理各处街坊的事务无疑是澳葡政府提升对华管理效率的必然选择。

　　又如《澳门宪报》刊登内容中，常常有葡萄牙国王御赐给华人的表彰公告"圣母金星""耶稣降生金星"等，总量大约有15则，通常是具有声望地位的华人获得奖赏，富裕的华商能入葡萄牙籍，这些人具有较大的社会影响力，受到普通民众的关注，对他们的表彰无疑起到了榜样和示范的作用；同时也是吸引和调动华人群体力量参与到澳门政府主导的经济转型与社会发展中的有效手段。

三　服务于澳葡政府扩大殖民利益的诉求

　　《澳门宪报》作为葡萄牙政府出资发行的官报，其政治公告宗旨是为了维护澳葡政府的殖民统治，并想方设法通过政治手段为经济利益服务、加大对华居民的财产搜刮，从公告的内容上就能体现出其强烈的殖民主义政治色彩。

　　如《澳门宪报》1885年10月15日（第四十一号）刊登的第一则关于缴纳地租的税收公告：

管理罗沙利麻女书院物业公会书记罗的记（P. V. V. Rodrigues）为通知书。

照得澳门公物会奉西纪一千八百七十六年十一月初八日谕旨，饬令将罗沙利麻女书院（Collegio de Santa Roza de Lima）所有各物业交本院公会管理，现经已将该物业交讫，是以本公会兹特布告居住该院屋业之人，并纳该院地租人知悉，自华本年本月廿三日起，应将屋租合同及地租合同交出本公会书记房，以便查核，并应交屋租、地租。如要另立新合同，必须再行新立，今将此告白刊入宪报及粘在通衢，俾各周知。乙酉年八月廿十九日。

上述第一则税收公告的内容是，澳葡当局对于地租管理办法有着严格的时间、合同上的程序规定，这种获益来自政府对土地的独占权。而对于拖欠地租的情况，澳葡政府则是采取了更为严厉的惩罚措施，如1890年发布的一则催缴地租的公告：

大西洋署督理澳门国课官亚宋生为通知事。

照得一千八百八十九年并该年以前所有国课地租欠下未纳者，应于本月卅一日，即华十二月初十日，应行清纳，兹特通知。如不缴纳，即交审案衙门控追，更要缴衙费及每百元每年加息银六元算，系照一千八百七十年正月初四日之律例五十八款办理。为此通知。己丑年十二月十二日①。

这则公告是以官方统治者的语气发布的，澳葡当局以大西洋国执政者的身份自居，将居澳华人向其缴纳地租视为必须承担的责任，"如不缴纳，即交审案衙门控追"，利用公权暴力保证政府的财政税源。而这一过程中《澳门宪报》作为推行政策的宣传工具，起到了强化殖民统治权威的作用。

总而言之，澳葡政府对于经济"主权"的管控是十分重视的，因为这是其维持政府运作的主要收入来源，所以税收、公钞类政策公告也成为

---

① 《澳门宪报》1890年1月2日（第一号）。

官方媒体宣传中的重要内容。从鸦片战争后的 19 世纪 50 年代开始，19 世纪下半叶的大部分时间里，澳葡政府都在千方百计地通过各种政治、经济手段实现扩大税源、推动经济转型的目标。为此在官方媒体的《澳门宪报》上大量刊载税收（公钞）、推行专卖制度，澳葡政府的根本目的就是扩大税源，以弥补政府的财政锐减；而这些以经济利益导向为行政目标的政府宣传行为，恰恰反映了澳葡政府谋取殖民利益至上政权本色。

四　引导居澳华人现代政治诉求的表达

首先，澳葡政府在实行殖民统治过程中往往习惯于遵循西方社会注重"法治"的传统，重视通过法律规制的力量促使社会自行、有序运转，并善于调动各个社会组织机构的力量协助政府行使管理职能。这从大量的法务公告和以各种社会组织或机构的名义发布的公告中就可见端倪。相比中国封建社会的"人治"传统，澳门社会的法制化与政治制度化的程度无疑是相对先进的。因此，从客观效果来看，这给长期生活于此政治制度下的华人培养了一种思想上更加进步、政治诉求表达更加积极的心态；澳门华人政治思想上的活跃也间接地推动了毗邻的香山县乃至广东地区一些现代政治理念传布较广、革新思想较为活跃的局面的出现；澳门周边也涌现了多位具有先进思想的革命活动者或报人，如中国第一个留美学生容闳（澳门邻近的南屏村人）[1]、近代报商何廷光等；很多内地革命人士也都与澳门有过交集。以澳门华商代表何廷光为例，他就与康有为合议开办了《知新报》，后资助了孙中山于 1893 年在澳门创办的商业报纸《镜海丛报》，这些近代著名人物与报刊在澳门的出现必然有其成长的历史环境和先进的思想土壤。[2]

其次，作为统治者的澳葡政府在加强管控的同时，也时常发布华人官员的任命公告，以吸引和拉拢当地具有较高社会威望的华人参政。从前文图 2-14 可见，在 19 世纪八九十年代华人参政的公告刊发比较集中的时期，澳葡政府也相应地通过吸引华人参政的手段调动这一大社会群体的力量。此类任免和华人管理类的公告数量合计约有 140 则，约占政府公告总

---

[1] 程美宝：《把世界带进中国：从澳门出发的中国近代史》，社会科学文献出版社 2013 年版，第 6 页。

[2] 同上书，第 236—237 页。

量的14.3%，反映出澳葡政府在调动华人力量去协助行政管理方面还是持有比较积极的态度的。

此外，澳葡政府也善于借助各个社会组织的力量协助政府行使管理职能。如作为官方报刊的《澳门宪报》1877年5月12日（第十九号）刊载了一则正式成立社团组织的公告：

> Nomes das repartções publicas de Macau：
> 澳门总督衙门（Palacio do governo de Macau），总督公会（Coselho do governo），议政公会（Coselho da provincia），公物会（Junta da fazenda），工程公会（Coselho techniço das obras publicas），文献公会（Junta de justiça civil），武献公会（Junta de justiça militar），按察司衙门（Juizo de direito），商政公会（Tribunal do commercio）。

这则公告表明，当时所成立的政府性质的各个"公会"组织几乎涵盖了澳门城市的各大公共领域，从行政到司法、从工业生产到文化研究，弥补了澳葡政府对经济和社会公共领域活动的管理空白。

基于上述三方面，《澳门宪报》政府公告中所倡导的法治手段与调动华人参政或社会组织力量参与政府管理的公告，在客观上促使了华人现代政治理念的进步，也适应了澳门华洋杂居的复杂社会结构，有效维护了澳门社会在现代化转型过程中政治上的相对稳定。

五　服务于澳门城市化发展的现代转型

澳门作为中国开埠最早的商港，历经数百年中外贸易、航运业的发展，聚集了来自各国的民众，使之成为华南乃至中国近代最早的贸易文化中心。这种历史的积淀与便利的贸易环境推动了澳门成为中国最早具有"城市化"特征的地区。"来者日众，华洋杂处，房舍栉比，蔚然成埠"[①]正是澳门近代城市化的写照，而作为执掌城市的澳葡政府无疑具有推动澳门社会发展和现代化进程的利益诉求，也有扩大澳门城市化规模、改善市政基础设施建设的经济动力。

一方面，澳葡政府在政府公告中多采取工程招标的方式来主导城市化

[①] 何大章、缪鸿基：《澳门地理》，广东省文理学院，1936年。

的硬件条件建设。

随着近代日益紧密的经贸联系和生活交往，使得澳门往来和定居的各国人口大量增加，城市化发展的空间压力日益增加。澳葡政府为此颁布了一系列扩充城市发展用地、完善市政设施建设的法规，以应对澳门城市规模扩大带来的空间需求。如下文一则市政道路招标公告：

……新填之地业经竣工，须将该地各街名分别议定。……新填地海边一带，自北至南，其二尾与旧海边街相连，该海边街名为吧嗦吔尔咕街……①

再如一则城建发展用地的转让公告：

是以准将该沙岗地段五千三百九十六个四方咪度路批与隶籍西洋之华商卢九承领……准自本日起，免收该领批华商及其后嗣暨其将权利转让与之人等该地租银十年。②

上述公告内容表明，澳葡政府在推进城市化的基础设施建设当中，普遍采取的是工程公开招标和土地出让的方式，这与今天的政府城市经营理念基本相似；也从另一个侧面反映了澳葡政府在当时的土地出投与开发、基础设施的招标与建设方面的相对公平性和经营头脑，正是这种在当时看来已经颇具经营意识和商业逻辑的先进执政理念，才有效调动了澳门社会资本的丰富资源和华商群体较为充裕的资金力量，从而大大加速了澳门城市化的硬件建设。

另一方面，澳葡政府在政府公告的内容中普遍强调西方式的"法治"理念与制度文明的培育。

从《澳门宪报》中大量的法务公告以及强化各种奖罚措施以保障制度落实的公告当中，我们可以推论，澳葡政府在执政理念上采取了西方式的"法治"方式以及强调现代制度文明的理念传播。姑且不论这些旨在巩固其殖民统治的规章背后的目的，单就政治公告的法治策略和制度文明的宣传效果来看，《澳门宪报》的政治公告已经潜移默化地改变了当时以农耕文明为主的封建观念，尤其对于刚从"三纲五常"的传统文化环境

---

① 《澳门宪报》1882 年 11 月 18 日（第四十六号）。
② 《澳门宪报》1895 年 1 月 12 日（第二号）。

中脱离而来的大量华人，他们固有的等级观念、保守思想并不适合城市化生活方式，也与澳门倡导的近代工商业文明模式并不相容。

因此，"法治"化、制度化的先进执政理念宣传自然成为澳葡政府的公告传播着力点，《澳门宪报》中出现了大量的选举办法、参政办法、合同文书、政策规制、交通规章、纳税章程等体现制度文明的文本，也有大量因违反这些规制而受罚或财产拍卖的法律案件。这些规章一方面起到官方告示的公正性，但更有深远意义的是从规制内容中体现出来的一种"重规矩""讲法理"的态度。

可见，《澳门宪报》不仅客观地记录了澳门的近代史，见证了"西风东渐"的各种制度学习过程，而且也正是通过这些公告来潜移默化地改造着澳门华人的心态与行事方式，对中国日后接轨国际、全面推进制度文明的建设奠定了一定的思想基础和有利的培育环境。

第四节 《澳门宪报》中文政治公告对澳门近代政治的呈现及影响

《澳门宪报》中文政治公告鲜明地体现了澳葡统治者的政治意志，为了有效巩固统治也引入了较内地更为先进的现代化政治思想，反映了澳葡当局开始具有现代政府职能的雏形及其在政治治理观念上的时代进步性，从而形塑了近代澳门政治制度的基本框架和演进路径，也为今天的澳门实行具有中国特色的"一国两制"奠定了一定的制度基础。

一 《澳门宪报》中文政治公告对澳门近代政府管理形态的呈现

（一）协助澳葡政府对华人政治生活的直接干预

《澳门宪报》作为官方报刊，是为巩固澳门殖民统治服务。回顾其创刊历史可知，葡萄牙人在澳门创办的第一份政府公报就是《澳门宪报》，其原名为《澳门政府宪报》，由 Tipographia Macaense（澳门印刷所）印刷发行，"在1901年后，《澳门宪报》不再由私人公司印刷发行，开始改由澳门官印局印刷发行"。[①] 其经济来源直接由政府拨款，由政府秘书处负

[①] 汤开建、吴志良：《澳门宪报辑录》，澳门基金会2002年版，"前言"第XXVIII页。

责编校。可见，无论从经济独立性抑或独立的编审权上，《澳门宪报》都无多少自主空间，这就决定了《澳门宪报》必须遵照政府的意志来传播信息，主要就是起到对华人的政策通告功能，为澳葡政府管控华人的政治生活服务；而在政治上也绝少有自主的观点和评论，其刊载的中文公告受限于媒体性质只能以官方信息为主要稿源，导致其商业公告和文化公告的数量都比同期的商业化报纸要低很多。

从对华人政治生活的干预目标分析，从19世纪下半叶开始，澳葡当局旨在通过加强官方报刊的传播渠道，进一步接管清朝广东地方政府过去对澳门华人社会行使的管理权。这是在信息控制上的一种长远的战略考量，是配合澳葡政府一系列侵占澳门管理权的"媒体掌控"行动；从对华人政治生活的干预内容上看，主要集中于发布有关华人的行政管理规章公告、法务公告，乃至华人丧葬制度等相关规范；而对华人政治活动的干预方式分析，主要是依赖于颁布各类规章制度或奖惩活动信息。

（二）体现了澳门近代政治制度的时代变迁

《澳门宪报》在创刊初期，基本上以官方文件为主要内容。① 而随着澳葡当局政治地位与外部环境的变迁，其刊载信息的范围愈广，并随之呈现更加多样、灵活的特点。

鸦片战争前，澳门的主权一直属于中国，澳葡政府对中国和葡萄牙实行的是双重效忠原则，对葡人与华人实行的是"华洋共处分治"这种二元的管治方式。因此，这一时期澳门宪报的官方信息基本都是葡语的，也体现了澳葡当局在政治制度方面相对谨慎的表述态度。

鸦片战争后的19世纪50—70年代，随着一系列不平等条约的签订，中国从一个独立自主的国家逐步沦为半殖民地、半封建社会，在这种情况下，葡萄牙人效法英法先后向中国索取澳门"治权"。但此时《澳门宪报》的中文政治公告数量极少，仅出现在1850年、1851年这两年，此时移居澳门的华人群体也未能引起澳葡当局的重视。19世纪80年代开始，随着越来越多的华人迁入澳门，当局1879年开始在《澳门宪报》上持续刊载中文公告。尤其是澳葡当局通过1887年的《中葡和好通商条约》获

---

① 参见［葡］施白蒂《澳门编年史·1900—1949》，姚京明译，澳门基金会1998年版，第69、133页。

得了"永居""管理"澳门的条约保证,强行获得了澳门的主权,进而使澳门原有的政治角色与功能发生了剧变:澳葡当局在对"外"关系上,其原来长期赖以生存的"双重效忠"原则变成了"单一效忠"葡萄牙的单边关系;在澳门葡人的"自治"政体上,其原来的议事会权力中心变成了总督专权;而在对澳华人的管治上,则由其原来一直奉行的"华洋共处分治"的社会政治局面变成了"华洋共处共治"的一元政制……政治上对中国依附性的"摆脱"、澳葡内部政治权力的集中、居澳华人治权的夺取……出现了相当多的规章制度公告,旨在为公告澳葡当局的殖民身份和对华人的管控提供法理依据。这一切都促成了澳葡政府的政治地位由原来的一个没有主权的"番坊"自治政府,变成了一个"永居""管理"澳门的具有法律(条约)保证的葡萄牙殖民"政治实体"统治者。[1]居澳华人被纳入葡人的管治中,"每年要被迫向澳葡政府缴纳繁重的地租、人头税和地产税等税项"。[2] 20世纪初到1911年辛亥革命时期,澳葡政府借内地政局动荡、政治力量角逐的中央权力真空期,发布了改革政府体制、成立民主政体的"大西洋民主国"的外交声明:

> 国会。西八月廿一日上谕,宣布大西洋民主国政体。西八月廿三日上谕,饬将属务兼海军部分立两部。宣布万奴威厘·阿哩耶架(Manuelda Arriaga)已被公举为大西洋民主国总统之上谕。[3]

从这则公告可见,澳葡政府借内地动荡之机进一步提升了澳门对外联系的国际地位和话语权,并后续发布了对于新政体成立的庆典公告,以加强对外影响和国际认可。这一时期政治公告数量再次大幅攀升,主要原因是由于内地政局动荡而导致大批华人迁入,使得政府不得不通过加大政策宣传力度来加强对华人的管控力度,以免让革命动荡局势波及澳门。

---

[1] 查灿长:《转型、变项与传播:澳门早期现代化研究(鸦片战争至1945年)》,广东人民出版社2006年版。

[2] 叶农:《两次鸦片战争期间澳门政治发展——以〈华友西报〉资料为中心》,《华南师范大学学报》(社会科学版)2009年第6期。

[3] 《澳门宪报》1911年9月30日(第三十九号)。

(三) 记录了华人群体的政治抗争历史

居澳华人在澳葡政府殖民统治下，受了高额、繁杂的税赋，在《澳门宪报》上出现的生意税、街灯税、关税、遗产所得税、个人所得税与地租的税收公告等，多达十余则。与此同时，澳门在 19 世纪下半叶陷入经济萎靡、财政收入锐减的衰退期，因此澳葡当局大力推行涵盖居民大部分生活必需品的专卖制度，以图扩大税源、增加财政收入，从而导致社会矛盾的空前激化。而殖民政府为催缴地租及各类"公钞"，在 19 世纪 70 年代将"欠公物会地租银"、华人欠公物会业钞银的，要强行卖房屋。"出投发卖，以高价为准……缴纳公务会地租""出投发卖，为填还所欠地租银"①等情况多次发生。

在这种沉重的税赋和强征租税的情况下，征收租税法令遭到了澳门华人的集体激烈反对，因此澳葡政府不得不多次地在《澳门宪报》中大量刊登税收公告，并且多次宽限缴税日期，如"今再示将该期宽限至闰七月初七日为止，期内可以携银输纳业钞"，②"今奉上命，准再限至唐七月十三日止"。③而 1860 年就已成社会主体的华人群体，其团结、抗争的意识大大增强，民众多次掀起抗税运动。④ 如《澳门宪报》于 1883 年 4 月 14 日刊登了一则包税商人欺压贩卖猪肉的商户，而引起商户们"联行罢市"的公告；《澳门宪报》中在 1892 年 4 月 6 日刊载了澳葡政府颁布酒类的专卖制度："准在澳门设立承充料半酒饷等"，导致近代澳门社会的民众集体抗议的信息布告："有华人或在三街会馆，或在镜湖医院聚集，有为商议抗逆投充料半酒饷事宜，致地方不得平安。"这则公告内容是澳葡当局认为是民众对社会安全产生骚乱。《澳门宪报》在 1892 年 4 月 25 日（第十六号附报）发布了澳葡政府严禁"串同罢市"的详细章程，对罢市之人将施以严厉的惩罚："方知其有意串同罢市……将该人送官究办……按照刑律，治以违抗官命之罪……监禁六个月，并罚银五千至廿万厘士……"自此，华人的抗争进入了高发期：

---

① 《澳门宪报》1879 年 7 月 5 日（第二十七号）、1879 年 10 月 18 日（第四十二号）、1879 年 11 月 15 日（第四十六号）、1879 年 12 月 6 日（第四十九号）。

② 《澳门宪报》1881 年 8 月 6 日（第三十二号）。

③ 《澳门宪报》1879 年 8 月 2 日（第三十一号）。

④ [美] 杰弗里·C. 冈恩：《澳门史（1557—1999）》，中央编译出版社 2009 年版，第 62 页。

1892年4月6日澳葡政府将料半酒交给一个香港华商包税专营而导致全城的华商罢市；1893年9月18日，澳门牛畜商人也进行了罢市抗议牛肉专卖权的变更。

可见，华人群体与澳葡当局围绕税赋的抗争是华洋矛盾的引爆点和华人反殖民斗争的主要战场，这一抗争在澳门经济形势恶化、产业转型失败的时期体现得尤为突出；澳葡当局在1892年抗税事件后为巩固其长期稳定的殖民统治，选择了更为隐蔽和巧妙的殖民剥削策略。而华人群体也从抗争中磨炼了反殖民斗争的经验。双方的博弈自20世纪后随着澳门经济形势的好转以及华洋族群、文化的日益融合而渐趋缓和。

二 《澳门宪报》中文政治公告对澳门近代政治制度变迁的历史影响

（一）社会矛盾的激化与管控成效

社会矛盾的激化往往取决于政治治理的方式、经济环境的压力以及族群固有的文化冲突三个主要因素。对《澳门宪报》的政治公告而言，它反映了澳葡当局对华人的管控态度以及对矛盾处理中所采取的方式。从历史总体发展上看，澳门社会矛盾的激烈程度较之内地还有所不及，并未发生大规模的军事镇压或者武装暴动等剧烈事件；但是也并不代表19世纪下半叶以来澳门社会一直处于平静祥和的氛围之中。其中主要的矛盾问题集中体现在治安事件上，这在公共安全公告中有直接的反映。

从总体走势来看，公共安全公告的数量呈现下降趋势。在19世纪80年代呈现一个增长高峰，这也与前述提到的19世纪80年代至19世纪90年代初期发生的因税赋事件发生的罢市相呼应。可见，澳门社会矛盾的问题仍主要限于经济方面，对于此类因税赋矛盾造成的集体罢市现象，澳葡当局采取的方法是严厉惩治肇事者，并于1892年4月25日发布了澳葡政府严禁"串同罢市"的详细章程，对罢市之人的处罚在第一款附款三："虽未有聚众公义罢市之事，未经共见共闻，惟政务厅查问，方知其有意串同罢市……带往见官。……将该人送官究办，按照刑律，治以违抗官命之罪……监禁六个月，并罚银五千至廿万厘士……"[1]

而对于匪盗一类的刑事案件，政府也是采取严厉打击的举措。而由于

---

[1] 《澳门宪报》1892年4月25日（第十六号附报）。

此类治安案件难以预先防范，如何加强灵活应对能力和防控机制的建设是考验当局行政运作能力的关键。在这方面，澳葡政府采取的措施是基本得当的，从公共安全公告的数量上看，在1894年以后再未出现犯罪率显著回升，证明了应对策略的成功。措施上，官方公告上发布多则剿匪通告，并注重与内地、香港当局采取合作联动的态度打击罪犯。如《澳门宪报》1891年3月12日（第十一号）刊载的一则剿匪公告：

大清头品顶戴兵部尚书、两广总督部堂李为照覆事。

案接贵大臣照会，内称叠次照知，业已拿获行劫南澳轮船匪犯，兹乃饬属严密踩缉。现经船政厅巡捕弁兵奋力，查拿行劫南澳轮船匪犯何发多之家眷船一只，方知该何发多逃匿万山洲，遂通知前山华官及严饬属员协助，方将何发多擒获。似此严辑贼匪，可见有心协力查办匪徒，以期地方安靖，暨与贵部堂敦笃睦谊，为此照会等由。本部堂均已阅悉，查行劫南澳轮船内匪犯，叠经贵大臣饬属拿获多名，此次又复饬属奋力，协同华官拏获何发多一犯，足征贵大臣敦笃睦谊，有心协力查办匪徒。该匪徒等当亦闻风敛迹，商旅可期乂安。本部堂深为欣佩，相应照覆贵大臣查照，为此照覆，顺候时祉。须至照会者。右照会大西洋钦命驻扎澳门、地扪总督布。光绪十七年正月二十日。预印空白。

从这则公告可见，由于澳门与内地人员往来频繁，难以严格管理核查，因此在治安问题上合作、共同打击犯罪是既能提高效率又能增进双方关系的一种有效方式。

另外，在社会矛盾处理问题上，法务公告也是重要的解决手段。从《澳门宪报》法务公告大幅增长的发展趋势看，说明澳葡当局习惯采取依据法律治理和处理矛盾问题的治理方式，而且借助法律手段来规范和引导可能出现的潜在矛盾往往起到事半功倍的收效。这方面澳葡当局做得比较细致，时常颁布一些详细的活动规范细节，虽然是持有一种反对自由、反对革命进步的态度，但是从客观上看，也从另一个侧面反映出澳葡当局注重提升制度化建设水平、防患于未然的危机控制理念。如《澳门宪报》1911年9月23日（第三十九号）发布的这则法规声明：

> 大西洋澳门华正厅李为示知事。
> 照的自由集会演说，以致鼓动人民叛反国家，及煽动个人或众人不法行事，扰乱本处地方安宁，或损碍本国与邻国最笃之交谊，均属不应之举，应以保存治安。今查得在澳华人，有集会演说革命情事。查此项机会实可以致本澳人民不安，而保安百姓系民主国行政所应尽之职守。况本国与中国邦交最笃，自应设法妨遏，以免生出能致中国扰乱之情事。是以本厅奉奥督宪命，特行出示禁止华人集会演说关于政体事件。其有演说系事不涉国政者，准其集演。惟仍须先到本厅领取人情。今欲本澳华人知悉，将本示译出华文，颁行宪报并贴在常贴告示之处，俾各周知，听遵毋违。特示。辛亥年八月初八日。

上述内容表明，澳葡当局对于华人聚众集会持有反对和恐惧的态度："照的自由集会演说，以致鼓动人民叛反国家，及煽动个人或众人不法行事，扰乱本处地方安宁，或损碍本国与邻国最笃之交谊，均属不应之举"，对于演说鼓动政治革命者视为"查此项机会实可以致本澳人民不安"因此采取"禁止华人集会演说关于政体事件"。

（二）民族矛盾的激化与调和效果

据史料所载，澳门居民的华洋比例基本维持在20：1，[①] 华人数量居绝对主体地位，而且在19世纪50年代、20世纪20年代初有大批华人移民入澳避乱，但是在如此之小的弹丸之城内，"华洋混杂"的局面却未造成明显的族群对抗和文化冲突，的确证明了澳葡统治者相对宽松、克制治理政策的成功。回顾历史，澳门多元文化、多民族的和谐共存局面的确令人深思，值得今世借鉴，本书将其成功之处主要归纳在两种类型的政治公告内容上加以分析。

1. 刊发中文公告以增进理解与互动

澳葡政府有效利用了《澳门宪报》的公告等大众报刊媒体加强了与华人群体的沟通，让华人群体了解澳葡政府治理的理念，建立在相互文化理解基础上的互动减少了诸多因文化差异造成的摩擦。《澳门宪报》的刊行增加了中文内容不仅是"应时之需"，还有巩固长远统治的战略考虑：

[①] 程美宝：《把世界带进中国：从澳门出发的中国近代史》，社会科学文献出版社2013年版，第226页。

一方面"占据澳门人口绝大多数的华人社群,对于澳门当局此前用作官方语言的葡文非常陌生"①,在官民之间的信息沟通,政策执行上也缺少理解与互动,因此给澳葡当局预想的统治方案造成了诸多困难。在这种环境下,开发现有渠道、强化借助媒体工具的管控成为一种必然的策略。

作为官方报刊的《澳门宪报》增刊华文版无疑是最直接、最自然的选择。一方面澳门居民中的华人数量大增,澳门当局在管理上需要借助报刊媒体的宣传加强管控、发布一些旨在应对和规划更大规模的社会活动所必要的政策和信息;另一方面,也是借助于中文公告的平台将澳门境内发生的诸多事件,以及官方的态度和西方式的治理方式、法规制度向华人宣传,获得更多的理解和认可,避免因误会造成矛盾的产生。

2. 通过对华人的表彰、吸引华人参政来笼络精英

澳葡政府在加强对华人管控的同时,还通过发布主要针对华人的表彰公告来缓和华洋矛盾、凝聚人心,尤其是通过表彰华商当中比较突出的慈善捐赠者来吸引和拉拢华人支持其行政管理,巩固澳葡当局的殖民统治。如《澳门宪报》1881年8月6日(第三十二号)刊发的一则华人表彰公告:

> 公历一千八百八十一年六月内,所有御赐爵衔之日开列于后:
> 六月初二日,大西洋大君主赏给陈六御赐耶稣降生宝星(Cavalheiros da ordem militar de Nosso Senhor Jesus Christo)。陈六系澳门居住商人,大清国民人,因大君主查明陈六事迹,且大君主(厚)惠博施,故特赏赐。
> 仝日,所赐澳门居住商人柯桂,照上一体赏给。

上述公告中华商代表向澳葡政府捐赠钱物,这些人在近代澳门社会发展中具有较高的社会影响力的华商,在华人群体里的号召力很强的精英人士、"意见领袖"表彰这些华人中的精英的目的是借助榜样的力量调动华商支持澳门的经济发展,同时也宣传了澳葡当局重视华人地位的政治态度。所谓"意见领袖"是指:"活跃在人际传播网络中,经常为他人提供

---

① 胡雪莲:《整合澳门人镜海丛报中文版的地方意识》,《学术研究》2012年第7期。

信息、观点或建议并对他人施加个人影响的人物,称为意见领袖。"①

另外,澳葡政府也经常发布任命一些华人担任基层官员的公告,虽然这些华人参政的职位多是处理"街坊事务"的基层岗位。但从澳门的华人19世纪60年代开始就已经成为澳门居民主体的实际情况来看,任命华人处理各处街坊的事务无疑是澳葡政府提升对华管理效率的必然选择,在这些华人聚居区域实行"澳人治澳"的管理策略,也为今天澳门更易接纳"一国两制"的高度自治方式奠定了历史基础。

当然,需要指出的是这些笼络华人的措施并非澳葡政府的主要管控手段,总体上看,他们仍是采取"胡萝卜加大棒"的统治手腕;尤其在推行殖民统治的初期,澳葡政府面对华人群体的抗争,不得不在他们的喉舌——《澳门宪报》上大肆刊登纳税、公共安全、法务等管理公告,以期强化统治。而在强制性手段为主的殖民统治策略下,澳葡政府也注重采用上述柔性治理的方式拉拢和诱导华人精英参与到其主导的政治架构当中。

---

① 郭庆光:《传播学教程》(第二版),中国人民大学出版社2011年版,第189页。

第三章

《澳门宪报》中文经济公告与澳门经济

第一节 《澳门宪报》中文经济公告的定义及内容

《澳门宪报》中文公告中的经济公告数量最多、占比最高,在助推近代澳门产业转型过程中发挥着显著作用,《澳门宪报》中文经济公告的内容、类别与数量变化等特征充分反映出澳葡政府在财政危机时期致力于引导当地产业结构变革的举措,也较为系统、真实地反映了澳门近代经济产业结构及历史变迁过程,这种官方导向对今日澳门形成独特的产业结构具有深远影响。

一 澳门近代经济及其与公告的关系

经济公告,是指隶属于生产、流通领域的公告信息,它与经济活动直接相关,在经济公告起源问题上,普遍的观点认为,它是伴随着商品生产和商品交换而出现的,是商品经济发展的必然产物。从自给自足的自然经济到高度发达的市场经济,商品生产越发达,公告的经济功能也越发达。具体表现在经济政策公告的数量变化与内容特征必然反映着一个地区经济环境及产业、制度基础的变迁,它本身也成为经济领域的催化剂,是经济发展的加速器。而对于《澳门宪报》而言,作为官方报刊媒体,受官方的全额拨款及直接管理,主要承担了澳葡政府宣传职能。因此,其媒体自身的经济利益诉求并不像大众商业报刊那样强烈,媒体上刊登的各类公告具有更加宏观的社会目标和政治视野。所以,《澳门宪报》中的经济公告往往也体现着浓厚的官方色彩,传达当局对于经济政策和澳门整体经济发展的政策导向。

故本书研究的这类经济公告超越了对具体商品的推销功能研究，更主要的是考察它与近代澳门整体的经济发展的密切关系，对我们研究澳门近代的产业转型与总体经济形势的变迁具有更高的参照意义。因此《澳门宪报》的经济公告研究具有更宏观的社会经济发展与产业转型层面的研究价值。而"发展经济学"的视角正是本书以考察近代以来，相对西方经济发展较为落后的东方社会中的公告与经济发展、历史变迁的重要切入点。

二 经济公告的具体内容分类及内涵界定

根据公告内容和所涉及的经济活动，将《澳门宪报》中的经济公告按照三级分类为14个小类：①商品公告；②其他行业专卖公告；③招标（暗投）公告；④租赁、拍卖、破产、转让公告；⑤商务合同公告；⑥海外招工公告；⑦营业公告；⑧博彩（闱姓、白鸽票、番摊）公告；⑨鸦片专卖及章程公告；⑩典当、担保公告；⑪财产遗失公告；⑫货币发行（银牌纸）公告；⑬船期公告；⑭经济章程公告。

各类公告具体内涵的界定如下。

《澳门宪报》中的商品公告包括火船公告、保险公告等，它们以促进商品的销售为目的，力求产生直接与及时的销售效果。

《澳门宪报》中的专卖公告指的是鸦片、鱼盐、肉类等的包税专卖公告。

《澳门宪报》中招标（暗投）公告的主体为澳葡政府，公告的内容是澳葡政府的对外采购招标活动，包括招标采购兵丁伙食、街灯，招人承办修建马路、建造礼拜堂等。招标公告的主体虽然是澳葡政府，但招标本身却属于经济行为，因此也被纳入到了经济公告的范畴中。

《澳门宪报》中的租赁、拍卖、破产、转让公告主要包括澳葡政府拍卖土地与房屋、物品或拖欠者宣布破产被拍卖私产等内容，因此类活动的目的也是为了获利，所以归属于经济公告的范畴。

《澳门宪报》中的商务合同公告包含企业与店铺的开张公告、转让公告、股份变更公告等，它们是关于商事的通告与声明。

《澳门宪报》海外招工公告是澳门发展劳务输出产业的重要工具，包含了以海外招工、招聘中介为主要内容的经济宣传和服务信息。

《澳门宪报》营业公告主要是包括商店开业、工厂设立、经营资格牌照换领等经营活动内容。

第三章 《澳门宪报》中文经济公告与澳门经济

《澳门宪报》博彩公告（闱姓、白鸽票、番摊）是澳门地区的特殊行业，《澳门宪报》中含有大量此类活动的信息因此单列；主要包括以赌博为盈利方式的活动场所发生的营业资格变动信息等，闱姓、白鸽票、番摊等从内地传入或当地的赌博形式都在其列。

《澳门宪报》鸦片专卖及章程公告也是澳门当地一大支柱产业，这类公告包括鸦片专卖制度的颁布和相关管理章程公告，因其不同于普通经济活动而单列。

《澳门宪报》典当、担保公告主要包括物品典当、担保声明、货币（银行纸）发行等信息。财产遗失公告主要包括与财产直接相关的银单遗失、财务单据丢失作废声明等。此外，经济公告中还包含有货币（银牌纸）发行、罢市劝告声明等。

《澳门宪报》船期公告主要包括澳葡政府面向旅客、货运需求的企业或团体发布海上通航业务的具体行程安排、航班时间等信息，体现了政府对于澳门作为东西方贸易枢纽开展交通运输业务的重视及其社会服务功能。

《澳门宪报》经济章程公告主要包括澳葡政府颁布的旨在规范、引导经济活动和产业发展的各类政策性指令或信息，这类公告能比较明显地体现当地政府对于经济活动的规划目标与管理方式。

三 《澳门宪报》中文公告中经济公告的总体数量及变化趋势

在近代报刊的各类公告当中，经济公告往往是数量最多，产生影响最大的一种。根据我们对《澳门宪报》中2896则中文公告的分类，经济公告的占比也是最高的，达39%，共有1131则（见图3-1）。

本书将根据这些细分的公告类别，选择从数量、占比上较多，出现年份较多的公告进行详细阐述，以便从中研究当地经济发展总体态势和变化情况。

总体上看，1850—1911年在《澳门宪报》上共刊登了1131则中文经济公告，1850—1878年由于该报刊载公告数量极少，且不稳定（除1851年有13则外其他年份经常只刊登了1则经济公告，见图3-2）；从1879年开始，公告刊登再未发生间断，数量呈总体上升趋势，具有了真正的研究价值，故将这一时期作为本文分析的主要样本来源。

从图3-2可见，《澳门宪报》刊登经济公告始于1850年（但1850—1878

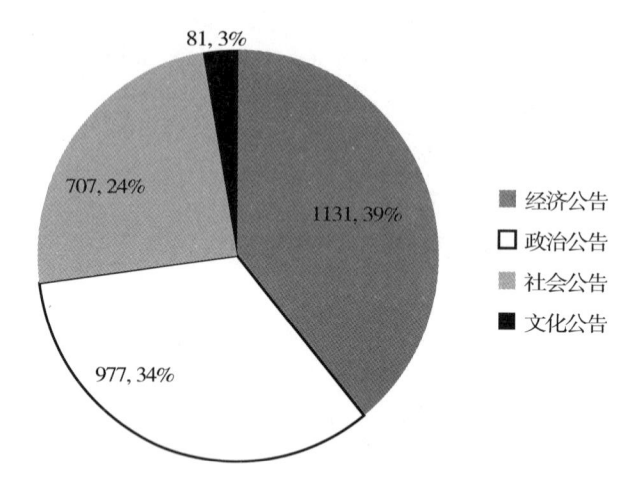

图 3-1 经济公告占《澳门宪报》中文公告总量的比重（%）

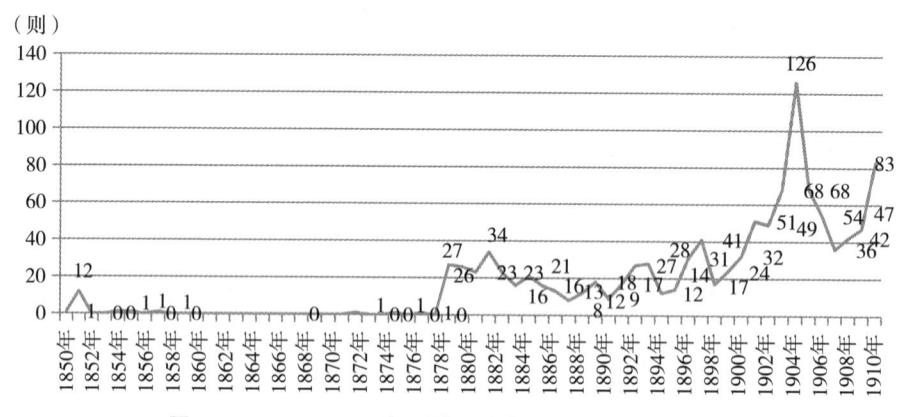

图 3-2 1850—1911 年《澳门宪报》经济公告数量统计

资料来源：根据 1850—1911 年《澳门宪报》经济公告绘制。

年数量并不稳定，除 1851 年 12 则，1850 年 1 则外，其他年均没有，并不具有参照意义），从 1879 年开始出现 27 则，随着中文公告刊发趋于稳定，经济公告的数量大幅增多，共刊登了 1134 则；1879 年呈现了第一个增长周期开始 27 则，到 1882 年达到 34 则的高点（具体数值见表 3-1）；第二个增长周期是从 1889 年 12 则增至 1911 年的 83 则，其间还达到 126 则的高点，（见图 3-2、表 3-1），反映出澳门经济活动增加以及澳葡政府努力推动经济转型的政策导向，为了清楚地显示从 1851 年到 1911 年《澳门宪报》中经济公告的具体变化，本书进行了对应的分类和数据统计，结果如表 3-1 所示。

表 3-1　1850 年到 1911 年《澳门宪报》的经济公告（三级）分类统计

单位：则

年份	商品公告	其他行业专卖公告	招标(暗投)公告	租赁、拍卖、破产、转让公告	商务合同公告	海外招工公告	营业公告	博彩(甫姓、白鸽票、翻摊)公告	鸦片专卖及章程	典当、担保公告	财产遗失公告	货币发行(银牌纸)公告	船期公告	经济章程公告	合计
1850	0	0	0	0	0	0	0	0	0	0	0	0	1	0	1
1851	0	3	1	1	0	0	3	2	0	0	0	0	2	0	12
1854	0	0	0	0	0	0	0	0	0	0	0	0	1	0	1
1855	0	0	0	0	0	0	0	0	0	0	0	0	1	0	1
1856	0	0	0	0	0	0	0	0	0	0	0	0	0	0	0
1857	0	0	0	0	0	0	0	1	0	0	0	0	0	0	1
1872	0	0	0	0	0	0	0	0	0	0	0	0	0	0	0
1875	0	0	0	0	0	0	0	1	0	0	0	0	0	1	1
1877	1	0	4	8	0	1	0	2	3	0	0	0	3	5	27
1879	0	3	5	6	2	0	2	0	1	2	1	0	3	3	26
1880	0	0	3	5	1	0	3	2	0	0	0	0	0	7	23
1881	3	1	3	2	6	2	5	1	4	0	0	0	1	6	34
1882	0	0	10	3	1	0	1	0	2	0	0	0	2	4	23
1883	0	0	4	3	3	1	2	1	2	0	0	0	0	0	16
1884	0	2	5	8	0	1	0	1	1	0	0	0	0	3	21

续表

年份	商品公告	其他行业专卖公告	招标（喧投）公告（喑投）公告	租赁、拍卖、破产、转让公告	商务合同公告	海外招工公告	营业公告	博彩（闱姓、白鸽票、翻摊）公告	鸦片专卖及章程	典当、招保公告	财产遗失公告	货币发行（银牌纸）公告	船期公告	经济章程公告	合计
1886	0	1	1	4	4	1	0	0	3	0	0	0	1	1	16
1887	1	2	0	0	1	0	0	1	2	0	0	0	1	5	13
1888	0	1	1	1	1	0	0	0	0	0	0	0	0	4	8
1889	0	0	0	4	4	2	2	2	0	0	0	0	0	0	12
1890	2	0	1	3	2	1	2	1	0	0	0	0	1	4	18
1891	0	2	0	1	1	3	0	2	0	0	0	0	0	1	9
1892	0	5	1	2	0	0	0	3	0	1	0	0	2	3	17
1893	0	1	3	13	4	3	1	1	0	0	0	0	0	1	27
1894	0	6	8	0	3	1	0	0	1	0	0	0	0	9	28
1895	1	0	3	2	2	0	0	1	0	0	0	0	3	0	12
1896	1	0	1	5	5	1	0	0	0	0	0	0	1	0	14
1897	0	2	1	5	20	0	0	0	0	0	0	0	1	2	31
1898	0	3	0	9	27	0	0	2	0	0	0	0	0	0	41
1899	0	0	6	2	9	0	0	0	0	0	0	0	0	0	17
1900	3	4	1	3	6	0	0	1	0	0	0	0	5	0	24
1901	3	1	8	13	1	0	0	2	0	0	0	0	4	0	32

续表

年份	商品公告	其他行业专卖公告	招标(暗投)公告	租赁、拍卖、破产、转让公告	商务合同公告	海外招工公告	营业公告	博彩(闱姓、白鸽票、翻摊)公告	鸦片专卖及章程	典当、担保公告	财产遗失公告	货币发行(银牌、纸)公告	船期公告	经济章程公告	合计
1902	12	1	9	14	9	1	2	0	0	0	0	0	3	0	51
1903	13	0	7	15	7	0	1	3	1	0	0	0	2	0	49
1904	12	1	18	26	3	0	0	2	1	2	1	2	0	0	68
1905	17	2	32	58	0	0	1	5	0	1	0	0	4	6	126
1906	6	2	9	25	6	0	5	9	0	0	0	3	2	1	68
1907	2	2	7	16	8	0	1	8	0	0	3	0	3	4	54
1908	2	0	3	22	1	0	1	4	2	0	0	1	0	0	36
1909	0	3	7	11	3	0		2	5	0	1	0	10	0	42
1910	3	0	19	20	0	0		2	3	0	0	0	0	0	47
1911	24	7	3	15	3	0	3	5	6	0	0	0	11	6	83
合计	106	55	184	325	143	18	35	65	38	6	6	6	68	76	1131

注：1852年、1853年、1858—1871年、1873年、1874年、1876年、1878年《澳门宪报》中没有中文经济公告，所以表中没有包括上述年份统计数据。

资料来源：根据对1851—1899《澳门宪报》商业公告的分类与统计而编制。

由表 3-1 可以看出，在所统计的《澳门宪报》经济公告中，从 1879 年中文公告刊发数量趋于平稳后，各细分项目的数量排名呈现如图 3-3 的趋势。

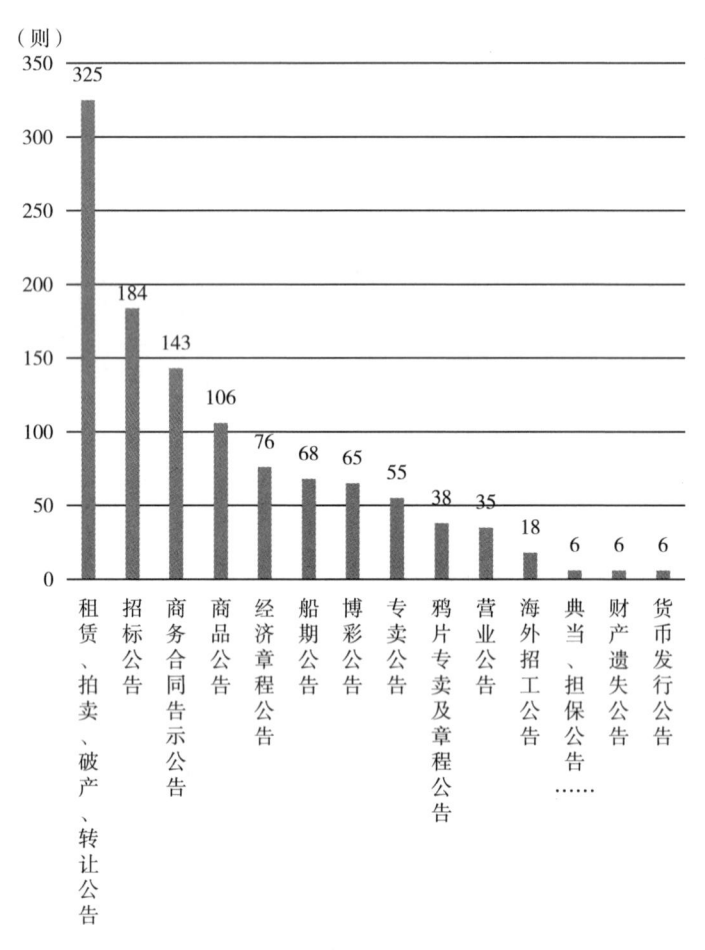

图 3-3　各细分类别的经济公告数量排序

（则）

类别	数量
租赁、拍卖、破产、转让公告	325
招标公告	184
商务合同告示公告	143
商品公告	106
经济章程公告	76
船期公告	68
博彩公告	65
专卖公告	55
鸦片专卖及章程公告	38
营业公告	35
海外招工公告	18
典当、担保公告……	6
财产遗失公告	6
货币发行公告	6

从图 3-3 可见，其中租赁、拍卖、破产、转让公告数量最多，各年份累计 325 则；招标（暗投）公告、商务合同公告、商品公告、船期公告也排名前列，各年累计分别为 184 则、143 则、106 则、76 则、68 则，另外，专卖公告的合计为 158 则（博彩 65 则、其他行业专卖 55 则、鸦片 38 则）从这些类别数量排序上也能反映出该时期澳门的经济活跃度和各行业经济活动的基本状况。

第二节 《澳门宪报》中文经济公告的分类

《澳门宪报》中文经济公告依据内容主题可具体分为 14 个小类（见表 1-2 三级分类），涉及澳门近代大部分产业范畴和经济领域，这些公告从不同产业领域反映出澳葡政府旨在改善财政收入、强化对华人居民经济管控的政策导向。

一 《澳门宪报》的专卖公告

按照现代经济划分标准，专卖公告可以归属为国民计划经济类公告。[①] 专卖公告是澳葡政府鸦片战争后实行特许经营制度的产物，是为了保证政府税收收入而实施的。主要涵盖了政府管制性的一些经营项目，如鸦片、博彩、鱼盐、猪牛肉以及一些包税专卖的转让、撤销、定价等，公告内容以政策性指令或销售网点的招标、转让等事务性公告为主，从时间上看《澳门宪报》上出现的应是中国境内刊登时间最早的专卖公告之一。譬如《澳门宪报》于 1851 年刊载的 5 则专卖公告（包括博彩、鸦片、其他行业专卖公告），其实正值特许经营制度推行伊始，旨在通过公告媒体加大宣传、推行"特许经营权"的产业政策。

"特许经营权、又称特许权，专营权，指企业在某一地区经营或销售某种特定商品的权力，或是一家企业接受另一家企业使用其商标、商号、技术秘密等权力。前者一般是由政府机构授权准许企业使用或在一定地区享有经营某种业务的特权，如烟草专卖权；后者指企业间依照签订的合同，有期限或无期限使用另一家企业的某些权力。"[②]

（一）《澳门宪报》专卖公告的变化趋势统计及其原因

《澳门宪报》从 1850 年到 1911 年中的专卖公告一共有 158 则（包括博彩、鸦片及其他实行专卖政策的普通商品类别公告），主要内容是发布各类专卖政策或专营场所的招标、转让等公告，是《澳门宪报》各小类经济公告中数量较多的，总数 158 则，数量排在第 3 位（见图 3-3），占

[①] 本书按产业划分的经济公告类别是基于现代经济学的产业分类体系，服务于专卖制度的公告归属为国民计划经济领域的一种具有促销功能的传播形式。

[②] 杨金观、宗文龙：《中级财务会计》，中国财政经济出版社 2007 年版，第 232 页。

到《澳门宪报》经济类全部公告数量的14%（见图3-4），反映了19世纪下半叶开始澳葡政府在经济政策上主要实施的专营专卖制度情况（详细数量见表3-2）。

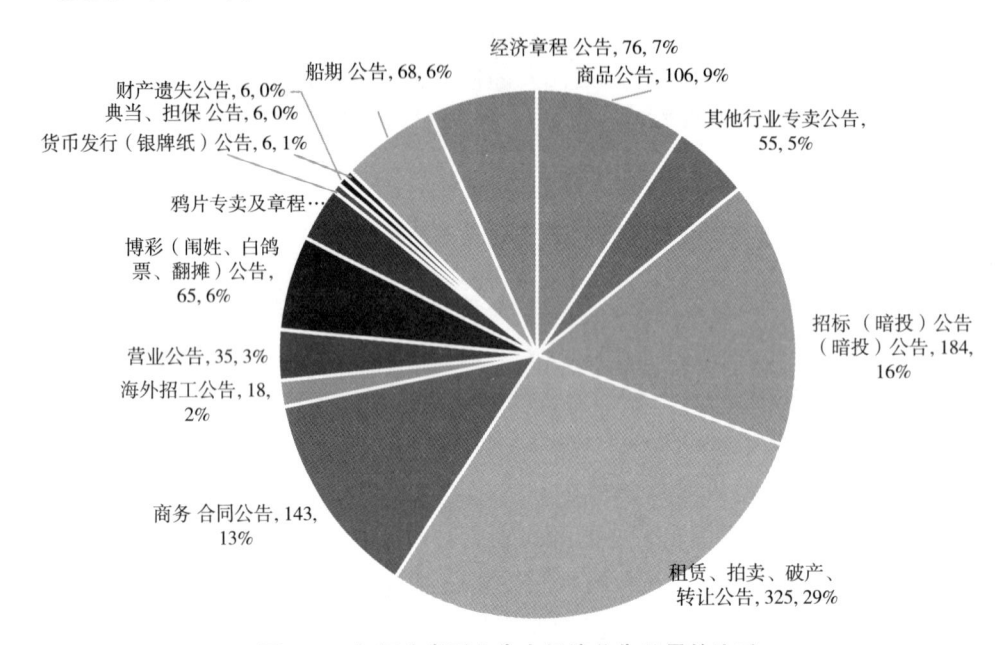

图 3-4　各细分类别公告占经济公告总量的比重

表 3-2　　　　1850—1911 年《澳门宪报》专卖公告数量统计　　　　单位：则

年份	其他行业专卖公告数量	鸦片专卖数量	博彩专卖数量	专卖公告总数量合计	年份	其他行业专卖公告数量	鸦片专卖数量	博彩专卖数量	专卖公告总数量合计
1850	0	0	0	0	1880	3	1	0	4
1851	3	0	2	5	1881	0	0	2	2
1854	0	0	0	0	1882	1	4	1	6
1855	0	0	0	0	1883	0	2	0	2
1856	0	0	0	0	1884	0	2	1	3
1857	0	0	1	1	1885	2	1	1	4
1872	0	0	0	0	1886	1	3	0	4
1875	0	0	0	0	1887	2	2	1	5
1877	0	0	1	1	1888	1	0	0	1
1879	0	3	2	5	1889	0	0	0	0

续表

年份	其他行业专卖公告数量	鸦片专卖数量	博彩专卖数量	专卖公告总数量合计	年份	其他行业专卖公告数量	鸦片专卖数量	博彩专卖数量	专卖公告总数量合计
1890	0	0	2	2	1901	1	0	2	3
1891	2	0	1	3	1902	1	0	0	1
1892	5	0	3	8	1903	0	1	3	4
1893	1	0	1	2	1904	1	1	2	4
1894	6	1	0	7	1905	0	0	5	5
1895	0	0	1	1	1906	2	0	9	11
1896	0	0	0	0	1907	2	0	8	10
1897	2	0	0	2	1908	0	2	4	6
1898	3	0	2	5	1909	3	5	2	10
1899	0	0	0	0	1910	0	3	2	5
1900	4	1	1	6	1911	2	11	5	18
合计	26	5	17	48	合计	29	33	48	110

资料来源：根据1850—1911年《澳门宪报》专卖公告的数量变化绘制。

1. 专卖公告的三个发展阶段

从图3-5可见，专卖公告总体构成以鸦片、博彩、其他行业专卖三类为主，其中博彩专卖数量占专卖总量比重最高；从图3-6可见，专卖公告在1879—1888年、1889—1899年、1900—1911年呈现三个增长周期，每个周期为期10年左右，这与澳门经济的发展阶段是基本吻合的，也反映出在不同的经济形势下澳葡政府的经济政策导向。

总体上从1879年2月18日起，《澳门宪报》中的中文公告刊载量开始大幅增加，进入了发展起步阶段：这一时期专卖公告的大幅增加反映了当时的澳门在同香港竞争中失败、澳葡政府面临财政收入锐减的窘境，为此依靠专卖制度增加税收，以弥补政府财政收入的损失；此外，1887年清政府与葡萄牙签订了《中葡和好通商条约》，澳葡政府获得了对澳门"永居管理"的权力，希望借强化专卖制度进一步巩固对于经济活动的管制，增加财政运作的资本；而1900年开始由于内地战乱大量华人涌入澳门，澳葡政府借机加强对华人移民经济活动的管控，出台或强化了一系列专卖经济制度和管理政策扩大税源、增加财政收入，如在1899年7月

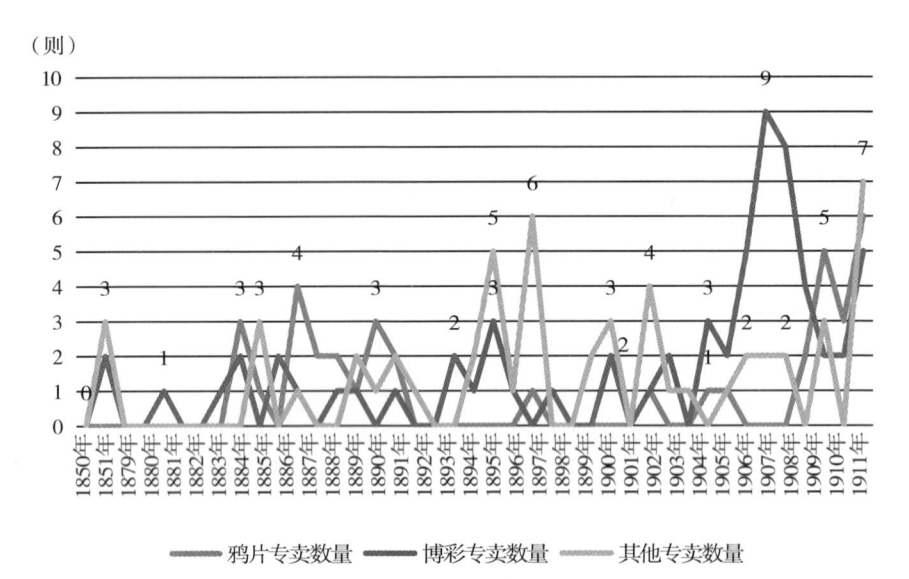

图 3-5　1850—1911 年《澳门宪报》专卖公告数量统计

15 日通过《澳门宪报》公布了包税专卖合约的烦琐条件和扩大专营范围，规定"无论是盐务、还是石油、火药、硝石、硫磺，甚至被列为人类粪便的肥料亦采用同样办法"。①

2. 专卖公告的内涵及弊端

从时间上看，澳门的包税专营专卖制度始于鸦片战争后，这项经济制度就其本质而言，是有悖于市场经济自由竞争的运作理念的。根据新制度经济学的相关理论，"制度是经济绩效的决定性因素。制度通过安排与确立产权，产生出有效率的经济组织，以便对个人的经济活动形成一种激励。而无效的制度恰好相反，它会导致交易成本过大，并扼杀了经济增长的因素"。② 包税专卖制度是政府将某一产业产品的专营与专卖的垄断权出卖给包税商，来换取稳定税收收入的一项制度。③ 它似通过竞标等方式授予经营者专营权，减少日后的竞争压力，赋予经营者更宽松的竞争环

---

① ［葡］施白蒂：《澳门编年史·1900—1949》，姚京明译，澳门基金会 1998 年版，第 302 页。

② 查灿长：《转型、变项与传播：澳门早期现代化研究（鸦片战争至 1945 年）》，广东人民出版社 2006 年版，第 185 页。

③ 同上。

境，但实际上它大大增加了社会交易成本：为了收回用高额的包税款换来的经营垄断权所付出的额外成本，包税商往往通过提高售价来赚取更多利润，并花费这些利润，高额地投入下一次竞标，形成一种投资回报率越来越低的恶性循环，从而扼杀了长期的经济活力。例如专卖制度大大地加重了居民的购买开支：1892 年澳葡政府对一种穷人饮用的廉价米酒"料半"实行专卖后，酒价平均涨幅高达 16%；"1894 年澳门实行煤油专卖，使得华船的进出口货运量剧减"；① 还导致火药 1894 年"价贵于往昔不止十分之一，各工获利较少，相率去而之他，即发卖爆竹之巨店亦迁往内地"。② 可见，专卖制度大幅减低了主要商品的进出口利润，直接阻滞了澳门的贸易发展，是一种"饮鸩止渴"的经济短视行为。

3. 实行专卖公告的原因分析

为了应对香港崛起、国际航运中心地位丧失等原因导致的财政收入锐减问题，澳葡政府加大了专卖政策的推行力度，积极在《澳门宪报》上刊登该类公告。据查最早的一则是《澳门宪报》1851 年 1 月 11 日（第八号）上刊登的猪肉专卖公告：

> 大西洋理事官唛嚟哆吗呢吐奉公会命谕各人知悉：
> 缘澳中猪栏批期将满，预定本月十八日十一点钟，在议事亭从新出投夜冷（arrématante），如有愿承充此行买卖揽头者，到亭声出若干批银，以出高价并遵规条者，准令承充。为此谕知。道光三十年十二月初三日谕。③

这则公告内容中谈到"承充"指专营权，即澳葡政府把猪肉的专营权进行拍卖，而所谓的"出投夜冷"指给愿意出价最高的包税商授予猪肉经营的专卖权。据考证，澳门地区是我国近代首推包税专卖制度的地区，因此这则公告应推断为中国境内最早的专卖公告之一。

---

① 参见《1892 至 1901 年拱北关十年贸易报告》《光绪二十年拱北口华洋贸易情形论略》《光绪二十九年拱北口华洋贸易情形论略》，《近代拱北海关报告汇编（1887—1946）》，第 41、169 页。

② 莫世祥：《近代澳门贸易地位的变迁——拱北海关报告展示的历史轨迹》，《中国社会科学》1999 年第 6 期。

③ *Boletim do Governo da Província de Macao*, *Timor*, *eSolor*, 1851 年 1 月 11 日第八号。

这些专卖权出让公告涵盖了行业经营利润较高的鸦片、博彩乃至民生大宗产品如猪肉、牛肉、羊肉、咸鱼、木材等，给澳葡政府带来了高额收益，因此政府也在官报上大力投放此类公告：自 1879 年开始，包税专卖的公告在《澳门宪报》上的数量大增，范围涉及鸦片、博彩、鱼盐、猪肉、煤油、粪料等各类盈利行业。比如 1880 年在凼仔一共开设了 403 间店铺，均实行了包税专营，而该年澳门"专营权的范围涉及经营猪肉、番摊博彩、鸦片和咸鱼……上缴财政署的税款共有 2838.60 元。该收益由专营者直接上缴财政署金库"。① 在 19 世纪八九十年代，专卖公告的数量占当年经济公告的比重保持在较高水平，一度达到近 47% 的比例（图 3-6）。

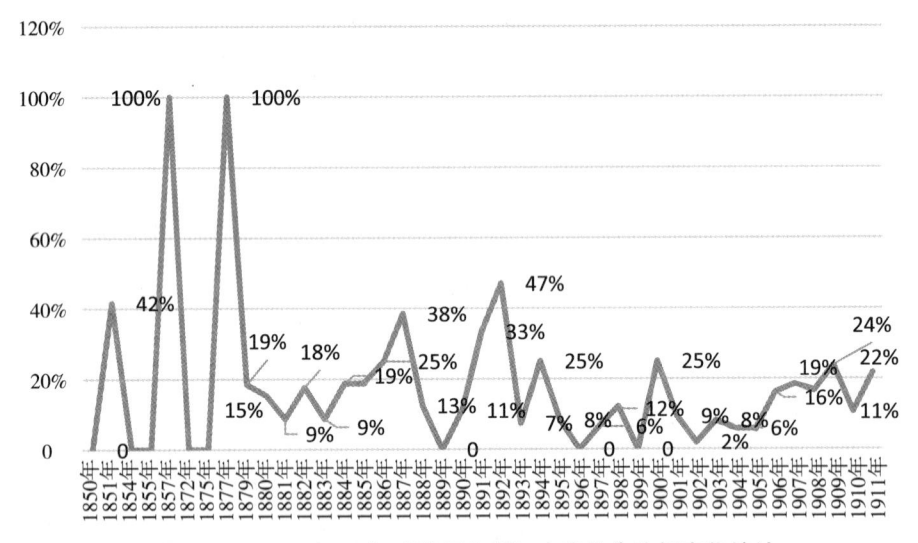

图 3-6　1850—1911 年《澳门宪报》专卖公告比例变化统计

资料来源：根据 1850—1911 年《澳门宪报》专卖公告的数量占当年经济公告总数的比例变化绘制。

（二）《澳门宪报》中专卖公告发展的基本特征

1. 专卖公告所涉及的专卖领域逐渐扩大

《澳门宪报》1851 年 1 月 11 日刊登了最早的一则专卖公告即关于猪肉专卖到期招标的公告，随后博彩、鸦片等特种行业专卖制度公告相继出现。

---

① ［葡］施白蒂：《澳门编年史·1900—1949》，姚京明译，澳门基金会 1998 年版，第 235 页。

例如《澳门宪报》1879年3月15日（第十一号）刊载：

绿定本月三十日午后一点钟，在本公所当公物会宪面前将在过路湾煮鸦片烟并番摊二项生意领牌及卖出投，准人承办，如有出价至高，不合公物会宪之意，任宪权宜，不准其承办亦得。

这则公告是鸦片专卖制度的规定。

又如刊登在《澳门宪报》1879年5月24日（第二十一号）上的博彩专卖承包公告：

照得赌馆赌台只系在公物会承充之人可能开设，除承充人以外，如有开设，是为私开赌局，应即照利严拿究办。

再如专卖木材刊登于《澳门宪报》1851年1月11日（第七号）：

大西洋理事官（Procurador）唛嚟哆吗唥吐为晓谕事

照得现在本公会未准卖柴经纪，各色人等听便买卖，该柴船可任便在澳卖柴，不须给啲啡唠（Lufino）及别人费用，各宜知之。特谕。道光三十年十二月初八日谕。

到了1899年7月15日澳葡政府通过《澳门宪报》再次公布了包税专卖合约的烦琐条件和专营范围，规定了"无论是盐务，还是石油、火药、硝石、硫磺，甚至被列为人类粪便的肥料亦采用同样办法"。① 说明到19世纪末，几乎所用的生活用品与盈利行业都被澳葡政府纳入了专卖经营范围。这些实行专卖制度的领域中，鸦片专营、赌博专营、彩票专营是澳门的"三项主要的包税专营项目"。②

2. 专卖公告反映出专营权竞标方式的增加

《澳门宪报》早期刊登的专卖公告，显示政府普遍采用的都是拍卖

---

① ［葡］施白蒂：《澳门编年史·1900—1949》，姚京明译，澳门基金会1998年版，第302页。

② 莫世祥：《近代澳门贸易地位的变迁》，《中国社会科学》1999年第6期，第185页。

方式，如1851年1月11日（第八号）最早出现的猪肉专卖公告中提出的"出投夜冷……以出高价并遵规条者，准令承充"，即由出价最高的包税商获得专卖的特许权。而到1882年9月2日《澳门宪报》刊登的一则鸦片专卖公告则显示开始采用"投票"的方式："照得现要招人投票……在本港内各处地方煮熟并发卖熟鸦片烟膏之利权……"这则公告中详细规定了投票的具体流程、投票时间以及执行规则等方案，如在投票时间上是"以一年或两年或三年为期，所有票投均再本署收截……凡有票投，必须书名照上所开之期，每月愿输饷银若干"。在投票权益上："各票列价低昂，任由国家弃取……倘出价最高之票，仍未当督宪之意，督宪必会同议政局按照条例之第三款发给执照，或须另行设法，务使该饷与利权克称为准。"① 在投票资格上，竞标者必须缴纳一定的保证金才可参与投票，投票成功还要补加保证金："如有欲投者，必先交出银一百元，贮在公物会银库，方得开声喊价……如投得，必须交出担保银四百元"② 在投票方式上，从公开投票发展到1885年出现了秘密投票（即所谓的"暗投"）：对于火水（煤油）、火药硝磺、闹姓（一种赌博）等比较重要的专营权，采用了比一般的公开"投票"更加规范和严密的"暗投"形式。如1885年10月22日刊登的一则专卖公告："其票须用信套加火漆封固，并盖投票人之图章"，③ 所缴纳的保证金也更高："每投一票要压票银一千元。"④ 这种"暗投"成功后还需签订标准的合同文书，具备法律效力："某求澳门、帝汶公物会准将承充……生意给与某某，以……年为期，某愿出该……年之规银元。所有公物会书记房颁看……合同款式，某应承一概遵守……"⑤ 可见，专卖权竞标的方式从"出投夜冷"到"投票"再到"暗投"，越来越复杂、严密，也从一个侧面反映出澳葡政府希望通过专卖制度的规范化加强对市场的管控，并尽可能地增加财政收入。

3. 专卖公告发布旨在规范专营制度的举措日趋完备

最初发布的专卖制度基本是通过拍卖的方式选择出价最高的包税商，

---

① 《澳门宪报》1882年9月2日（第三十五号）。
② 《澳门宪报》1882年4月8日（第十四号）。
③ 《澳门宪报》1885年10月22日（第四十二号）。
④ 同上。
⑤ 同上。

第三章 《澳门宪报》中文经济公告与澳门经济

赋予其专卖资格,而没有对专卖行为进行约束管理。这种纯粹靠经济利益驱动的管理方式必然导致很多难以克服的弊端,例如获得专卖权的包税商为了最大限度地收回高价竞标的成本,往往会通过囤积居奇、抬高物价的手段最大限度地赚取利润。《澳门宪报》1882年7月13日(第二十七号第一附报)就刊载着这样一则报道:

> 照得现居本澳居民,无论男女上下人等,均有聊禀前来,佥称街市贩卖牛肉诸多制肘,民人日久受屈不少……即此可见,街市供办牛肉显有不敷及价昂不佳等弊……兹查贩牛来澳,实因艰难,是以旧承充人机于包揽,似有垄断生意,以致供办极少。①

从公告中我们可以看政府对待这种经济现象的态度,认为牛肉包税商垄断澳门的牛肉销售,导致市面上牛肉极少、牛肉价过高等情况,导致了澳门民众的普遍抱怨,而且这些抱怨已经影响到澳葡政府治下的社会正常经济秩序。在这种情况下,为了缓和社会矛盾,《澳门宪报》上的专卖公告发布了一些改进政策,目的是革除现行专营制度的这些弊端,如对不符合维护市场有序的政策要求的包税商,剥夺其承充资格:"如有出价至高,倘不合本公会宪意者,不准其承充。"② 另外,澳葡政府对专卖商的应缴税额、产品质量与价格、违反规定者的处罚办法等也颁布条令加以限制,以保证市场供应与价格的可控性,如《澳门宪报》1882年8月12日(第三十二号)刊载了加强管理牛肉专卖行为的详细规制:

> 所有当宰之牛,须经医生一二人不定须要验过,方得开宰……如系老弱有病者,则不准宰;该牛腿肉、腰肉……其价至少每元十斤半;肚子肉、颈肉、牛利,其价至少每元十一斤;承接人要每只牛纳公物会规银一元半;如承接人高其价……勒令将卖高之价银交回原人;如牛肉五脏下水或有腐烂,或用假称等弊端,除罚银外,另行照例办理。

---

① 《澳门宪报》1882年7月13日(第二十七号第一附报)。
② 《澳门宪报》1883年7月19日(第二十八号附报)。

除了牛肉专卖的规制外，澳葡政府对博彩业、鸦片业等特殊行业的专卖管理制度也愈发严格。《澳门宪报》1887年3月31日（第十三号）上刊载的公告要求"闱姓生意"（一种广东传入的赌博方式）的包税商严禁造假，否则一经发现查获将面临牢狱之灾：

> 如有伪做闱姓票，或更改图章，或更改闱姓部篇数，倘此人系在西洋属地捉获，必要照犯罪之律办理。

4. 专卖公告根本目的是维护并强化专卖制度的有序运作

专卖公告体现的政府管控意图可见，上述内容只是针对某些包税商在极大地危害了澳葡政府治下社会稳定的前提下而采取的一种补救措施，政府总体地态度是维护和强化专卖制度的，因为至20世纪初，澳门政府的"主要财政收入来自专营权的包税款"①。可见，加强管理规范只是一种辅助措施，扶植和保护包税商的利益才是澳葡政府的主要目标。它也出台了一系列规定来保证这种制度的运行，如《澳门宪报》1892年12月15日（第五十号）刊载的规定：

> 在过路湾开番摊馆之权，只准承充人发牌准开，别人不得经发。附款：如有摊馆未经向承充人领牌者，立即报知该处政务厅，饬令闭歇，其该馆司事人初次罚银壹百元，再次罚款二百元。其银半归承充人，半归国课。

这种惩罚措施是明显地通过保护番摊包税商的利益来维护专卖制度的一种规定。

由以上的特征可以推断，19世纪下半叶澳门的包税专卖制度范围涵盖极广且规制日趋完善。这种以产权换收入的制度，虽然缓解了澳葡政府因国际航运中心地位丧失而带来财政危机，但却如饮鸩止渴一般，抑制了澳门市场自由竞争的活力，推高了经济运行的交易成本和民众的生活开支，从而危害了澳门地区经济的真正转型和长期的健康发展。

---

① 莫世祥：《近代澳门贸易地位的变迁》，中国社会科学出版社1999年版，第6页。

二 《澳门宪报》的鸦片与博彩公告

从上述对专卖公告分析中,可以看到鸦片与博彩生意是澳葡政府重要的专营项目,属于国民计划经济类别,鸦片专营、赌博专营、彩票专营并称为构成澳葡政府财政收入的"三项主要的包税专营项目"。[①] 这三类专营项目对于近代澳门的经济发展与产业转型作用甚巨,乃至对今天的澳门产业结构也有其深远的影响,因此本书将涉及这些产业的公告单独列出,旨在通过考查《澳门宪报》上的鸦片和博彩公告,为澳门近代经济发展与转型提供第一手资料。

(一) 鸦片公告

1. 鸦片公告的数量统计情况

与鸦片相关的中文公告基本为鸦片专营业务的招标公告。如《澳门宪报》1887年4月28日(第十七号)刊登的一则订立鸦片专卖权的营业合同要求:

> 大西洋澳门公物会书记亚宋生奉公物会命为通知事。
>
> 照得凼仔煮鸦片烟并卖鸦片膏生意,经准张全承充立有合同,以一年为期,系自西纪本年五月初一日起至一千八百八十八年四月卅日止。今将该合同所有禁止之条并定刑定罚各款,开列于后……
>
> 承充人应分开设烟馆卖鸦片烟膏,以足人用。如违此款,罚银二十两,任由公会将合同销废。

通过这则公告我们可以看当时的鸦片专卖权合同为期一年,并有详细而严格的经营管理规章和服务规范,例如供人吸食鸦片的场所应与鸦片销售点分开设立,以保证接待能力,如有违反将面临吊销执照的处罚等。

从鸦片公告在所有专卖公告中的数量占比来看,是仅次于博彩公告居第2位的,数量上总计38则,占专卖公告(共158则)的比例为24%(见图3-7),各年度在专卖公告中的占比平均值为41%(见表3-4)。

---

① 莫世祥:《近代澳门贸易地位的变迁》,中国社会科学出版社1999年版,第6页。

其他专卖总量，
55, 35%

鸦片专卖总量，
38, 24%

博彩专卖总量，
65, 41%

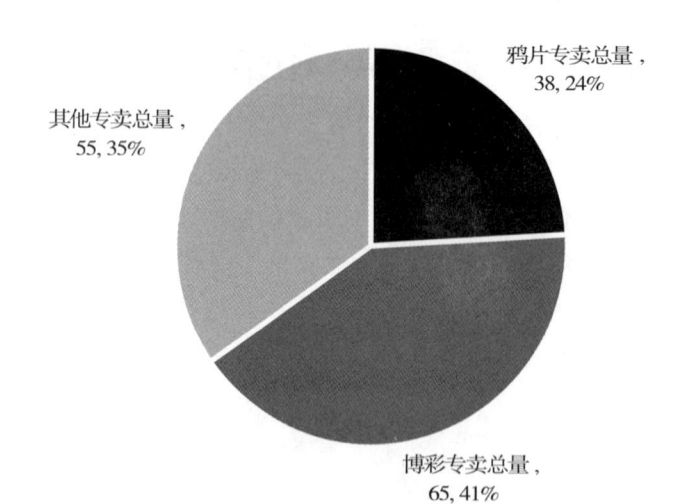

■ 鸦片专卖总量　■ 博彩专卖总量　■ 其他专卖总量

图 3-7　专卖公告细分项目的数量及占比

表 3-3　　　　　鸦片公告数量及其占经济公告总量的比重

年份	鸦片公告数量（则）	鸦片公告占经济公告总量比重（%）	经济公告数量合计（则）
1850	0	0	1
1851	0	0	12
1854	0	0	1
1855	0	0	1
1856	0	0	0
1857	0	0	1
1872	0	0	0
1875	0	0	1
1877	0	0	1
1879	3	11	27
1880	1	4	26
1881	0	0	23
1882	4	12	34
1883	2	9	23
1884	2	13	16
1885	1	5	21
1886	3	19	16

续表

年份	鸦片公告数量（则）	鸦片公告占经济公告总量比重（%）	经济公告数量合计（则）
1887	2	15	13
1888	0	0	8
1889	0	0	12
1890	0	0	18
1891	0	0	9
1892	0	0	17
1893	0	0	27
1894	1	4	28
1895	0	0	12
1896	0	0	14
1897	0	0	31
1898	0	0	41
1899	0	0	17
1900	1	4	24
1901	0	0	32
1902	0	0	51
1903	1	2	49
1904	1	1	68
1905	0	0	126
1906	0	0	68
1907	0	0	54
1908	2	6	36
1909	5	12	42
1910	3	6	47
1911	6	7	83
合计	38		1131

注：无此类公告发布的年份不列入统计。

表3-4　　鸦片公告数量及其占专卖公告总量的比重

年份	专卖公告数量合计（则）	鸦片公告各年数量（则）	鸦片公告占专卖公告（158则）总量比重（%）
1851	5	0	0

续表

年份	专卖公告数量合计（则）	鸦片公告各年数量（则）	鸦片公告占专卖公告（158则）总量比重（%）
1857	1	0	0
1877	1	0	0
1879	5	3	60
1880	4	1	25
1881	2	0	0
1882	6	4	17
1883	2	2	100
1884	3	2	67
1885	4	1	25
1886	4	3	75
1887	5	2	40
1888	1	0	0
1890	2	0	0
1891	3	0	0
1892	8	0	0
1893	2	0	0
1894	7	1	14
1895	1	0	0
1897	2	0	0
1898	5	0	0
1900	6	1	17
1901	3	0	0
1902	1	0	0
1903	4	1	25
1904	4	1	25
1905	7	0	0
1906	11	0	0
1907	10	0	0
1908	6	2	33
1909	10	5	50
1910	5	3	60

第三章 《澳门宪报》中文经济公告与澳门经济　173

续表

年份	专卖公告数量合计（则）	鸦片公告各年数量（则）	鸦片公告占专卖公告（158则）总量比重（%）
1911	18	6	33
合计	158	38	666
历年所占比重的平均值		666/16 = 41	

注：无此类公告发布的年份不列入统计。

《澳门宪报》公告发布数量出现了两段比较集中的高峰期，第一个高峰期是1879—1887年；第二个高峰期是1908—1911年（见图3-8）。究其原因，鸦片公告在这份官方报刊的发布数量与其贸易活跃度有直接关系：1840年鸦片战争使鸦片输入合法化以后，鸦片贸易持续增长，为澳葡政府紧张的财政提供了重要的资金来源，因此政府在官方报刊登载了大量鸦片馆招标公告以保持并扩大获得此项专卖税源，从另一个侧面也反映出当时澳门地区林立的鸦片专营场所。但1887年《中葡和好通商条约》签订后，清政府以同意葡人"永居管理"澳门等条件换取了澳葡政府对鸦片税厘并征和严厉缉私鸦片的承诺，使一度猖獗的鸦片贸易转入低谷，《澳门宪报》作为官方报刊为表示立场也自然取消刊载有关鸦片专卖生意的公告。这种情况持续到辛亥革命之前，其后受到内地战乱、管理禁令松弛的影响，鸦片贸易死灰复燃，鸦片公告数量再次增加。最终鸦片贸易直到民国政府时期才真正衰落直至消亡："1911年……中英协定，先前视为合法的在华洋药贸易与洋药种植，都将从1917年12月31日起终止。"[①]

2. 鸦片贸易的经济背景与发展史

《澳门宪报》刊载的大量关于鸦片馆的招标公告可以反映出政府对于鸦片贸易的态度多数情况下是加以鼓励的，这与澳门城市经济产业的发展史密切相关，澳葡当局对此类带来高额利润的特种产业有种天然的敏锐性和依赖性，因为它是西方向中国贩运鸦片的肇始之地和早期的集散中心。

葡萄牙人早在澳门开埠后不久，就以此地为中转站将鸦片输入中国。虽然这时鸦片的输入量一般每年不超过200箱，缓慢增长到1776年也只

---

① *The Maritime Customs Decennial Reports* 1912-1921（LAPPA），《海关十年报告·1912—1921（拱北关）》，《中国第二历史档案馆·财政部档案·全宗号》，1797年，第177页。

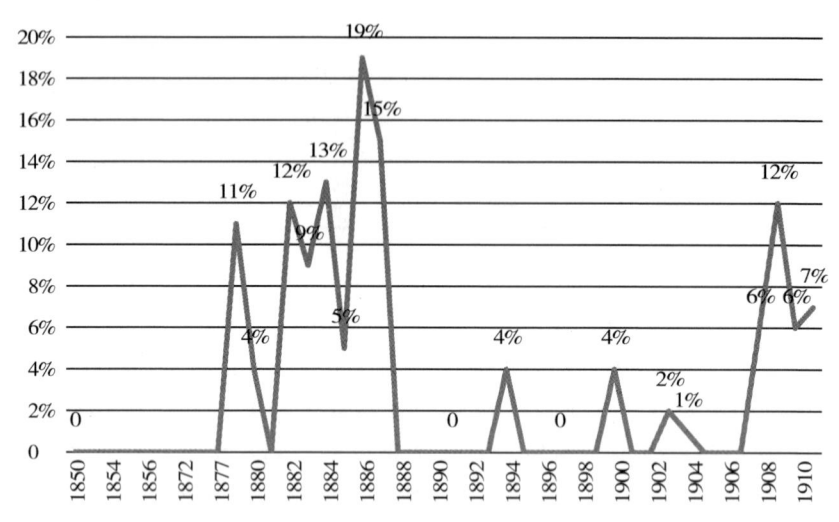

图 3-8　《澳门宪报》鸦片公告占经济公告总量比重统计（1850—1911）

有 1000 箱左右①，但所有贩卖鸦片的西方国家因缺少直接同中国贸易往来的据点，基本都要通过葡萄牙船只将鸦片转运至澳门后再走私到中国内地。据中国史料记载，"考自嘉庆末年（1820）以后，贩运鸦片者，实以伶仃岛为根据地"。② "夷船到粤，皆寄泊于伶仃等处洋面，以待（走私）入口。"③ 文中提到的"伶仃岛"或"伶仃等处洋面"即指澳门地区。可见，澳门也因此成为最早向中国贩运鸦片的主要市场和集散地，这一业务就成为葡萄牙收入的一项重要财源。这种情况直到 18 世纪末逐渐被英国人所取代才有所改变；同时，清政府分别在 1729 年、1796 年、1799 年、1809 年多次实施禁烟，甚至 1821 年以封锁澳门为威胁要求澳葡政府配

---

① H. B. Morse, *The Chronicles of the East India Company Trading to China*, 1635—1834（［美］马士：《东印度公司对华贸易编年史〈1635—1834〉》），Vol Ⅲ, p. 323, Oxford University Press, 1926. 转引自黄启臣《澳门通史》，广东教育出版社 1999 年版，第 187 页；费成康《澳门四百年》，上海人民出版社 1988 年版，第 201 页。

② 中国第二历史档案馆：《中国旧海关史料（1859—1948）》，第 157 册，班思德：《最近百年中国对外贸易史》，第 14—15 页。另见聂宝璋《中国近代航运史资料》第一辑上册，上海人民出版社 1983 年版，第 64 页。

③ 《筹办夷务始末》，道光朝，第 3 卷，第 18 页。转引自聂宝璋编《中国近代航运史资料》第一辑上册，上海人民出版社 1983 年版，第 67 页。

合，鸦片生意遂向澳门的伶仃洋海面转移。① 但资料统计，仅 1820 年从澳门运入广州的鸦片就有孟加拉鸦片 2721 箱、麻洼鸦片 2991 箱。② 1839 年清政府特派林则徐为钦差亲赴广州禁烟，并责令澳葡当局立具结保不得"再有西洋夷人贩卖鸦片"，违者"定照新例严办"。③ 可见，在巨大的利益诱惑下，澳葡当局一直对于鸦片贸易是持有公开或暗中的鼓励意图的。

此后，葡萄牙政府借清政府鸦片战争战败之机，又提出准许澳门葡人"洋药准其进口"④ 的要求，并擅自宣布澳门为"自由港"，一度因禁烟被限制的鸦片走私贸易死灰复燃。据学者马建忠考证："鸦片自港偷运入中国口岸者，漏税岁约百万两，而偷私者专以香港、澳门为渊薮。"⑤ 第二次鸦片战争后，鸦片被清政府正式允许纳税后可视同其他货物一样进行买卖，但是澳门、香港非法的鸦片走私仍旧猖獗，因避税的原因使得已宣布为"自由港"的澳门成为对华鸦片走私的主要通道之一。据英国当时的统计，在 1883—1885 年的三年间，仅经澳门一地输入中国的鸦片分别是 9295 担、9156 担和 10392 担，⑥ 约占这三年全国鸦片输入总数的 9.9%、10.6% 和 11.5%；澳门向内地走私的鸦片数量分别占当地鸦片输入量的 45%、65% 和 62.7%，占同期全国加工后鸦片走私总量的 15.7%、31.5% 和 27.5%……⑦ 上述统计反映出澳门当时鸦片走私的猖獗，澳葡政府也从走私中获得了巨额利润："如理船厅有关本口贸易情况的报告中显示，

---

① [葡] 施白蒂：《澳门编年史·1900—1949》，姚京明译，澳门基金会 1998 年版，第 26 页。

② 据 H. B. Morse, The Chronicles of the East India Company Trading to China, 1635—1834 [美] 马士：《东印度公司对华贸易编年史 1635—1834》，Vol Ⅲ, p. 57 的数字统计，Oxford University, 1926。转引自黄启臣《澳门通史》，广东教育出版社 1999 年版，第 188 页。

③ 林则徐：《林则徐集·公牍》"会批义律禀"，参见中国第一历史档案馆《明清时期澳门问题档案文献汇编》（六），人民出版社 1999 年版，第 401 页。

④ 王铁崖：《中外旧约章汇编》第 1 册，生活·读书·新知三联书店 1982 年版，第 117 页。

⑤ 马建忠：《适可斋记行》卷 2，《南行记上》，第 5 页。转引自郑永福、郭立珍《澳门经济的历史与前瞻》，《郑州大学学报》（哲学社会科学版）1999 年第 6 期。

⑥ 澳门输入鸦片量的资料来源于 China Maritime Customs, *Special Series*: *No.* 10, *Opium*: *Crude and Prepared*, 1888, *Lappa*, p. 69。转引自姚贤镐编《中国近代对外贸易史资料》第三册，中华书局 1962 年版，第 857 页。

⑦ 姚贤镐编：《中国近代对外贸易史资料》第二册，中华书局 1962 年版，第 859 页。另参见吴郁文主编《香港·澳门地区经济地理》，新华出版社 1990 年版，第 273 页。

1882年转运到中国的洋药约值3597028元，其中报关船运约1633952元，秘密船运1963076元。"① 有学者根据《烟台条约》的"续增专条"估算："凡鸦片运抵中国的任何口岸时，应即由海关封存在一个具有保结的栈房里，从这栈房提货的时候，则须按照每担完纳进口税（按：即正税）三十两和厘金八十两"②，之后便获得行销中国免收捐税的特许权，按澳门每年走私鸦片以最保守的1万担计算，每年逃税就达110万两海关银。这笔逃税巨款根据这一规定无疑全部落入澳门当局的囊中。因此，澳葡当局希望通过更加完备的管理甚至是规定鸦片馆的营业流程、保证服务水平来为鸦片消费创造"良好"的商业氛围。如《澳门宪报》1884年9月6日（第三十六号）刊载的一则鸦片馆招标公告，十分详细地规定了鸦片馆内部设施的要求和服务规范，力求保证对鸦片顾客的服务满意度甚至是行业性的服务模式规范：

> 照得现要招人投票，遵依一千八百八十四年所议定鸦片饷项则例之章程，在本港内各处收买及发卖烟灰与煮熟并发卖二烟之总利权，由一千八百八十五年三月初一日起计，以一年或两年或三年为期，所有票投均在本署收截，限期收至英本年十月二十三日，即礼拜四日正午止。各票内必须写明照上开日期，每月愿输饷银若干。其票被取之人，应遵下列二烟开灯馆之洁净条规。计开：
> 一、该屋必须用牢实材料建成，并常时整理完结及洁净。其暗渠又须合宜，由不得与公家暗渠相连。
> 二、该屋必须设有合宜通气所、烹调之所、大小二便厕所及贮屯撒搔处，务使足用为度。
> 三、该屋必须备有合宜贮屯食水处及沐浴所。
> 四、该屋必须整理洁净及有益人生，并须每四个月扫白灰水一次。
> 五、该屋内所有之房及冷巷楼梯，每日至少打扫一次，屋内所有

---

① 《1887—1891年拱北关贸易报告》，参见莫世祥编译《近代拱北海关报告汇编（1887—1946）》，澳门基金会1998年版，第26—27页。

② 莫世祥等编译：《近代拱北海关报告汇编（1887—1946）》，澳门基金会1998年版，第7页。

第三章　《澳门宪报》中文经济公告与澳门经济

撇捶须逐日搬去。

鸦片战争后，受巨额走私利润的刺激，大量鸦片涌入内地，不仅使吸食鸦片的人数激增，也导致中国白银外流、货币出超更为严重：据统计，"1868年至1875年，从中国输至印度和英国的白银多达12606194磅"。[①] 在这一严峻的形势下，清政府为获取澳葡当局对内地走私鸦片打击行动的支持，1887年4月根据《中葡里斯本草约》在澳门正式设立拱北海关（同时在香港设立九龙关）[②] 对进口洋药实行税厘并征，并严厉稽查鸦片走私；同年12月签订了《中葡和好通商条约》，以同意葡人"永居管理"澳门等牺牲主权为代价，要求葡人在澳门协助对鸦片税厘并征和严厉缉私鸦片。这些代价巨大的交易发挥了一定程度的作用，但不能从根本上抑制澳葡政府受到鸦片贸易高额利润的诱惑，即使是对"合法"进口的鸦片抽税，其税利仍然成为澳门的主要财政来源之一。而且在辛亥革命前内地混乱的时局中，鸦片公告凭借其顽强的产业生命力甚至还迎来了一个新的刊发高峰（见图3-8）。

下面是《澳门宪报》1879年2月1日（第五号）刊登的一则鸦片公告：

  大西洋钦命管理水师军务兼管外洋属地政务部尚书多玛斯·利未罗（Thomás Antonio Ribeiro Ferreira）咨会事。
  现奉谕旨：因查有卖熟洋烟之人违犯公物会与承充人所定合约条款，该承充人禀请照约惩办，该理事官批发不准，殊不合例。

公告内容显示，澳葡政府对于私自售卖鸦片的商人采取了非常严厉的

[①] 邓开颂：《澳门历史》，珠海出版社1999年版，第138页。
[②] 关于拱北海关设立的确切时间，[美] 马士著的《中华帝国对外关系史》（第二卷第429页）中，为九龙（香港）和拱北（澳门）海关开关的时间是1887年6月6日获中国政府批准，从7月1日起施行。而姚贤镐编的《中国近代对外贸易史资料》（第二册，中华书局1962年版，第1045页）中引用的班思德编的《最近百年中国对外贸易史》资料中则明确认为是"光绪十三年三月（公元1887年4月）香港之九龙及澳门之拱北二关同时设立是也"。再根据1888年广州的《中国海关档案》史料记载，也认为是1887年4月设香港之九龙及澳门之拱北二关。本书暂取后说。

处罚措施，澳葡政府是通过这种保护合约条款的方式，保证鸦片专卖制度的实施。

（二）博彩公告

1. 博彩公告的主要分类

《澳门宪报》中的博彩公告属于国民经济计划类公告，反映出近代澳门博彩业[①]活动内容主要分为四种："闱姓"赌博和属于彩票的白鸽票、山票、铺票。赌博与博彩方式有出现时间上的差异：首先，"闱姓"赌博是当时广东最为流行的赌博方式，由于破坏科举考试的正常秩序，毒化民风，在1875年遭到广东巡抚的严禁因而移至澳门，在此受到澳葡当局欢迎，"并藉之保护"。[②]"闱姓"赌博便在澳门生根落地，在当局的庇护下设局收票，投买与揽承的交易活跃，澳葡当局也从中获取了巨大的税金收入，据学者调查仅"闱姓"赌博一项的税金所得最高时每年可达30万两白银。而到1905年清政府废除科举制度之后，澳门闱姓赌博才逐渐衰落。澳门彩票开始发展并形成了白鸽票（Pa-ca-pio）、山票（San-pio）、铺票（Pu-pio）三大类别。从博彩公告的内容上看，主要集中于"闱姓"赌博或各类彩票专卖点的转让承兑及拍卖规定的公告。《澳门宪报》1901年3月30日（第十三号）刊登：

> 今有按照承充闱姓合同第十一款：布告各人知悉。除将前来澳，到富而贵、名成利、名利就、名信和、富贵全、公信昌照章及占元等各闱姓厂。

又如《澳门宪报》1892年12月15日（第五十号）刊登的另一则闱姓专营公告：

> ……招人暗票出投，承充澳门、凼仔过、路湾闱姓生意，以八年为一期如有愿者，必须先交出压票银捌万元，定在银库收，或交出坐落本澳值银十六万元之物业……

[①] 在澳门，赌博被称为博彩。所谓博彩，就是由机会或者使然率所支配的，或受其影响并有一定风险的任何赌博、押注和抽彩行为。

[②] 广东省档案馆编：《广东澳门档案史料选编》，中国档案出版社1999年版，第346页。

上述两则公告表明，"闱姓"赌博也采取专卖制度，"闱姓厂"的经营权须通过"承充"合同获取，"闱姓生意"的"承充"要先交押金或不动产作抵押，到期重新组织公开竞标授予下一轮的专营权。作为实施专卖制度的重要项目，彩票业与鸦片、赌博一起作为澳葡政府的三大税源，鸦片专营、赌博专营、彩票专营并称为构成澳葡政府财政收入的"三项主要的包税专营项目"。[①] 博彩业公告共计65则，在专卖公告中数量位列第1，占专卖公告总量的比重为41%（见图3-7）；从其占经济公告总量的比重变化上看，从1851年出现到1911年未发现长期的间断，这种绵延不绝正是反映了博彩业与澳门经济发展的密切联系（见图3-9、表3-5）。

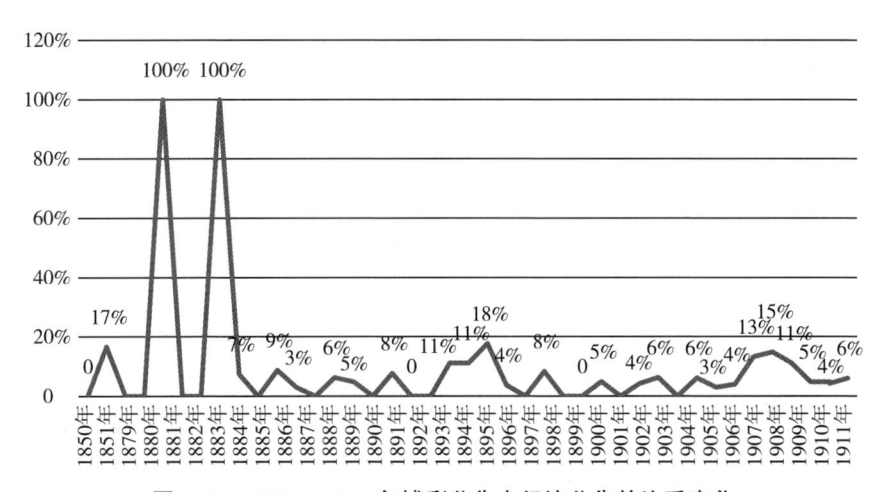

图 3-9　1850—1911 年博彩公告占经济公告的比重变化

表 3-5　　　　　　1850—1911 年博彩公告及规定的数量及
博彩公告占经济公告比重

年份	博彩公告及规定数量（则）	博彩公告及规定数量占总量比重（%）	经济公告数量合计（则）	年份	博彩公告及规定数量（则）	博彩公告及规定数量占总量比重（%）	经济公告数量合计（则）
1850	0	0	1	1855	0	0	1
1851	2	17	12	1856	0	0	0
1854	0	0	1	1857	1	100	1

---

① 莫世祥：《近代澳门贸易地位的变迁》，《中国社会科学》1999年第6期。

续表

年份	博彩公告及规定数量（则）	博彩公告及规定数量占总量比重（%）	经济公告数量合计（则）	年份	博彩公告及规定数量（则）	博彩公告及规定数量占总量比重（%）	经济公告数量合计（则）
1872	0	0	0	1894	0	0	28
1875	0	0	0	1895	1	8	12
1877	1	100	1	1896	0	0	14
1879	2	7	27	1897	0	0	31
1880	0	0	26	1898	2	5	41
1881	2	9	23	1899	0	0	17
1882	1	3	34	1900	1	4	24
1883	0	0	23	1901	2	6	32
1884	1	6	16	1902	0	0	51
1885	1	5	21	1903	3	6	49
1886	0	0	16	1904	2	3	68
1887	1	8	13	1905	5	4	126
1888	0	0	8	1906	9	13	68
1889	0	0	12	1907	8	15	54
1890	2	11	18	1908	4	11	36
1891	1	11	9	1909	2	5	42
1892	3	18	17	1910	2	4	47
1893	1	4	27	1911	5	6	83
合计	18		306	合计	47		825

注：无此类公告发布的年份不列入统计。

2. 博彩公告兴起的行业历史背景

"赌博"，古代典籍称为"博戏"，《辞源》的解释是："以钱物作注来比输赢"；按《大英百科全书》的解释，它是一种"在意识到冒险和希望获利的情况下，以某些有价值的东西作为赌注所进行的竞赛。其结果全凭机会决定"。[1] 赌博在世界各地是一种普遍存在的现象[2]，但古往今来各

---

[1] 转引自卢元镇《休闲的失落：中国传统文化的遗憾》，《体育文化导刊》2007年第1期。
[2] 赌博具有游戏性、胜负性、财物占有的转换性、机遇性。而游戏性可以给人以娱乐，胜负性能满足人争强好胜的本能财物占有的转换性可以满足人们对物质财富占有的本能欲、机遇性则可使人们不劳而获又可因赌博的"公正"性而心安理得。因此，纯粹个人的角度上说，赌博是人的一种基本的本能活动，是一种本能的需要。

国的官方态度一般是限制或否定的,在法律上也多被禁止。

博彩公告所服务的澳门特种产业——赌博与彩票活动具有悠久的发展历史,晚近可追溯到清康熙年间。澳门开埠以后成为各国与广州贸易的前哨基地,由于毗邻的广州作为中国唯一对外通商口岸却不允许外商过冬,大批的外商及其女眷就聚集于澳门过冬,等候下一个贸易季节的来临。因此,在贸易休停时期的外商及家眷常用赌博的方式来打发闲暇时间,加上清政府对此地管理鞭长莫及,而授权"管理"澳门的葡萄牙殖民者又听之任之,致使澳门地区赌博之风日益盛行,这就为博彩业日后的繁荣奠定了必要的文化基础。

对居澳华人来说,澳门发达的商业意识熏染也使当地移民更易接纳来自不同文化领域,但能满足同样娱乐需求的各种赌博或博彩方式。澳门移民以毗邻的广东人为主,在明清时期广东地区的商品经济就较为发达,尽管清政府一贯对违背封建传统礼义的赌博采取了多次严厉的惩戒整治,多次重申对赌博实行"斩监候"的重罚,很大程度上遏止了赌风的公开蔓延;但民间的资本主义性质的雇佣关系和商品货币意识,催生了当地民众"金钱至上""博戏发财"的近代意识,较之封闭的内陆地区更甚,这种文化观念必然随着大量广东移民而带入澳门;在珠江三角洲地区,"闱姓"等赌博方式也相当活跃,这对日后澳门赌博业的兴起都有着重要的关联。

据《澳门编年史·1900—1949》记载:"博彩业在澳门起源甚早,但在鸦片战争前,博彩业并没有形成一项产业,只是澳门华人较为流行的娱乐方式。"① 该产业在澳门的发展是具备了天时地利的成熟条件才真正得以全面兴盛起来的:一是因为在1875年广东巡抚开始禁赌,使得内地的赌商甚至赌博网络、产业资金转移到澳门;而澳葡当局借助于相对独立的特殊政治、经济地位,并未配合内地政策查禁赌博,相反则利用博彩业的包税专营制度为其创造巨额税收。"1849年亚马留总督第一次允许在澳门设立番摊赌博,加上随后产生的中国式博彩'闱姓''白鸽票'成为保持

---

① [葡]施白蒂:《澳门编年史·1900—1949》,姚京明译,澳门基金会1998年版,第265页。

澳门财政有效的方式"。① 据统计，"仅 1882 年度上缴葡萄牙的闱姓生意特许经营财政款就高达 353000 元"。② 内地的《申报》1881 年 8 月 1 日也曾报道：由于"粤省香港既已禁止（赌博）……于是合省港于澳门，以三而一，此所以每年承缴赌税有百数万之多"。③ 二是鸦片战争以后因香港崛起、内地通商口岸的开放使澳门丧失了东西方唯一贸易中心的地位，国际贸易的下降带来财政收入的锐减，澳葡政府急需寻找新的重要税源以及未来经济转型的方向。在这种内外交困的经济形势下，澳门从政策支持、专卖保护制度等各方面扶持博彩业的发展，希望借这种带来高额利润的特种产业引领澳门走出经济窘境。

19 世纪末澳门的博彩业已与鸦片贸易并列成为澳门的支柱性产业，与此同时《澳门宪报》上的博彩公告在所有专卖公告中的占比也是最高的，平均占比值为 54%（见表 3-6），所有出现的专卖公告中有超过一半是博彩业有关的，这种较高的比重显著地反映出近代澳葡政府对其有意地扶植和鼓励（趋势变化见图 3-10），澳门也因此逐渐发展成为与摩纳哥蒙特卡洛、美国拉斯维加斯并称的世界三大"国际赌城"。

表 3-6　　　　　　　　博彩公告占专卖公告总量的比重

年份	博彩公告占专卖公告（158 则）总量比重（%）	博彩公告各年数量（则）	专卖公告数量总和（则）
1851	40	2	5
1857	100	1	1
1877	100	1	1
1879	40	2	5
1880	0	0	4
1881	100	2	2
1882	17	1	6
1883	0	0	2

---

① ［葡］施白蒂：《澳门编年史·1900—1949》，姚京明译，澳门基金会 1998 年版，第 265 页。

② 莫世祥：《近代澳门贸易地位的变迁——拱北海关报告展示的历史轨迹》，《中国社会科学》1999 年第 6 期。

③ 《申报》1881 年 8 月 1 日。转引自广东省档案馆编《广东澳门档案史料选编》，中国档案出版社 1999 年版，第 347 页。

续表

年份	博彩公告占专卖公告（158则）总量比重（%）	博彩公告各年数量（则）	专卖公告数量总和（则）
1884	33	1	3
1885	25	1	4
1886	0	0	4
1887	20	1	5
1888	0	0	1
1890	100	2	2
1891	33	1	3
1892	38	3	8
1893	50	1	2
1894	0	0	7
1895	100	1	1
1897	0	0	2
1898	40	2	5
1900	17	1	6
1901	67	2	3
1902	0	0	1
1903	75	3	4
1904	50	2	4
1905	71	5	7
1906	82	9	11
1907	80	8	10
1908	67	4	6
1909	20	2	10
1910	40	2	5
1911	28	5	18
合计		65	158
历年所占比重的平均值	1433/26＝54		

注：无此类公告发布的年份不列入统计。

3. 澳葡政府对博彩业的具体政策变迁

澳葡政府除了通过《澳门宪报》的官方媒体发布引导、鼓励博彩业发展的政令或专卖招标公告，还通过一系列的官方政策为博彩业的顺利发

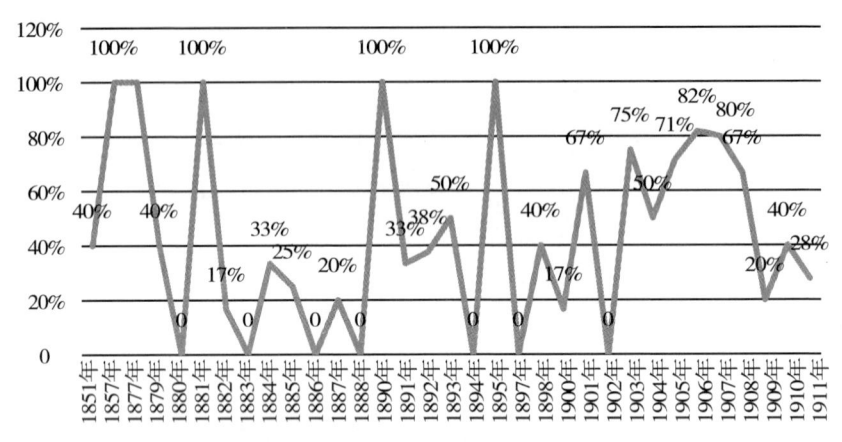

图 3-10 博彩公告占专卖公告总量比重的变化趋势

展创造有利条件及政策环境。鸦片战争后，澳葡政府为应对因香港崛起而失去了国际商埠地位给财政收入、经济发展带来的巨大损失，颁布了一系列法令鼓励博彩业专卖制度的发展：首先是于 1847 年（道光二十七年）颁布法令，正式宣布澳门赌博活动的合法化，通过公开招商设赌，向赌场征收赌饷来填补其日趋紧张的财政。标志着赌博在澳门成为一种公开、合法的经营活动。其次，"博彩业在澳门起源甚早，但在鸦片战争前，博彩业并没有形成一项产业"……①但到了"1849 年，亚马留总督第一次允许在澳门设立番摊赌博，加上随后产生的中国式博彩'闱姓②'白鸽票'成为保持澳门财政有效的方式。在英国人占领香港引起（澳门）经济衰退后，博彩活动更成为一种交易，而且很是盛行"。③ 最后，澳葡政府在博彩业开始兴盛之后开始将其纳入专卖制度，使得政府财政收入又增添了一大来源："1851—1863 年，在此段基马良士总督执政期间，开始实行赌

---

① ［葡］施白蒂：《澳门编年史·1900—1949》，姚京明译，澳门基金会 1998 年版，第 265 页。

② 闱姓赌博创始于清道光年间，是一种利用科举考试来进行赌博的方式。这种赌博的方法就是事先由赌商公布入闱应试者的姓名，赌客从中选择 20 个姓投买一票，每 1000 票为一簿。考试发榜后，以猜中中试者姓氏的多寡来计算输赢。当时这种赌博在广东一带很流行。

③ ［葡］施白蒂：《澳门编年史·1900—1949》，姚京明译，澳门基金会 1998 年版，第 102—103 页。

博专营。"① 并于"1877年10月27日宣布（在澳门）可以自由进行幸运博彩活动，如番摊、摸彩和玩纸牌，并允许通过预先支付牌照费设立适当场所"② 在澳门政府的大力扶植与引导下，博彩业从19世纪50年代开始为澳葡当局带来了"每年承缴赌税有百数万之多"③ 的大量税收，也为投资者带来了暴利，甚至还成为诱惑华工、小贩来澳成为苦力的入股手段，间接地为澳门发展海外招工的"苦力"产业吸引了大量底层劳力，并解决了部分本地居民的"就业"问题。有数据统计，19世纪六七十年代苦力贸易同样兴盛的时期，澳门的赌馆多达200余家，仅澳葡财政从中获得的赌饷一项一年就达24万元。④

在政府的积极鼓励下，澳门的博彩业成为一项重要的支柱型产业：内地的《申报》1878年5月18日曾报道："澳门有白鸽票，名曰外生，葡萄牙官每岁出牌准入经理此事，该牌近年来纳费于官者，计洋十三万一千元，而今年则风闻可得洋四十五万元，观此情形是赌风竟日炽一日也。"⑤ 葡萄牙德·波瓦公爵在叙述澳门见闻时曾说："中国内地的富商不惜一切地跑到这儿把钱输个精光，主持赌局的庄家是一位年已花甲的老者，四周下注的赌客竟多达几百人。"⑥《台湾出版之有关澳门史料及皮藏之澳门档案举隅》也有记载："近年以来，粤省禁烟禁赌，而澳门一岛遂大发达。葡政府坐收其利，每年烟赌之税不下五百万元。"⑦ 而在蓬勃的博彩业推动下，澳门经济最终转向了以鸦片、博彩、苦力贸易三类特种暴利产业为主的产业结构，虽然一时获得了"畸形"的经济繁荣，却错失了向现代工业化城市的转型良机。

---

① ［葡］施白蒂：《澳门编年史·1900—1949》，姚京明译，澳门基金会1998年版，第112页。

② 同上书，第208页。

③ 《申报》1881年8月1日。转引自广东省档案馆编《广东澳门档案史料选编》，中国档案出版社1999年版，第347页。

④ 吴郁文主编：《香港·澳门地区经济地理》，新华出版社1990年版，第272页。

⑤ 广东省档案馆编：《广东澳门档案史料选编》，中国档案出版社1999年版，第346页。

⑥ 龙巴：《德·波瓦公爵在澳门》，《文化杂志》1995年第23期。转引自郑永福、郭立珍《澳门经济的历史与前瞻》，《郑州大学学报》（哲学社会科学版）1999年第6期。

⑦ 李德超：《台湾出版之有关澳门史料及皮藏之澳门档案举隅》，《文化杂志》1994年第19期。

三 《澳门宪报》的海外招工公告

"华工"是世界近代史上吃苦耐劳的中国人的典型身份形象，中国近代史上向世界输出了大量的劳工，很大一部分就是从澳门、香港等华南地区走向海外的。在近代澳门史上这些底层的劳动力往往被蔑称为"猪仔"。所谓的"猪仔"即是指清末民初被贩卖到国外做苦力的中国人，他们大多从事繁重而又管理严酷、近乎农奴身份的开矿、工程或农耕等体力工作，在近代交通落后、收入微薄的情况下，因远渡海外而终身回国无望。但对于劳力贩卖者和澳葡政府来说，廉价的劳力输出换来的是高额的贸易利润和税收，在政府、商人的合谋下，海外劳务输出也发展成为澳门经济转型之后一项重要的产业和税源。

（一）《澳门宪报》应是最早刊登"猪仔"招聘公告的中文报纸

从现代经济学划分的观点看，海外招工公告从属于劳动经济公告，但近代远赴海外的大量劳动力——华工被蔑称为"猪仔"，因此这类公告也被称为"猪仔"公告。《澳门宪报》中最早的一则"猪仔"招聘公告刊登于1856年10月4日（第五十号），据横向的时间比对，这则公告应为我国早期中文报纸中刊登的第一则海外招工公告：

> 孟光来亭说称：旧年九月十八日，伊由汕头在洋船开身载客仔往哑湾嗱（Havana）埠，该埠之人待客仔甚好，每月有工银四元，并食东家，食用甚好，各客仔十分观喜，每逢拜好日，各客仔穿着鲜明衣裳往各处游逛。又同埠内人入庙拜神，大家如兄如弟。埠内有富贵家甚多，每日晚上到五点钟时，客仔放工，任由行逛玩耍。又有客仔坐马车去逛的。其熟识工夫的客仔，每月受工银一元八元，亦有二三十元的。此埠所用系金银，不用铜钱。哑湾嗱地方之人，富者居多，贫者甚少，此皆亲眼见真实。所称是实。咸丰六年八月二十五日。孟光洪。

上述公告表明：海外招工公告的目的地"哑湾嗱"即今日古巴的首都哈瓦那。在16—19世纪当时的古巴，沦为西班牙殖民地，曾经急需大量劳工去开荒种地，发展当地的种植园经济。相比这则公告发布时间之前的其他三份中文期刊（而非报纸）：《察世俗每月统记传》（1815）、《东西洋考每月统记传》（1833）和《遐迩贯珍》（1853），《澳门宪报》

(1838年创刊，1850年刊发中文版）应为中国境内最早的中文报纸，因此其第五十号上刊登的这则公告，确应是已知的我国境内近代中文报纸上最早的一则海外招工公告。

（二）《澳门宪报》海外招工公告的统计与分析

《澳门宪报》中的海外公告从1856年出现的第一则"猪仔"招聘公告到1911年，共有18则，占《澳门宪报》经济公告总量的2%。（变化趋势见图3-11，数量见表3-7）。

虽然《澳门宪报》在19世纪下半叶刊载的"猪仔"招聘公告数量不多，占比不高，但这并不影响此类公告所反映出的澳门三大财政来源之一——劳力输出行业的重要地位和对于经济转型的关键作用。所以说，总体刊载数量较少的主要原因估计应是欺骗性的苦力贸易有悖人权与道德标准，因此《澳门宪报》的官方报纸上避免过多地刊载此类公告，以免引起本地或国外民众的谴责和公共舆论的抗议。

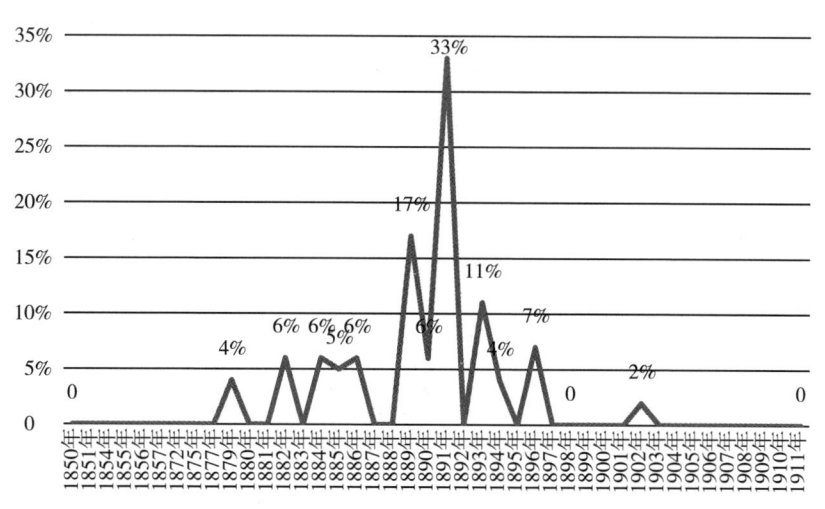

图 3-11　1856—1911 年海外招工公告占经济公告比变化统计

资料来源：对1856—1911年《澳门宪报》"猪仔"招聘广告的统计而绘制。

表 3-7　　　　　　　　海外招工公告数量变化年份统计表

年份	海外招工公告及规定数量（则）	海外招工公告占经济总量比重（%）	经济公告数量合计（则）	年份	海外招工公告及规定数量（则）	海外招工公告占经济总量比重（%）	经济公告数量合计（则）
1850	0	0	1	1851	0	0	12

续表

年份	海外招工公告及规定数量（则）	海外招工公告占经济总量比重（%）	经济公告数量合计（则）	年份	海外招工公告及规定数量（则）	海外招工公告占经济总量比重（%）	经济公告数量合计（则）
1854	0	0	1	1892	0	0	17
1855	0	0	1	1893	3	11	27
1856	1	100	1	1894	1	4	28
1857	0	0	1	1895	0	0	12
1872	0	0	0	1896	1	7	14
1875	0	0	1	1897	0	0	31
1877	0	0	1	1898	0	0	41
1879	1	4	27	1899	0	0	17
1880	0	0	26	1900	0	0	24
1881	0	0	23	1901	0	0	32
1882	2	6	34	1902	1	2	51
1883	0	0	23	1903	0	0	49
1884	1	6	16	1904	0	0	68
1885	1	5	21	1905	0	0	126
1886	1	6	16	1906	0	0	68
1887	1	8	13	1907	0	0	54
1888	0	0	8	1908	0	0	36
1889	1	9	11	1909	0	0	42
1890	1	6	18	1910	0	0	47
1891	3	33	9	1911	0	0	83
合计	12		252	合计	9		879

从表3-7可以看出，"猪仔"招聘公告的总体数量偏少，集中分布在19世纪八九十年代；这一时期正值鸦片战争后沦为半殖民地的中国，其禁止贩卖人口的禁令名存实亡，澳门也因此大力发展苦力贸易以补充财政亏空，使得海外劳务输出产业在此时兴盛起来，产生了大量的用工需求，因此在《澳门宪报》官方报刊上刊登了较多的招工公告。

在海外招工公告出现的高峰期，一个比较特别的现象是当时澳葡政府迫于世界舆论的压力，已经在1873年12月20日宣布出于"人道主义情感，废除苦力贸易"①，葡萄牙政府并颁训令："禁止利用澳门港口对外输送契约中国劳工"，②而《澳门宪报》作为政府官报仍然在禁令之后刊登此类公告，这种反差正是说明潜在的苦力贸易仍在蓬勃发展，才产生如此强大的用工需求，促使官方报刊承受舆论压力继续刊载此类信息。

但是由于苦力贸易有悖人道又往往存在虚假宣传的问题，在官方报纸上过多的发布此类公告极易引起当地民众反感，甚至是国外公众舆论的谴责，所以此类公告到19世纪90年代中期以后逐渐消失，仅在个别年份偶有出现（1896年、1902年各有1则）。以下对海外招工公告的具体内容特征进行具体分析。

(三)《澳门宪报》海外招工公告的主要特征及其产业背景

1. 海外招工公告所服务的"苦力贸易"的产业背景

所谓的海外劳工贸易，实则是招聘苦力进行劳务输出的行为。这些被贩卖来的底层劳动力一般被蔑称为"猪仔"，他们的劳动强度很大，不仅生活待遇很差、报酬低微，身份与农奴近似，常受到雇主残暴、非人般的虐待。容闳曾记载这些被人贩骗至澳门的"苦力"往往被关押入"猪仔馆"（苦力关押所）等待运至海外："无数华工以辫相连，结成一串，牵往囚室，其一种奴隶牛马之惨状，及今思之，犹为酸鼻。"③ 大批苦力在运输途中还因人贩的超载、滥载致死：有资料统计，从1854—1873年，每年平均华工出洋的死亡率高达49.99%，最高的一次是同治九年（1870）开往秘鲁的"多·马加特"号和同治十年（1871）开往秘鲁的"唐璜"号，两船都装运华工650人，途中死亡600人，死亡率高达92.46%。④ 即使侥幸安全到达目的地，他们又要面对更加繁重而严酷的农业、采矿和工程劳动。据档案史料记载，同治十三年（1874）清政府曾派员赴古巴等地调查华工情况，上报给总理各国事务衙门的报告中显示："各华工供禀系由中国被拐骗来者，居十之八。……迨装到夏湾拿（今古

---

① [葡]徐萨斯：《历史上的澳门》，黄鸿钊、李保平译，澳门基金会2000年版，第257页。
② 该训令刊登在同年（1873）12月27日的第89期《政府公报》上。欧美德总督在次年1月第1期《政府公报》发布的第1、2号训令中又做了补充。转引自[葡]施白蒂《澳门编年史·1900—1949》，姚京明译，澳门基金会1998年版，第193页。
③ 陈翰笙：《华工出国史料汇编》第四辑，中华书局1981年版，第235页。
④ 邓开颂：《澳门的苦力贸易及其对世界经济的影响》，《濠镜》1989年第5期。

巴哈瓦那——笔者注）发卖为奴……其工夫过重，其饮食过薄，其作工时刻过多……买入糖寮者人数较众，尤为凌虐不堪。其被棍撞、鞭拷、锁闸等诸般荼毒又最甚。递年各初打死、伤死、缢死、刎死、服毒死、投水死、投糖锅死者，垒垒不绝。……况工满合同年限之后，工主多不给满工凭据，仍勒令再作数年或十数年，依然照常受虐。倘不肯允，既送工所，锁押修路，并无工银。"① 报告中描述的惨状也是中国苦力在外洋生活的真实写照，故调查"所见华工等大抵受苦之人，所闻大抵诉苦之语"。可见，面对华人遭遇如此恶劣对待、几近有去无回的苦力贩卖贸易，人贩子只能采取掩盖、美化和欺骗的手段招徕"猪仔"到海外务工，澳葡政府作为知情者反而采取纵容乃至鼓励的态度，在官方报刊上刊登招工公告，担起了"帮凶"的角色从中牟利。据统计，澳葡政府对每出口一名苦力征费2元②，每年从苦力贸易中获得的肮脏收入高达20万元，③ 这笔收入相当于道光二十五年（1845）葡海关一年税收总数的5倍。④ 可见，澳葡政府在19世纪50—70年代利用肮脏但却创造暴利的"苦力贸易"，将其作为弥补它财政亏空的一个主要税源。"澳门大约贩运五十万华人出洋，获得巨大的暴利"，⑤ "澳门地方和它的居民都依靠贩卖这种人身货物所得利润而极度繁荣"。⑥ 这种公开猖獗的苦力贸易直到19世纪50—70年代中期才因迫于国际舆论的压力而被废止。

2. 海外招工公告文案具有较强的煽动和欺骗性

从事苦力贸易的人贩普遍采用虚假宣传的欺骗手段招徕华工。他们在报纸上发布的招聘公告内容普遍将海外描绘成如安乐、富裕、遍地黄金的美好之地，诱骗穷困的底层劳工上钩，例如《澳门宪报》1856年10月4

---

① Despatch of Commissioners Chen Lan-pin, Macpherson and Huber, *Reporting to The Tsungli Yamen The Results of Their Enquiry into The Condition of Chinese in Cuba*. 中国第二历史档案馆，全宗号，1792年，第177页。

② 《郑观应集》，上海人民出版社1982年版，第413页。

③ ［葡］徐萨斯：《历史上的澳门》，黄鸿钊、李保平译，澳门基金会2000年版，第258页。

④ 王昭明：《鸦片战争前后澳门地位的变化》，《近代史研究》1986年第3期。

⑤ 《1887—1891年拱北关贸易报告》，转引自莫世祥编译《近代拱北海关报告汇编》（1887—1946），澳门基金会1998年版，第26页。

⑥ 美国议会1871年第16号文件《关于中国苦力从澳门出洋的往来文件》。参见陈翰笙主编《华工出国史料汇编》第二辑，中华书局1981年版，第405—408页。

日（第五十号）上刊载的一则招工公告：

> 孟光来亭说称：旧年九月十八日，伊由汕头在洋船开身载客仔往哑湾啈（Havana）埠，该埠之人待客仔甚好，每月有工银四元，并食东家，食用甚好，各客仔十分欢喜，每逢拜好日，各客仔穿着鲜明衣裳往各处游逛。又同埠内人入庙拜神，大家如兄如弟。埠内有富贵家甚多，每日晚上到五点钟时，客仔放工，任由行逛顽耍。又有客仔坐马车去逛的。其熟识功夫的客仔，每月受工银十元八元，亦有二三十元的。此埠所用系金银，不用铜钱。哑湾啈地方之人，富者居多，贫者甚少，此皆亲眼见真实。所称是实。咸丰六年八月二十五日。孟光洪①。

从《澳门宪报》最早的这则海外招工公告我们可以看出，公告文案中描绘的"亚湾啈"即16—19世纪至长期沦为西班牙的殖民地的古巴首都哈瓦那。此时古巴急需大批苦力从事农业荒地的开垦，发展种植园经济。在招工公告中将古巴描绘成友善、富足、人间天堂般的淘金圣地："此埠所用系金银，不用铜钱。哑湾啈地方之人，富者居多，贫者甚少"；对华工待遇优厚："该埠之人待客仔甚好，每月有工银四元，并食东家，食用甚好"，"其熟识功夫的客仔，每月受工银十元八元，亦有二三十元的"；工作清闲："每日晚上到五点钟时，客仔放工，任由行逛顽耍"。实际情况是华工以"契约"身份被贩卖，"到岸后即通过'卖人行'被公开拍卖给庄园主、种植园主和矿场主作苦力"②；每天华工必须工作18—21个小时，体力稍有不支便受虐待；住在监狱管理式的营房，吃的是便宜的山薯、玉米粉和咸鱼，"其功夫过重，其饮食过薄，其做工时刻过多，其被棍撞、鞭拷、锁闸等诸般荼毒又最多"；③ 工资是"每月西班牙银元4元，由于货币贬值，尚抵不上中国银元两元；且被雇主长期拖欠数目巨大"④ 这些实情曾在1874年清政府派员赴古巴等地调查华工情况时发现，

---

① *Boletim do Governo da Província de Macao, Timor, e Solor*，1856年10月4日（第五十号）。
② 王珊珊：《论19世纪中期拉丁美洲的契约华工——以古巴为例》，《安阳师范学院学报》2006年第1期。
③ 陈翰笙主编：《华工出国史料汇编》第四辑，中华书局1981年版。
④ 同上。

并在上报给总理各国事务衙门的报告中披露，对照公告文案中所描绘的虚假夸大之词，海外招工公告的欺骗性质可见一斑。

3. 海外招工公告中反映出的苦力贸易发展情况

《澳门宪报》上虽然发布的海外招工公告数量不多，但从这些公告信息中我们可以推断出当时澳门苦力贸易的基本情况。通过内容的梳理和比对，我们发现公告上刊登的华工被贩卖的目的地几乎遍布世界各地，包括：哑湾嗱（Havana）①、秘鲁国（Peru）②、摩生美嘅（亦称摩散比革）(Mocambique)③、公个（Congo）④、马打的（Matadi）⑤ 与罗连瑱·马基斯（Lonrenco Marques）等当时偏远的南美洲、非洲地区。可见，澳门的苦力贸易在鸦片战争后已经成为一个非常完整和成熟的产业，澳门事实上也成为世界上苦力贸易的第一港口。据施白蒂考证："1856—1858年的三年间，经澳门输出的苦力达19910人。"⑥

华工苦力的海外遭遇也在《澳门宪报》的公告中有所反映，如报上就曾刊发华工客死他乡的公告：

> 大西洋澳门辅政司为通知事。
> 照得兹接到地扪大宪来文，内称华上年十二月十一日下午五点钟，在地扪兵医院，有华人在澳门经立合同前往地扪做地扪工程之工人谭笺身故，理合布告，俾众咸悉。乙酉年三月廿三日⑦。

虽然整篇公告刻意隐瞒了华工在海外被视作农奴、终身难以归乡的悲惨遭遇，但已经侧面证实了华工客死他乡的客观事实。

澳门的苦力贸易实际上有着悠久的历史，16世纪初葡萄牙殖民者就以澳门为首个市场和据点，率先从事华工苦力贸易。他们通过绑架或诱骗

---

① 哑湾嗱指的是哈瓦那。
② 秘鲁国指的是秘鲁。
③ 摩生美嘅指的是莫桑比克。
④ 公个指的是刚果。
⑤ 马打的指的是扎伊尔的港口马塔迪。
⑥ [葡]施白蒂：《澳门编年史·1900—1949》，姚京明译，澳门基金会1998年版，第129页。
⑦《澳门宪报》1885年5月9日（第十九号）。

的方式贩卖华人到印度和欧洲充当奴隶。据汤开建等学者考证,人叶权(明嘉靖元年生,万历六年卒)亲历澳门记——《游岭南记》一文就记载早在明嘉靖与万历年间,澳门的"番人家"就有从东莞拐卖来澳的六七岁小儿,"番人多者养五六人,女子多者十余人","岛中男女为夷仆妾何下千数,悉中国良家子"①而澳门葡商还将中国的妇女儿童转卖至马六甲、印度等地,这些人成为 16 世纪中国被拐卖出洋的最早"猪仔"之一。

澳葡当局从 19 世纪 40 年代后期开始,为扭转财政收入锐减的窘境,在发展鸦片、博彩业的同时,自然不会忽略带来暴利的"苦力"贸易产业,支持和纵容华工劳动力的贩卖生意,很快发展成为亚洲地区一个重要的"苦力"贸易中心。另据陈翰笙统计,1847—1875 年的 28 年间,在从中国掠往古巴的中国苦力总共约 15 万人,其中从澳门一处运出去的就有 99149 人。② 施白蒂在《苦力移民·澳门卷宗·1851 至 1894》中也统计过这一数字:"……在废除苦力贸易(1873 年)之前的二十五年内,估计输出苦力达五十万人。"③ 1853—1861 年任美国驻厦门等地副领事的哈特·海耶特曾证言道:"我相信在我本人充任驻中国领事官员那几年之内,从中国出洋的苦力,十分之九是在澳门……"④ 可见,澳门在 19 世纪下半叶已经发展成为苦力贸易的主要交易中心,尤其在香港 1868 年禁止苦力贸易后,澳门在 1866—1873 年是唯一且最大的贩卖华工苦力出洋的基地。

因此,海外招工公告频繁在这一时期的《澳门宪报》上出现。作为官报,不可能自揭其短,宣扬这些不光彩的暴利生意。但同期的《北华捷报》(North China Herald)1871 年则对澳门的苦力贸易进行了调查性报道:"在澳门,可以买卖的商品'人'的价格大约是每名六十元,或者不超过八十元;而在卡拉欧,'人'这同一商品的价格却自三百五十元至四

---

① 汤开建:《明清士大夫与澳门》,澳门基金会 1998 年版,第 38 页。
② 陈翰笙主编:《华工出国史料汇编》第四辑,中华书局 1981 年版,第 187 页。
③ [葡]施白蒂:《苦力移民·澳门卷宗·1851 至 1894》,澳门基金会 1994 年版,第 145 页。转引自古万年、戴敏丽《澳门及其人口演变五百年》,澳门统计暨普查司中文版 1998 年版,第 219 页。另见 [葡] 施白蒂《澳门编年史·1900—1949》,姚京明译,澳门基金会 1998 年版,第 193 页。
④ 陈翰笙主编:《华工出国史料汇编》第三辑,中华书局 1981 年版,第 281 页。

百五十元不等。"① 也有学者详细估算过苦力贸易的高额利润：如果"把每一个中国移民运送到目的地（德墨拉拉，Demerara）的全部费用是一百七十元，包括收容站的各项费用和路费。在到达以后，这些'连带契约的苦力们'遂被拍卖，大约每人能卖到二百元，多的时候达到'平均四百元'的数目"。② 可见，对于带来暴利的劳力输出产业，缺少工农实业生产的澳门乐见其发展成当地的一大支柱性产业。巨额的利润不仅缓解了澳门因贸易中心地位丧失导致的经济颓势，也使得其他各国的苦力贸易中介商们纷纷涌入澳门设点。梅辉立曾做过统计：1865 年澳门的猪仔馆不过 8—10 家，而 1866 年竟增加到 35—40 家。③ 这些数字说明贩卖苦力的生意已经迅速发展成当时澳门最热门的产业之一。虽然最后迫于国际人道主义的舆论压力，1874 年 3 月 27 日起澳门宣布苦力贸易名义上停止，④ 但"在此期间，澳门大约贩运五十万华人出洋，获得巨大的暴利"。⑤ 而且 1875 年之后，私下的苦力贩卖仍然猖獗，我们从《澳门宪报》上后来刊载的多则海外招工公告就可以找出明证：1879 年到 1896 年，《澳门宪报》中的此类公告多达 18 则，如《澳门宪报》1896 年 4 月 25 日（第十七号）刊载的一则公告：

  大西洋澳门督理工程公所事务工务司农（Augusto Cezar d'Abreu Nunes）为招人承工事。
  照得现本公所欲招雇木匠、泥水等工人，前往阿非利加州之罗连琐·马基斯（Lonrenco Marques）埠做工，准以三年为期。如有愿往者，可赴本公所阅看章程。特此通知。丙申年三月初十日。

从上述这则公告中可以看出，官方报刊的态度有所收敛，用语简略，

---

① 聂宝璋：《中国近代航运史资料》第一辑上册，上海人民出版社 1983 年版，第 116 页。
② [美] 马士：《中华帝国对外关系史》第 2 卷，第 183—18 页。转引自聂宝璋《中国近代航运史资料》第一辑上，上海人民出版社 1983 年版，第 116 页。
③ 陈翰笙主编：《华工出国史料汇编》第四辑，中华书局 1991 年版，第 399 页。
④ [葡] 施白蒂：《澳门编年史·1900—1949》，姚京明译，澳门基金会 1998 年版，第 194 页。
⑤ 《1887—1891 年拱北关贸易报告》，转引自莫世祥等译《近代拱北海关报告汇编（1887—1946）》，澳门基金会 1998 年版，第 26 页。

不再像早期的海外招工公告那样，极尽虚假、溢美的描绘之词；但这些招聘信息也证明了苦力贸易在公开废除后，澳葡当局依然在官方报刊上刊载公告提供协助的服务，继续为私下的苦力贩卖提供传播渠道的支持。

综上所述，海外华人劳务输出的苦力贸易史虽然为澳葡政府带来了高额的财政收入和大量的人口聚集、流动等貌似繁荣的经济形势，但这一短暂而"畸形"的产业兴盛并不能推动近代澳门社会的经济转型，反而使之错失了转向完备的现代工业体系、实现长期、可持续发展之路。近代澳门社会在苦力贸易产业也最终因国际舆论压力等多种原因而被时代的进步所抛弃，其经济发展依然处于萧条与探索之中。

四 《澳门宪报》的航运公告——船期公告

航运业一直是澳门近代以来重要的经济支柱型产业，作为东西方贸易交流的枢纽，澳门与内地、香港乃至世界各国的海上通航业务十分频繁，这不仅为资源相对贫乏的澳门经济发展提供了必要的物质基础，也产生了大量的产业利润，进一步刺激了航运业的成长；同时，航运业的兴盛也带来了大量的航运信息需求，"船期公告"就是在这种需求下产生的，从《澳门宪报》中文公告刊登之初就有船期公告出现，且刊载历史绵延不绝的现象当中，我们就可以感受到其发展的持续动力。按照现代经济划分标准，船期公告可以归属为运输经济公告。

（一）已知我国近代中文报纸刊登的第一则航运公告

国内学者普遍认为1858年创刊的《香港船头货价纸》是我国境内最早刊登航运公告的中文报纸。刘家林在《新编中外公告通史》一书中说："香港地区创刊最早的报纸是《香港船头货价纸》。主要内容也是刊登经济信息、船期货价和公告。"[①] 芮必峰在《简明中外新闻事业史》一书中写道："约在1878年，第一张中文经济报纸《香港船头货价纸》出版……主要刊登行情、船期、公告和少量新闻。"[②] 卓南生、杨海军等学者也持有相同的观点。但就本文考证《澳门宪报》经济公告时发现，在1854年12月9日该报就刊载了最早的一则航运公告，这比香港船头货价

[①] 转引自查灿长、刘润钰《中国境内最早刊登"船期广告"的中文报纸》，《中国广告》2011年第11期。

[②] 同上。

《澳门宪报》中文公告与近代澳门社会（1850—1911）

纸早了三年。

> 兹者香港东藩火船公司议定：
>
> 自此以后，每逢礼拜二、礼拜四、礼拜六日，有火轮船由港（香港，笔者注）往省（广州，笔者注），由省来港，礼拜六由省来港之火轮，与礼拜二由港往省之火船，经过澳门下铙（锚）一刻，然后直往。每欲快行到步火船开行之候，不能一时而定，因潮水日日不同之故矣。每船开行之时候，必日日声明于新闻纸内。搭客水脚银照旧一样，船面搭客有遮帐。本公司之火轮船舱位阔大，若有粗货亦可装载，水脚银面议。咸丰四年十月十六日，东藩火船公司大班启①

不仅如此，从时间上看，这则船期公告比内地的第一则航运公告要早近18年：据考证，上海的轮船招商公局于1872年12月2日的《申报》上才刊载了第一则航运公告："兹启者，本局一号船名伊顿，于十月二十日装在货物开往汕头，特此布。"

《澳门宪报》最早出现的这则航运公告主要目标是告知船期，由"东藩火船公司"发布，所提到的"火轮船"是指蒸汽动力船，从每礼拜二、礼拜四、礼拜六三班经停澳门的客船可见当时航运的频繁程度，其主要航线是往返于香港和广州；虽然停靠澳门的时间由于潮水的不同而并不精确，但船运公司每天都会在报纸上发布当日开行时间，可见报刊公告起到了广而告之的经济服务功能。

上述公告内容传达的信息十分明确简练，不仅清晰地表明了时间、航线、乘务须知等信息，还表达了汽船可以运载"粗货""价格面议"等拓展服务功能；而尤为难能可贵的是文案还使用了"船面搭客有遮帐""本公司之火轮船舱位阔大"等语句突出汽船的服务优势，有鲜明的公告促销意图。

由这则公告我们可以推断当时的航运业基本情况，说明当时已经有定期航班往来于澳门、香港和内地，也可以从官方报纸刊载船期公告的目的上推断当时航运业在当时澳门的重要地位，更看到了在我国近代公告史所

---

① *Boletimdo Governoda Provínciade Macao, Timor, eSolor*, 1854年12月9日（第八号）。

处的重要位置。而且，澳门在重视与内地交通往来的同时，还关注发展同西方的国际航运业务，如在开通苏黎世运河后《澳门宪报》1880年1月3日（第一号）刊登的一则船期公告是我们已知的中文报纸上首次刊登的国际航运（邮政）公告：

> 管理澳门书信馆事务疏沙（R. de Sousa）启者：
> 今有佛兰西火船公司之火船前往印度及泰西各国，谁有书信，可交到本馆转寄，定于十一月二十五日下午三点钟截收。又有铁行火船公司之火船前印度及泰西各国，谁有书信，可交到本馆转寄，定于十二月初二日下午三点钟截收。特此通知。己卯年十一月二十一日谨启。

根据总体上《澳门宪报》中文公告的梳理，从19世纪80年代开始，澳门定期开往印度、英法等国的汽船航班已经发展成为一项固定业务，其远洋航线延伸至世界各地。例如《澳门宪报》如1891年9月10日（第三十七号）刊登的一则统计公告表明：

> 谨将近四年内并本年上六个月所有出入口船只挂号部抄出呈览。入口船数：一千八百八十七年有四千三百七十五艘；一千八百八十八年有五千七百三十艘；一千八百八十九年有五千九百卅七艘；一千八百九十年有六千二百九十四艘；一千八百九十一年上六个月有三千三百二十三艘；出口船数：一千八百八十七年有四千三百五十一艘；一千八百八十八年有五千七百二十六艘；一千八百八十九年有五千九百二十七艘；一千八百九十年有六千二百七十七艘；一千八百九十一年上六个月有三千一百八十七艘。

从上述如此大量的往来船只登记情况可见，近代澳门的航运业是比较发达的，也从一个侧面反映出它的国际贸易往来十分活跃。而到了1910年、1911年，船期公告的数量又有了成倍的增加，也反映出当时内地革命前夕政治时局变迁所引发的人员往来频繁，对于航运业务剧增的行业需求（见表3-8）。

表 3-8　船期公告数量变化年份统计

年份	船期公告数量（则）	船期公告占经济总量比重（%）	经济公告数量合计（则）	年份	船期公告数量（则）	船期公告占经济总量比重（%）	经济公告数量合计（则）
1850	1	100	1	1891	1	10	10
1851	2	17	12	1892	1	6	16
1854	1	100	1	1893	0	0	27
1855	1	100	1	1894	0	0	28
1856	0	0	0	1895	3	25	12
1857	0	0	1	1896	1	7	14
1872	0	0	0	1897	1	3	31
1875	0	0	1	1898	0	0	41
1877	0	0	1	1899	0	0	17
1879	3	11	27	1900	5	21	24
1880	3	12	26	1901	4	13	32
1881	0	0	23	1902	3	6	51
1882	1	3	34	1903	2	4	49
1883	2	9	23	1904	0	0	68
1884	0	0	16	1905	4	3	126
1885	0	0	21	1906	2	3	68
1886	1	6	16	1907	3	6	54
1887	1	8	13	1908	0	0	36
1888	0	0	8	1909	10	24	42
1889	0	0	12	1910	0	0	47
1890	1	6	18	1911	11	13	83
合计	17		255	合计	51		876

（二）它体现了澳门城市经济功能的基本定位及其发展历程

第一则船期公告出现于澳门有其一定的历史必然性：主要原因是澳门具备了充分的产业基础，因为航运业作为澳门定位于东西方贸易桥头堡的支柱型产业，是澳门经济起家之本。张仲礼曾归纳了近代城市兴起的四个因素：政治因素（长安、洛阳、北京）、军事要塞（威海、旅大）、资源因素（大同、大庆）、交通因素（扬州、广州、泉州）。[①] 依据这一标准考量澳门，我们发现它既无矿藏资源，又无手工业和农业特产，也非政治或军事重地，且地处边陲、属地狭小。因此，能够成为西方殖民者最早选择落脚地的原因主要在于澳门毗邻广州的沿海地理位置这一要素上。

澳门从 16 世纪中叶起，就成为葡萄牙人对华商贸和停泊船只的居留地，主要因为它所处的位置正是东西方贸易商道的枢纽：它位于中国东南海岸线的中点，临近广东省主要内河航道——珠江的出海口，毗邻清末中国当时唯一的对外贸易城市广州。因此便利西方商人来此贸易、转运出产自明清时期富庶的珠江三角洲的各种物产。有学者考证："明万历二年（1574），官府在澳门莲花径附近设置关闸；清康熙十九年（1680），官府开放对澳门的陆地贸易，以今拱北关闸界口为交易市场，中葡商人在此交易货物。"[②] 可见，澳门的发展得益于从 16 世纪开始的、自西徂东的世界新航路的开辟，它的繁荣建立在因航海业兴盛而带来的地理区位优势，也依赖于背后的东西方国际贸易产业的支撑，这时澳门的临海区位才真正带来了经济价值和发展契机。

而服务于澳门地区的中外贸易活动和人员往来需求的这些船期公告信息，最早出现于 1850 年，并一直持续至 1911 年，在数量和占比变化上波动不很显著，其总量上在 15 个主要类别公告中位居第六，说明航运业一直是澳门的基础产业。虽然鸦片战争后，受到中国沿海地区诸多通商口岸的陆续开放、澳门贸易中心地位衰落的不利影响，但其仍是政府的一项财政收入来源，在辛亥革命前两年，内地政治时局变迁所引发的人员往来频繁，航运公告数量甚至出现翻倍剧增的情况，反映了航运业的需求与澳门城市的区位特点密切相关（见图 3-12）。

而船期公告的关键作用还在于它不仅依托航运业的兴起而为之服务，更服务于当时澳门城市发展与东西方贸易的需求。正是由于发达的航运往来，才使得澳门作为一个近代国际商埠型城市的逐渐崛起，促动着澳门华人从"移民"到"市民"的身份转换与观念变迁。这种变迁进一步推动

---

① 张仲礼主编：《近代上海城市研究》，上海人民出版社 1999 年版，第 17 页。
② 程美宝：《把世界带进中国：从澳门出发的中国近代史》，社会科学文献出版社 2013 年版，第 188 页。

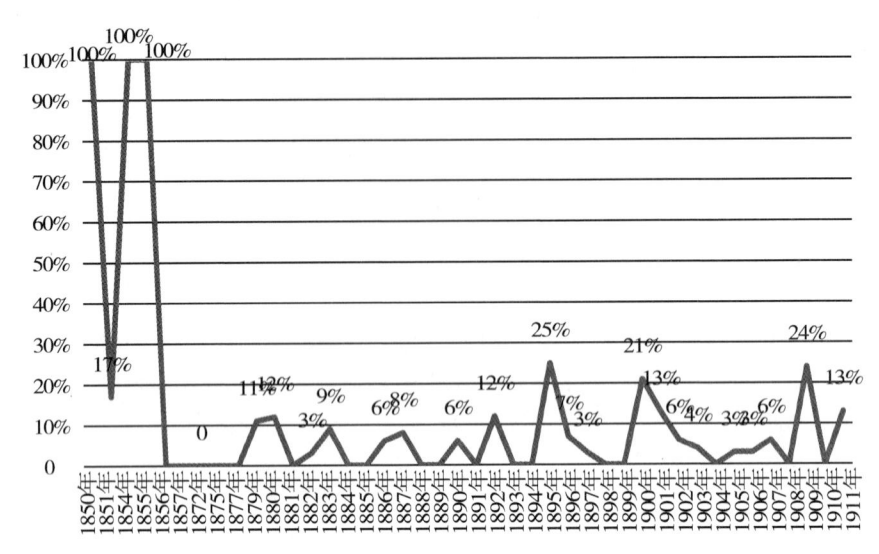

图 3-12　1850—1911 年《澳门宪报》船期公告占比变

资料来源：根据 1850—1911 年《澳门宪报》船期广告的数量变化统计绘制。

了航运业生意的拓展，促进了东西方之间人员、贸易乃至文化的交往。回顾澳门的历史，"最先也最愿意与西洋人直接打交道的，往往是在中国社会被视为'边缘'的人物，这些人物包括为洋船担当引水人的船民，服务洋商的仆役、通事、工匠和各种杂役"。[1]"引水人"的角色恰恰说明当时西方来华的最早探路者、贸易商们是通过航运业务与澳门土著民众打起交道，而且这批底层华人"也掌握了一般华人没有渠道接触的外国语言和技术"，[2] 甚至成为最早定居澳门的一批移民。他们因航运生意而谋生，也自然成为最早一批传播航运船期的公告信息来源。虽然这种传播是不成规模也不合乎所谓规范的，但是名不见经传的信息流通和人员往来却已经在潜移默化中无声地形塑着澳门的城市"基因"。

五　《澳门宪报》其他经济活动的公告类别

（一）其他经济活动的公告类别统计

本书依据澳门产业的构成，将区别于国民经济计划类公告：如鸦片贸

---

[1]　程美宝：《把世界带进中国：从澳门出发的中国近代史》，社会科学文献出版社 2013 年版，第 5 页。

[2]　同上。

易、博彩等专卖公告；以及特色或特种产业公告：如运输经济类的船期公告——依托东西方贸易中心的独特地位；劳动经济类公告：海外劳工输出公告——依托招聘"猪仔"的苦力贸易产业，这三大类以外的经济公告归类为其他经济活动的公告类别。本书所谓其他经济活动是指澳门作为近代城市维持其基本经济运行功能的市场交易、产品与服务的投资生产、内外贸易、产业政策、产权归属及金融流通等与国民生计密切相关的日常经济行为，这些行为或具有获取经济利益的目标，或具有明确产权归属、债务关系的功能，主要包括贸易经济类公告：商品公告；商业经济公告：招标（暗投）公告，商务合同公告，租赁、拍卖、破产、转让公告，典当、担保公告；经济政策及规章公告：经济章程公告，财产遗失（包括债务、财产单据遗失等）公告，典当、担保公告，货币发行公告（银牌、纸牌）；专卖公告：博彩公告、鸦片公告、其他行业专卖公告。这些分类基本能够涵盖澳门经济活动的方方面面，虽然涉及的具体业务内容各不相同，但普遍具有服务于社会日常经济活动的职能，也能够折射出澳门近代经济运行的民生百态。

（二）经济章程公告与其他经济活动公告的阶段性变化

澳葡政府的专卖公告反映出其经济章程呈现逐渐扩大范围、力度加强的趋势，这也是政府职能转变的一个显著信号。澳门地区的经济政策变化体现在经济章程公告上分为三个阶段：从1875年开始大批出现经济章程公告到1888年形成了第一个增长周期；从1890—1894年出现了第二个增长高峰；1895年以后的第三阶段在1905—1907年又出现了一个增长小高峰。这三个数量增长的周期与前述归纳的《澳门宪报》公告总体增长周期基本重合，经济形势产生变化，往往就会出现公告数量增长高峰，反映了澳葡政府在经济政策导向问题上的官方意愿，接下来将结合如设厂公告、租赁招标等这些反映某类产业经济活跃程度的其他分类公告，分析《澳门宪报》上体现的澳门经济形势的变迁及政府的政策引导行为（见表3-10）。

表3-9　　1850—1911年《澳门宪报》经济章程公告数量变化统计

年份	经济章程公告数量（则）	经济章程公告占经济总量比重（%）	经济公告数量合计（则）	年份	经济章程公告数量（则）	经济章程公告占经济总量比重（%）	经济公告数量合计（则）
1850	0	0	1	1851	0	0	12

续表

年份	经济章程公告数量（则）	经济章程公告占经济总量比重（%）	经济公告数量合计（则）	年份	经济章程公告数量（则）	经济章程公告占经济总量比重（%）	经济公告数量合计（则）
1854	0	0	1	1892	3	18	17
1855	0	0	1	1893	1	4	27
1856	0	0	0	1894	9	32	28
1857	0	0	1	1895	0	0	12
1872	0	0	0	1896	0	0	14
1875	1	100	1	1897	2	6	31
1877	0	0	1	1898	0	0	41
1879	5	19	27	1899	0	0	17
1880	3	12	26	1900	0	0	24
1881	7	30	23	1901	0	0	32
1882	6	18	34	1902	0	0	51
1883	4	17	23	1903	0	0	49
1884	0	0	16	1904	0	0	68
1885	3	14	21	1905	6	5	126
1886	1	6	16	1906	1	1	68
1887	5	38	13	1907	4	7	54
1888	4	50	8	1908	0	0	36
1889	0	0	12	1909	0	0	42
1890	4	22	18	1910	0	0	47
1891	1	11	9	1911	6	7	83
合计	44		252	合计	32		879

（三）经济章程公告与其他经济活动变迁的内在联系

我们可以从经济章程公告的数量变化中推断出澳葡政府在19世纪下半叶经济转型的压力下所采取的政策倾向，因为《澳门宪报》作为官方媒体渠道在发布经济政策的力度与内容上体现出强烈的政府意图，这些公告所显示出的政策导向与专卖制度的强化、澳门支柱产业的变迁有着密切的联系。

首先，从经济章程公告占同年经济公告总量的比重情况中，我们可以发现19世纪70—90年代占比最高。这一时期，受到澳葡政府在经济转型方面压力增大的影响，经济章程公告占比增加，显示出政府在政策导向方面希望鼓励生产、扩大税源的意图（见图3-13）。如1880年"在凼仔开设403间商铺和货栈"，均实行特许经营，澳葡政府将"专营权的范围涉及经营猪肉、番摊博彩、鸦片和咸鱼"……该年这些商铺和货栈"上缴财政署的税款共有2838.60元。该收益由专营者直接上缴财政署金库"。[①]《澳门宪报》1899年1月20日（第三号）又刊载了澳门财政署制定的专卖细则，设定了批给专营合约的详细条件和专营范围，规定了包括番摊、博彩、猪肉及"无论是盐务，还是石油、火药、硝石、硫磺，甚至在表中被列为人类粪便的肥料亦采用同样办法"[②]，实行"特许专卖"。

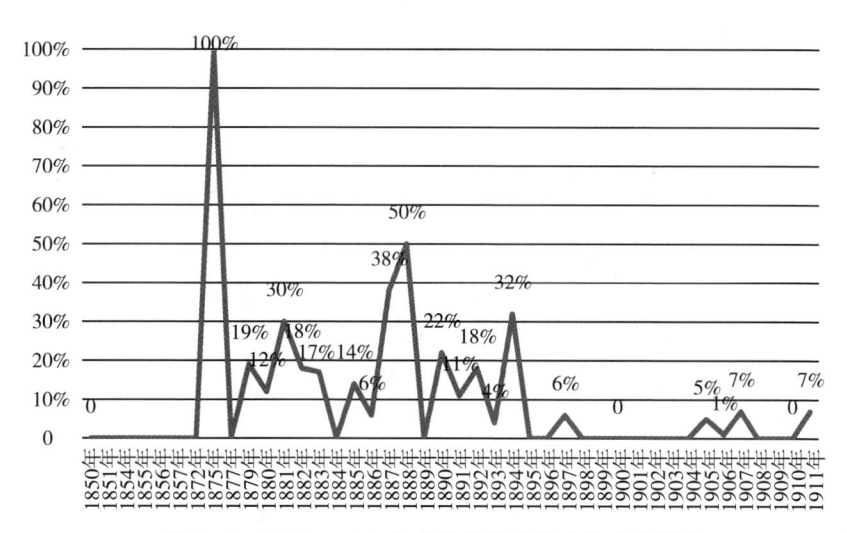

图3-13　1850—1911年经济章程公告占比变化情况

这种经济意图反映在具体章程上就是一方面强化包税专卖制度，将一系列大宗物资、民生产品都涵盖到专卖管理中来，从前文对专卖公告的趋势分析中即可看出二者内在的联系；另一方面就是鼓励各类专卖业务的发展，同时强化税收制度的完善，以保证税源，弥补锐减的财政收入。例如1887年经济章程公告占到当年经济公告的50%（见图3-13），背景是澳

---

① ［葡］施白蒂：《澳门编年史·1900—1949》，姚京明译，澳门基金会1998年版，第235页。

② 同上书，第302页。

葡政府与清政府在当年 12 月签订了《中葡和好通商条约》，以在澳门配合内地查禁鸦片为条件获得"永居管理"的权力。在正式"由客变主"的身份变化刺激下，澳门当局认为作为支柱产业之一的鸦片贸易将因查禁而转入低潮，面对即将减少的一大税源，政府希望通过加强经济政策、尝试向多元化的产业结构发展的方式加速澳门的经济转型进程，因此经济政策类公告比例大大提高了。在利好的经济政策刺激下，澳门各行各业的经济活动趋于活跃，如专卖公告数量及占比出现增长高峰（见图 3-7，1887 年专卖占经济公告总量的 38%）。

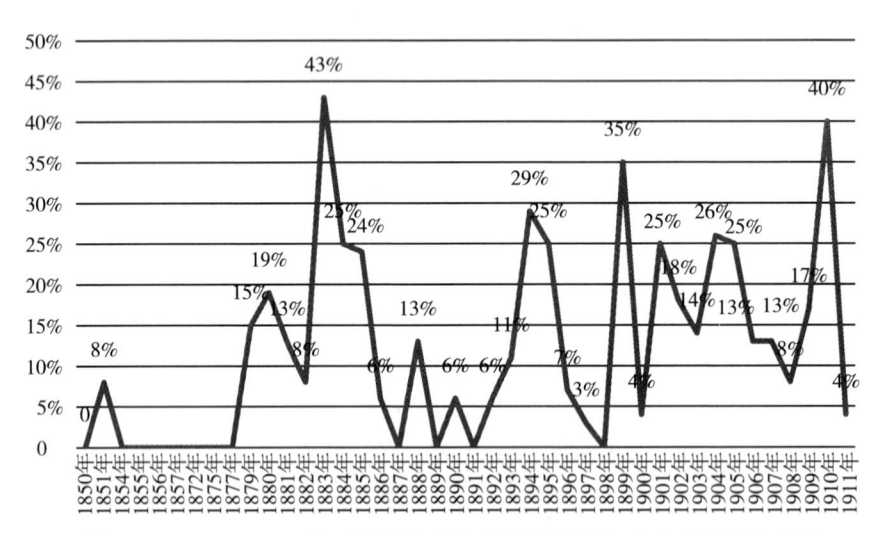

图 3-14　1850—1911 年《澳门宪报》招标（暗投）公告比例变化情况

表 3-10　　　　　1850 年到 1911 年《澳门宪报》招标
（暗投）公告数量变化统计

年份	招标（暗投）公告数量（则）	招标（暗投）公告占经济公告总量比重（%）	经济公告数量合计（则）	年份	招标（暗投）公告数量（则）	招标（暗投）公告占经济公告总量比重（%）	经济公告数量合计（则）
1850	0	0	1	1872	0	0	0
1851	1	8	12	1875	0	0	1
1854	0	0	1	1877	0	0	1
1855	0	0	1	1879	4	15	27
1856	0	0	0	1880	5	19	26
1857	0	0	1	1881	3	13	23

续表

年份	招标（暗投）公告数量（则）	招标（暗投）公告占经济公告总量比重（%）	经济公告数量合计（则）	年份	招标（暗投）公告数量（则）	招标（暗投）公告占经济公告总量比重（%）	经济公告数量合计（则）
1882	3	8	34	1897	1	3	31
1883	10	43	23	1898	0	0	41
1884	4	25	16	1899	6	35	17
1885	5	24	21	1900	1	4	24
1886	1	6	16	1901	8	25	32
1887	0	0	13	1902	9	18	51
1888	1	13	8	1903	7	14	49
1889	0	0	12	1904	18	26	68
1890	1	6	18	1905	32	25	126
1891	0	0	9	1906	9	13	68
1892	1	6	17	1907	7	13	54
1893	3	11	27	1908	3	8	36
1894	8	29	28	1909	7	17	42
1895	3	25	12	1910	19	40	47
1896	1	7	14	1911	3	4	83
合计	42		284	合计	142		847

1879—1896 年，招标（暗投）公告出现了第一个增长高峰，在 1883 年、1899 年、1910 年出现了三个数量高点，占当年经济公告的比重也分别达到了 43%、35%、40% 的较高水平（见图 3-14、表 3-10）。

其次，澳葡政府尝试产业转型、强化专卖制度的经济政策出现偏差，虽然通过专卖制度扩大了税源，短期内增加了财政收入，但从长远看反而抑制了当地的经济活力，错失了向现代工商业合理经济结构转型的机会，导致了澳门经济发展依靠鸦片、博彩、苦力贸易三大特殊产业的畸形结构。从租赁、破产拍卖、倒闭转让等一些经济产权变更类的公告数量变化可以看出，加强经济规章、扩大专卖制度的努力虽然短期内给政府带来稳定的收入，使之可以规范市场秩序、强化对经济发展的控制力，并将部分收入用于公共事业的投资建设，但实际上却对澳门经济活力和转型的进程产生了长期的破坏性效果。

从图 3-15、表 3-11 可以看到，19 世纪 70 年代开始总体上不断攀升的租赁、破产、转让公告数量，说明澳门地区关系民生的各行业经营情况日趋萎靡，局限于专卖制度窠臼之中的澳门近代工商业发展缓慢，日渐凋敝，必然带来澳门城市的生产竞争力与国际商贸活力持续下降，经济转型进展长期停滞不前。

这种现象的根本原因在于澳葡政府为了保证税收收入而实施的专卖经济制度，就本质而言是政府将某一产业或市场的自由竞争活动限制起来，再将市场专营的垄断权出卖谋取高额税利，"那些被转让的产权使地区性、行业性的垄断变成合法，（因而）抑制了创新，降低了效益"①，尤其是从根本上"压制了资本主义经济的灵魂——自由竞争与进取精神，导致经济运行呆板懒滞"。② 各行业高额的专卖权转让间接地推高了经营成本，使经济活力丧失、破产率和债务声明增加、居民的生活水平持续下降，（见图 3-15、表 3-11、图 3-16、表 3-12）致使"澳门社会内部的正常产业难以正常发育和形成良性竞争与激励机制，从而导致澳门的企业（包括贸易业）失去了发展与进取的活力"。③

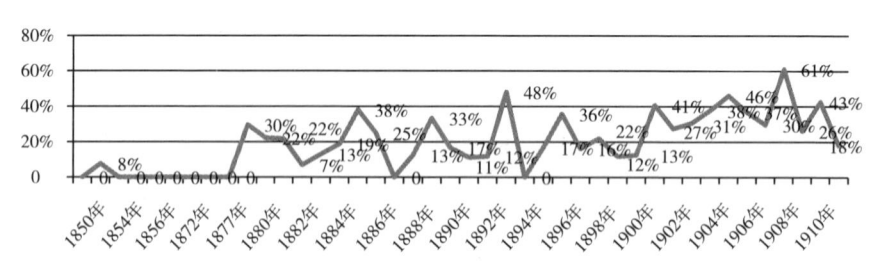

图 3-15　1851—1911 年《澳门宪报》租赁、破产、转让公告占当年经济公告的比重变化统计

资料来源：根据 1850—1911 年《澳门宪报》租赁、破产、转让等公告的数量变化情况绘制。

图 3-15 显示，从 1851 年首次出现租赁、破产、转让公告占当年全部

---

① 王海港：《澳门经济落后的根本原因：制度问题——用新制度经济学解读澳门的经济绩效》，《中山大学学报》1999 年第 2 期。
② 莫世祥等编译：《近代拱北海关报告汇编（1887—1946 年）》，澳门基金会 1998 年版。
③ 查灿长：《转型、变项与传播：澳门早期现代化研究（鸦片战争至 1945 年）》，广东人民出版社 2006 年版，第 186 页。

经济公告数量的 8%（仅有 1 则）后，在 1879 年以后数量及占比显著增加（占比 30%，8 则），到 1911 年时有 18% 的比例（15 则），可见经济产业的动荡和凋敝呈现扩大之势（见表 3-11）。

表 3-11　　　　租赁、破产、转让公告数量变化统计

年份	租赁、破产、转让公告数量（则）	租赁、破产、转让公告占经济公告总量的比重（%）	经济公告数量合计（则）	年份	租赁、破产、转让公告数量（则）	租赁、破产、转让公告占经济公告总量的比重（%）	经济公告数量合计（则）
1850	0	0	1	1891	1	11	9
1851	1	8	12	1892	2	12	17
1854	0	0	1	1893	13	48	27
1855	0	0	1	1894	0	0	28
1856	0	0	0	1895	2	17	12
1857	0	0	1	1896	5	36	14
1872	0	0	0	1897	5	16	31
1875	0	0	1	1898	9	22	41
1877	0	0	1	1899	2	12	17
1879	8	30	27	1900	3	13	24
1880	6	23	26	1901	13	41	32
1881	5	22	23	1902	14	27	51
1882	2	6	34	1903	15	31	49
1883	3	13	23	1904	26	38	68
1884	3	19	16	1905	58	46	126
1885	8	38	21	1906	25	37	68
1886	4	25	16	1907	16	30	54
1887	0	0	13	1908	22	61	36
1888	1	13	8	1909	11	26	42
1889	4	33	12	1910	20	43	47
1890	3	17	18	1911	15	18	83
合计	48		255	合计	277		867

从债务公告占当年全部经济公告的比重变化上看，从 1879 年的 4%（仅有 1 则）到 1900 年以后占比显著增多（见图 3-16），除空白年份外最低时占比也达到 4%，1911 年达到了最高峰（占比 29%）（具体数值见

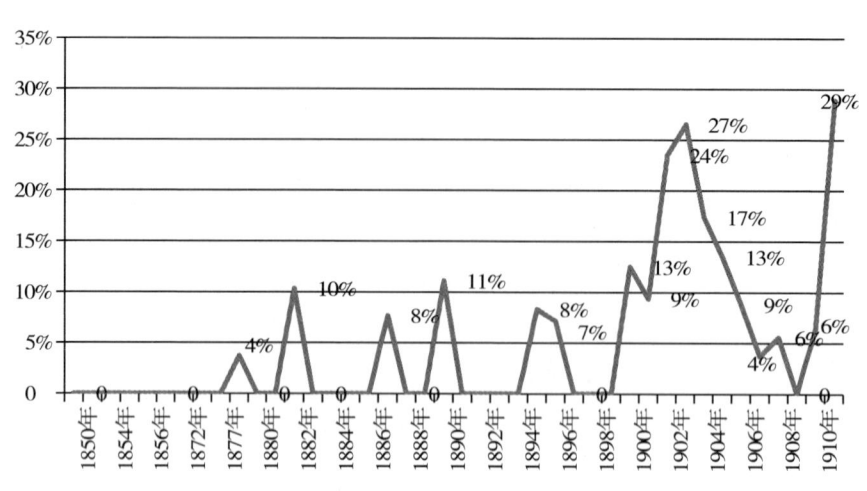

图 3-16　1850—1911 年《澳门宪报》债务公告占当年经济公告总量比重变化的统计

表 3-12）。

表 3-12　　1850—1911 年《澳门宪报》债务公告数量变化统计　　单位：则

年份	债务公告数量	年份	债务公告数量
1850	0	1886	0
1851	0	1887	1
1854	0	1888	0
1855	0	1889	0
1856	0	1890	2
1857	0	1891	0
1872	0	1892	0
1875	0	1893	0
1877	0	1894	0
1879	1	1895	1
1880	0	1896	1
1881	0	1897	0
1882	3	1898	0
1883	0	1899	0
1884	0	1900	3
1885	0	1901	3

续表

年份	债务公告数量	年份	债务公告数量
1902	12	1907	2
1903	13	1908	2
1904	12	1909	0
1905	17	1910	3
1906	6	1911	24
合计	64		42

与破产转让率不断增高的情况相对应的是，反映地区经济活力和经营创新能力的开业、办厂、换领营业牌照的营业公告数量及占比呈现总体下降的趋势（见图3-17、表3-14）。

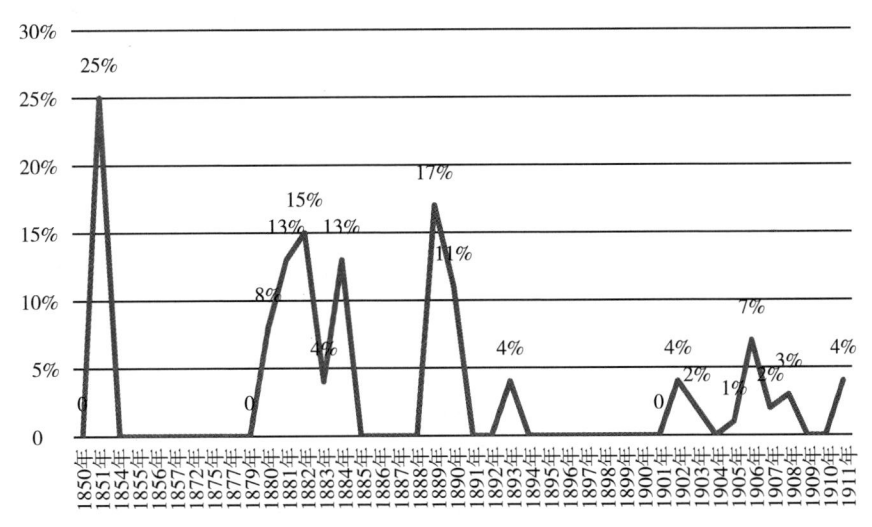

图3-17　1850—1911年《澳门宪报》营业公告占当年经济公告的比重变化统计

从图3-17可见，1851年开业办厂、换领营业牌照公告占当年全部经济公告的比重是历年的巅峰，高达25%（但仅3则），此后占比一直再未能超过17%，具体发布的数量也再未超过5则，可见19世纪下半期澳门经济的总体趋势是创业的活力不足，工商界更缺乏实业方面的创新开拓意识，而其中重要的束缚就是专卖许可制度，政府将这种严格管控方式推行至各个领域，使得开业办厂须经重重竞标环节才能实现，严重扼杀了市场经济的核心优势——自由竞争机制（具体数值见表3-13）。

表3-13　1850—1911年《澳门宪报》营业公告数量变化统计

年份	营业公告数量（则）	营业公告占经济总量比重（%）	经济公告数量合计（则）	年份	营业公告数量（则）	营业公告占经济总量比重（%）	经济公告数量合计（则）
1850	0	0	1	1891	0	0	9
1851	3	25	12	1892	0	0	17
1854	0	0	1	1893	1	4	27
1855	0	0	1	1894	0	0	28
1856	0	0	0	1895	0	0	12
1857	0	0	1	1896	0	0	14
1872	0	0	0	1897	0	0	31
1875	0	0	1	1898	0	0	41
1877	0	0	1	1899	0	0	17
1879	0	0	27	1900	0	0	24
1880	2	8	26	1901	0	0	32
1881	3	13	23	1902	2	4	51
1882	5	15	34	1903	1	2	49
1883	1	4	23	1904	0	0	68
1884	2	13	16	1905	1	1	126
1885	0	0	21	1906	5	7	68
1886	0	0	16	1907	1	2	54
1887	0	0	13	1908	1	3	36
1888	0	0	8	1909	0	0	42
1889	2	17	12	1910	0	0	47
1890	2	11	18	1911	3	4	83
合计	20		255	合计	15		876

表3-14　《澳门宪报》刊载的对各行业税收管理的公告

何项生意或工艺	领牌银数		
	下等	中等	上等
修整脚车或卖及赁	六元	八元	十元
散沽洋酒	六元	七元二毫	九元

续表

何项生意或工艺	领牌银数		
	下等	中等	上等
木匠及整东洋车	五元	七元	九元
棉胎	六元	七元	八元
散沽皮鞋	六元	九元	十二元
存茶栈房	三元	八元	十二元
存火柴栈房	三元	八元	十二元
熟药	二元	四元	六元
豢养生羊	一元	二元	三元
油炸（Fabrica d'azeite）	二十元	二十五元	三十元
制造饼干	三元	六元	十二元
制造红毛坭及砖	一百元	二百元	三百元
制造酸果	一十二元	十五元	二十元
制造荷兰水	一元	二元	三元
制造神香	四元	八元	十二元
织丝及卷丝	五十一元	五十七元	六十三元
制造蜡烛	二元	四元	六元
打铁	三元	六元	九元
造遮及修理	三元	四元	五元
酒店	二十五元	三十元	四十元
较电灯及沽电器	四元	八元	十二元
菜园	半元	一元	一元五毛
首饰	七元	十一元	十六元
中国书籍	四元	六元	八元
西国书籍	四元	六元	八元
中国糖果	三元	四元	五元
席店	二元	三元	十元
果子店	四元	八元	十二元
蛋店	二元	四元	六元
石印字馆	三元	四元	六元
纸笔等类	四元	六元	八元
洋鞋	二元	四元	六元
梳打	二元	四元	六元

续表

何项生意或工艺	领牌银数		
	下等	中等	上等
散沽烟	八元	十元	十三元
养牛只	一元	二元	四元
散沽蜡烛	二元	四元	六元
雪厂	四元	八元	二十元
卖东洋车	四元	七元	九元
散沽火柴	一元	二元	三元
缝衣车	二元	四元	六元

最后，澳葡政府强化经济管控、推行专卖制度的政策引起了当地华人的集体抗争。

澳葡政府在推行包税专卖制度、强化经济管控的过程中，已经引起了当地经济主力的华商团体乃至民众的多次集体抗议。如《澳门宪报》1883年4月14日（第十五号）刊登了一则贩卖猪肉的商户们因不满包税商的欺压而"联行罢市"的公告。《澳门宪报》1892年4月6（第十三号附报）日中记载了政府因颁布酒类专卖制度，"准在澳门设立承充料半酒饷等因"，导致澳门民众的集体抗议而引发骚乱的信息布告："照得前据澳门华商叠次具禀前来，请将料半酒饷准其承充等语。旋即奏闻大君主，于西纪去年十月初一日奉上谕，准在澳门设立承充料半酒饷等因。迨至华本年本月初六……有华人或在三街会馆，或在镜湖医院聚集，有为商议抗逆投充料半酒饷事宜，致地方不得平安"。《澳门宪报》1892年4月25日（第十六号附报）发布了澳葡政府严禁"串同罢市"的详细章程，对罢市之人将施以严厉的惩罚："将该生意牌缴销……将该人送官究办，按照刑律，治以违抗官命之罪……监禁六个月，并罚银五千至廿万厘士……"而其后在1893年9月18日，澳门牛畜商人也进行了罢市抗议牛肉专卖权的变更。①

---

① ［葡］施白蒂：《澳门编年史·1900—1949》，姚京明译，澳门基金会1998年版，第274页。

第三节 《澳门宪报》中文经济公告的特征

《澳门宪报》中文经济公告总体上体现为四大特征：虽然传播形式较为简单，但几乎涉及近代澳门各个行业领域，能够鲜明体现澳葡政府希望通过系统地引导产业发展和推动城市化与经济结构变革来改善财政收入、助力产业转型，但在实施效果上并不理想，这为今天政府制定产业政策提供了历史镜鉴。

总体上，《澳门宪报》上出现的经济公告作为中国近代报刊史上较早出现的经济公告形式，距离现代公告的利益诉求、公告定位、文案表述方式等方面都还存在显著的差距，大部分仅具有基本的信息告知功能，极少数在文案表述形式上使用了一定的修辞方式，又往往存在虚假宣传的嫌疑。但就当时的报刊公告发展水平来做横向比较，《澳门宪报》上出现的经济公告相比内地的报刊公告具有时间上较早出现和一定的先进性：

首先，公告反映出各类经济活动的出现时间较早，如船期公告、专卖公告等。

其次，所涉及的行业领域十分广泛，甚至包括一些内地极少出现的行业领域，如专卖公告等，当然这与澳门当地的特种产业结构如博彩业、鸦片业有直接关系。

最后，某些公告能够体现出官方鲜明的经济政策导向意识，具有一定程度上的现代政府对城市经济运行的管理服务观念，尤其是某些经济政策类公告、专卖制度公告等。具体可以表现在以下方面。

一 经济信息的简单告知功能

《澳门宪报》上的经济公告由于发布时间较早，从报刊公告的形态演进史来看，它与现代公告所具备的经济利益诉求、市场定位、文案表述方式等方面还存在着显著的差距。当然这与《澳门宪报》作为官方报纸以刊登政府公告为主的媒体定位有直接关系，因此根据本书的全面统计，大多数经济公告只具有简单的信息告知功能，基本采取公告式的公告表述方式，如《澳门宪报》1881年6月18日（第二十五号）刊登了一则保险公告：

火烛保险公司（Hamburg-Magdeburg Fire Insurance Company of Hamburg）启者：本美唎士（Milish）公司，即与法洋行，现在本澳代理晏步路城之火烛保险公司，其名晏步路吗的哺（Hamburg-Magdeburg）火烛保险公司。如有贵商赐顾，欲买火烛保险，可以到本行面议。其价照常，其属相宜。特此布告。辛巳年五月十二日。兴发洋行告白。

从这则公告可以反映其传播诉求是商业保险的促销宣传，公告内容中清晰地交代了公司概况、名称和来历："本美唎士（Milish）公司代理晏步路吗的哺（Hamburg-Magdeburg）火烛保险公司"业务，以及销售价格策略："本行面议。其价照常"；文字表述简洁，有简单的修辞用语："有贵商赐顾……其价照常，其属相宜。"这说明当时的产品宣传意识还是非常淡薄的，以公告的口吻发布促销信息，缺乏现代公告从受众出发鼓励保险购买的经济观念。但公告信息的传播形态是受社会环境与时代发展局限的，与历史同期的中文公告相比，虽然《澳门宪报》刊载的这则保险促销公告形式略显简单，但也充分体现了当时澳门相对发达的保险业、现代服务业等新兴的产业发展动态和社会需求情况。

二 经济利益诉求色彩相对淡化

由于《澳门宪报》的官办媒体属性，刊载经济公告主要出于政府服务于社会经济运行的管理与服务需求，又是由政府出资创办并掌控经营与内容编辑权，所以经济公告并不像近代私营的商业化报刊公告那样承担报纸资金来源的经营职能，因此导致经济公告在表达利益诉求方面的商业化色彩相对淡化，占公告总量39%（见图3-1），远低于同时期《申报》中经济公告的比重。

此外，经济公告的商业化色彩相对淡化，还与19世纪后半叶澳门的经贸活动衰退有关。从前述各类常规性经济活动的公告分析中，债务公告数量增加、营业公告占比下降等趋势可见，在失去传统的国际贸易中心地位后，澳门的经济活力下降，经济转型艰难；而且，在财政紧张的情况下，澳葡政府采取了强化专卖制度来扩大税源的错误方式，从长期来看扼杀了市场竞争的自由活力，使得各行业经营成本攀升，民众生活水平下降，商业萎靡。因此，经济公告更多地出现批准设厂、专卖权招标或转让公告以及各类管理章程，这类经济信息自然较少地含有促销色彩。如《澳门宪报》1882年7月8日（第二十七号）刊载的一则批准设厂公告：

  大西洋护理澳门、地扪总督辅政使司噶（José Alberto Corte Real）为给照事。
  照得现据华人何连旺前来禀称，恳准开设缫丝厂，内用水气机器，设在和隆园内东便附近二龙喉茶园马路，该厂名粤和昌。该厂四至：北向茶仓，东南向马路，西向街上。经饬政务厅详查，据覆经已查询，并无人抗拒不许该厂开设，是以无妨碍，可准在该处开厂。又经饬医生局医官并工程公所督理官查明报覆；又查该厂归入一千八百六十三年十月廿一日之上谕内第二款附款一所列之第二等，因有烟气及火炉炸裂，所以有不方便及有危险之处。兹查该厂所择地方之情形，并无碍民人身家物业，亦无碍该处附近邻舍不能安静，并无伤保养众人生命；又经与澳门公会商议，兹按一千八百六十三年十月廿一日上谕第四款之例，准该何连旺在以上所言和隆园开设缫丝厂。所有章程开列于后。

从这则公告可见，政府对于企业兴办的态度主要是基于一种社会管理的角度出发的，对于设厂的审核主要考虑到安全生产的因素和种种社会影响："兹查该厂所择地方之情形，并无碍民人身家物业，亦无碍该处附近邻舍不能安静，并无伤保养众人生命，"但未体现出包含有经济优惠政策和鼓励兴办实业的措施。

三 体现澳葡政府的现代经济管理与服务职能

澳门是中国沿海最早的开埠地，历经16世纪到19世纪下半叶200余年的近代化城市发展，使得作为管理者的澳葡当局也积累了初步的现代城市治理经验，尤其是维护社会经济正常运行的现代管理与服务理念，这在当时来看无疑较内地和香港更为先进。这些管理与服务理念很重要的传播工具和发布平台就是近代官方报刊媒体，《澳门宪报》上的经济公告中有相当比例是一些政策规章公告或具体经济活动的管控措施。如《澳门宪报》上发布的一则关于规定开办公司章程的公告：

大西洋钦命澳门、地扣暨所属地方总督贾为札知事。

照得现有华人合伙设立公司，为畅叙遣兴之所，取名曰同和公司。其公司章程，先经各合伙商允。兹查设此公司之起见，甚是平和于澳门华人固有裨益，亦为律例所准，现经与澳门公会商议，是以将后开并经辅政司画押之章程，本大臣均已准行，惟该公司应将允准之饷银及印厘缴纳。现查该公司所立之意愿与例相符，倘该公司有违创立之意，即将准行之权销废。为此合札各官军民人等一体得知。特谕。辛巳年十二月十一日第九号札谕①。

这则公告详细规定了华人开办公司的具体经营、纳税等有限经济责任："现有华人合伙设立公司，为畅叙遣兴之所……兹查设此公司之起见，甚是平和于澳门华人固有裨益……该公司应将允准之饷银及印厘缴纳。"以及违法经营法规将面临的处罚："现查该公司所立之意愿与例相符，倘该公司有违创立之意，即将准行之权销废。"

再如《澳门宪报》1851年1月18日（第九号）上刊登的最早一则税收规定公告及其附表（见表3-15）：

大西洋理事官唛嚟哆吗忌士为饬纳地租事。

照得所有铺户应纳司打（Fazenda Publica）地租者，期又经逾，今限本月内，所有旧租新租，该铺户务须遵照携银赴司打清纳，不得拖延，致干严究，各宜知之。道光三十年十二月十三日谕。

上述公告是针对地租税按期缴纳的规定，要求租户必须按期付租："限本月内，所有旧租新租，该铺户务须遵照携银赴司打清纳，不得拖延，致干严究，各宜知之。"

再如《澳门宪报》1907年3月13日（第十三号）刊载的一则对各行业税收管理的公告：

大西洋钦命澳门总督墨为札谕事。

兹据公钞会长申称，查澳门有数等铺店，向未将所应纳之公钞缴

---

① 《澳门宪报》1882年2月4日（第五号）。

纳。因为一千八百八十七年十二月三十日所定公钞章程附入之单,未有将此数之铺店应纳钞费若干数目等因。本总督查输纳公钞以供公用,原属应尽之义务,为须视其生意之大小而定所纳之多寡。今用一千八百八十七年十二月三十日公钞章程之九十五款之附款所授予本总督之权,邀集澳门总督公会各员详细商问,均称应属照此办理。是以本总督特将现附本札谕宣示,经辅政签名之所定公钞单批准举行。为此札谕阖澳官员一体知悉遵照。须至札谕者。西一千九百零七年三月初七日、即中历光绪卅三年正月廿三日发。

西一千九百零七年三月初七日、即中历丁未年正月廿三日。澳门署理辅政司美(Damiao Martins Pereira Menezes)。

从这则公钞(即税收)公告中可以反映出澳葡政府基于扩大税源的目的,按照各行业交易规模等设定不同等级的税率:"原属应尽之义务,为须视其生意之大小而定所纳之多寡。"几乎全部的民生产品交易都掌控在澳葡当局的手中,澳葡当局通过建立详细的税收制度体系管制近代澳门所有的经济交易活动。

又如,《澳门宪报》1884年11月22日(第四十七号)一则稳定金融秩序的规章:

大西洋钦命理事官办理华政事务何为出示严禁事。
照得现据本澳众华商禀称,近来多携带烂钱入奥发售,显干刑律部之例禁。盖律例所载,无论本国与外国金银钱文,不得私铸假造,并不得携带入境,又不得通行运用。如有违犯,例禁綦严,从重办理等语。缘干此禁例,向有损害民人,兹本澳多有烂钱入境,实属于贸易场中居住民人大有干碍,是以出示晓谕尔等商贾民人知悉:嗣后所有金银钱文,毋许私铸假造、携带入境、通行运用。至于烂钱,更毋许私铸,或带入,或通用等情。倘敢抗违,自当从严究办,绝不姑宽。

从上述公告中我们可以看出澳葡政府对于私带外币到澳门销售、流通的行为将追究法律责任:"显干刑律部之例禁。……如有违犯,例禁綦严,从重办理",也严格禁止私铸行为:"倘敢抗违,自当从严究办,绝不姑宽。"其目的在于保持澳门地区的金融秩序稳定以及维持澳葡政府对货币控制的主导权。

我们可以从这些涵盖企业经营、税收、货币流通等领域的公告内容发现，无论是出现时间还是管理意识，都体现了澳葡当局较之内地更加严格也更加系统、成熟的治理经验，体现了一定程度上具有现代政府职能的经济管理理念。

四　存在部分虚假公告

据本书统计，多数公告因受政府官报的传播定位所限，并未有过分夸大宣传之词，绝大部分的经济公告基本采取政治公告式的表述方式；但也有少数公告出现了相对较多的修辞和渲染，集中出现在招徕华工的苦力贸易公告当中，如《澳门宪报》1856年10月4日（第五十号）刊载的最早的一则海外招工公告：

> 孟光来亭说称：旧年九月十八日，伊由汕头在洋船开身载客仔往哑湾啥（Havana）埠，该埠之人待客仔甚好，每月有工银四元，并食东家，食用甚好，各客仔十分欢喜，每逢拜好日，各客仔穿着鲜明衣裳往各处游逛。又同埠内人入庙拜神，大家如兄如弟。埠内有富贵家甚多，每日晚上到五点钟时，客仔放工，任由行逛玩耍。又有客仔坐马车去逛的。其熟识功夫的客仔，每月受工银一元八元，亦有二三十元的。此埠所用系金银，不用铜钱。哑湾啥地方之人，富者居多，贫者甚少，此皆亲眼见真实。所称是实。咸丰六年八月二十五日。孟光洪。

我们可以从这则招工公告看到，文案中将古巴描绘成友善、富足、人间天堂般的淘金圣地："此埠所用系金银，不用铜钱。哑湾啥地方之人，富者居多，贫者甚少"；对华工待遇优厚："该埠之人待客仔甚好，每月有工银四元，并食东家，食用甚好"；工作清闲："每日晚上到五点钟时，客仔放工，任由行逛顽耍。"但实际情况是，目的地是沦为西班牙殖民地的古巴首都哈瓦那，当时古巴荒凉贫瘠，因此急需大批苦力来此开荒垦地，而华工以"契约"身份被贩卖，工资是每月西班牙银元4元，由于货币贬值，尚抵不上中国银元两元；且被雇主长期拖欠数目巨大。[①] 华工

---

① 陈翰笙主编：《华工出国史料汇编》第四辑，中华书局1981年版。

到岸后即通过"卖人行"被公开拍卖给庄园主、种植园主和矿场主做苦力，每天必须干满18—21个小时。①

就此判断，这些虚假的招工公告有很大的欺骗性，也在澳葡当局希望借苦力贸易扩大税源的纵容下，令很多不明真相的底层华工骗至海外，客死他乡。因此，虽然这些虚假公告数量不多，却危害极大，印证了澳葡政府在特种产业利益诱惑面前的伪善立场。

第四节 《澳门宪报》中文经济公告对澳门的近代经济呈现及产业影响

《澳门宪报》中文经济公告从不同产业领域反映出澳葡政府强化经济管控的社会治理观念，但事实上推高了各行业的经营成本，加重了民众的生活负担，扼杀了澳门的经济活力，使之错失了近代工业化转型的机会，对日后澳门形成以博彩业为支柱的畸形产业结构有深远影响。

一 《澳门宪报》中文经济公告是殖民地产业发展的动态反映

《澳门宪报》中的经济公告从总体上反映了澳门经济结构的转型过程。在19世纪末到20世纪初这段时间里，表现为从东西方传统的商品贸易活动向具有澳门特色的特殊产业转型的趋势，澳门经济转向以特殊行业为支柱的产业结构。

从史料背景和具体经济公告的分布变化可以发现，澳门16世纪开埠以来传统的大宗商品贸易随着其贸易中心地位的下降而日渐萎缩，受香港崛起以及内地通商口岸增多影响，澳门独占东西方商贸交易中心的地位受到严峻挑战，随之而来的是财政收入的锐减，经济转型的要求愈发紧迫。在这种经济形势下，澳葡政府采取了强化专卖制度来缓解财政危机以及扶持高额利润的鸦片贸易、博彩业等扩大税源的错误政策。19世纪下半叶，鸦片专营、赌博专营、彩票专营并称为构成澳葡政府财政收入的"三项主

---

① 王珊珊：《论19世纪中期拉丁美洲的契约华工——以古巴为例》，《安阳师范学院学报》2006年第1期。

要的包税专营项目"。① 这种产业变迁也体现在公告上，例如海外招工公告集中分布在19世纪的八九十年代，这时苦力贸易带来了鸦片战争后澳门经济的短暂"繁荣"；而且公开的苦力贸易结束后，私下贩卖苦力仍猖獗。而鸦片公告在所有专卖公告中的数量占比也是仅次于博彩公告居第2位的，平均占比值为52%，出现两段比较集中的高峰期，第一个高峰期是1879—1887年；第二个高峰期是1908—1911年（见图3-9）。博彩业也是如此，它在所有专卖公告中的占比是最高的，其历史背景是19世纪六七十年代苦力贸易同样兴盛的时期，澳门的赌馆多达200余家，仅澳葡财政从中获得的赌饷一项一年就达24万元。②

正是因为澳葡政府倚重特殊行业的"畸形"繁荣，从基础上破坏了澳门整体的产业结构合理性和经济发展的平衡性，导致了其他行业因专卖制度等束缚日渐凋敝。从公告分类的变化上看，常规性经济活动的公告中呈现出债务公告占比上升、营业公告占比下降等趋势；与之对应的是，经济公告中更多地出现批准设厂、专卖权招标或转让公告以及各类管理章程，说明澳葡政府加强对经济的管控，希望强化专卖制度、扩大税源，这一导向从长期扼杀了市场竞争的自由活力，使得各行业经营成本攀升，民众生活水平下降，商业萎靡。

二 报刊公告形态受澳门近代经济转型与产业结构变迁的影响

从报刊公告发展的角度看，依托于澳门地区迅速的经济转型和具有地区特色的多元产业结构，《澳门宪报》的经济公告所涉及的领域较内地和香港更为广泛；而且，在澳葡政府具有现代政府对经济管理意识雏形的影响下，作为官报媒体上的公告对澳门近代经济转型的服务功能发挥了更为积极的推动和引领作用。《澳门宪报》中文公告的这种经济功能也较内地具有更多的主导性，具有与官方政策导向紧密联系的色彩，在服务经济运行的同时也更多地体现政府对经济管控和产业扶持的意图。

例如19世纪下半叶澳葡政府在财政收入锐减的情况下，增大了其推

---

① 莫世祥：《近代澳门贸易地位的变迁——拱北海关报告展示的历史轨迹》，《中国社会科学》1999年第6期。

② 吴郁文主编：《香港·澳门地区经济地理》，新华出版社1990年版，第272页。

动经济转型的压力，它所采取的对策就是强化专卖制度、扩大税源，因此在《澳门宪报》上刊载了大量专卖公告以及政府希望重点扶持的那些带来高额利润的产业信息，希望借此吸引投资、引导社会对这些产业的关注。如《澳门宪报》1891年4月23日（第十七号）上刊载的一则关于渔业专营的公告：

> 大西洋澳门督理国课官波沙为通知事。
> 照得澳门承充卖鱼生意，准叶瑞兴及黄金承充。该合同日期系自一千八百九十一年三月十六日起，至一千九百零一年三月十六日止。兹将该合同内所有禁止之条，定刑定罚各款，并照合同内所有关涉外人之事款，开列于下。

我们可以从上述专卖公告推断，澳葡政府用这种垄断权转让的方式将鱼盐、猪肉、牛羊肉乃至酒类都纳入专卖体系，专卖制度在19世纪下半叶几乎涵盖了与民生有关的大部分大宗商品领域，虽然这弥补了政府的税收亏空，但却推高了各行业的经营成本，使得民众的生活水平也日渐下降。

再如政府大力扶持发展博彩业，专卖公告中有大量关于"闱姓"赌博或各类彩票专卖点的转让承兑公告，体现了政府引导产业投资的意图。如最早于《澳门宪报》1851年7月19日（第三十五号）上刊载的一则博彩公告：

> 奉公务会命：缘澳内白鸽票厂于七月二十七日满期，是以预于六月十七日在议事亭从新出投夜冷，如有愿遵守规条及出批价最高者，准令承充。其白鸽票规条在亭与看。六月十二日谕。

从这则白鸽票公告（彩票的一种）我们可以看出，对于带来暴利的博彩业，政府采取严格的专卖制度，包括彩票的制售、印刷等环节，一旦票厂合同到期后就依照竞标原则："批价最高者，准令承充"，授予下一轮的专营权。

再如澳葡政府宣布澳门实行"自由港"的政策，希望借此强化东西方贸易中心的地位，应对香港崛起的竞争，这时在《澳门宪报》1850年

12月7日（第四号）上就发布了第一个"自由港"的免税贸易公告：

奉公会名：现查得所有头艋船，向由附近海口来澳贸易者，辄疑与趁洋各艚船同输入澳顿钞。为此，合行出示，明白晓谕尔各头艋等船知悉该入澳顿钞之例。惟是，该趁洋白艚船及头艋等大船由嗓喇吧（Portos de Java）、暹罗（Siam）、新埠（Estreito de Malaca）等外洋，不在中国所属之处载货来澳者，应输顿钞，其余由附近来澳之船不在例内，可照旧免钞，各宜知之。特谕。道光三十年十一月初三日谕。

从这则公告我们可以看出，澳葡政府重视通过免除航行税费的方式发展国际贸易的官方态度："不在中国所属之处载货来澳者，应输顿钞，其余由附近来澳之船不在例内，可照旧免钞，各宜知之"，希望"自由港"政策能为澳门传统航运业的再度繁荣创造有利条件。

第四章

《澳门宪报》中文文化公告与澳门文化

第一节 《澳门宪报》中文文化公告的定义及内容

《澳门宪报》中文文化公告反映了近代澳门社会在思想观念上的变迁以及独具魅力的澳门文化的融合与生成过程。其内容、类别与数量变化等特征充分反映出澳葡政府在"华洋杂居"的多元文化环境中注重通过报刊公告宣传来推行相对温和的文化治理政策。

一 澳门近代文化的定义及其与公告的关系

19世纪末,爱德华·泰勒对文化做了如下定义:"文化或文明,就其广泛的民族意义来说,乃是包括知识、信仰、艺术、道德、法律、习俗和任何人作为一名社会成员而获得的能力和习惯在内的复杂整体。"[1] 从这一最早的文化概念中我们就可以发觉文化与社会之间的紧密联系。而后来的雷蒙·威廉斯更是明确地提出:"文化就是某一种生活方式的描写,是所有意义的形式,它不仅表达了艺术与学术,同样也表达了体制和普通行为上特定的意义与价值。"[2] 可见,威廉斯对文化的描述中突出了其明显的"社会性"意义,强调了社会关系和社会交往等因素对意义生产的影响。而本书研究的文化公告也是沿着这一理论进路,尝试对《澳门宪报》中文文化公告进行描述和分析,再现当时的澳门文化活动、社会百态及其背后所蕴含的澳门华洋杂居、多元和谐的文化环境与发展变迁。

---

[1] [英]爱德华·泰勒:《原始文化》,蔡江浓译,浙江人民出版社1988年版,第1页。
[2] Ramond Williams. Culture. Princeton University Press, 1993:13.

公告传播的过程包含在人们共享社会文化的过程之中，就是一个社会价值观念不断被传送、强化和公众接收社会文化教化的过程，所以，公告与文化紧密地联结在一起，它们之间是一种相互促进相互影响的双向关系：一方面，公告负载社会文化信息，反映了不断变化、发展的文化；另一方面，公告作为一种文化载体，推动着文化的发展，对文化的各个方面产生了巨大的影响。文化是公告的前提，公告是文化的反映。公告在传播过程中总是自觉或不自觉地输出某种生活习俗、民族心理、道德取向、价值观念、宗教信仰、消费方式等文化内涵，因此，有什么样的文化，就会有什么样的公告，公告以不同于其他载体的传播模式来传播文化。

本章的内容可以视为一种文化研究，此类公告内在的文化制度与历史积淀是值得我们深入挖掘的宝库，是研究澳门社会转型的重要史料库；从学术价值来看，澳门文化如今已经形成了一个专题的研究领域，海内外华人学者有诸多论著，这是因为它作为中国最早开埠的商港及后来因此形成的早期城市，澳门多元文化的融会与聚合过程中发挥了重要的黏合作用。而《澳门宪报》公告真实、鲜活地反映了19世纪中叶之后的半个多世纪里整个中国出现史无前例的重大变化在澳门的剧烈反映；在城市文化发展史上，这些公告也记载了19世纪50年代后澳葡政府在科教文卫方面的政策与建设行动，包括邮政、通信、金融、教育、宗教、慈善事业的现代化进程，以及东西方不同民俗文化活动的交织与融合。但遗憾的是，目前未发现有从公告文化角度切入此研究领域的专题考证。因此，基于这些公告记录，本书将主要循着调和"文化冲突论"的主线展开对澳门近代社会转型过程的梳理。

二 《澳门宪报》中文文化公告的具体细分分类及内涵界定

根据《澳门宪报》中的公告内容，按照公告所反映的社会文化生活领域标准进行分类，本书将文化公告视为与科教文卫领域密切相关的非经济公告形式。[①] 主要是指有关宗教、教育考试、公共卫生、市容管理、医疗等公告，其社会功能比较明确，就是提供特定公共或个人服务的信息公告。具体包括：①宗教公告；②教育考试公告；③公共卫生及环保公告；④市容管理公告；⑤医疗类公告；⑥民俗公告；⑦媒体公告七个领域。由

---

① 陈培爱：《广告学原理》，复旦大学出版社2009年版，第13页。

于此类非经济性公告数量不多，但内容涉及面较广，为了便于研究，本书将其归纳为四小类细分项目：教育考试公告、卫生防疫公告、宗教民俗公告，以及市容管理公告。

《澳门宪报》中的教育考试公告，主要是指澳葡政府官方发布的教育机构设立或建设招标活动等科教信息，包括育儿堂、大西洋文义学堂、女子学堂以及考试招聘公告。招标公告的主体是澳葡政府，这类公告反映政府对于科学教育体制、人才培养制度及教育基础设施建设的投入情况。

《澳门宪报》中的卫生防疫公告主要包括澳葡政府对于公共卫生政策、医疗制度与信息发布、疫苗接种与流行疾病预警、环境保护等领域的信息公告，此类公告的目的是配合澳葡政府维护公共秩序、促进城市化发展，体现了澳门社会较早地向西方式现代城市生活转型的雏形。

《澳门宪报》中的宗教民俗公告是澳葡政府发布的有关规范华人居民生活方式、传统民俗活动的管理与服务信息，这类公告突出体现了澳葡当局殖民统治的文化治理方式以及处理华洋民族关系方面的政策意图。

《澳门宪报》中的市容管理公告包含了澳门城市基础设施的外观维护要求、规范华人居民生活习惯以保持城市环境的政策与措施等公告信息，它们是澳葡政府履行现代城市管理职能的一种体现。

三　《澳门宪报》中文文化公告的总体数量及变化趋势

《澳门宪报》中文公告包含的文化公告总量共 81 则，在四大类公告中是最少的；因此，在中文公告总量中所占的比重也是最低的，仅占 3%（见图 4-1）。但这并不代表文化公告是无足轻重的：就公告与文化的关系而言，《澳门宪报》中的文化公告不仅从多个侧面反映了 19 世纪下半叶澳门华人居民的生活百态，见证了东西方不同民俗文化活动的交织与融合；而且，这些以文化教育政策为主要内容的公告对澳门城市化的进程发挥了重要的助推作用，它们是澳葡政府在科教文卫方面的政策与建设职能方面的重要宣传渠道和信息载体，在潜移默化中引导和教化着刚刚脱离农耕文化环境的华人居民逐步接受并适应澳门城市化转型所必需的文化观念与生活方式。

据《澳门宪报》的原始史料显示，由于 1879 年前《澳门宪报》的文化公告数量极少（仅 1851 年有 2 则，见表 4-1），故统计分析的意义不大，所以本书集中对 1879 年文化公告开始长期持续刊载后的情况进行分

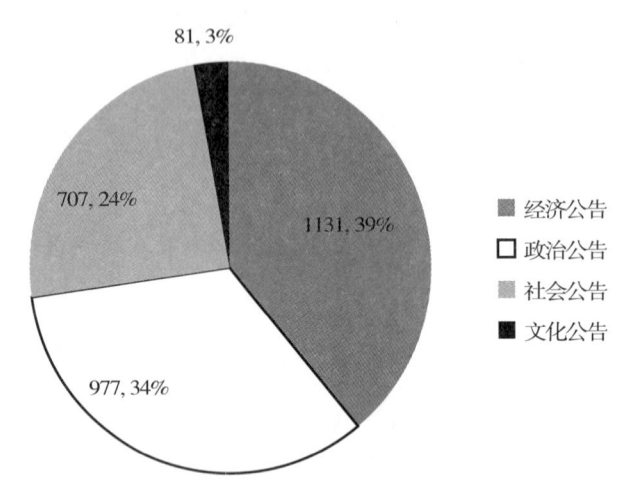

图 4-1 文化公告占《澳门宪报》中文公告总量的比重

析，其变化趋势如图 4-2 所示。

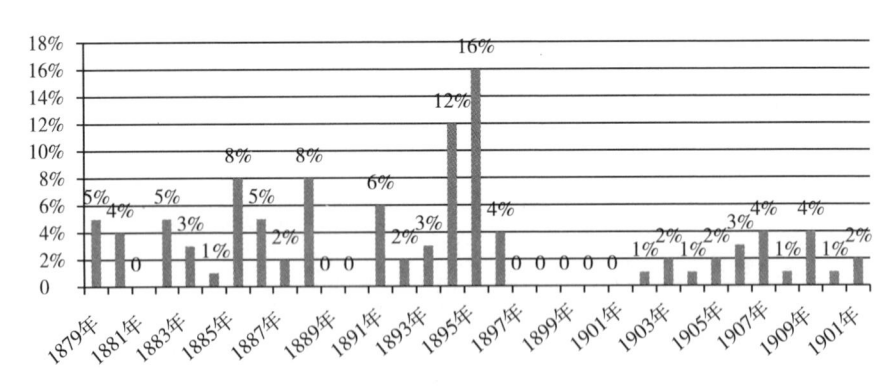

图 4-2 1879—1911 年《澳门宪报》文化公告所占比重变化统计

从图 4-2 文化公告占比的变动情况可以发现，从 1879 年的 5% 增至 1895 年的 16%，反映了澳门地区华人规模迅速扩大所导致的华人群体社会文化活动日渐繁荣的趋势；在 19 世纪八九十年代及 20 世纪文化的公告的占比出现三次较为显著的增长，尤以 19 世纪 90 年代为最，1894 年比重猛增至 12%，1895 年达到了 16%，以后占比情况则趋于平缓，基本维持在占比 1%—4% 的水平，反映出东西方文化融合状态已经基本稳定，社会管控上在早期经历了文化习俗的冲突后社会各方和谐相处、文化矛盾趋于平缓的局面。具体每年的细分公告数量见表 4-1。

表 4-1　　　　　　文化公告（按二级）的细分类别统计

年份	教育公告数量（则）	教育公告占当年文化公告总量的比重（%）	卫生公告数量（则）	卫生公告占当年文化公告总量的比重（%）	宗教民俗公告数量（则）	宗教民俗公告占当年文化公告总量的比重（%）	市容管理公告数量（则）	市容管理公告占当年文化公告总量的比重（%）	文化公告数量合计（则）
1851	0	0	0	0	1	50	1	50	2
1879	0	0	3	60	2	40	0	0	5
1880	0	0	2	40	3	60	0	0	5
1882	1	17	4	67	1	17	0	0	6
1883	1	33	1	33	1	33	0	0	3
1884	0	0	0	0	1	50	1	50	2
1885	5	63	2	25	1	13	0	0	8
1886	1	33	2	67	0	0	0	0	3
1887	0	0	1	100	0	0	0	0	1
1888	0	0	2	100	0	0	0	0	2
1891	0	0	2	100	0	0	0	0	2
1892	0	0	0	0	1	100	0	0	1
1893	0	0	1	50	1	50	0	0	2
1894	0	0	6	100	0	0	0	0	6
1895	0	0	5	100	0	0	0	0	5
1896	0	0	2	100	0	0	0	0	2
1902	0	0	0	0	1	100	0	0	1
1903	0	0	3	100	0	0	0	0	3
1904	0	0	0	0	1	100	0	0	1
1905	3	100	0	0	0	0	0	0	3
1906	1	20	2	40	1	20	1	20	5
1907	0	0	4	100	0	0	0	0	4
1908	0	0	0	0	0	0	1	100	1
1909	0	0	2	50	0	0	2	50	4
1910	0	0	1	100	0	0	0	0	1
1911	1	33	2	67	0	0	0	0	3
合计	13		47		15		6		81

注：此表未列出的年份均为无文化公告。

第二节 《澳门宪报》中文文化公告的分类

《澳门宪报》中文文化公告依据内容主题可具体分为四个小类,涉及教育考试、卫生防疫、宗教民俗以及市容管理等领域,从多个侧面反映了19世纪下半叶澳门华人居民的生活百态,见证了东西方不同民俗文化活动的交织与融合,以文化教育政策为主要内容的公告对澳门城市化的进程发挥了重要的助推作用。

一 教育考试公告

(一)教育考试公告的数量及其占文化公告总量的比重变化

《澳门宪报》中的教育考试公告,主要是指澳葡政府官方发布的教育机构设立或建设招标活动等科教信息以及考试招聘公告。招标公告的主体是澳葡政府,这类公告反映政府对于科学教育体制、人才培养制度及教育基础设施建设的投入情况。

近代澳门教育机构出现在公告中的包括育儿堂、大西洋文义学堂、女子学堂等,这些教育机构的设立、管理、建设等都是由澳葡政府负责的,从图4-3的数量变化中我们可以看出,澳门近代教育事业及相关人才考试招聘工作的发展变迁。

图4-3显示教育考试公告在19世纪80年代初呈现高峰,另外则是在1905年前后公告较多(具体数值见表4-2)。两次高峰与澳门近代教育事业的发展以及当地人才流动情况密切相关。第一次数量高峰期内,教育设施建设的公告数量较多,反映出澳葡政府在教育事业的基础设施建设上投入较大。之所以集中于19世纪80年代出现,与澳门宪报从1879年开始面向华人发布中文公告有关,这一时期所颁布的教育政策与基础建设招标信息充分显示出澳葡政府重视成为居民主体的当地华人的人才培养,希望通过加快教育事业发展的方式实现文化上同化华人的目标并借以培养更多人才,以满足澳门经济转型所带来的大量人才需求;第二次高峰出现在1905年前后,这时的公开考试、招聘公告较多,与当时大量的华人移居澳门直接相关。因为从社会入籍声明的数量看,同期也呈现明显增长,表明为缓解内地涌入的大量华人而引起的失业率升高、社会动荡等问题,澳门政府以公告的方式积极发布招考信息,希望一方面提高就业率,并吸引

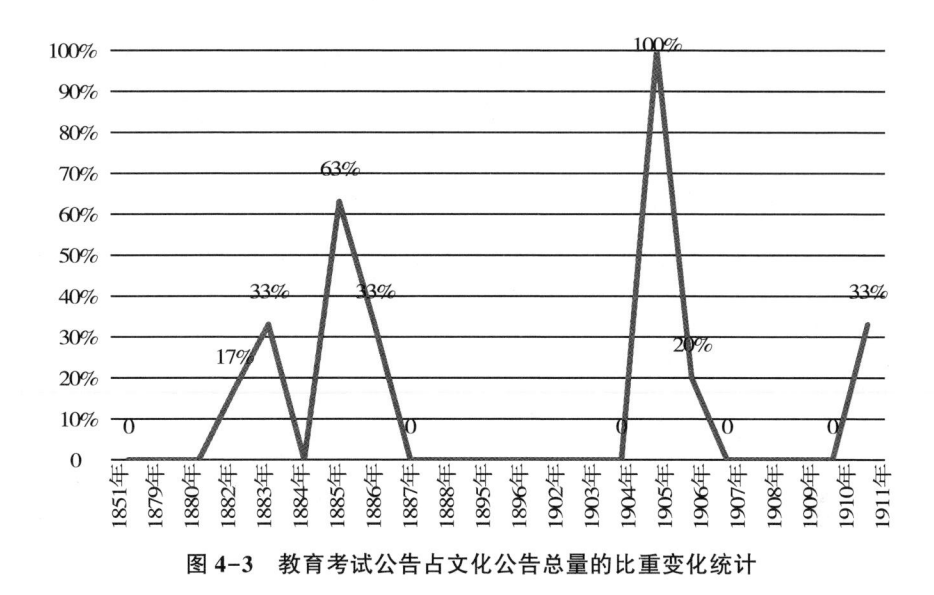

图 4-3　教育考试公告占文化公告总量的比重变化统计

内地科举考试取消而转来澳门寻求上升通道的知识分子；另一方面也希望通过鼓励移民华人接收西方的教育提升城市居民的总体文明素质，有利于澳葡当局的殖民管理。

表 4-2　教育考试公告数量及其占当年文化公告总量的比重统计

年份	教育考试公告数量（则）	教育考试公告占当年文化公告总量的比重（%）	文化公告数量合计（则）
1851	0	0	2
1879	0	0	5
1880	0	0	5
1882	1	17	6
1883	1	33	3
1884	0	0	2
1885	5	63	8
1886	1	33	3
1887	0	0	1
1888	0	0	2
1895	0	0	5
1896	0	0	2
1902	0	0	1

续表

年份	教育考试公告数量（则）	教育考试公告占当年文化公告总量的比重（%）	文化公告数量合计（则）
1903	0	0	3
1904	0	0	1
1905	3	100	3
1906	1	20	5
1907	0	0	4
1908	0	0	1
1909	0	0	4
1910	0	0	1
1911	1	33	3
合计	13		70

（二）教育考试公告的内容分析

澳葡政府虽出于文化同化、巩固殖民统治的目的而重视教育培训，但从客观上讲，这种战略眼光是长远而先进的，有利于澳门城市化的转型与华洋多元文化的融合。如《澳门宪报》1883年10月6日（第四十号）上刊载了一则建设"大西洋文学堂"的招标公告：

大西洋澳门辅政使司嘉士度（Manuel paes de. S Castro）奉大宪钧谕为颁行谕知事。

现在三巴仔街第一号屋开设教习大西洋文义学一间，如有华童欲入馆肄业者，自本日起准其报名注册。

所有报名注册及学习西洋文者，均不取其佣金，如该学童或有贫穷者，公物会将书籍并读书文具，一概给予。

从这则公告可以看出"开设教习大西洋文义学一间"的直接目的是招收"华童"，而且提供免费教育的优惠措施："所有报名注册及学习西洋文者，均不取其佣金"，甚至对贫穷的学童还承诺"书籍并读书文具，一概给予"。这些举措一方面表明了澳葡当局希望通过鼓励华人接受西方教育而产生认同西方殖民文化的效果；但另一方面也客观上能提升华人居民的教育水平和文化素质，更好地为澳门经济转型和社会发展服务。

第四章　《澳门宪报》中文文化公告与澳门文化

而人才招聘考试公告从 19 世纪 80 年代开始迅速增长的原因在于，大量涌入的华人移民群体 19 世纪 60 年代起就已经成为澳门居民的主体，澳葡政府对此的态度是希望通过加大人才招考的力度，充分利用和开发中国丰富的人力资源，为澳门的经济发展服务。因此，进入 20 世纪后，澳葡当局面对澳门迎来的又一波华人移民潮，在 1905—1907 年前后再次加大了此类招考信息的发布，以期提高就业率、降低大量人口带来的社会动荡，并通过一系列招聘政策为澳门 20 世纪的发展提供源源不断的人力资源。例如《澳门宪报》1905 年 1 月 28 日（第四号）发布的一则招考公告：

> 大西洋澳门辅政司李（Alfredo Lello）为示知事。
> 兹奉督宪钧谕，缘本澳译务署现有副文案一缺，拟招人考补。按此职每年薪金二十万厘士，另津贴六万厘士。凡有愿考者，须自颁行本造示之日起，限三十日前来投禀并将后列各项凭据随禀附呈，以备考取。查照西纪一千八百八十五年十一月初二日上谕第四款所定必须汉文优长、粤东语音清朗，方得入考。

从上述的人才招聘公告中可以看出，澳葡政府普通行政机构的岗位任用制度已经初具现代政府架构的雏形，各个空缺职位实行的是公开招考方式，并公开了薪酬待遇标准，实行年薪制："每年薪金二十万厘士，另津贴六万厘士"，这些特征都类似现代公务员的聘用制度；同时出于"澳人治澳"的管理模式，要求华人具有文字读写能力和粤语表达能力："必须汉文优长、粤东语音清朗，方得入考。"

此外，我们还可以从这一类人才招考公告中解读出澳葡政府当时实行的人才招聘制度为当地华人提升身份地位提供了阶层上升通道。尤其在 1905 年内地废除科举制度后，这种制度给移居澳门的华人知识分子提供了另外一种通道，无疑也起到了一定吸引内地知识人才的效果。

由此可见，作为最早施行西方式行政管理体制的东方"试点"，澳门具有现代社会雏形的教育与人事制度，能为底层民众提供更多的社会阶层上升机会。不同于内地传统式的教育和阶层升迁途径，西方式的教育与人事制度更多依赖于教会组织的力量来完成。据考证，基督新教教会 19 世纪在澳门设立了马礼逊学校等一些正规的西式学校，使得澳门和邻近的香山地区的青年,有了更多接触、学习西学的渠道,对于内地中国青年以及对近代中国人走向世界,起到了极其重要的作用。其创办的宗旨就是:"教育本地的青年,使他们在掌握本国语言的同时,能够阅读和书写英文;并能借助这一工具,掌握西方各种门类的知识。"① 而在1905年以前、内地科举制度尚未废除的时代,澳门及周边的社会底层民众往往是在无法接受私塾式的传统教育时,才肯把子女送到洋人设立的教会学校免费读书;也是在无力通过科举考试这一传统社会唯一改变命运的途径时,才会选择让子女出洋冒险。澳门最早引入的西方教育体制在周边地区的确发挥了文化桥梁的作用,例如成为中国首位赴美"留学生"的容闳就来自邻近澳门的珠海南屏,之后由其带领的第一批留美学童也绝大部分来自邻近澳门的香山县。② 其实,自澳门开埠以来,早期到西方留学的人士,大多数都与澳门有关。在17世纪,澳门中国教会的第一位中国司铎郑玛诺就生于澳门。③ 但遗憾的是,教育事业的发展往往与当地的经济水平密切相关,随着澳门19世纪下半叶贸易的衰退,原本设在澳门的各类文化事业机构,如马礼逊学校、西医局和《中国丛报》等出版机构,都在鸦片战争后迁到了香港,从而使近代澳门向周边文化辐射的影响力慢慢落后于香港。

二 卫生防疫公告

(一) 卫生防疫公告的数量及其占文化公告总量的比重变化

《澳门宪报》中的卫生防疫公告主要包括澳葡政府对于公共卫生政策、医疗制度与信息发布、疫苗接种与流行疾病预警、环境保护等领域的信息公告。这些公告不仅是澳门政府行使城市管理职能的体现,也从一个侧面反映出澳门近代城市化的进程。其数量变化的趋势如图4-4所示。

从图4-4可见,卫生防疫公告除个别年份占文化公告总量的比重有所

---

① "Circular of the Provisional Committee", in Papers of the American Board of Commissioners for Foreign Missions, microfilm, Research Publications, Woodhridge, Conn. 1985 (美部会文件), 16.3.11. 转引自吴义雄《在宗教与世俗之间——基督教新教传教士在华南沿海的早期活动研究》,广东教育出版社2000年版,第336页。

② 程美宝:《把世界带进中国:从澳门出发的中国近代史》,社会科学文献出版社2003年版,第36页。

③ 同上书,第118页。

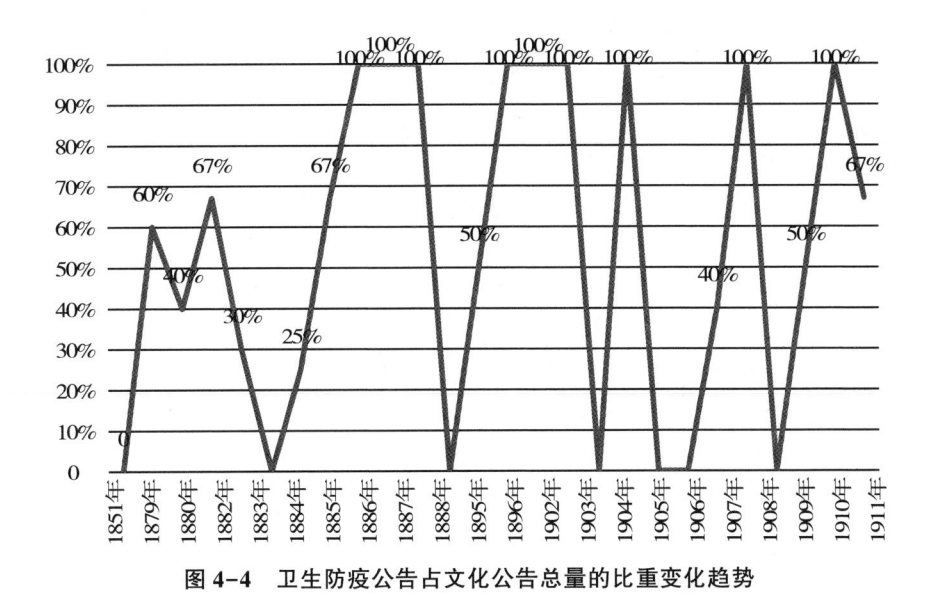

第四章 《澳门宪报》中文文化公告与澳门文化

图 4-4 卫生防疫公告占文化公告总量的比重变化趋势

下降以外，（1884 年、1892 年、1904—1905 年、1908 年），总体上保持了较高的占比（具体情况见表 4-3）。这种高占比的态势表明了澳葡政府着力维护公共秩序、促进城市化发展的政策与举措，也一定程度上体现了澳门社会较早地转向西方式现代城市管理方式的雏形。

表 4-3　卫生防疫公告数量及其占文化公告总量的比重统计

年份	卫生防疫公告占数量（则）	卫生防疫公告占当年文化公告总量的比重（%）	文化公告数量合计（则）
1851	0	0	2
1879	3	60	5
1880	2	40	5
1882	4	67	6
1883	1	30	3
1884	0	0	2
1885	2	25	8
1886	2	67	3
1887	1	100	1
1888	2	100	2
1891	2	100	2
1892	0	0	1

续表

年份	卫生防疫公告占数量（则）	卫生防疫公告占当年文化公告总量的比重（％）	文化公告数量合计（则）
1893	1	50	2
1894	6	100	6
1895	5	100	5
1896	2	100	2
1902	0	0	1
1903	3	100	3
1904	0	0	1
1905	0	0	3
1906	2	40	5
1907	4	100	4
1908	0	0	1
1909	2	50	4
1910	1	100	1
1911	2	67	3
合计	47		81

（二）卫生防疫公告的内容分析

卫生防疫公告的内容集中于保持城市环境与保护公共资源等政策通告，以及医疗、防疫措施与预警、公共事业设施的管理与建设等方面。

早在《澳门宪报》1851年5月10日（第二十五号）就刊载了一则关于保持环境卫生、防止疫疾的公告：

理事官唛嚜哆奉议事亭呵叮命谕阖澳各人知悉：

照得本呵叮叠经出示，谕知各铺屋人等打扫干净地方，即如一千八百四十五年十一月初六日，四十七年正月十二日，九月十二日出示在案。惟查华人铺屋多有寝息前示，其门前仍旧不洁，将攦堆放屋旁，实抗违叠次之示。因此呵叮定议，示知澳中各人：从今以后，要打扫自己门前地方，不准有攦攉堆放在街，惟准将攦攉尘土挑往三巴门外，放于低缺之处。如敢违命者，罚银二两，并不宽宥。为此事各人知悉。特示。咸丰元年四月初五日谕。

上述公告反映出，澳葡政府关于卫生环境的整治态度是比较严格的，规定要求十分细致，不仅对于垃圾倾倒有具体禁令和指定范围："不准有擸𢶍堆放在街，惟准将擸𢶍尘土挑往三巴门外，放于低缺之处"；而且对违反规定者还施以严厉的罚金："罚银二两，并不宽宥。"可见，政府很早就希望以这种规章的方式引导华人树立维护公共卫生的观念，最终达到防止疫疾产生的目的，也反映出当时的政府城市化治理观念是比较先进的，在澳门的城市化进程中发挥了积极的主导作用。

再如《澳门宪报》1879年5月3日（第十八号）发布的一则关于医疗防疫预案的公告：

> 大西洋澳门、地𡍼医局正医官鲁（Lucio Augusto da Silva）为照会事。
>
> 照得昨天申牌四点钟得接贵辅政使第二百三十七号紧急公文，内详转致澳门督宪之令，是以本医局各医官于今早寅牌五点半钟聚集，带同华政衙门传话齐往沙梨头、望厦华人居住之村，并到华人镜湖医院及到福隆新街附近。呵叱各衙门查明为因有传言，并议事亭公会访闻在该村有瘟疫传染，或患症惨烈，经有数人染症身故等情。是以奉命前往细查是否，本医局医官等抵该处既久，细心根究，访查瘟疫之言，实乃讹传，且该村等安和康宁，是以将查明情由照会贵辅政使，希为转达督宪洞鉴。须至照会者。右照会大西洋澳门、地𡍼辅政使司。己卯年闰三月初十日第六号公文。

上述公告内容是关于实行医疗防疫的应急措施，我们从中可以了解到澳葡已经建立了一套相对完整的应对疫情的医疗力量动员预案。这一预案有详细的医疗卫生系统与行政管理系统联动共同应对疫情的合作方式："本医局各医官于今早寅牌五点半钟聚集，带同华政衙门传话齐往沙梨头、望厦华人居住之村"，虽然该疫情实为误报："访查瘟疫之言，实乃讹传"，但从迅速组织前往事发地点，并有快速的危机反应等措施来看，证明了澳葡当局在应对大规模公共卫生事件以及组织调动医疗资源的能力上达到了当时的先进水平，这种快速组织反应的能力也基于澳门政府对医疗卫生事业的一贯重视与投入，体现了政府在公共服务职能方面的时代进步性。

澳葡政府进入20世纪后在卫生和医疗事业上又有了新的发展，突出体现在卫生系统的疫情监测与公共服务能力有了更加系统化、制度化的进步。例如《澳门宪报》1910年8月13日（第三十三号）和1909年1月23日（第四号）的以下两则防疫公告：

> 大西洋澳门华政务厅黎为出示晓谕事。
>
> 照得澳门各处现有霍乱之症，经已数起，诚恐流行日甚。将来或致肠炎疴呕及毛疗下痢诸端传染为患，亟宜设法预防，以重卫生。为此晓谕各人遵守下列两条：一、现在设有水艇二只，一泊南湾，一泊内河，以供居民食水用之。二、居民食水宜用二龙喉及东望洋山水。又凡食水宜先煲滚，再用沙漏经过澄清，方可吸饮。今欲各人知悉。特将本示译出华文颁行宪报，并粘在常贴告示处，俾众知悉，遵照毋违。特示。庚戌年七月初五日。
>
> 澳门议事公局书吏卢奉公局命为通知事。
>
> 本局医生房，每日晨早由九点钟至十一点钟止赠医。凡有病人到求诊者，不须费用分文。为此颁行宪报，并刊贴街上当眼之处。通告大众知悉。戊申年十二月廿七日。

从上述两则公告可见，第一则主要是面向公众发布疫情预警的通告，不仅在疫情危机面前反应及时，给出系统的防疫指南，尤其值得关注的是政府还提供了公益性的"水艇二只"专门"以供居民食水用之"；第二则公告是面向居民提供公益免费医疗的通知，强调此次"议事公局"组织的义诊服务对"凡有病人到求诊者，不须费用分文"说明了澳葡当局已经具备了向公众发布或提供大规模的公共卫生或医疗服务的能力。

三 宗教民俗公告

（一）宗教民俗公告的数量及其占文化公告总量的比重变化

《澳门宪报》中的宗教民俗公告是澳葡政府发布的有关规范华人居民生活方式、传统民俗活动的管理与服务信息，这类公告数量不大，但涉及的文化生活领域较多，具体包括了宗教活动事务的通告、华人民俗活动的信息发布及其管理制度的公告等内容。

由于澳门社会"华洋杂居"的特殊性，不同族群的文化习俗及其实践活动都具有迥异的文化背景和历史传统，因此对澳葡政府来说，采取适合的管理方式是维持其殖民统治，保持社会稳定、文化和谐共存的重要任务。而在华人移民19世纪60年代以来就成为居民主体的文化环境下，澳葡当局主要采取了尊重华人风俗、多元共存的治理策略，对于当地文化活动的控制总体上是成功的。（见图4-5）

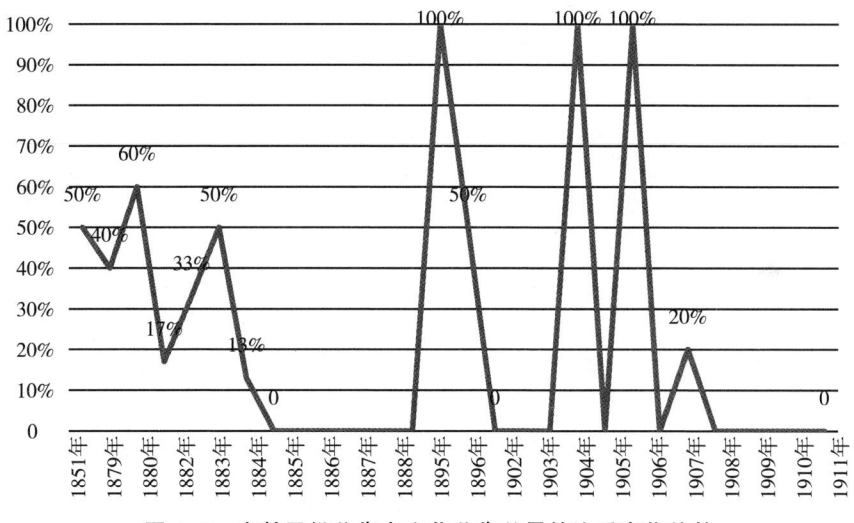

图 4-5　宗教民俗公告占文化公告总量的比重变化趋势

从图4-5来看，宗教民俗公告在19世纪80年代、19世纪90年代和20世纪初期都呈现发布高峰（具体情况见表4-4），这三个时期也是华人移民的社会活动相对较为活跃的时期，针对华人的文化政策发布数量和管理力度都显著增加，突出体现了澳葡当局殖民统治的文化治理方式以及处理华洋民族关系方面的政策意图。

表 4-4　宗教民俗公告数量及其占文化公告总量的比重统计

年份	宗教民俗公告数量（则）	宗教民俗公告占当年文化公告总量的比重（%）	文化公告数量合计（则）
1851	1	50	2
1879	2	40	5
1880	3	60	5
1882	1	17	6
1883	1	33	3
1884	1	50	2

续表

年份	宗教民俗公告数量（则）	宗教民俗公告占当年文化公告总量的比重（%）	文化公告数量合计（则）
1885	1	13	8
1886	0	0	3
1887	0	0	1
1888	0	0	2
1889	0	0	0
1890	0	0	0
1891	0	0	2
1892	1	100	1
1893	1	50	2
1894	0	0	6
1895	0	0	5
1896	0	0	2
1902	1	100	1
1903	0	0	3
1904	1	100	1
1905	0	0	3
1906	1	20	5
1907	0	0	4
1908	0	0	1
1909	0	0	4
1910	0	0	1
1911	0	0	3
合计	15		81

（二）宗教民俗公告的内容分析

澳葡政府的文化策略主要是围绕尊重华人传统、保持和谐共存的原则制定的，但是也兼顾了引导华人居民逐渐适应现代文明的城市生活方式的目标。如《澳门宪报》1851年7月19日（第三十五号）刊载的一则宗教活动管理规范的公告：

惟查该华人在临近各房屋之处，每搭棚厂，唱戏祭神等教内诸事，谕该烧纸焚香等物，不独火之危，且多人拥挤喧闹，及有滋生事端，临近家难堪忍受，又碍路上行人。

从上述内容看，政府并不强制禁绝华人所有的传统祭拜活动，而是采取理性劝服的管理方式，从妨碍邻里生活、易发生火灾、"且多人拥挤喧闹，及有滋生事端"等影响社会秩序与人际和睦的角度出发进行劝诫，这种以劝导为主的柔性治理方式，对澳门推进稳定的城市化转型与多元文化的融合发挥了积极的促进作用。

再如《澳门宪报》1885年11月15日（第四十四号）澳葡政府发布的一则规范华人节庆燃放鞭炮和戏曲表演的公告：

大西洋澳门议事公局咁嘛喇写字叮哗唎吐奉公局命，今将一千八百八十三年八月初二日之告示，再行申明，开列于后：

第一条、每夜自十一点钟起至翌早七点钟，严禁烧烟花起火爆竹等件。

附款二：如遇华人过新年，于除夕、初一、初二，该三夜不在禁内。

如华人或有时演木头戏，今仍准其开演，但于城内演木头戏，只限至晚上十二点钟停止。

这一则行政管理公告由"议事公局"发出，对华人日常燃放烟花爆竹的时间进行了强制规定，但对传统节日期间燃放并不限制："如遇华人过新年，于除夕、初一、初二，该三夜不在禁内"，而且对于华人节日庆典的文化表演也仅提出："限至晚上十二点钟停止。"这些管理规定应该说出于防火安全的前提下，较多地考虑到华人节日庆典的传统风俗，语气比较缓和，比较有效地维护了澳门居民华洋和谐共处的局面，也体现了政府尊重华人文化习俗的官方态度。

四　市容管理公告

（一）市容管理公告的数量及其占文化公告总量的比重变化

《澳门宪报》中的市容管理公告包含了澳门城市基础设施的外观维护要求、规范华人居民生活习惯以保持城市环境的政策与措施等公告信息。

《澳门宪报》中文公告与近代澳门社会（1850—1911）

　　这类公告的总量也比较少，但从数量增长趋势上与文化公告的总量变化基本一致（见图 4-6），在 1884 年、1906—1909 年占比有显著增加（详细情况见表 4-5）。反映了澳葡当局对华人总的文化治理方式是以基于市容管理的要求为出发点的。

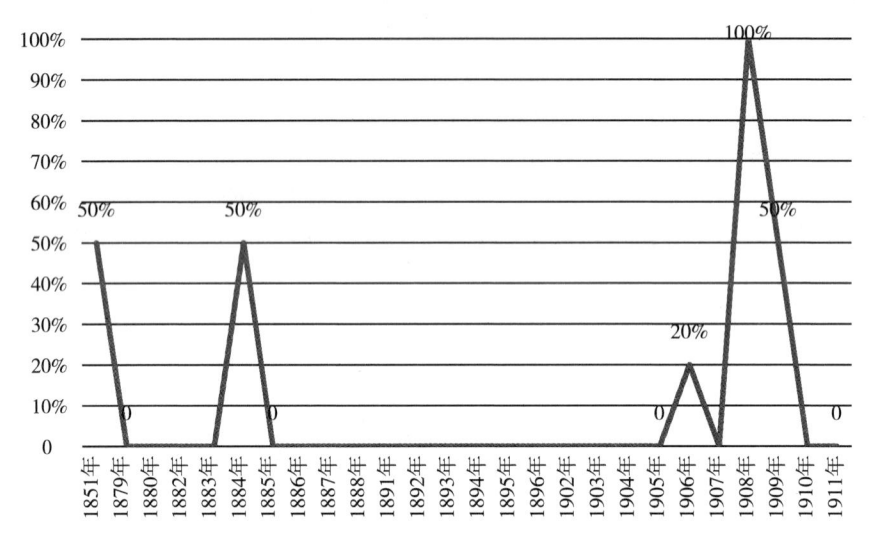

图 4-6　市容管理公告占文化公告总量的比重变化趋势

表 4-5　　　市容管理公告数量及其占文化公告总量的比重统计

年份	市容管理公告数量（则）	市容管理公告占当年文化公告总量的比重（%）	文化公告数量合计（则）
1851	1	50	2
1879	0	0	5
1880	0	0	5
1882	0	0	6
1883	0	0	3
1884	1	50	2
1885	0	0	8
1886	0	0	3
1887	0	0	1
1888	0	0	2
1891	0	0	2
1892	0	0	1

第四章 《澳门宪报》中文文化公告与澳门文化

续表

年份	市容管理公告数量（则）	市容管理公告占当年文化公告总量的比重（%）	文化公告数量合计（则）
1893	0	0	2
1894	0	0	6
1895	0	0	5
1896	0	0	2
1902	0	0	1
1903	0	0	3
1904	0	0	1
1905	0	0	3
1906	1	20	5
1907	0	0	4
1908	1	100	1
1909	2	50	4
1910	0	0	1
1911	0	0	3
合计	6		81

（二）市容管理公告的内容分析

市容管理公告从内容上看，是本着加快推进澳门城市化转型的原则来制定发布的，它们也是澳葡政府履行现代城市管理职能的一种体现，客观上起到了提升澳门居民文明素质的作用。比如《澳门宪报》1851年8月20日（第四十号）就首次发布了城市市容美化措施的通告：

> 西洋理事官奉议事亭司打命谕所属各人知悉：
> 照得各街名板字色不亮，饲打现雇匠修整。至于各处铺屋门号之牌，倘有残坏，该业主自应修复明亮。合此谕饬，各宜凛遵。特谕。
> 咸丰元年七月二十日谕。

从这则公告我们可以看出，澳葡政府对于市容市貌的管理举措是较为严格和细致的。管辖的范围也十分广泛，从"铺屋门号之牌"到"各街名板字色"，凡影响市容整洁规范的问题，均要求"雇匠修整"或"业主自应修复"。如此细致的规定和检查,甚至可以媲美现代市政管理的规范化要求了;而从另一个侧面也反映出澳葡政府希望通过精心维护城区面貌,借此加强对华人的公共意识和城市化生活的环境意识培养。

再如《澳门宪报》1887年1月27日(第四号)上刊载的一则城市建设、维护市容环境措施以及对破坏者所采取的处罚的详细章程的公告:

  大西洋澳门公会公同会议:据凼仔、过路湾街坊公局缮承求准章程告示,开列于后。
  凼仔、过路湾街坊公局章程:
  第一章:系论街衢砌石路并街道所包各件及树木。
  第一段:第一款:所有严禁规条开列于后,如有违犯,罚银一元至三元。一、凡各街道上不得铲掘开窿、竖插无论何物,并不得行为损坏街道之地,并如有非承街坊公局准行,不得毁烂所砌之石路,或承街坊公局准行而不遵守所准之章程者。二、凡有物件,不得在街上牵拉及辘过,如各行店当在出入门口起货落货之时,并无损碍众人则可准行。

上述公告的内容中显示了澳葡政府对街道设施、树木景观等非常具体详细的管理办法:"不得铲掘开窿、竖插……不得毁烂所砌之石路",并对于违反条例者处以"罚银一元至三元"的规定;而且对于沿街商铺也提出了保持街容的要求:"凡有物件,不得在街上牵拉及辘过……在出入门口起货落货之时,并无损碍众人则可准行。"这些维护市政环境的管理规章在今天看来也是比较细致的,而且是以澳门工会辖下的"凼仔、过路湾街坊公局"名义发布的,从中也能看出市容环境管理的主体单位形成了多层级的管理体系。

再如《澳门宪报》1884年9月6日(第三十六号)发布的这则对经营场所的卫生环境管理章程:

  照得现要招人投票,遵依一千八百八十四年所议定鸦片饷项则例之章程,在本港内各处收买及发卖烟灰与煮熟并发卖二烟之总利权,由一千八百八十五年三月初一日起计,以一年或两年或三年为期,所有票投均在本署收截,限期收至英本年十月二十三日,即礼拜四日正午止。各票内必须写明照上开日期，每月愿输饷银若干。其票被取之人，应遵下列二烟开灯馆之洁净条规。计开：

一、该屋必须用牢实材料建成，并常时整理完结及洁净。其暗渠又须合宜，由不得与公家暗渠相连。

二、该屋必须设有合宜通气所、烹调之所、大小二便厕所及贮屯擸㩵处，务使足用为度。

三、该屋必须备有合宜贮屯食水处及沐浴所。

四、该屋必须整理洁净及有益人生，并须每四个月扫白灰水一次。

五、该屋内所有之房及冷巷楼梯，每日至少打扫一次，屋内所有擸㩵须逐日搬去。

从上述对鸦片馆内的经营环境要求可以看出，澳葡政府的卫生环境管理范围很广，除了基本的市容市貌外，还对当地支柱产业的鸦片业经营场所制定了较为严格的卫生管理办法，这充分说明了澳葡政府的卫生管理是为殖民统治和经济发展的根本目标而服务的。

第三节 《澳门宪报》中文文化公告特征

报刊公告不仅服务于人们现实的社会生产与生活需求，也是一面反映时代发展背景和当地社会生活百态的"多棱镜"，更是体现某一地区的文化活力和制度风俗特色的信息载体。从《澳门宪报》的文化公告对宗教活动管理措施中，我们可以感受当时的西方殖民统治者与当地华人在文化习俗等方面的冲突与交融过程；从具有现代市政管理雏形的市容市貌、公共卫生防疫等公告中，我们也可以推断它所反映的官方态度和管理思想。所有这些公告内容都是从不同社会活动领域出发，对当时澳门整体文化的一种镜像，也成为我们研究近代澳门（乃至中国）向城市化转型的重要档案库。可以说，内容多样、领域庞杂的文化公告正是从多维的角度折射出了澳门多元文化的色彩，使我们能够间接地理解澳门文化不断迈向全球化、现代化的阶段性特征。

一 华人传统文化背后的社会支撑力量及其延续

文化是一种意识形态，也是一种上层建筑，它往往与经济需求、社会交往活动紧密联系在一起，是形成于社会经济基础之上的长期文化心理与行为模式。《澳门宪报》公告中诸多对于华人文化活动的规制从另一个侧面也反映出当地兴旺的宗教文化活动。而频繁的宗教活动表明了当地华人仍以传统的文化生活方式为主。譬如前述提到的一则《澳门宪报》上发布于1851年7月19日的公告，就华人敏感的"唱戏祭神等教内诸事"做出过严格的规定，即"嗣后凡有搭棚唱戏祭神等事，惟准在马阁庙前及新渡头宽阔之地，余外不准在别处搭棚"。这些禁令反映出当地华人的文化生活方式基本以"搭棚唱戏祭神"的群聚活动为主，而这些活动特征与澳门殖民者努力引导的西方式的城市化生活相去甚远，公告中官方对这些行为的态度是以影响四邻、易导致公共安全事件的理由加以限制的："烧纸焚香等物，不独火之危，且多人拥挤喧闹，及有滋生事端，临近家难堪忍受，又碍路上行人。"①

另外，传统文化活动方式也反映出其背后所依赖的社会基础，折射了社会活动组织者较强的行动能力和组织意愿，也正是当地华人社群内部较为紧密的交往关系的一种体现：这些宗教祭祀活动的组织者一般是以村落或城市中的社群为单位承办的，需要一定规模的社会组织分工和文化团体的参与，绝非单独的某大户居民就能办到；这些文化活动本身也创造了中国传统社会中很大一部分的文化消费需求。从澳门华人频繁举办庙堂仪式活动或祭祀表演可以推断，当时活跃的庙会活动一定催生了澳门城市当中较大规模的民间文化市场，有一批较为成形的社群组织和文化团体在此间担当主力。

据史料考证，清中期以后在狭小的澳门外岛上兴建起众多庙宇，华人居民与周边地区的文化往来十分密切，背后的经济驱动要素是当地存在着一个比较庞大的商业网络。② 这一网络就是在澳门中外贸易发展带动下逐渐成形和壮大的。程美宝认为，澳门外岛包括凼仔和路环在乾隆至光绪年间陆续兴修了大量庙宇，各庙宇碑铭上的捐资名单反映出了当时两岛商铺林立、诸多华商雄厚的经济财力，也可以推断出这些澳门华商与内地邻近的乡镇和埠头有密切的交往，并构筑一个范围遍及珠三角地区的庞大社会

---

① 《澳门宪报》1851年7月19日（三十五号）。
② 程美宝：《把世界带进中国：从澳门出发的中国近代史》，社会科学文献出版社2013年版，第23页。

关系网。例如凼仔天后宫道光二十八年（1848）的"福荫龙环"匾额就是由47家商户共同敬送的。① 而光绪二十四年（1898），始建于道光二十三年（1843）的北帝庙集资建醮演戏，值事也一无例外地全为店号②，表明当时澳门本岛和凼仔的商业网络非常广泛，受凼仔北帝庙"庇佑"的不只是凼仔一地，而是整个珠江三角洲受惠于澳门地区中外贸易的各个乡镇埠头。虽然受澳门狭小的地域限制，这些庙宇规模不大，但就遍及澳门及邻近香山等地的踊跃捐款，展示了当时华人社群内外极为紧密的社会交往联系。而对于中国传统文化活动而言，庙会、民俗祭演等文化活动往往是强化这种经济联系以及构建、巩固社会关系网络的重要机会，这些华人进行传统文化活动的场所不仅寄托了海陆商民寻求福荫的愿望，展示当时的澳门华人居民的文化生存状态，也是加强澳门与沿海各地商业往来的联系纽带、构建社交网络的平台；也为今天仍处于转型进程中的媒体社会治理功能研究，乃至东西方文化在"一带一路"倡议实施中的融合策略提供历史经验。

二 反映引入西方式治理模式产生的冲突及规制

自16世纪开埠以来到19世纪下半叶，澳门已有200余年的西方"殖民"历史。从澳葡政府实行西方式文化制度的客观效果来看，这些殖民者带来的具有现代社会雏形的管理制度与生活方式无疑为澳门社会的转型提供了最为关键的"触媒"。西方式的治理模式主要体现在教育人事制度、城市治理规章等问题上。而采用的这些治理模式遵循了城市化的管理思路，根本上着眼于倡导并同化当地华人的思想观念，促使他们逐渐适应西方化的生活方式。因此，其努力主导的转型过程必然与传统的华人生活理念存在冲突之处。如《澳门宪报》1906年6月9日（第二十三号）发布的一则旨在限制露天洗浴的通告：

大西洋澳门状师兼西政务厅卖为出示事。
照得华人夏天往海边洗身，经本厅限以只准在马蛟石及马蛟石黑

---

① 郑炜明：《葡占酖仔、路环碑铭楹匾汇编》，香港加略山房有限公司1993年版，第18—19页。

② 同上书，第22—36页。

沙及洗衣湾三处，其余别处海边一概禁止。又洗身须有棚遮盖，并须穿着洗身衣服，不准赤身裸体。如敢故违，照不遵官命治罪等因。

上述公告体现了澳葡政府对不雅行为的行政治理方式，基于引导华人逐渐适应城市化的文明生活方式的目标，公告限定了可以露天洗浴的范围："马蛟石及马蛟石黑沙及洗衣湾三处"，而"其余别处海边一概禁止"，而且在这些公共浴场要求"洗身须有棚遮盖，并须穿着洗身衣服，不准赤身裸体"。对违法规定的处罚措施是："如敢故违，照不遵官命治罪等因。"

再如前文提到的《澳门宪报》公告中有诸多关于华人文化活动的管理规定，这些规定基本考虑到中国文化的传统习俗而多采取尊重和适当劝诫的态度：第一条"每夜自十一点钟起至翌早七点钟，严禁烧烟花起火爆竹等件。"但是接下来也设置了例外条例："附款二：如遇华人过新年，于除夕、初一、初二，该三夜不在禁内"。第二条"如华人或有时演木头戏，今仍准其开演，但于城内演木头戏，只限至晚上十二点钟停止"①，对于违反规定者也仅以罚金为主并未施以严厉的刑罚："如敢违命者，罚银二两，并不宽宥。"②

通过对上述内容我们可以推断，澳葡当局在政府行政管理理念和治理方式上对于这些不同习俗造成的冲突，基本以采取劝诫或较轻的罚金方式为主，采取了相对温和的限制政策。

而澳葡政府采取温和政策的出发点是基于对当地多元文化的包容态度，它对维护澳门社会的稳定发展是尤为可贵的。虽然这些举措的根本目的还是为殖民统治服务，但从客观效果上无疑为澳门城市化的转型进程起到了加速作用，也为澳门一直以来相对平稳的社会发展与族群融合奠定了重要的历史基础，反映出澳葡当局在行政治理方式上具有一定的时代进步性。而从亨廷顿的"文化冲突论"视角来审视，澳门的东西方不同文化共生、融合的成功案例和历史经验也极具有借鉴意义，能为我们今天反思那些根源于文化冲突所引发的世界动荡局势提供有益的参照。

---

① 《澳门宪报》1885 年 11 月 5 日（第四十四号）。
② 《澳门宪报》1851 年 5 月 10 日（第二十五号）。

三　治理政策上对华人文化传统的尊重与包容

《澳门宪报》中的文化公告所反映的华人精神世界及其社会交往活动，是浮于此庞大的华人社会网络之上的"冰山一角"。从这些内容繁杂的公告现象中，我们可以窥探当时的官方与民间处于截然不同的东西方文化圈层间的一种博弈和共生关系。

例如澳葡政府在《澳门宪报》1909年9月4日（第三十六号）针对华人婚俗方面就曾发布了一则对华人习俗采取平等态度的规章公告：

> 大西洋大君主谕旨。
> 查一千八百九十九年十一月十八日上谕，将一千八百六十七年七月初一日所定民律各款颁行各外省、各属地。遵照其第八款之附款一，声明在澳门华政署各案，凡系关系华人风俗者，仍任便用、不予禁止等语。兹查所有澳门婚嫁及承受遗产之风俗，自应订明着为定例，以为权利本分之据。
> 一、现将澳门专属于澳门华人通行之习俗照常准行，兹查取汇集酌拟各条如下。附款：凡系奉教华民，其嫁娶遵照教例而行。凡本章程所定与教条不合者，不得强奉教人以遵守。
> 二、华人男女结婚，照中国教礼仪而行者，悉与本国律例所准奉教人及民律例所准结婚者平等无异。

我们可以从上述类似婚姻法规的公告内容中推断，澳葡政府在面对不同文化习俗时采取了同等尊重的态度。如对婚姻法律关系的认定上，政府采取一视同仁的办法：无论是按照中国传统宗教礼仪还是遵照西方天主教方式结婚的，在事实婚姻关系上都受法律保护，皆视为"平等无异"；婚嫁习俗上，如果是非教徒的普通华人，可以按"专属于澳门华人通行之习俗照常准行"；但是，如果是天主教徒则按照西方教规方式嫁娶："凡系奉教华民，其嫁娶遵照教例而行"；并充分尊重教规规定，以之为优先适用："凡本章程所定与教条不合者，不得强奉教人以遵守。"诸如此类的宗教民俗公告基本都体现出这样的官方态度：官方规制以尊重不同宗教风俗为原则，即使是有违于城市化管理的地方习俗也以劝诫为主，澳葡政府的处理态度相对温和。例如前文提到的关于禁止燃放爆竹的公告，就提出了"如遇华人过新年，于除夕、初一、初二，该三夜不在禁内"这样的折中办法。而这种方式恰恰是澳门文化和社会得以平稳转型的关键要素，它体现了殖民统治阶级对居于社会主体的华人传统文化力量和习俗的一种妥协。在这种管理与妥协的微妙平衡中，长期以来则形成了今天我们所见的多元、共生、和谐的澳门文化特质。

从宏观的历史维度来审视，澳门地区几百年来的华洋杂居必然会带来东西方不同社会文化的融合。而亨廷顿在《文明的冲突与世界秩序的重建》一书中认为，人类的分裂及冲突的首要源头在于文化，而非意识形态和经济根源；尤其是动荡的现代社会中"文化和文明的多样性对西方，特别是对美国的西方文化普世信念形成了挑战"①从亨廷顿"文化冲突论"的视角，倾向于认为"在不同民族和国家之间，由于宗教信仰的不同、价值观念的不同、思维方式的不同可能引起冲突，甚至可能由冲突导致战争"②，至少这种融合中必然会发生不同习俗的冲突，容易导致族群的对立与社会的割裂。

而《澳门宪报》中呈现的历史事实恰恰提供了反例，在澳门文化发展史上这样的冲突与割裂并不常见，值得我们反思的是，其背后的人为要素主要在于执政者所采取的相对包容的文化态度，以及对多元文化习俗的平等尊重观念和自治管理方式。总的来说，这种治理理念和方式是适应澳门当地的社会文化基础的。

澳门历史上本是广东府香山县的一部分，香山籍人成为澳门本地人口的主要来源，随之涌入的中国传统粤文化成为孕育澳门文化的基础；而强势舶来的西方文化与之交汇，使澳门成为东西方文化思想交汇之地。在公告内容所反映的民俗风情上，时常可以发现这种碰撞与融合的痕迹，譬如前述公告中提到的大量城市化管理要求以及对华人团体宗教活动的规定等，都体现了旨在限制和转变华人传统生活习俗的官方政策导向。而从这些《澳门宪报》的文化公告中所表达出的澳葡殖民者的官方态度，往往是迫于维护社会稳定的目的而不得不妥协的，譬如前述提到的婚俗管理规章就是一例："将澳门专属于澳门华人通行之习俗照常准行……凡本章程

---

① [美]塞缪尔·亨廷顿：《文明的冲突与世界秩序的重建》，周琪等译，新华出版社 2002 年版，第 358 页。

② 汤一介：《中国的儒道文化可以让文明不再冲突》，《中国民族报》2006 年 4 月 18 日。

所定与教条不合者，不得强奉教人以遵守。"① 可见，随殖民者而来的西方式社会管理制度往往遭遇"水土不服"的问题，澳葡当局为了避免这些浮于华人迥异的文化基础之上的规制缺乏实际的约束效力，而只能采取相对温和的政策手段加以引导，这背后彰显着执政者比较现实的考量：从文化上层建筑所依托的政治经济基础来看，自1860年以来就占居民多数的华人不仅是构筑澳门社会各阶层的主体，而且大量华商也拥有较强的财力，是澳葡政府主要的税收来源；因此，当局虽从本质上并不理解、认同华人传统的生活方式，但所采取的规制措施往往以折中和劝诫为主；在公告中流露出的官方意图也通常表现为需要依靠和调动华人的力量而不得不与华人传统文化相互妥协的无奈。

四　城市化转型中呈现现代西方制度的导向与建构

澳门作为中国最早对外开放的商埠，在政府主导的城市化进程中往往会出现华人难以适应的种种社会问题。这是因为构成澳门居民主体的大量华人刚由内地封建农业社会移居而来，传统的思想观念和生活习惯自然对日趋城市化的环境不相适应。对此，澳葡政府往往通过官方媒体的公告宣传大力加以引导和教育，一方面是通过实行旨在同化华人思想、客观上提升居民文化素质的西方式义务教育制度；另一方面则是通过广泛吸引当地人才的招考制度，这些举措能够调动源源不断涌入澳门的丰富人力资源，也是澳门近代城市化进程的最显著标志。

首先，澳葡政府通过以教会学校为主要平台的西方式教育系统，向广大中下层民众的子女提供了相对公平的教育机会。尤其是设立了"女童书馆"等公益性教育机构，实行为女子提供平等教育机会的政策，相比"男尊女卑"的中国传统社会具有明显的时代进步性。如《澳门宪报》1885年1月10日（第二号）就刊载了这样一则建设公共教育服务机构的招标公告：

> 大西洋澳门署督理工程官疏（Alcino Antonio Sauvage）为通知事。
> 　　照得定于本年十一月廿九日十二点钟，在本公所写字房，将风信堂女童书馆所用下列之料并工出投招人接办。计开：砖十五万七千六百个，二等瓦一万一千个，瓦筒六千；门窗及门口所用之光石六十七

---

① 《澳门宪报》1909年9月4日（第三十六号）。

个味度路二十个先的味度（centímetro），连砌工；石阶所用之光石六个味度路五个地先味度，连砌工；整起门廿度，连较器等物，并连砌工；整窗门廿五度，连较器等物，并连砌工，并百叶窗玻璃。其章程列在本写字房，除安息日，每日自十点钟至三点钟均可到看。特此周知。甲申年十月廿三日。

从上述内容可以看出，这则建设招标公告中所提及公所写字房的"风信堂女童书馆"正是一种面向女童提供义务教育的机构。而且，澳葡政府为此公益工程设定了较为详细的建设计划和严格的质量标准，也反映出政府在发展义务教育事业上重视态度和大量成本的投入。虽然这种教育设施的投资最终目的还是同化华人思想、巩固澳葡殖民统治，但在客观上对提升华人居民的教育水平和人口素质发挥了积极作用。

其次，澳葡政府在人事聘用制度上以接近现代公务员公开招考的方式，为华人提供了更为广阔的阶层晋升渠道。澳葡政府实行殖民统治的行政机构建制具有现代政府架构的雏形，它采取的是中国等级森严的传统社会所不具备的更加公平开放的行政体系。从前文分析的华人招聘信息内容上看，出于吸引人才的迫切需求，只要具备"汉文优长、粤东语音清朗"的基本条件就可以参加招考；而且这些岗位公开了薪资待遇："副文案一缺，拟招人考补。按此职每年薪金二十万厘士，另津贴六万厘士。"[①] 这些透明化、公开化的人事制度也便于接受公众的监督。另外，面向华人公开的招聘制度也反映了澳葡政府希望充分利用已成为澳门居民主体的华人力量为当局服务的目的，华人丰富的人力资源也能更便于执行当局"以澳治澳"的管理政策。从前文提到的诸多任命华人的职位或吸引华商参政的公告被大量刊载在《澳门宪报》上，说明这些相对开放、公平的人事聘用制度也收到了符合当局预期的实际效果。

第四节 《澳门宪报》中文文化公告对澳门的近代文化呈现及影响

《澳门宪报》中文文化公告作为传递该地区较为先进的思想观念与文

---

① 《澳门宪报》1905 年 1 月 28 日（第四号）。

化活力的媒介载体,其历史影响的评价最为正面:在推动近代澳门华洋和谐共处、形塑近代澳门社会族群关系过程中影响深远,发挥了重要的黏合效应与积极的引导作用,弥合着可能由文化差异而导致的激烈冲突,并推动了澳门文化迈向全球化、现代化,成为我们研究中国近代传播思想演进过程的珍贵资料。

一 《澳门宪报》中文文化公告推动澳门近代文化与制度的转型

公告不仅反映了社会现实,其传播过程也是一种对社会关系再生产的过程。作为一种社会交往和沟通方式,公告与社会受众的密切关系体现了它的一种社会关系性;就公告与文化的关系而言,它影响和形塑着文化范畴中的生活方式、思想观念或社会风尚等内容。而《澳门宪报》中的文化公告就直接对近代澳门文化特质的形成与居民生活方式的城市化转型发挥了显著的导向与促进作用。这些积极的推动作用主要体现在政府主导的城市化生活方式和西方式教育人事制度的政策宣传上。

首先,澳葡当局引入了相对先进的西方式社会管理模式和制度文明。例如前文提到,《澳门宪报》公告中颁布了大量西方式的教育政策和人事招聘公告。可以说,相比内地等级森严、难度极大的科举制度以及受益面狭窄、贫苦民众难以企及的教育机会,惠及面更广的西方式义务教育制度更具积极意义和时代进步性;它类似现代公务员形式的人事招考制度,为下层民众提供了更多改变命运的机会以及更公平、开放的阶层上升通道。

其次,澳葡政府注重通过宣传教育来逐渐引导华人群体适应城市生活,以促进其认同官方政策并带来的现实利益。譬如在发生大规模的疫情或环保事件时,政府在应对疫情危机的同时,还在《澳门宪报》上发布了具有现代医学防疫意识的科普宣传告示,提醒民众注意生活卫生,引导居民养成正确的卫生习惯:"又凡食水宜先煲滚,再用沙漏经过澄清,方可吸饮。今欲各人知悉。特将本示译出华文颁行宪报,并粘在常贴告示处,俾众知悉,遵照毋违"。[①] 在倡导华人养成文明的举止行为方面,澳葡政府还禁止居民露天裸浴等影响城市文明形象的一些行为习惯:"不准

---

① 《澳门宪报》1910年8月13日(第三十三号)。

各民人等在本澳海边裸体浴身一节……"①

再次，澳葡政府通过发布大量的卫生防疫公告，向市民提供公共服务职能。前文提到的1909年的一则卫生防疫公告，就是在"照得澳门各处现有霍乱之症"时，当局反应迅速的危机控制行为："现在设有水艇二只，一泊南湾，一泊内河，以供居民食水用之。"可以推断，公共卫生危机发生后，政府迅速地组织了两艘供水船向居民供水，以阻止疫情通过污染的水源进一步扩散。诸如此类的公共医疗服务信息体现了澳葡当局在城市化进程中不断增强的政府公共服务能力，以及危机应对能力和组织保障措施。

最后，《澳门宪报》上还发布了大量市容管理公告协助城市治理。这从一个侧面也反映出澳葡当局在城市化进程中已经初步具有了现代政府的城市经营意识和社会环境治理上的先进理念。例如澳葡政府要求城市建筑的外观外形完好，整洁有序，如"照得各街名板字色不亮，饬打现雇匠修整。至于各处铺屋门号之牌，倘有残坏，该业主自应修复明亮"；②并不容许居民擅自乱搭乱建："不准搭盖葵寮，并现下所有之葵寮亦不准小修……如有抗违，下特治以照例应罚之罪，亦且治以违命之罪"；③"不准在本澳城内及各村乡建造板屋，或搭盖蓬寮"。④对城市环境的卫生也实行极为严格的管理规范，为避免污染环境，禁止将垃圾丢弃到海中："所贮𤷖摖原有一定地方，倘有将𤷖摖弃于海内，或弃于非定贮之所，即照上议，初次罚银一元，再次罚银双倍。"⑤而且还限定了垃圾都有专门的堆放区域："照得东望洋脚树林之处，严禁不许堆放𤷖摖……"⑥甚至在养犬的细节问题上也专门制定并颁布了一则规章："自今每晚由八点钟以后，不许有狗在街，无论其狗有颈钳否，均不准在街。如违，将狗捉获，交洁净街道馆之牛栈……"⑦"若有犬只咬伤行人，其豢主除罚银外，须

---

① 《澳门宪报》1891年8月20日（第三十四号）。
② *Boletim do Governo da Província de Macao, Timor, e Solor*, 1851年8月20日（第四十号）。
③ 《澳门宪报》1888年6月7日（第二十三号）。
④ 《澳门宪报》1889年8月22日（第三十四号）。
⑤ 《澳门宪报》1880年6月12日（第二十四号）。
⑥ 《澳门宪报》1882年12月30日（第五十二号）。
⑦ 《澳门宪报》1879年4月19日（第十六号）。

延请医生治理并补伤人药资……"① 养犬问题在传统社会环境中一般无须关注,"鸡犬相闻"往往是传统农业社会中的常见情形,但对该问题也实行了如此严格的管制措施,反映出澳葡当局在治理方式上遵循着的是城市化管理思维,因此才要求养犬不得污染澳门的市容卫生,影响交通和公共安全。

综上所述,《澳门宪报》文化公告中种类繁多的管理规定充分体现了澳葡当局在城市治理方面的先进理念和环保意识,也对华人养成更适合于城市化生活的行为习惯起到了约束与规范的作用;正是这些严谨细致、渐成系统的管理规制,在长期引导、约束的过程中,对澳门华人的观念转型起到了潜移默化的教育效果,也加速了澳门近代城市化的进程。

二 《澳门宪报》中文文化公告有助于近代澳门文化的形塑及其辐射效应

《澳门宪报》的中文公告在面向广大华人居民的文化理念传播上,有助于澳门东西方多元文化的共存与融合。因为从报刊公告的文化传播效果来看,它对公众具有一定的教育功能,不仅有助于引导公众的生活方式,也能推动社会观念的转型,有利于社会治理。《澳门宪报》的文化公告涉及居民生活的方方面面,在种类繁多的规制与劝诫当中一直都在传递着澳葡当局西方式的管理思维和推进城市化进程的政策导向。而尊重华人传统的相对温和官方态度,使得华人居民容易在长期的潜移默化中逐渐适应并接受公告中灌输的某些先进思想;比如男女平等的意识、接受公众教育的义务、保持市容环境的环保意识,等等。对于大量的刚从内地的农耕文化环境迁移而来的华人居民来说,这些政策指令无疑是陌生而新鲜的,从现实效果看也是对城市化的生活有益的。而正是因为这些政策公告长此以往的不懈宣传,使得澳门"华洋混居"的国际化社会结构能够加速了吸收来自东西方不同文化的基因,在此基础上形成了澳门独特的文化特质。譬如在前述提到的婚俗礼仪或遗产继承公告中,澳葡政府就分别下令:"将澳门专属于澳门华人通行之习俗照常准行……凡本章程所定与教条不合者,不得强奉教人以遵守"②;"照华人风俗事例而行","所遗物业应照华

---

① 《澳门宪报》1899年9月16日(第三十七号)。
② 《澳门宪报》1909年9月4日(第三十六号)。

人风俗事例办理"①。放眼世界，这种文化的融合过程无疑是比较平缓、成功的，尤其在思想观念、社会风气和生活习惯方面，多元文化的融合与共存是当今澳门最具特色的文化魅力所在。

另外，澳门对多元文化的融合，对内地毗邻地区都产生了深远的影响，成为西风东渐的"桥头堡"。而报刊公告作为文化传播的载体，也在形塑澳门多元文化的过程中发挥了积极的促动作用。从澳门对中国内地思想观念的影响来看，多元文化是一种融合了异质文化元素而又进行了本土化改造的文化形态，它为内地建于农耕文明基础之上的封建保守文化带来了现代西方文明，其传播的意义主要在于促动中国近代文化的转型。19世纪下半叶的中国在社会转型的过程中面临艰难和复杂的局面：落后的以农耕经济为主体的产业结构、保守政治力量束缚下的制度变革，都是内地文化变革的重重阻碍。相比之下，澳门虽为弹丸之地，但作为多元化、城市化开端最早的地区，它在文化上具有强大的示范效应和辐射作用，对中国文化的全球化乃至内地社会的现代化转型都产生了积极的影响，"在世界文明史的地图上，却具有举足轻重的地位"。②譬如基督教教会19世纪在澳门设立了马礼逊学校等基础教育机构③，地理上的便利使澳门和毗邻香山地区的年轻人有了更多获得西式教育的机会，为日后绝大部分来自香山的第一批留美学童成为推动中国进步的栋梁奠定了重要的基础。④

而且，澳门在与文化发展密切相关的传媒与通信事业上也发端较早：1884年澳门邮政局正式成立；同年澳门与香港的电报电信业务开通，1882年公共电话在澳门正式启用，甚至到了20世纪初，邻近澳门的香山人向国内拍发电报，还基本通过澳门。这些基础设施的投入加快了澳门文化事业的发展，也为孙中山创办《镜海丛报》等进步刊物营造了有利的文化环境。

---

① 《澳门宪报》1879年5月10日（第十九号）。
② 程美宝：《把世界带进中国：从澳门出发的中国近代史》，社会科学文献出版社2013年版，第148页。
③ 1839年11月在澳门开办了基督新教会学校，即马礼逊学校，1843年迁往香港。马礼逊学校前后共有4个班级，合计50多名学生。转引自李向玉《汉学家的摇篮：澳门圣保禄学院研究》，中华书局2006年版；章文钦《吴渔山及其华化天学》，中华书局2008年版，第116页。
④ 程美宝：《把世界带进中国：从澳门出发的中国近代史》，社会科学文献出版社2013年版。

由此可见，传媒与通信事业的发展增强了澳门文化辐射内地的能力，也使其迥异于内地传统农业社会的城市化、全球化特质。成为促进内地文化进步的重要源泉。来自西方自由、民主、多元、开放的思想与制度文明也通过澳门与内地的密切交往联络，对近代中国的观念转型与文化变迁产生了显著的辐射作用。这一真实发生的历史过程也正体现了米勒对未来多元文化交往的积极预见："我们必须学会从其他文化中汲取有益的养分……全球的发展使得我们有理由相信，不同文化背景的国家之间，共同点会更广泛地得以扩大，而不是缩小，只要我们努力寻求，就能在世界各地找到对话的伙伴和合作的意向。"①

---

① [美] 米勒：《文明的共存——对塞缪尔·亨廷顿"文明冲突论"的批判》，郦红译，新华出版社 2002 年版，第 298 页。

第五章

《澳门宪报》中文社会公告与澳门社会

第一节 《澳门宪报》中文社会公告的定义及内容

《澳门宪报》中文社会公告反映了澳葡政府旨在通过公告传播来规制和引导居澳华人逐步向现代化、城市化生活转型的政策导向，涉及现代政府提供社会公共服务的方方面面。其内容、类别与数量变化等特征充分反映出澳葡政府从"华洋分治"改为"华洋杂居"共处的治理政策转变过程和阶段性特征。

一 社会公告的定义及其与社会发展的关系

公告作为人类社会的一种信息传播活动，既是人类社会进步的产物，伴随着人类社会的发展而发展，也能动地反映和推动着人类社会的变迁。它往往指导了人们的行为方式、鉴赏方式、消费方式，也有意或无意地表达了某种生活观念，是某种幸福生活的象征，推广着某种生活方式。

按照《澳门宪报》中文公告内容所涉及的领域，本书将《澳门宪报》的中文公告当中不以直接获取经济利益为目标的社会活动相关的公告信息归为一类，称为社会公告，具体是指提供社会公共管理与服务或个人生活服务的政策公告或公开声明等信息，主要包括邮电、气候预报、婚姻公示、招寻、入籍等内容的公告，它们通常是免费发布的或者只收少量的费用，能够服务于读者公众的，满足普通民众对各种社会活动的知情权以及各类社会服务信息的需求。

之所以将社会公告与文化公告区别开来单独研究，主要是基于如下考虑：

一是社会公告的发布主体与政治、经济和文化公告有所不同，后者发布主体主要是政府机构、公会组织或文化团体，而社会公告的发布主体包含了大量的居民个体，他们通常以入籍、遗产、婚姻等原因在报刊媒体上刊登声明；

二是社会公告的内容与澳门普通居民的日常生活息息相关，如气象、邮政、交通等信息变动通知或政策通告，属于服务于民生生活的公告信息；

三是这类公告信息的传播目标主要是面向全社会的范围，反映了澳葡当局行使向社会公众提供日常服务的政府职能。

从上述公告主体、公告内容、传播目的及效果这三方面的解释可以看出，社会公告与澳门当会发展、百姓生活密切相关，一方面反映了澳门社会日常运作与结构转型的轨迹，另一方面在这种历史变迁中承担了一定的传播职能，能动地促进了澳门社会转型的进程。

二 社会公告的总体数量及变化趋势

从《澳门宪报》中文公告中刊载的社会公告总量来看，实际数量共707则，在四大类公告中排在第3位；在中文公告总量中所占的比重为24%（见图5-1）。就公告与社会的关系而言，《澳门宪报》中的社会公告真实地反映了19世纪下半叶澳门城市发展与华人日常生活，内容丰富多样：从华人入籍、遗产声明等个人服务项目，到气象预告、邮政服务等体现政府的社会公共服务职能的各类公告，再到慈善捐助、婚丧嫁娶以及托儿所、养老院、疯人院的种种规制与信息，甚至是颁布了娼妓、乞丐等社会边缘群体的管理与救助政策。这些社会公告不仅满足了居澳华人在近代城市生活中的各种信息需求，作为官方发布民生政策的宣传渠道和提供公共服务的一种承载工具，它为澳门的现代化与城市化转型起到了关键的助推作用，也反映出澳门在长达400多年的社会发展中，发挥比较优势、推进独具特色的现代化之路的历史进程。

据《澳门宪报》的中文公告史料显示，1879年前尚未出现社会类的中文公告，所以本书集中对1879—1911年社会公告开始长期持续刊载后的情况进行分析。其年份数量变化如图5-2，年份占比变化见图5-3所示。

从图5-2社会公告占比的变动情况可以发现，社会公告占比从1879年

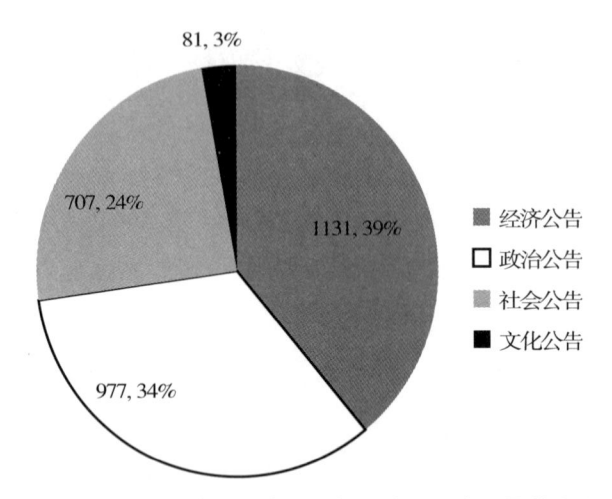

图 5-1　社会公告占《澳门宪报》中文公告总量的比重

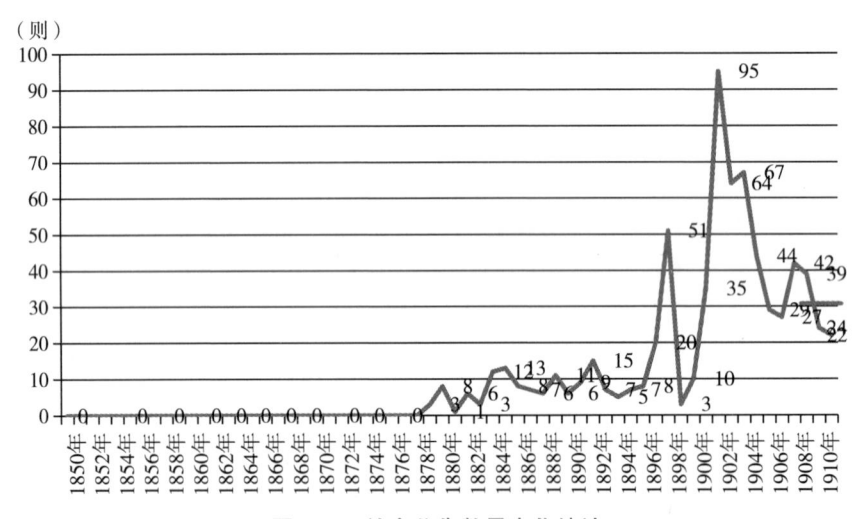

图 5-2　社会公告数量变化统计

的 3 则增至 1902 年的 95 则，反映了澳门地区华人社会活动往来日益密切、澳门城市化程度显著提升的趋势；而分别从 1885 年、1892 年、1902 年开始，社会公告的占比出现了三次较为显著的增长高峰，尤其以 20 世纪初为最高［如 1902 年高峰期占比达到 56%（见图 5-3）］，之后占比情况普遍保持在 20% 以上的水平，反映出大批华人 20 世纪移居澳门后，不仅活跃了当地华人的社会交往，而且促进了澳门城市化的快速发展。社会公告各项具体每年的细分公告数量及其所占比重情况见表 5-1、表 5-2。

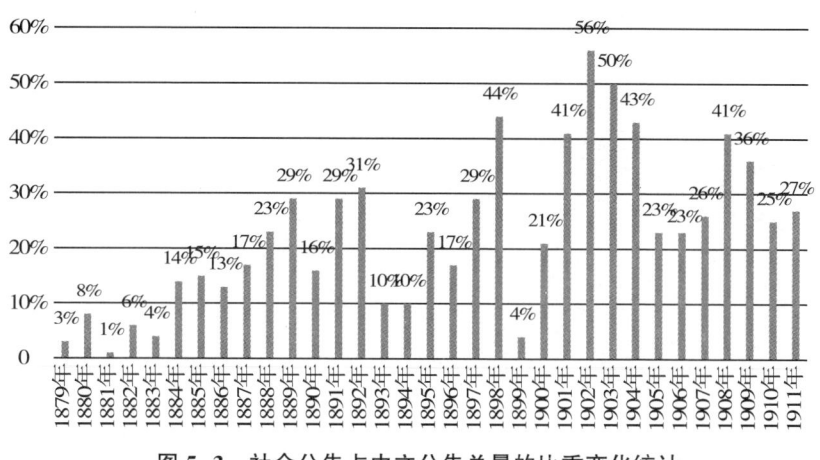

图 5-3 社会公告占中文公告总量的比重变化统计

三 《澳门宪报》中文社会公告的分类及内涵界定

根据《澳门宪报》中的公告内容，按照公告所反映的社会文化生活领域标准进行分类，本书将社会公告界定为涉及澳门华人民生生活领域的非经济类公告形式。① 主要是指有关入籍、遗产等提供个人及社会服务、对华人日常生活进行管理等公告，其民生服务的功能指向比较明确，具体包括（按三级分类）：①入籍公告；②遗产公告；③个人服务公告；④气象预告公告；⑤邮政公告；⑥慈善与捐款活动公告；⑦招寻公告；⑧乞讨管理公告；⑨娼妓管理公告；⑩丧葬管理公告；⑪辟谣公告；⑫婚姻公告；⑬托疯老院公告 13 个领域。本书讨论的社会公告从时间上均属于 1897 年以后，1879 年以前社会公告均为零。由于社会类公告内容涉及面较广，且个别项目数量较少，为了便于研究，依据功能相近的原则将其归纳为五类细分项目（按照二级分类）：入籍公告、遗产声明公告、社会服务公告、社会管理公告以及社会特殊群体管理公告集中展开探讨。

《澳门宪报》中的入籍公告，主要是指澳葡政府官方发布的准许华人正式拥有葡萄牙公民身份的公告。入籍公告反映了澳葡政府行使澳门"主权"的社会管理职能，内容上包括入籍政策及对具体某个公民的葡籍身份认可，体现了澳葡当局对移居澳门的华人行使殖民统治的身份授予权力及

---

① 陈培爱：《广告学原理》，复旦大学出版社 2009 年版，第 13 页。

表 5-1　1879—1911 年社会公告（二级）细分项目数量变化汇总

年份	入籍公告（则）	入籍公告占社会公告总量的比重（%）	遗产公告（则）	遗产公告占社会公告总量的比重（%）	社会服务公告（则）	社会服务公告占社会公告总量的比重（%）	社会管理公告（则）	社会管理公告占社会公告总量的比重（%）	特殊群体管理公告（则）	特殊群体管理公告占社会公告总量的比重（%）	社会公告合计（则）
1879	1	33	2	67	0	0	0	0	0	0	3
1880	1	13	3	38	2	25	2	25	0	0	8
1881	0	0	0	0	0	0	1	100	0	0	1
1882	0	0	3	50	0	0	2	33	1	17	6
1883	0	0	1	33	0	0	2	67	0	0	3
1884	0	0	1	8	1	8	10	83	0	0	12
1885	0	0	4	31	1	8	7	54	1	8	13
1886	0	0	1	13	0	0	7	88	0	0	8
1887	1	14	1	14	0	0	4	57	1	14	7
1888	1	17	1	17	0	0	3	50	1	17	6
1889	2	18	0	0	1	9	8	72	0	0	11
1890	0	0	1	17	0	0	5	83	0	0	6
1891	0	0	1	11	0	0	8	89	0	0	9
1892	0	0	6	40	2	13	6	40	1	7	15
1893	0	0	0	0	1	14	6	86	0	0	7
1894	2	40	0	0	0	0	3	60	0	0	5
1895	5	71	0	0	0	0	2	29	0	0	7

第五章 《澳门宪报》中文社会公告与澳门社会

续表

年份	入籍公告（则）	入籍公告占社会公告总量的比重（%）	遗产公告（则）	遗产公告占社会公告总量的比重（%）	社会服务公告（则）	社会服务公告占社会公告总量比重（%）	社会管理公告（则）	社会管理公告占社会公告总量的比重（%）	特殊群体管理公告（则）	特殊群体管理公告占社会公告总量的比重（%）	社会公告合计（则）
1896	1	13	1	13	1	13	5	63	0	0	8
1897	12	60	0	0	0	0	8	40	0	0	20
1898	39	76	0	0	4	8	8	16	0	0	51
1899	0	0	0	0	0	0	3	100	0	0	3
1900	6	60	1	10	0	0	2	20	1	10	10
1901	33	94	0	0	0	0	2	6	0	0	35
1902	92	97	1	1	0	0	2	2	0	0	95
1903	60	94	1	2	2	3	1	2	0	0	64
1904	53	79	5	7	3	4	6	9	0	0	67
1905	34	77	2	5	3	7	4	9	1	2	44
1906	18	62	4	14	3	10	4	14	0	0	29
1907	13	48	9	33	2	7	3	11	0	0	27
1908	29	69	2	5	6	14	5	12	0	0	42
1909	16	41	2	5	1	3	20	51	0	0	39
1910	8	33	4	17	0	0	1	46	1	4	24
1911	5	23	2	9	0	0	4	64	1	5	22
合计	432		9		33		174		9		707

表 5-2　　社会公告占《澳门宪报》中文公告总量的比重

年份	社会公告合计（则）	社会公告占中文公告总量的比重（%）	中文公告总量合计（则）
1879	3	3	91
1880	8	8	96
1881	1	1	95
1882	6	6	98
1883	3	4	70
1884	12	14	85
1885	13	15	88
1886	8	13	61
1887	7	17	41
1888	6	23	26
1889	11	29	38
1890	6	15	39
1891	9	29	31
1892	15	31	49
1893	7	10	68
1894	5	10	49
1895	7	23	31
1896	8	17	46
1897	20	29	68
1898	51	44	116
1899	3	4	72
1900	10	21	48
1901	35	41	86
1902	95	56	170
1903	64	50	127
1904	67	43	156
1905	44	23	191
1906	29	23	128
1907	27	26	102
1908	42	41	103
1909	39	36	108

续表

年份	社会公告合计（则）	社会公告占中文公告总量的比重（%）	中文公告总量合计（则）
1910	24	25	97
1911	22	12	182
合计	707		2856

其对社会关系变动的监控与管理职能。

《澳门宪报》中的遗产公告主要是指澳葡政府受个人委托面向公众发布的个人遗嘱声明或关于某居民故亡后对财产的处置方式等信息，具有分类公告的性质。这类声明属于公民私人信息发布行为，体现了官方媒体平台为华人适应城市化生活提供的社会服务职能，反映了澳葡当局殖民统治的社会治理方式。

《澳门宪报》中的社会管理公告主要是指澳葡政府颁布的引导澳门居民适应城市化生活所需要的各类公共管理政策及信息，具体包括澳葡政府面向公众发布的气象预报、邮政、慈善捐款政策及活动公告、澄清社会谣言的通告、婚嫁娶通告、讣告，以及孤儿院、敬老院、疯人院等公共慈善机构的相关通告及管理政策等。此类公告是澳葡政府行使社会公共事业的管理服务职能的体现，主要目的是通过颁布这些民生政策与服务管理信息来推动澳门社会的城市化发展。

《澳门宪报》中的社会服务是指个人服务公告，是澳葡政府受个人委托面向公众发布的个人声明等信息、企业有关的权责声明或处理意见的执行通告，具有分类公告的性质。主要包括公民个人事务的公开声明如寻物、寻人启事以及华人个体或企业涉及具体社会活动的声明和其他公告等方面内容。启事的对象是与个体或企业，发布主体是澳葡政府下设的机构，其目的是将受理的一些行政申请结果向社会通报。此类公告发布行为行使的都是澳葡政府提供社会服务的职能，旨在强化报纸公告在华人居民心目中的权威性与认知度。

《澳门宪报》中的社会特殊群体管理公告主要包含对娼妓、乞丐等近代澳门社会特殊行业及边缘群体实施的管控措施，它们是澳葡政府履行具有现代城市管理职能的一种体现，也反映了澳葡当局对华人群体实施的较为细致、严密的管控措施。

第二节 《澳门宪报》中文社会公告的分类

《澳门宪报》中文社会公告依据内容主题可具体分为五个小类（按照二级分类），涉及入籍、遗产等社会服务、社会管理以及特殊群体管理等各领域，完整呈现了近代澳门以华人居民为主的社会生活百态，反映出澳葡政府对华人生活习俗采取了平等、尊重与包容的态度，及其愈发依赖于调动华人群体的力量参与城市化建设的过程。

一 入籍公告

（一）入籍公告的数量及其占社会公告总量的比重变化

《澳门宪报》中的入籍公告，主要是指澳葡政府官方发布的准许华人正式拥有葡萄牙公民身份的公告。入籍公告反映了澳葡政府对内行使澳门"治理权"的社会管理职能，内容上主要发布的是入籍政策以及对具体某个公民的葡籍身份认可声明。

这类公告总体数量在社会公告中最多，共有432则，数量排名第一位（见图5-4）；在社会公告总量中所占比重是最高的，达61%（具体数值、比重详见表5-3）。

表5-3 社会公告各细分类别的公告数量及其占总量的比重情况

社会公告各细分类别	社会公告各细分数量合计（则）	各类占总量的比重（%）
入籍公告	432	61
社会管理公告	174	25
遗产公告	59	8
社会服务公告	33	5
特殊群体管理公告	9	1

可见，澳葡政府通过籍贯准入制度对于居民人身的控制是其行使社会管理职能的主要内容。其数量的变化情况如图5-5所示。

从图5-5可见，入籍公告的数量在1887年开始呈现一次微弱的增长，而在1893年到20世纪初又呈现了一个较明显的增长高峰，其中最显著的增长高点是20世纪初的1902年前后（当年数量为92则，占比97%，具体数值及比重详见表5-4）。

第五章 《澳门宪报》中文社会公告与澳门社会

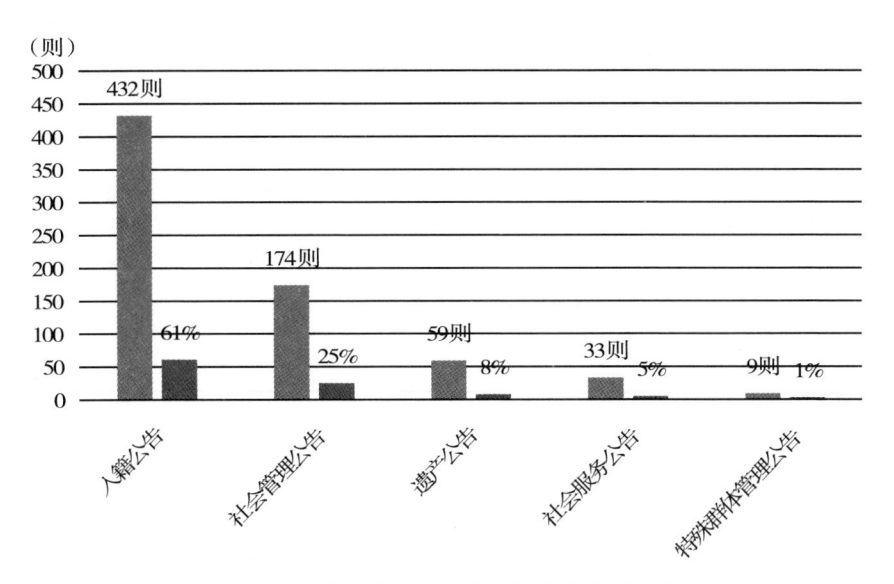

图 5-4 社会公告各细分类别的公告数量排序

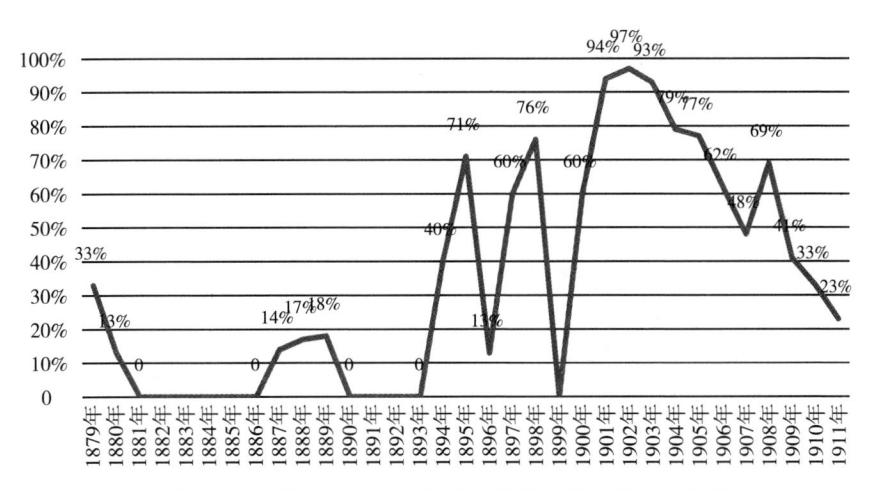

图 5-5 入籍公告数量占社会公告总量的比重变化趋势

表 5-4 入籍公告数量及其占当年社会公告总量的比重

年份	入籍公告数量（则）	入籍公告数量占当年社会公告总量的比重（%）	社会公告总量（则）
1879	1	33	3
1880	1	13	8
1881	0	0	1

续表

年份	入籍公告数量（则）	入籍公告数量占当年社会公告总量的比重（%）	社会公告总量（则）
1882	0	0	6
1883	0	0	3
1884	0	0	12
1885	0	0	13
1886	0	0	8
1887	1	14	7
1888	1	17	6
1889	2	18	11
1890	0	0	6
1891	0	0	9
1892	0	0	15
1893	0	0	7
1894	2	40	5
1895	5	71	7
1896	1	13	8
1897	12	60	20
1898	39	76	51
1899	0	0	3
1900	6	60	10
1901	33	94	35
1902	92	97	95
1903	60	93	64
1904	53	79	67
1905	34	77	44
1906	18	62	29
1907	13	48	27
1908	29	69	42
1909	16	41	39
1910	8	33	24
1911	5	23	22
合计	432	61	707

(二）入籍公告的内容分析

《澳门宪报》中的入籍公告内容主要以澳葡政府准许某华人居民获得葡籍的官方声明为主，以及发布的少量入籍的政策公告。最早的一则入籍公告是《澳门宪报》1879年5月10日（第十九号）刊载的第一则关于华人入籍政策的公告：

> 大西洋澳门总督子爵施为谕知事。
> 案据尔入大西洋籍之华人禀求大西洋君主为求身后所遗物业，照华人风俗事例而行等情。本大臣据情奏请在案，今得接部文，所称不日有上谕颁发。华人入大西洋籍，在澳门居住者，所遗物业应照华人风俗事例办理，惟如有入籍时或入籍后，有禀求将所遗物业要照大西洋律例办理者，方照大西洋律例而行等因。本大臣谅下次祖家火船到来，必有上谕，将此事定实矣。兹特据情先行谕尔入大西洋籍之华人欣悉。此紧要之事，已遂尔心，可以畅快，并知本大臣用心体顾尔之便益，并大西洋君主亦有圣意保护你等也。合行谕知。须至谕者。己卯年闰三月十六日。

从这则公告可以看出，内容是规定加入葡萄牙籍的华人资产处理问题，反映出澳葡政府对华人入籍持有较为积极的态度，视为"紧要之事，已遂尔心，可以畅快"，在办理入籍程序时，表明了"用心体顾""并大西洋君主亦有圣意保护"华人利益的原则。另外值得关注的是，入籍政策也体现出澳葡政府对华人风俗习惯的尊重："照华人风俗事例而行"，对待入籍华人的资产也采取"所遗物业应照华人风俗事例办理"的方式。

从首则入籍公告可以推断，19世纪70年代开始出现了华人自愿加入葡萄牙国籍的情况，而据史料记载，明清时期居住澳门的华人，如为参加科举等现实需要且有条件落籍的话，按照澳门名义上归属香山县管辖的标准，理应该落籍原乡（即香山县）；居澳华人在许多档案文献中往往以"香山人"自居或被记载。[①] 可见，19世纪70年代以前，澳门华人多以"香山籍"自居，对于加入葡籍的积极性并不高，前后的反差一方面说明华人的观念变

---

① 程美宝：《把世界带进中国：从澳门出发的中国近代史》，社会科学文献出版社2013年版，第49页。

化，但更重要的源于澳葡政府对华人的殖民统治理念发生了变化。

根据澳门 19 世纪中叶的社会发展情况推论，澳葡政府此时应是出于缓解财政危机、推动经济转型的需求，才开始允许有一定经济条件的澳门华商加入葡萄牙籍的；且在 1887 年澳葡政府借《中葡和好通商条约》获得正式殖民统治身份后，入籍申请数量开始增加，尤其在内地政局动荡之际，入籍声明数量便呈现显著增长趋势。

这种趋势在 1900 年内地庚子之乱后逐渐达到顶峰，入籍数量占社会公告总量的比重居首，大幅增加到 60% 以上。这种入籍情况的历史变迁说明，一方面澳门相对稳定的政治局势使得它成为内地避乱的避风港，因而吸引了大批华人移居；另一方面也反映出澳葡当局对待华人相对宽松、尊重传统风俗的态度，以及提供财产安全保护的政策发挥了重要的激励作用，政策的成功与周边形势的变化才导致了大批华人加入葡萄牙国籍。

而从华人入籍公告的数量增加也能够推断，澳门社会华人与葡人的力量必然随着人口比例的变化发生倾斜。据史料统计，从 19 世纪中期内地爆发太平天国起义和天地会起义开始，以广东人为主的大批华人避往澳门，到 19 世纪 60 年代确立了华人居于澳门人口主体的情况，华商"已经在这一地区站稳了脚跟"。[①] 而从此时到 20 世纪初，澳门的葡、华人口一直保持着大约 1∶20 的比例。[②] 居澳华人在人口数量和经济力量的主体地位，也迫使葡萄牙为维护其殖民统治不得不改变对华政策，从原来的防范策略、完全排挤华人转为希望通过一定程度的尊重和吸引华人移民来加以利用、为其统治服务。因而，放宽华人的入籍政策是与澳葡当局采取的诸如吸引华人参政、同化华人文化等政策相配合实施的，目的是为澳葡政府缓解财政危机和产业转型服务，其根本目标仍是更好地维护其殖民统治而服务。

此外，为了检验入籍政策的效果，澳葡政府还专门组织了一次户籍普查，面向全澳门城市居民开展类似人口普查的行动。如 1896 年 1 月 18 日澳葡政府接连发布的两则入籍政策公告：

---

① [美] 杰弗里·C. 冈恩：《澳门史（1557—1999）》，中央编译出版社 2000 年版，第 64 页。

② 程美宝：《把世界带进中国：从澳门出发的中国近代史》，社会科学文献出版社 2013 年版，第 226 页。

第五章 《澳门宪报》中文社会公告与澳门社会　　269

　　大西洋澳门华政舞厅梁晓谕事。

　　照得现奉本年十一月十二日第一百五十五号督宪札谕并章程廿八款，饬设立澳门、凼仔、过路湾暨各属地户口册会，以便周知此时民数。视昔光绪四年十二月初八日所造之册，更为繁庶如何，并以验商务之兴旺，非有他意，亦并无抽捐等事。倘有捏造谣言者，一经查出，定行严办，尔等切勿误听，至兹疑虑，务须照依分派户口报单人所说，据实照式填写，静待缴收。至于澳门华人如何填写户口报单之处，另有摘出刊印章程，按户派送，不取分文。今欲各人周知，故饬将此示刊颁宪报，并粘在常贴告示之处。为此特谕。乙未年十一月二十日示。①

　　照得现奉本年十一月十二日第一百五十五号督宪札谕并章程廿八款，设立澳门、凼仔、过路湾暨各属地户口册会，以便周知此时民数。视昔光绪四年十二月初八日所造之册，更为繁庶如何，并以验商务之兴旺，非有他意，亦并无抽捐等事。②

　　从上述两则入籍政策公告可以看出，澳葡当局从19世纪末开始实施旨在规范居澳华人户籍的管理措施，并开展类似户籍普查的行动："饬设立澳门、凼仔、过路湾暨各属地户口册会，以便周知此时民数。"并解释这种普查的目的并非出于查税，而只是为更科学详细地了解华人居民的数量："所造之册，更为繁庶如何，并以验商务之兴旺，非有他意，亦并无抽捐等事。"并强调为尽量避免因户籍普查而带来的恐慌："尔等切勿误听，至兹疑虑，务须照依分派户口报单人所说，据实照式填写，静待缴收。""倘有捏造谣言者，一经查出，定行严办"，还明确公布对调查工作政府会严加约束，不会出现调查人员借机勒索、收费等问题："按户派送，不取分文。"

　　从上述具有明确、细致规范的澳门户籍普查公告可见，澳葡当局应管理不断涌入的华人移民措施越来越严格、规范。所采取的户籍普查形式也充分考虑到华人的顾虑，而详细解释和明确执行规范以保证调查的可靠性。这种理念一方面反映出澳葡政府对于原来相对宽松的华人移民政策可

---

① 《澳门宪报》1896年1月18日（第三号）。

② 同上。

能带来的管理混乱情况已经有所警觉；另一方面也体现了其19世纪末时相对先进的行政治理观念，在社会居民管理问题上已经具备了现代政府人口监控职能的雏形。

而发展到20世纪初，随着1900年开始出现的大量华人因避乱而移居澳门的情况，澳葡当局再次加强了户籍政策的管理。如《澳门宪报》1906年1月20日（第三号）发布的一则入籍政策公告：

> 大西洋澳门华政厅马（José Luiz Marques）为晓谕事。
> 案奉西一千九百零六年正月初六日第一号澳门宪报颁行上谕内开，凡系在澳门及澳门属地出世之华人，于上谕颁行日期之后，欲表明其在该处出世者，必须将遵照华人在澳出世注册章程所定经已出世注册之凭据，在该册内抄录一纸呈出，方能作为确是澳门出世之实凭据。除该册以外按照上谕所有别项凭据，均不得作准。特将上谕录示，以俾众周知。本衙门自本日起每开衙办公之日由十一点至一点钟开办华人出世注册，以便华人之在澳及城外出世者，前来注册。其注册员暂派本衙门写字充当，注册使费甚微。若其人系贫穷者，只须缴纳戳费而已。凡华人出世前来注册者，可以在西洋澳门衙门及各口岸西洋领事衙门认识，以为西洋人之实据，又可以免后来入籍赴署表明一切使费，似此实属甚为便益。尚有欲注册而不晓如何办法者，并准其来署询问明白。为此特用西华文颁行宪报，并粘告示之处晓谕尔等华人一概知悉。乙巳年十二月十八日。华政署写字阿美（Alfredo Augusto Ferrirad' Almeida）签名。

从上则公告可见，此时澳葡政府对华人的入籍政策实行更加严格和规范化的管理。为控制1900年开始出现的大规模华人"移民潮"，政府对于澳门居民在本地出身的证明采取了严格的认定方式："必须将遵照华人在澳出世注册章程所定经已出世注册之凭据，在该册内抄录一纸呈出，方能作为确是澳门出世之实凭据。除该册以外按照上谕所有别项凭据，均不得作准。"即以后只有出示官方开具的出生证明记录的居民方可有澳门居民的资格认定，避免了日后可能出现捏造的澳门居民身份认定问题，客观上也体现了澳葡政府对居民管理上相对先进的行政治理方式。

二 遗产公告

(一) 遗产公告的数量及其占社会公告总量的比重变化

《澳门宪报》中的遗产公告主要是指澳葡政府受个人委托面向公众发布的个人遗嘱声明，或是下设机构对某居民故亡后将其财产的处置方式予以公布等信息，因此具有分类公告的性质。这类声明体现了官方媒体为公民个人提供社会服务的功能，由于在社会公告中数量较多，出于研究的考虑将其单列分析。

遗产公告的数量在社会公告中居第3位，共有59则（见图5-4、表5-5），所占社会公告比重8%，排名在入籍、和社会管理公告之后；可见，澳葡政府发布遗产声明或相关财产处理的决定作为法律效力上的公证通告，从而行使其社会管理职能，并以此强化报纸公告在华人居民心目中的权威性与认知度。

表5-5　　遗产公告数量及其占社会公告总量的比重

年份	遗产公告（则）	遗产公告占社会公告总量比重（%）	社会公告总量（则）
1879	2	67	3
1880	3	38	8
1881	0	0	1
1882	3	50	6
1883	1	33	3
1884	1	8	12
1885	4	31	13
1886	1	13	8
1887	1	14	7
1888	1	17	6
1889	0	0	11
1890	1	17	6
1891	1	11	9
1892	6	40	15
1893	0	0	7
1894	0	0	5
1895	0	0	7

续表

年份	遗产公告（则）	遗产公告占社会公告总量比重（%）	社会公告总量（则）
1896	1	13	8
1897	0	0	20
1898	0	0	51
1899	0	0	3
1900	1	10	10
1901	0	0	35
1902	1	1	95
1903	1	2	64
1904	5	7	67
1905	2	5	44
1906	4	14	29
1907	9	33	27
1908	2	5	42
1909	2	5	39
1910	4	17	24
1911	2	9	22
合计	59		707

从图5-6遗产公告的比重变化趋势可以看出，它的增长高峰出现在19世纪八九十年代，以及20世纪初头10年的后半段，呈现"两端较高、中段偏低"的形状，这与入籍公告占比的"中段较高、两端较低"增长曲线恰好是错开的（见图5-6），总体上体现为峰值延后出现的趋势。在1882—1892年、1902—1911年这两个10年间，遗产公告集中出现，在1892年、1907年分别达到了占当年社会公告总量比重40%、33%的峰值（见图5-6、表5-5），这种占比"错峰"增长的曲线形状背后，说明遗产公告恰恰反映着澳门当地华人的安居情况。

从遗产公告内容上看，它意味着本地定居者对自身财产进行长远规划的意愿，其前提就是认可遗产在澳门当地长久地留存，为子女后代在澳门的长期发展奠定基础；而这种情况必然出现在华人在澳门能够安居乐业之后。前文提到，随着内地华人在19世纪50年代、1900年前后开始大量移居澳门，这两批早期移民的遗产公告从侧面也反映出他们已经在澳门稳

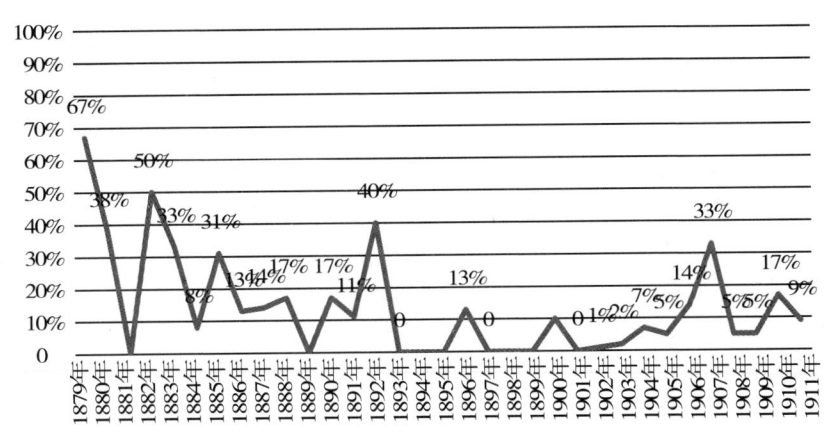

图 5-6　遗产公告数量占社会公告总量的比重变化趋势

定就业和生活了 10—20 年时间，此时遗产公告的数量才开始增多，正反映了澳门定居华人相对稳定的社会长期发展过程。

（二）遗产公告的内容分析

遗产公告的目的与内容上不仅反映出澳门华人定居的长期意愿与社会人口的长期变迁，也体现了澳葡当局殖民统治的社会治理方式以及为华人适应城市化生活而提供一定便利服务的民生举措。例如《澳门宪报》1879 年 7 月 19 日（第二十九号）上发布的第一则遗产公告：

> 澳门华政衙门写字呋吐为通知事。
> 现因余神父晏多尼·威剌（Pe. Antonio Vieira Iu）身故，其妹于亚杏即名哑记达（Agueda M. Ahang）禀称，伊显有凭系该余神父同胞亲妹，并无别人应承受该神父遗物等情。据此，查该余神父并无尊卑亲人，亦无叔伯兄弟侄男丁，照华人事例应承受遗物，是以出字。由出字本日起，限三十日内，凡有人应分受该神父遗物者，可赴本衙门禀明，过限不准禀矣。为此通知。己卯年六月初一日。

从上述这则身份上比较特殊的神父的遗产公告可以了解到，澳门对居民身故后的遗产继承权身份认定是具有一定的处理依据和相应规则的。由于神父没有男性亲属继承人："并无尊卑亲人，亦无叔伯兄弟侄男丁"，因此其同胞妹妹"于亚杏即名哑记达（Agueda M. Ahang）"按继承顺序享有财产继承权；在继承关系上，当局参照了华人文化传统："照华人事例应承受遗物",而且身份上采取了继承权男女相对平等的现代规则:"伊显有凭系该余神父同胞亲妹,并无别人应承受该神父遗物等情。"因此,从继承人亲属身份的认定规则上看,这则公告不仅起到了为居民个人提供遗产公证服务的作用,还表明了政府主导下的财产继承法则,为今后广大华人的遗产继承方式明确了规制;而且在规则的制定上也充分考虑到华人习俗的因素,即使是葡人也要求须遵守这样的规矩,足以见澳葡政府对社会一般习俗制度问题上采取了一种融合与包容的治理态度。

再如《澳门宪报》1911年12月2日(第四十八号)的一则关于财产处置方式的遗产公告:

> 大西洋澳门按察司书吏事穆为通知事。
>
> 案缘黎都喇·留乜(Ramtula Hajee Mahomed),有妻,业主,旧在澳门者,现在香港,身故,当经西十月十六日据该遗产会决议,定于西来年正月初九日一点钟在本大堂,将所遗下之屋出投,招人承买。该屋坐落龙嵩街五十一号、五十三号,注册第八H部四十六页后幅一千三百三款:所有屋内三,不论楼有上下凡落水得。并传知所有关涉人等,遵照例限到案,以便核办。为此通知。西一千九百十一年十一月廿七日门面墙者,可门。

这则公告显示了澳葡政府对于身居异地的居民遗产处置方法。该业主身故时并不在澳门:"旧在澳门者,现在香港。"因此澳门专门管理遗产事务的机构"遗产会"讨论决议,将其无法回澳处理的房产采取公开招标拍卖的方式处理:"将所遗下之屋出投,招人承买。"公告还详细列举了房产的位置和注册登记信息,要求有可能涉及债务、产权关系的人到场核对办理相应的拍卖法律手续:"传知所有关涉人等,遵照例限到案,以便核办。"可见,澳葡政府拥有对移居异地的居民个人遗产处置的权力,具体方式一般以拍卖为主,体现了殖民统治者对盘活居民资产采取了相对灵活和使之资产化的财产管理理念。

三 社会服务公告

社会服务公告的数量变化及内容分析

《澳门宪报》中的社会服务公告指的是个人服务公告,是澳葡政府受个人委托面向公众发布的个人声明等信息，具有分类公告的性质。主要包括公民个人事务的公开声明如寻物、寻人启事以及华人个体或企业涉及具体社会活动的声明和其他公告等两方面内容。在社会公告中共有33则（见表5-6），所占比重达5%（见图5-7）。

此类公告的目的和性质与前述遗产公告近似：招寻启事的发布主体是企业或个人，则《澳门宪报》作为官方媒体是受个体委托而发布公告；如启事的内容是与个体或企业有关的权责声明或处理意见的执行通告，则发布主体是澳葡政府下设的机构，其目的是将受理的一些行政申请结果向社会通报。这两类公告发布行为行使的都是澳葡政府提供社会服务的职能。从传播效果上，都能够强化报纸公告在华人居民心目中的权威性与认知度。

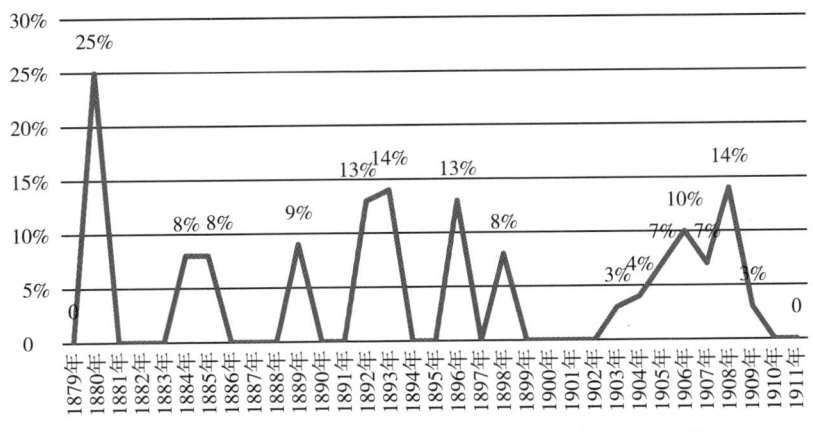

图 5-7　个人服务公告占社会公告总量的比重变化趋势

从图5-7可见，此类公告并无明显的增长高峰，在1880年达到了占当年社会公告总量25%的峰值，但19世纪80年代至20世纪初每个年代均有出现峰值的年份；因此，各年份发布的绝对数量及占当年社会公告总量的比重变化差距不大，基本维持在7%—14%内（见表5-6），总体上趋势较为平稳（占比均值是10%，根据公式：占比均值=∑个人服务公告占当年社会公告总量的比重/15），其中出现该类公告的年份为15年。这种数量起伏不大的曲线形状背后，考虑到社会相关事件随机出现的因素，恰恰体现出澳葡政府持续提供此类社会服务的日常行政职能。

表 5-6　个人服务公告数量及其占社会公告总量的比重统计

年份	个人服务公告数量（则）	个人服务公告占当年社会公告总量的比重（%）	社会公告总量（则）
1879	0	0	3
1880	2	25	8
1881	0	0	1
1882	0	0	6
1883	0	0	3
1884	1	8	12
1885	1	8	13
1886	0	0	8
1887	0	0	7
1888	0	0	6
1889	1	9	11
1890	0	0	6
1891	0	0	9
1892	2	13	15
1893	1	14	7
1894	0	0	5
1895	0	0	7
1896	1	13	8
1897	0	0	20
1898	4	8	51
1899	0	0	3
1900	0	0	10
1901	0	0	35
1902	0	0	95
1903	2	3	64
1904	3	4	67
1905	3	7	44
1906	3	10	29
1907	2	7	27
1908	6	14	42
1909	1	3	39

第五章 《澳门宪报》中文社会公告与澳门社会　277

续表

年份	个人服务公告数量（则）	个人服务公告占当年社会公告总量的比重（%）	社会公告总量（则）
1910	0	0	24
1911	0	0	22
合计	33		707

从内容上看，此类公告与华人日常生活息息相关，满足了民间大量社会交往活动的各类信息需求。其中以招寻公告为主（共 15 则），约占此类公告的半数。如《澳门宪报》1907 年 9 月 28 日（第三十九号）刊载的一则寻人启事：

> 大西洋澳门按察司书事吏穆为通知事。
>
> 案据林癸酉包工水泥匠，有妻，居澳。现到本署禀控澳门电灯公司，该公司总局系在海傍，司理人卢善度·马厘士哋（Lucien Ballist），有妻，现不知何处，控欠银九千四百八十九元一毫五仙并利息，并须由伊出衙门各项使费及印厘等情。兹限三十日自宪报第二次颁行本告白日起计，传该被告于限满后第二次堂期到案，听候定第三次开堂辩驳。如不到，即照例办理。本署堂期系礼拜一、四日十二点钟，如遇瞻礼则改于翌日。合并通知。丁未年八月十七日。按察司韦阅。

从上述公告内容可见，这则寻人启事的公告涉及债务纠纷问题："包工水泥匠……禀控澳门电灯公司"，《澳门宪报》受"林癸酉包工水泥匠"的个人委托发布"按察司"受理后的法务传唤通告，体现了澳葡相关机构为普通民众提供的社会服务功能。该类公告中，涉及法律、债务纠纷的内容很多，都是以通过《澳门宪报》发布法律传唤债主公告的方式，传唤当事人期限内缴清欠款，如本则公告中提出的："控欠银九千四百八十九元一毫五仙并利息，并须由伊出衙门各项使费及印厘等情。"此类公告基本是由"按察司"发布的，其作为澳葡当局负责处理法律纠纷问题的专门法务机构，通过官方媒体《澳门宪报》发布传唤通告具备了法律效力，从另一个侧面也反映出《澳门宪报》所承担的政府社会管理职能。

再如 1897 年 5 月 1 日（第十八号）刊载的一则企业声明公告：

启者：澳门营地街市门牌第六八号两全鱼栏生意，系由光绪二十年起，鲍荣森、黄碧如、司徒昆锦、吴德芳、何悦元、何容记、杨畅初、杜槐芳八人合股仝做，至二十一年正月初六日止各股东满盘清算，收回本银清讫；又由光绪二十一年黄藻芬再合股仝做至光绪二十二年十二月止，满盘清算，论本均派清楚。今各东志图别业，愿将新两全栏生意顶与杨士彬承受，日后生意盈亏，概与旧人无涉。以前或有合同部年结，未曾缴销，日后搜出均作废纸，并有各项事务不公平者，则由出告白之日起，二十日内，该关涉人等请到本店办明，如过该二十日其外，乃系自误。特此声明，以免后轮。丁酉年三月三十日。新承顶人杨士彬谨启。

从上述内容可以看出，这是一则有关企业转让的交易声明，内容涉及公司转让问题：原股东"志图别业，愿将新两全栏生意顶与杨士彬承受"，并表明了转让后的公司盈亏、债务与原公司股东无涉："日后生意盈亏，概与旧人无涉"；以及转让前原股东的债权已经清算："八人合股仝做，至二十一年正月初六日止各股东满盘清算，收回本银清讫"，"再合股仝做至光绪二十二年十二月止，满盘清算，论本均派清楚"；转让后的原有股东合同和债务均告作废："以前或有合同部年结，未曾缴销，日后搜出均作废纸。"可见，这类企业声明的公告也具有法律公证效力，突出体现了澳葡当局为社会经济活动提供公证服务的职能。

四 社会管理公告

（一）社会管理公告的数量及其占社会公告总量的比重变化

《澳门宪报》中的社会管理公告主要是指澳葡政府颁布的引导澳门居民适应城市化生活所需要的各类公共管理政策及信息，具体包括澳葡政府面向公众发布的气象预报、邮政、慈善捐款政策及活动公告、澄清社会谣言的通告、婚嫁娶通告、讣告，以及孤儿院、敬老院、疯人院等公共慈善机构的相关通告及管理政策等。此类公告是澳葡政府行使社会公共事业的管理服务职能的体现，主要目的是通过颁布这些民生政策与服务信息来推动澳门社会的城市化发展。

社会管理公告的数量共有174则，其中，邮电和气象118则，慈善、辟谣、捐款、托疯老院、婚姻产育、丧葬类等相关公告都合并到社会管理

第五章 《澳门宪报》中文社会公告与澳门社会

公告为 56 则。数量占社会公告总量的为 25%（见图 5-4）。此类信息涵盖了社会生活相关的多个领域，但每个细分类别的公告数量不多，其主要目的都是澳葡政府通过颁布这些民生政策与服务信息来推动澳门社会的城市化发展，因此为便于研究，本书把慈善、辟谣、捐款、托疯老院（只有 1 则）、婚姻产育（只有 3 则）、丧葬类等相关公告并到社会管理公告一类当中进行分析，社会管理公告占社会公告总量的占比变化（见图 5-8）所示。

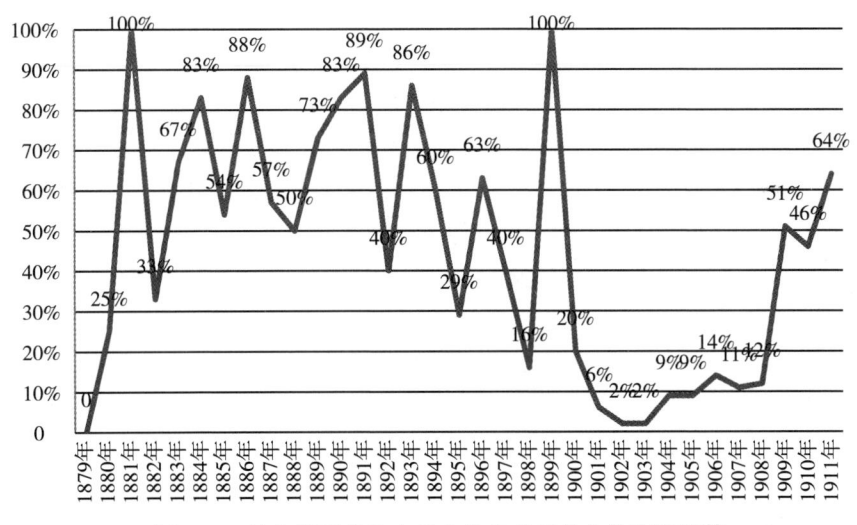

图 5-8 社会管理公告占社会公告总量的占比变化趋势

从变化趋势可见，澳葡政府发布的此类公告在 1880 年、19 世纪 90 年代和 20 世纪初不同时段均有占比高峰出现，反映出澳葡政府行使社会管理职能是一种常态，尤其在澳门城市化发展速度比较快的 19 世纪 80 年代，占比在 1887 年超过 50%，占当年社会公告总量的 57%（见表 5-7），这与澳葡当局与清政府签订《中葡和好通商条约》从而正式获得殖民统治权恰好发生在同一年，反映了当局希望借大量颁布针对华人的社会管理政策以强化葡萄牙的殖民统治。另外，《澳门宪报》作为官方报纸发布各类面向华人的日常管理通告，从另一个侧面也强化了报刊公告在华人居民心目中的权威地位与认知度。

由于社会服务、社会管理公告与两者具备同样的社会服务目标和类似的社会属性，如气象和邮政公告，但在具体数量和内容特征上各不相同，下文将分别做以说明。

表 5-7　社会管理公告数量及其占社会公告总量的比重统计

年份	社会管理公告数量（则）	社会管理公告占社会公告总量的比重（%）	社会公告总量（则）
1879	0	0	3
1880	2	25	8
1881	1	100	1
1882	2	33	6
1883	2	67	3
1884	10	83	12
1885	7	54	13
1886	7	88	8
1887	4	57	7
1888	3	50	6
1889	8	73	11
1890	5	83	6
1891	8	89	9
1892	6	40	15
1893	6	86	7
1894	3	60	5
1895	2	29	7
1896	5	63	8
1897	8	40	20
1898	8	16	51
1899	3	100	3
1900	2	20	10
1901	2	6	35
1902	2	2	95
1903	1	2	64
1904	6	9	67
1905	4	9	44
1906	4	14	29
1907	3	11	27
1908	5	12	42
1909	20	51	39

第五章 《澳门宪报》中文社会公告与澳门社会   281

续表

年份	社会管理公告数量（则）	社会管理公告占社会公告总量的比重（%）	社会公告总量（则）
1910	11	46	24
1911	14	64	22
合计	174		707

（二）社会管理公告的内容分析

此类公告内容涉及了社会生活的多个领域，具体包括慈善与捐款活动公告、辟谣、托疯老院、婚姻产育、丧葬政策及信息公告五个细分项目，无论内容如何其性质相近，都是澳葡政府行使公共事业管理职能的体现，下文将对几个细分类别一一列举分析。

1. 慈善与捐款活动公告

首先，与慈善机构设立有关的公告数量较多（9则），在社会管理公告总量（共56则）中占比约为16%。如《澳门宪报》1893年2月25日（第八号）发布了一则设立慈善机构的公告：

> 大西洋钦命澳门、地扪暨属地总督布为札知事。
> 照得现在本澳设立一会，专行善举，名曰同善堂。该章程先经各股份人商允，又查得此章程遵依华人风俗及依现各善会规矩。
> 光绪十九年正月初五日。第三十一号札谕。
> 条款：在第一条规定：澳门创设行善公会名曰同善堂。

从上述内容我们了解到，澳葡政府在1893年设立了慈善公会作为专门的慈善机构，并命名为"同善堂"；从"该章程先经各股份人商允"的内容中可以推断，该机构的设立应是调动了社会各界的资源采取协商入股的方式，按股份制合约的章程进行日常管理；而且，其按章管理的方式："依现各善会规矩"，也反映出当时澳门已经建立并形成了一套慈善业的基本制度，慈善事业的发展水平已经相对成熟；另外，在管理章程上当局还充分尊重了华人习俗："此章程遵依华人风俗"，说明华人的力量已经在慈善事业中发挥了主导作用。

其次，上述成立的慈善机构正是澳门在慈善活动中的主要依靠力量，如《澳门宪报》1889年2月14日（第七号）发布的两则关于内地饥荒时澳门赈济中国的捐款活动：

> 大西洋钦命水师提督澳门、地扣总督施为议举公会以便劝捐赈济事。
>
> 查中国北方此次在区极广，因饥寒而毙命者不知凡几。凡中国各处以及有外国人居住之通商口岸，均有捐款送往赈济，以舒民困。至澳内中西民人，均愿同心协力，举行善事，以为数万生灵稍轻灾难，是以特议公会成其美事。兹举佩戴头等宝星·议事公局局长巴士度（Antonio Joaquim Basto Junior）为会长，律师佐治（Cancio Jorge）、卢九、何连旺、翻译官马琪仕（Eduardo Marques）为主笔，俾同为公会襄助办理，务须竭力于各处，多方设法劝捐银两，以便赈济北方灾民。查现举数人，素以乐善为怀，存心仁爱，谅必努力而行，不负委任，是本部堂之所厚望也。己丑年正月十四日。

> 大西洋澳门辅政使司申为照会事。
>
> 照得前奉本国驻扎中国钦差大臣命，照知原于华历正月十四日颁发第十七号札谕，谕令联一公会办理劝捐赈济中国北方饥民事宜，兹该公会收到本澳各承充公司及伊各伙东合共捐得银九百大元，申六百四十五两六钱正，今将该捐项购买滙单一纸，即将该单备入文内寄上。①

上述内容反映出此次捐款活动中，澳门的各慈善公会承担了主要工作："是以特议公会成其美事"，而且澳葡政府官员也在慈善公会担当了重要角色："议事公局局长巴士度（Antonio Joaquim Basto Junior）为会长"，组织办理了慈善公会的捐款活动："俾同为公会襄助办理"。从这些慈善捐款活动的组织流程和慈善公会的人事架构等信息，我们可以推断澳门当时的慈善事业发展水平已经相对成熟，具有重要的社会地位；而从"至澳内中西民人，均愿同心协力，举行善事"这一内容，则反映出全澳居民对内地饥荒的普遍关注与对慈善活动的积极支持，也从另一个侧面反映出澳门社会依托慈善组织为载体与内地的紧密联系。

---

① 《澳门宪报》1889 年 4 月 25 日（第十七号）。

第五章　《澳门宪报》中文社会公告与澳门社会　　283

最后，除了慈善公会组织的对外捐助活动，澳门也设立了"育婴堂"、精神病院、养老院等面向澳门居民提供社会公益服务的慈善机构。请看《澳门宪报》发布的如下三则公告。《澳门宪报》1886年9月30日（第三十九号）刊载了一则有关"育婴堂"的新闻，显示政府当时专门设置了类似今天的孤儿院等儿童慈善机构来收留弃婴：

　　凼仔过路湾政务厅禀报称丙戌年八月二十三日至二十九日所有事件开列于后：
　　廿五日，凼仔有一妇人，名何妹仔，将女童弃于殓房。当时经神父哥士叮（O Rev. P. Costa）将女童送去澳门街白帽姑娘之婴院收养，经报知理事官。

从上述内容中我们可以了解，神父"哥士叮"将"何妹仔"所遗弃的女婴送至"澳门街白帽姑娘之婴院收养"，说明澳门当时已经出现了"白帽姑娘"之类的孤儿院慈善机构。

《澳门宪报》1911年1月28日（第四号）发布的一则慈善公告中出现了"老人院"（即养老院）机构：

　　西去年十一月三十日札谕派立本会，设法查理黑巾姑娘所管育婴堂、老人院等善堂事务，今经本会查明，特将切实意见列呈辅政司，以便转呈督宪台鉴。

从上述内容中也可以看出，名为"黑巾姑娘"的"育婴堂""老人院"的管理是"善堂"慈善公会设立的，这类慈善公会由"辅政司"统一负责管理。

再如《澳门宪报》发布的一则与"育婴堂"业主有关的慈善公告，显示了澳门当时存在多家慈善公会组织，每个公会下设的慈善机构均有业主负责管理：

　　查黑巾姑娘（iramãs canossianas）向管理善堂数间，今只存育婴堂一间。
　　盖各屋各有业主，如三巴门坊之姑娘堂，系恤贫会为业主，疯人庙侧之学堂，系仁慈堂为业主，凼仔之学堂，系属租赁，乃私家之业主。为育婴堂未能指实何人为业主，因其原系大众人捐签建置者。①

上述公告内容中接连出现了"查黑巾姑娘""育婴堂""三巴门坊之姑娘堂""疯人庙侧之学堂""凼仔之学堂"等慈善教育机构的名称，而且指明了一一对应的作为业主的慈善公会名称："善堂""恤贫会""仁慈堂""私家之业主"。其中"凼仔之学堂"的场地为租赁而来，其他场所则应是拥有自主产权，故称"业主"。

另外，澳门还设立了类似今天的精神病院功能的"发疯妇人之厂"，如《澳门宪报》1885年6月13日（第二十四号）发布的这样一则公告：

大西洋凼仔、过路湾政务厅廉为照会事。

照得九澳建造发疯妇人之厂，业已完工，经于本月十七日将北沙栏疯妇搬往该厂居住。至该厂布置，甚属相宜，所有应用物件，悉皆备便。其疯妇居住于此，虽然其疾未得轻减，但能守规，因设该厂，疯人可以男女有别耳。本厅承大宪之命，办理藏事，合行照请贵辅政司查照，希为转详督宪察核。为此照会，须至照会者。右照会大西洋澳门、地扣辅政司贾。乙酉年四月二十六日。

从上述公告内容中我们可以了解，澳门已经建立了一套相对独立的社会心理医疗机构，且实行男女精神病患者分诊治疗管理的方式："九澳建造发疯妇人之厂……将北沙栏疯妇搬往该厂居住。……因设该厂，疯人可以男女有别耳。"这一举措无疑充分体现了澳门当时较为先进的现代城市化治理理念：针对社会心理问题人群的救助体系本身就体现了其时代进步性，而且专门设立女精神病患者诊治的机构"发疯妇人之厂"更是凸显了澳门倡导男女平等的现代理念。

2. 辟谣公告

辟谣公告，数量较多（有9则），在社会管理公告总量（共56则）中占比为16%。澄清一些社会谣言或解释某些政策规定，以维护社会的稳定秩序，打消华人的顾虑或强调某类严禁措施，发挥了《澳门宪报》作

---

① 《澳门宪报》1911年1月28日（第四号）。

为政府官报的宣传喉舌功能。澳葡政府在《澳门宪报》1851 年 7 月 19 日开始刊登这类公告：

> 照得现查闻有华人欲害地方之宁靖，故意谣传西洋人要攻打附近各村……本理事官晓谕各人知悉，此等谣传不足听信。①

> 照得现查澳内有人或因愚昧，或因孽性，妄将本总督六月初五日告示误解，竟行煽惑澳中良民之心，以为新定输钞章程，比旧例更重。②

从上述内容我们可以看出，其宣传目的旨在辟谣，并借此承诺澳门华人聚居区及附近村落的居民"华洋共居"的现状不会改变，以及新颁布的税收制度并未增加税赋负担，这则公告也可以从侧面反映出当时澳门潜在的对于西方殖民统治不安和不满的社会情绪，以及政府维护澳门华人的心态和生活稳定的意图。

再如《澳门宪报》颁布的公告：

> 照得访闻现有奸民数人，向各渔船布散谣言。③

> 遂致街上谣言喧传新例逼勒多收使费，较从前未有纳者又勒令多守规矩、多行事件，以致有碍贸易，因此人心惶惑。④

这些辟谣公告发生在澳葡政府刚刚因签订《中葡和好通商条约》而获得正式的殖民统治权之当年，旨在通过公告表明政府维持既有渔业和税收（公钞），不会对华人加税的官方态度，从侧面也反映出当时的澳门华人居民对澳葡殖民统治的恐慌或不满情绪。另外这些谣言也体现出澳门华人的抗争意识，表达了华人居民对澳葡政府通过税收或产业专卖制度等手

---

① *Boletim do Governo da Província de Macao, Timor, e Solor*, 1851 年 2 月 15 日（第十三号）。
② 《澳门宪报》1851 年 7 月 19 日（第三十五号）。
③ 《澳门宪报》1887 年 1 月 13 日（第二号）。
④ 《澳门宪报》1887 年 6 月 10 日（第二十三号）。

段加大盘剥的种种顾虑，因此才会导致谣言的广泛散布和迅速传播，这也是一种民间"话语权"的表达形式，客观上使澳葡政府出于维护自身稳定的目的而更加谨慎出台殖民统治政策。

3. 婚姻公告、丧葬管理公告

此类公告主要包括婚姻产育和丧葬政策及相关信息的公告，这类公告数量最多（合计36则），占社会管理公告总量的64%（社会管理公告总量为56则）。其中丧葬政策及相关信息则有33则，占社会管理总量的60%，而婚育公告只有3则。

公告内容涉及的婚丧嫁娶等事务是华人生活中最重要和最具文化习俗特征的社会活动，一方面它体现着澳葡政府在殖民统治政策上的态度和治理原则；另一方面也集中反映当时澳门社会生活的"华洋共处"的格局与族群之间的互动情况。如《澳门宪报》1886年7月22日（第二十九号）刊载的一则婚丧产育法律章程的公告：

照得现奉本澳督宪于西纪六月十三日发给七十三号之札谕内开，现议定在澳设立婚丧产与之注册章程，以便澳内未经奉教之西洋人及外国华人等遇有婚丧产育之事，可以照民律注册为据。查此举有裨于澳内民人者，实属过半，并且有裨于政务。兹所立新章定于西纪本年八月初一日，即华七月初二日创行，惟开办当始，暂时准任人意，或注册，或不注册亦可。至于注册各件，系因婚姻生死及实认私出之子女冒充正根之子女，并华人择立继子等事。该注册系在华民政务厅举行，除安息日外，每日十点钟至三点钟开办。其暂时注册之事，则归本衙门政务厅写字办理。今欲各华人周知，故将此示粘在常贴告示之处。为此特示。丙戌年六月十八日示。政务厅写字列地经理。

从上述内容中我们可以看出，这则关于不同宗教信仰人群的婚丧产育适用政策公告类似于现代的婚姻法颁布公告，一方面体现了澳葡政府在制定相关政策时考虑到拥有不同信仰的华人与西方人（或改信天主教的华人）习俗不同，因而采取了平等尊重的态度："现议定在澳设立婚丧产与之注册章程，以便澳内未经奉教之西洋人及外国华人等遇有婚丧产育之事，可以照民律注册为据"；另一方面也表明政府旨在强化对华人居民的管控态度和手段，因为按照"强调事实关系而忽视法律关系"的华人婚丧产育习俗，其相对淡薄、模糊的法律程序及文本证据会产生后续的入籍问题，故澳葡政府考虑可能产生的入籍身份认定问题而事先做出婚丧产育过程中法律关系的确认和判定规程："系因婚姻生死及实认私出之子女冒充正根之子女，并华人择立继子等事。"

再如《澳门宪报》1886年1月14日（第二号）的一则婚姻告示：

> 大西洋澳门公会会议：据一千八百八十四年正月廿八日本公会经已允准咁嘛喇呈出之告示，今将该告示内第一款附款更改。所有更改条款列后。据本澳华商禀请，兹批准其所求，议定加增条款列左。
>
> 一千八百八十三年八月初二日之告示内第一款加附款六列后：凡有庆贺神诞并婚嫁之事，准其自早五点钟至晚十二点钟均可施放串爆，但必须到公局讨取人情纸，复持往巡捕营签字而行。至于为婚嫁之事，可以连准三夜；如神诞之事，只可准一夜。一千八百八十五年十二月三十日呈局长吡利喇、绅士故叱士（F. A da Cruz）、雅思哑（V. Gracias）画押。

从上述内容中可见，澳葡政府对于举办婚嫁时的华人传统习俗采取了包容的态度，本来在管理条例中出于防火安全的考虑禁止燃放鞭炮，但对涉及婚嫁或神诞事务时，允许在当日及相关时段燃放："自早五点钟至晚十二点钟均可施放串爆"，"至于为婚嫁之事，可以连准三夜。"

可见，从制度章程的制定到具体风俗活动的细节要求，澳葡政府都采取了相对尊重华人传统文化与制度的态度，并能够在一定程度上利用法律规制的手段逐步引导华人适应现代法制社会和城市化生活的时代要求。

五　邮政公告

（一）邮政公告的数量及其占社会公告总量的比重变化

邮政公告的数量在社会公告共有105则，所占比重达15%（见表5-8）。

从图5-9可见，邮政公告的发布数量增长高峰在19世纪八九十年代比较显著，占当年社会公告总量的比重普遍维持在30%以上，这一时段内仅1882年、1887年、1898年低于20%。由于此类公告与澳门邮政事业发展密切相关，公告数量的增长反映了澳葡政府当时在邮政工程及服务网络

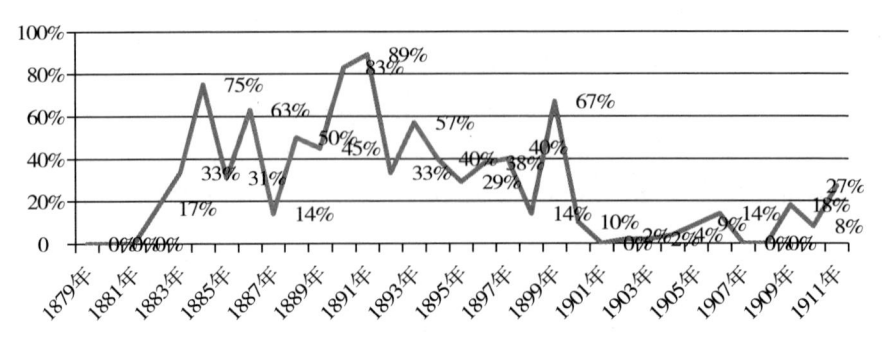

图 5-9　邮政公告数量占社会公告总量的年份变化趋势

基础建设方面加大投入的情况，这与澳门 19 世纪八九十年代处于市政工程建设高峰期的大环境有关，也是澳门同期加速城市化发展的反映。

表 5-8　邮政公告数量及其占社会公告总量的比重统计

年份	邮政公告数量（则）	邮政公告占社会公告总量的比重（%）
1879	0	0
1880	0	0
1881	0	0
1882	1	17
1883	1	33
1884	9	75
1885	4	31
1886	5	63
1887	1	14
1888	3	50
1889	5	45
1890	5	83
1891	8	89
1892	5	33
1893	4	57
1894	2	40
1895	2	29
1896	3	38
1897	8	40

续表

年份	邮政公告数量（则）	邮政公告占社会公告总量的比重（%）
1898	7	14
1899	2	67
1900	1	10
1901	0	0
1902	2	2
1903	1	2
1904	3	4
1905	4	9
1906	4	14
1907	0	0
1908	0	0
1909	7	18
1910	2	8
1911	6	27
合计	105	14.9

（二）邮政公告的内容分析

从邮政公告的内容上看，澳葡政府发布的此类公告，一方面是面向全澳门居民告知澳门城内各类报刊投寄等邮政服务的开通区域；另一方面则是告知澳门与内地或海外开通邮政业务往来的线路。《澳门宪报》中最早的一则邮政公告始于1880年1月3日：

> 管理澳门书信馆事务疏沙（R. De Sousa）启者：
> 今有佛兰西火船公司之火船前往印度及泰西各国，谁有书信，可交到本馆转寄，定于十一月二十五日下午三点钟截收。又有铁行火船公司之火船前往印度及泰西各国，谁有书信，可交到本馆转寄，定于十二月初二日下午三点钟截收。特此通知。己卯年十一月二十一日谨启。[①]

---

① 《澳门宪报》1880年1月3日（第一号）。

从这则澳门邮政部门发布的公告可以看出，澳门在19世纪80年代就与印度、"泰西各国"（泛指欧美等西方国家）开通了邮政业务往来。从105则邮政公告所涉及的国家和地区来看，澳门与多国和地区都有着通邮关系，诸如英国、法国、意大利、印度、日本、埃及、缅甸等，从涉及世界各地、数量繁多的邮政公告中可以推断，近代澳门的邮政事业是起步较早、通邮网络也比较发达的。例如下面一则邮政公告就比较清晰地记录了邮政网络的布局情况以及邮政服务的相关政策规定：

大西洋署澳门管理驿务苏为通知事。

兹将督宪谕令遵办之件开列于后。计开：

第一条："自西纪本年二月初八日，即华本月初七日起，所有本澳华人自开之信馆，应将所收寄往各处信件送来本驿馆，以便转寄。"

第二条："所有寄往省城、香港信件，系由本驿馆经行寄往该二处驿馆。其下列中国各埠之信件系由香港驿馆转送：北京、牛庄、天津、燕[烟]台、重庆、仪征、沙市、汉口、九江、芜湖、镇江、上海、苏州、杭州、宁波、温州、福州、厦门、汕头、海口、北海、龙州、蒙自。"

第三条："所有华人信馆收寄之书信，其信袋须用布或坚纸封妥，每袋重不得过十一个基路牙剌麻（Kilogrammas）或十八斤有半。"

第四条："所有寄往省城、香港之书信，其重三十个牙剌麻（grammas）或七钱八分者，收信资四仙。寄往中国各埠重三十个牙剌麻或七钱八分者，收信资一毫。"

第五条："其给信资之法，须买信资印花粘贴，每信送到本馆时，需将该印花贴妥。"①

从上述公告可以推断，19世纪末澳门的邮政网络已经覆盖内地全国范围，但主要是通过"香港驿馆"转寄的。另外，澳门的邮政服务也面向华人开放，公告详细列出了华人邮寄时的书信邮件细则："所有华人信馆收寄之书信，其信袋须用布或坚纸封妥，每袋重不得过十一个基路牙剌麻（Kilogrammas）或十八斤有半"；以及邮寄到内地的资费："所有寄往

---

① 《澳门宪报》1897年2月6日（第六号）。

省城、香港之书信，其重三十个牙剌麻（grammas）或七钱八分者，收信资四仙。寄往中国各埠重三十个牙剌麻或七钱八分者，收信资一毫。"也从另一个侧面推断出，此时内地也已经在全国范围内建立了邮政业务网络，否则仅凭澳门邮政一己之力是无法开通这些邮寄服务线路的。

而据澳门邮政史料载，澳门当地就正式成立澳门邮政局，是在1884年3月1日，由葡萄牙人"疏吵"以及三名邮差组建，当年发行了第一套邮票。而尤为可贵的是，《澳门宪报》1884年4月5日（第十四号）中刊载了邮政公告，记录了这一史实：

> 署管理澳门驿务疏吵现奉督宪命。准在板障庙街第二号吗刁吐·寥（Matheus Liu），即安成钉书铺，设有收书信箱，以期方便于民人。即该铺内亦有澳门驿务馆粘信印花纸发售。特此通知。甲申年三月初十日谨启。

从上述公告可以看出，它确切记载着近代澳门在"板障庙街第二号"设立邮政服务点和信箱的历史："安成钉书铺，设有收书信箱"，其目的就是便利居民："以期方便于民人。"而且该邮政服务点除了书报销售以外，还发售邮票："即该铺内亦有澳门驿务馆粘信印花纸发售。"

这则公告不仅是澳葡政府向澳门市民表明并宣传其提供邮政便民服务的意图，从另一侧面也体现了《澳门宪报》推进澳门城市化发展的社会服务功能，也见证了其记录澳门近代城市变迁的历史佐证价值。

六 气象预告公告

（一）气象预告公告的数量及其占社会公告总量的比重变化

气象预告公告的数量共有13则，占社会公告总量比重为2%。虽然总量不多，但折射出的社会意义重大：它一方面反映了澳葡政府在当时已建立了现代气象预报事业机构，并能够采用科学气象监测体系进行气象变化预报的科技能力；另一方面也是澳葡政府在行政职能上向现代社会转型、满足城市化生活需求的重要表征。

从图5-10可见，气象预告公告在19世纪80年代初占当年社会公告总量比重较高（详见表5-9），当然考虑到当时技术水平的局限，难以将气象预告做到常态服务，只能在遇到飓风等比较显著的气象变化时，澳葡

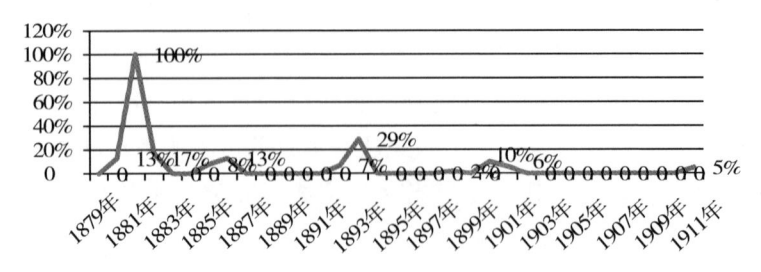

《澳门宪报》中文公告与近代澳门社会（1850—1911）

图 5-10　气象预告公告占社会公告总量的比重变化趋势

政府才会借官方媒体向公众发布预警，行使其社会服务的职能；而随着发布气象信息的媒介渠道日渐增多，《澳门宪报》等官媒则不再专门刊载此类消息。

表 5-9　　　气象预告公告数量占社会公告总量的比重统计

年份	气象预告公告及其数量（则）	气象预告公告占社会公告总量的比重（%）
1879	0	0
1880	1	13
1881	1	100
1882	1	17
1883	0	0
1884	0	0
1885	1	8
1886	1	13
1887	0	0
1888	0	0
1889	0	0
1890	0	0
1891	0	0
1892	1	7
1893	2	29
1894	0	0
1895	0	0
1896	0	0
1897	0	0
1898	1	2
1899	0	0
1900	1	10

续表

年份	气象预告公告及其数量（则）	气象预告公告占社会公告总量的比重（%）
1901	2	6
1902	0	0
1903	0	0
1904	0	0
1905	0	0
1906	0	0
1907	0	0
1908	0	0
1909	0	0
1910	0	0
1911	1	5
合计	13	

（二）气象预告公告的内容分析

此类公告的主要内容是提供气象预告或极端天气来临时的相关管制措施或预警提醒的信息公告，充分体现了澳葡政府面向社会公众提供公共服务的职能，也反映出澳门当时已经具备初步的气象服务经验和预告能力。其内容和形式基本如下面一则《澳门宪报》刊载的气象预告：

> 大西洋澳门署船政厅（Demetrio Cinatti）为通知事。
> 照得本月至九月尾，系防有风飓之时，是以特谕尔河内华船人等，所有船上锚缆，或应需多少，或应用长短，均要预备足用，从遇有风浪，可能抵挡，庶可免受风憾坏，或被沉溺之虞。更须于河道常时预为留开，自华船平时惯泊之处至沙仔尾，一由妈阁至司呵口，一由沙栏仔至沙梨头。如违，定必罚银。若料有风飓，或经过本埠，或大小风不等，本厅必先令在士迫（Spark）埔头旗杆址起四方红心白旗一枝，放炮一声，并不准各船艇湾泊附近战船及澳省港轮船左右。各宜周知，为此特示。庚辰年四月十四日示。①

从上述内容可以判断，作为以航运业起家的海港城市，澳门具有关注

---

① 《澳门宪报》1880年5月22日（第二十一号）。

气象变化的强烈社会需求及文化传统,海上风浪情况如何尤其是飓风何时来临等信息是广大以渔业和航运业为生的澳门华人居民最为关心的问题之一。因此,基于服务市民生活需求和维护航运业发展的考虑,澳葡政府发布的这则气象预报公告重点是强调海上飓风期间的港口、渔船的管制政策,要求飓风经过时不准船舶靠近码头,以免发生碰撞或搁浅事故:"若料有风飓,或经过本埠,或大小风不等,本厅必先令在士迫(Spark)埠头旗杆址起四方红心白旗一枝,放炮一声,并不准各船艇湾泊附近战船及澳省港轮船左右。"公告还提醒广大华人渔民在飓风高发期注意安全防范:"所有船上锚缆,或应需多少,或应用长短,均要预备足用,从遇有风浪,可能抵挡。"并且在飓风来临时还会进行预警:"本厅必先令在士迫(Spark)埠头旗杆址起四方红心白旗一枝,放炮一声。"可见,澳葡政府在气象预告公告中所体现出面向公众提供社会公共服务的意愿与能力。

再如下面一则气象预警公告:

> 大西洋澳门般政厅施为出示谕事。
>
> 照得若料有风飓之时,本厅必预为警报,以便周知。兹将警报各记号列左:如接到电报报称违处起有飓风、或风雨针非常低降,本厅在本署外之旗杆、妈阁炮台之旗杆,系白昼必扯起黑球一枚,晚上必凭绿色灯一盏;若料有风飓,虽未能究实心经过本澳及风势大小者,则在本厅之旗杆、大炮台之旗杆、东望洋炮台之旗杆、妈阁炮台之旗杆、并凼仔炮台之旗杆,白昼均扯起红心白旗一面,大炮台放炮三响,晚上则凭绿色灯三盏,大炮台亦放炮三响;如飓风已过,白昼则在东望洋炮台及本厅之旗杆沣忽挂白旗一面,夜晚则在大炮台烧放火箭;又无论何时倘在中国海疆地方有大风飓,即用西纪一千八百九十八年六月二十五第二十六号宪报所经已颁行及派送之字母旗、数码旗,按照方向标示明白,俾知风迹。此谕。庚子年四月十一日①。

从公告内容中我们可以看出,澳葡政府在飓风来临时已经做好了航行安全预案,为港口附近的航船提供预告风浪危险的警示:"照得若料有风飓之时,本厅必预为警报,以便周知。"其具体的预警方式十分细致,规

---

① 《澳门宪报》1900 年 5 月 12 日(第十九号)。

定了飓风来临前后的不同旗帜信号:"兹将警报各记号列左:如接到电报报称违处起有飓风、或风雨针非常低降。……若料有风飓,虽未能究实心经过本澳及风势大小者,则……如飓风已过,白昼则在东望洋炮台及本厅之旗杆沣忽挂白旗一面……"以上几种飓风经过前后的情况都有比较具体的信号约定,说明澳葡政府为渔业和航运业提供详细的安全保障预案,也是其行使社会管理职能的一种体现。

七 社会特殊群体管理公告

(一)社会特殊群体管理公告的数量及其占社会公告总量的比重变化

《澳门宪报》中的社会特殊群体管理公告主要包含对娼妓、乞丐等近代澳门社会特殊"行业"及边缘群体实施的管控措施。社会特殊群体管理公告的数量并不多,共有9则,占社会公告总量的比重为1.3%(社会公告总量为707则)(见图5-4)。但它们却是澳葡政府履行具有现代城市管理职能雏形的一种典型体现,突出反映了澳葡当局对华人实施的较为细致、严密的管控措施。其比重变化如图5-11所示。

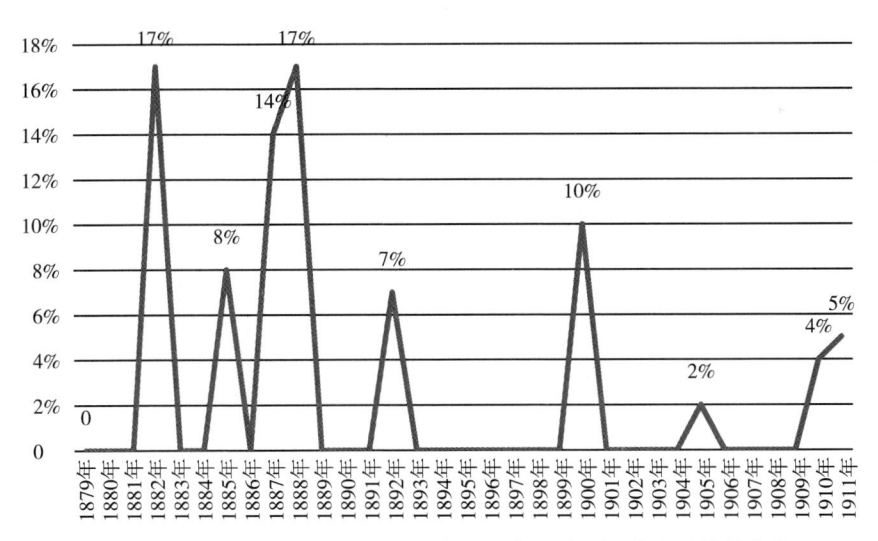

图5-11 社会特殊群体管理公告占社会公告总量的比重趋势变化

从图5-11可见,社会特殊群体管理的公告在19世纪80年代集中出现,在1882年、1887年、1888年占社会公告总量的比重达到峰值,分别为17%、14%、17%;这一趋势与其他类别的社会公告变化趋近一致,反映了当时澳葡政府在社会生活各个领域普遍加大了管控力度。另外,此时也正值澳门社会产业转型的关键时期，娼妓和乞丐不仅是社会特殊群体，两者作为历史悠久的古老"行业"也能够创造一定的利润，同时影响消费环境和社会治安，因此对其进行规制也是与政府主导鸦片、博彩业发展的经济导向相配合，借此强化其对澳门全部社会领域的管控。

表5-10　　社会特殊群体管理公告占社会公告总量的比重统计

年份	社会特殊群体管理公告数量（则）	社会特殊群体管理公告占当年社会公告总量的比重（%）	社会公告总量（则）
1879	0	0	3
1880	0	0	8
1881	0	0	1
1882	1	17	6
1883	0	0	3
1884	0	0	12
1885	1	8	13
1886	0	0	8
1887	1	14	7
1888	1	17	6
1889	0	0	11
1890	0	0	6
1891	0	0	9
1892	1	7	15
1893	0	0	7
1894	0	0	5
1895	0	0	7
1896	0	0	8
1897	0	0	20
1898	0	0	51
1899	0	0	3
1900	1	10	10
1901	0	0	35
1902	0	0	95
1903	0	0	64
1904	0	0	67

第五章 《澳门宪报》中文社会公告与澳门社会　297

续表

年份	社会特殊群体管理公告数量（则）	社会特殊群体管理公告占当年社会公告总量的比重（%）	社会公告总量（则）
1905	1	2	44
1906	0	0	29
1907	0	0	27
1908	0	0	42
1909	0	0	39
1910	1	4	24
1911	1	5	22
合计	9		707

（二）社会特殊群体管理公告的内容分析

虽然社会特殊群体管理公告的数量并不多，但这类公告所涉及的传播对象比较特殊，主要是娼妓和乞丐，而他们往往是易被忽视和遗忘的边缘人群，澳葡政府发布针对这两类人群的管理规章本身就能体现澳门近代社会的特殊性，以及政府管制的系统性和严密性。

1. 娼妓管理公告

首先，对于起源古老的色情业消费场所，澳葡政府将其纳入了专门的管理体系，颁布了针对性的管制章程。如《澳门宪报》1905年7月19日第二十八号附报颁布的一则娼妓公告：

　　大西洋钦赐佩戴头等阿非斯等宝星、水师统领、澳门总督部堂墨为札行事。

　　照得澳门娼寮必须筹设善法，稽查防范乃能于保卫生命，维持风化，确有裨益。此事关系匪细，办理有难以从缓者。本部堂兹钦奉大君主谕，准特将新经改定之下列娼寮章程批饬自刊登宪报之日为始，切实颁行。须至札者。

　　澳门娼寮章程，谕挂号事宜。

　　第1章，第一款：凡属澳内娼寮、疍铺均须挂号。附款，本款所指疍铺之私娼，亦须挂号……第三款，凡有不挂号之娼寮，一经有人指攻或由该政务厅访闻，立即密查。一经查确除仍饬该寮主及该寮各娼挂号外，另照本章程第廿七款事例行罚。

从上述内容中可见，针对"娼寮""苴铺"这类色情消费场所，澳葡政府出于维持社会风气和防止性疾病的传播等公共秩序与安全的考虑，重新修订和颁布了专门的"澳门娼寮章程"。章程第一则就对娼妓行业给予了"营业资格"的认定，要求必须在官方登记"挂号"后方可营业："第一款：凡属澳内娼寮、苴铺均须挂号。附款，本款所指苴铺之私娼，亦须挂号。"而对于私自经营者："凡有不挂号之娼寮"，则一有举报和巡查到的按照相应规章予以刑罚："一经有人指攻或由该政务厅访闻，立即密查。一经查确除仍饬该寮主及该寮各娼挂号外，另照本章程第廿七款事例行罚。"这种严密监控的制度充分反映出澳葡殖民统治者对于一切能够吸引大量"消费者"或客流的生意行为都不放松，通过新的引导和管控措施将此类特殊群体纳入殖民统治的视野。

再如《澳门宪报》1911年9月23日（第三十八号）颁布的一则旨在加强对色情场所具体消费行为的管控措施：

> 大西洋澳门华正厅李为示遵事。
> 　　案奉宪命，为保护平安起见，所有各客栈之住客，如于夜间在房内招妓宴饮，限以至二点钟为止。一过二点钟，即不准留妓侍酒及留宿。其各客栈东主，倘任令住客招妓在房逾过二点钟以后，若有意外事出，即为该栈东主是问。合特示谕，并译华文，俾各遵照毋违。特示。辛亥年七月廿八日。

从上述公告内容中我们了解到，澳葡政府对于在色情场所内消费行为的具体时间也有详细的管理规定："夜间在房内招妓宴饮，限以至二点钟为止。一过二点钟，即不准留妓侍酒及留宿。"究其原因，一方面是澳葡政府出于对一切能够吸引大量"消费者"或客流的生意行为希望加大引导和管控的考虑，从而为维护产业有序发展和社会秩序服务；另一方面，如此严密的规制与1911年前后社会治安环境的恶化也有一定关系，由于当时内地政治动荡、大量华人避乱移居澳门，犯罪率高发，因此澳葡政府为"保护平安起见"颁布了针对案件高发区域的治安管控规定，内地外来人口和底层社会群体聚集的"各客栈"自然是管控的重点对象。而且，规章还进一步明确了发生治安事件的连带责任追究制度："倘任令住客招妓在房逾过二点钟以后，若有意外事出，即为该栈东主是问。"可见其管控问责力度之大。

2. 乞丐管理公告

由于澳门本地经济凋敝以及内地避乱迁入的大量流民,从而导致当地乞丐群体庞大,为了维持社会稳定,澳葡殖民统治者希望将此类特殊人群也纳入殖民管控的视野,因此颁布了一系列乞丐登记制度等规定:

> 大西洋澳门华政务厅卫(Alberto Vaz Pinto da Veiga)奉本澳督宪将转行晓谕各款开列于后:
>
> 第一条:按照前任总督西纪一知八百八十八年二月初一日第十七号札谕内第三款,惟准澳内出生之穷人,方可暂在本澳乞食。但须报明本衙门,果然实系贫苦不能工作,且在本澳或澳外并无亲属赡养者方准。
>
> 第二条:所有乞食者,必须来衙求取人情方准。惟南湾、高楼街、龙嵩街、大堂街、大堂前地暨该街内之各巷,以及议事亭前地、板樟堂街、白马巷街、水坑尾街、夜母街、天通街并各轮船埠头等处,均不得乞讨。①

从1888年发布的这则公告可以了解,澳葡政府对于乞丐群体的登记和管理十分严格,详细规定了行乞的"资质"认定标准:"果然实系贫苦不能工作,且在本澳或澳外并无亲属赡养者方准。"对行乞的区域也做了严格限制:"南湾、高楼街……并各轮船埠头等处,均不得乞讨。"这则乞丐管理公告发布于1887年澳葡政府刚获得正式的澳门殖民统治权之后,此时也值政府引导产业转型的时期,因此为了配合其大力发展的"苦力贸易",扩大华工苦力的人口来源,要求只有"报明本衙门,果然实系贫苦不能工作"者才有行乞"资质"。可见其社会管理政策的严密、系统化的特征。

再如《澳门宪报》1900年5月12日(第十九号)大量华人避乱移居澳门背景下发布的这则乞丐管理公告:

> 大西洋澳门华政务厅罗(Fernando José Rodrigues)为晓谕事。

---

① 《澳门宪报》1892年9月1日(第三十五号)。

第一款：自西纪一千九百年六月初一日，即华五月初五日起非领有政务厅乞丐凭照者，一概不准在澳门行乞。

第三款：即可发给凭照一纸，须将该丐姓名、年岁、有无妻室、原籍何处、身裁、面貌以及盲跛聋哑各疾、应在某处、如何行乞注明照内，另给硬牌一面，写乞丐二字，西人用洋字写，华人用西华字写，俾该乞挂在胸前。

第四款：严禁乞丐各事列下：一、凭照内未有声明携带小孩者，不准携同小孩行乞。二、各处公馆、衙门、庙堂、码头、坟地、花园、众人游玩乘凉地方、酒店等处不准行乞。

第七款：领凭行乞之后，如该乞谋生有路而不肯去谋生，或有善堂收养而不愿入善堂，即将该凭照收回。

第八款：只系本澳生长及在澳居住一连五年之人，可以请领凭照行乞。

从1900年颁布的这则公告可以看出，澳葡政府在当时大量内地华人避乱迁居澳门而导致的大量乞丐出现采取了更加严格的管控措施。重点是颁布了专门的乞讨凭照："可发给凭照一纸，须将该丐姓名……注明照内……俾该乞挂在胸前"，甚至为了便于识别，规定了两种中葡文字并列的照牌："写乞丐二字，西人用洋字写，华人用西华字写"，而且明确了不得无照乞讨："非领有政务厅乞丐凭照者，一概不准在澳门行乞。"对乞讨行为也有严密细致的规定："严禁乞丐各事列下……"要求不得在各公共场所行乞："各处公馆、衙门、庙堂、码头、坟地、花园、众人游玩乘凉地方、酒店等处不准行乞。"而且，还积极发动慈善机构的社会组织力量控制乞丐规模，要求"有善堂收养而不愿入善堂，即将该凭照收回"。可见，如此严密细致的行乞规定都是为了维护澳门地区安全有序的社会环境而制定的，服务于澳葡政府加快推进城市化、规范化的社会发展目的。

第三节 《澳门宪报》中文社会公告特征

《澳门宪报》中文社会公告总体上体现为四大特征，突出反映了澳葡政府推动社会转型与城市化发展的政策导向：从19世纪中叶澳门大规模涌入内地华人移民,为其加速城市化的发展提供了必要的人力、财力资源。澳葡政府顺应了这一族群结构的演进趋势,采取日益依靠华人群体、鼓励其参与城市化建设的一系列政策;而在城市化进程中,以华人为主体的澳门居民也完成了自身的现代化转型,成为构建澳门近代社会公共领域的主要力量;官报公告作为双方的重要沟通互动渠道,发挥了积极的桥梁作用。

一 反映以华人为主体的社会族群构成变化

相比近代中国内地,澳门在政治与经济上具有相对先进的制度优势和较为稳定的社会发展环境,因此其独特的魅力吸引了大量华人移居澳门。长期的人口流入使澳门华洋人口的比例在 1860 年以后保持在 20∶1[①],以华人居民为主体的澳门社会族群构成必然影响到作为上层建筑的政策与制度变化。而《澳门宪报》作为官方媒体,其刊载的公告信息自然也反映了这种基础性的社会结构变化。比如在华人入籍方面,澳葡政府的入籍公告数量在 20 世纪初的大规模移民潮期间形成了高峰(见图 5-5)。

前文已经详细分析了图 5-5 的曲线变化,入籍公告的数量从 1893 年到 20 世纪初呈现显著增长的趋势,历史高点出现在 1902 年前后,当年数量为 92 则,占比 97%,其历史背景正是因为 1900 年内地"庚子之乱"后的时局动荡,导致澳门迎来了 20 世纪初最大规模的华人"移民潮"。据史料统计,澳门地区的人口构成情况呈现如下变迁:在 1839 年鸦片战争爆发前夕,澳门华人(7033 人)与葡萄牙人(5612 人)在人数上相差不是太多;19 世纪中期开始,内地大量华人尤其是广东人因太平天国运动、广东天地会起义等局势动荡的原因开始避往澳门,当地华人(80000 人)与葡人(4611 人)[②]的比例[③],从 19 世纪 60 年代就开始形成并一直

---

① [美]杰弗里·C.冈恩:《澳门史 1557—1999》,中央编译出版社 2000 年版,第 64 页。

② 见《1892—1901 年拱北关十年贸易报告》,载莫世祥等编译《近代拱北海关报告汇编(1887—1946)》,澳门基金会 1998 年版,第 82 页。

③ 程美宝:《把世界带进中国:从澳门出发的中国近代史》,社会科学文献出版社 2013 年版,第 226 页。

保持下来。① 面对不断涌入的华人移民，澳葡政府持有的官方态度是逐步建立并完善入籍制度以及针对华人居民的户籍管理政策。长期以来，政府出于巩固其作为东西方经贸中心地位，以及满足维持城市日常运转对周边物资需求等目的，并未对内地华人口出入澳门进行限制，任何华人进入澳门无须"一纸印照"。这就使邻近地区的人员往来极其便利，"老居民、流动商贩、工匠、赌徒、魔术师、小偷，良莠不齐，可以不受理事官的任何检查"。② 这种自由开放的社会管理方式使内地为澳门的城市发展间接地提供了源源不断的人力、财力、物力支持；另外，也使华人在澳门居民的人口构成上逐渐成为主体，华商的经济力量和社会影响力与日俱增，最终发展成为澳葡政府维持殖民统治不得不依赖的主要力量。有学者考查史料后佐证了当时居澳华人的主要来源及流动状况："粤民侨寓澳门，人数众多，良莠互异。南番香顺等县，商民来往省澳者，何止数万，往往两地置产，两地行商……"③

这些社会人口构成的基础性变化导致了葡萄牙从 19 世纪下半叶的对华殖民政策从原来的刻意排挤、压制不得不逐步转为在一定程度上的尊重、包容。这一点在 19 世纪 80 年代开始大量出现的鼓励华人参政等内容就可明显地反映出来，如：

> 大西洋钦命澳门暨属地总督高为札饬遵照事。
> 照得凼仔、过路湾两处公局人员办理该两处街坊各事务等情。据此查照一千八百九十六年十二月初一日上谕第七十二款之第三附款，着准其所保举之新定泰店郑亚治、灿合店黄满、西隆店杜亚百过为凼仔、过路湾两处公局人员，并王悦隆店梁燕、厚文店黎标、荣德堂苏怅为替理。以明年一千九百零一年为期，均须遵照以上谕旨妥办该两处街坊事宜可也。合行札饬军民人等一体知悉。须至札谕者。庚子年十月十四日。④

---

① 程美宝：《把世界带进中国：从澳门出发的中国近代史》，社会科学文献出版社 2013 年版，第 226 页。
② 龙思泰：《早期澳门史》，吴义雄等译，东方出版社 1997 年版，第 39 页。
③ 黄培坤：《澳门界务争持考》，《近代史资料》总第 94 号，中国社会科学出版社 1998 年版，第 156 页。
④ 《澳门宪报》1900 年 12 月 8 日（第四十九号）。

上述一则华人基层官员的任命公告就明确指出了"凼仔、过路湾两处"地方街坊事务由"新定泰店郑亚治、灿合店黄满、西隆店杜亚百过"三位被保举的华商担任的"公局人员"负责，并由"王悦隆店梁燕、厚文店黎标、荣德堂苏伙"三位华人作为候补人员，任期1年。可见，澳门当时对基层社会的治理已经基本依赖于华人来负责。

此外，从入籍公告的内容中也可以看出澳葡政府对于具有一定经济实力的华商入籍采取了支持与认可的态度：

> 大西洋澳门按察司书吏穆为通知事。
>
> 案据华商陈之敬，有妻，在香港居住，来署禀称伊系同治九年七月十三日在澳门草堆街廿二号屋出世，本年四十岁，并未当过中国及别国差事陈基男及陈李氏亲生子，伊父向在澳门做米店生意，及系关前正街顺和发店东，伊平日及其父母并无不愿隶入西洋籍之话，今亲身到案表明。①

从上述公告内容可以推测，澳葡政府对20世纪初大量涌入的华人移民可能危及其管理秩序有一定的警惕性。例如入籍申请人一方面要表明出生于澳门当地，另一方面又要表明"并未当过中国及别国差事"，通过这种未曾在内地或其他国家担任公职的经历以证明其不具备他国的正式国籍身份。此类的表述方式是20世纪初大量入籍声明的基本文本格式，表明当时澳门社会的基本入籍政策。而对入籍申请人比较严格的身份审查流程也鲜明地体现了澳葡政府对日益增长的华人力量既想利用，又担心被其完全掌控的殖民心态。这种观念是对澳门寄居于力量庞大的内地之畔和蒸蒸日上的香港之侧的一种"夹缝中生存"的殖民心态。

从澳门社会近代史发展的宏观视角审视，华人在数量和影响力上居于澳门社会主体的是大势所趋，这是由澳门历史发展的起点及所处的人文地理环境等因素决定的。渐成主体的大量华人移民不仅是推动澳门社会发展的基础性力量，他们也为澳门一直进行着的城市化、现代化转型提供了必要的社会资源保障和动力支持。

---

① 《澳门宪报》1911年9月16日（第三十七号）。

二　澳门社会公共领域的形成与发展之体现

澳门近代社会发展与转型的主导力量是大量居澳华人，它不仅体现在华人成为澳门城市建设与社会发展的主力军，千千万万个华人家庭和个体构成了澳门社会运转的基本单位；这种力量还存在于随华人而来的庞大而牢固社会关系网络之中，具体表现为依托各种华人社群所形成的社会团体，他们在政府和普通民众之间扮演了重要的中介作用，是澳门近代社会生活的重要组织者。这些社会团体及其组织活动在分担澳门政府社会管理职能的同时，也集中表达了华人对殖民当局统治的诉求与抗争。从现代社会学的观点来看，他们的存在及其组织活动构建了澳门近代社会所谓的公共领域，也是澳门社会成长与现代化转型的重要表征，而这些表征在《澳门宪报》的社会公告中经常可以找到踪迹。

如前述提到的慈善公告中，澳门大量社会慈善活动的主体就由这些公益性的社会机构担当，澳葡政府对此专门拟定了章程加以引导和规范：

> 澳门善堂会章程。
> 第一章，名曰宗旨。
> 第一款，定名为澳门善堂会，系在澳设立。
> 第二款，本会宗旨如左：一、或自设立善堂、或捐款助别善堂、办理善举即如保留生产、赠派牛奶、设旋转机、收婴儿、抚孤院、保良院、育婴院、工艺所、搭食所、学堂供学童餐膳、医院、医生局、济丐院、养老院、恤死院等事。二、救济所有人民或其家眷之贫病及猝遇意外事者。付款：本会最重之事是能补善堂未及之善举，不分中西。
> 第三款，凡举行善事施与华人及不是华人，以华人得二、不是华人得一为率，使费银两亦系照此匀计。①

从上述内容中我们可以看到，澳葡政府将社会保障系统的诸如养老、医疗、教育、慈善、公益等各种相关职能交由"善堂会"统一负责管理，并积极发动社会力量参与其中，鼓励社会组织自主成立机构、自行开展活

---

① 《澳门宪报》1911 年 6 月 17 日（第二十四号）。

动："或自设立善堂、或捐款助别善堂、办理善举"。这些公益活动由"善堂会"统一付费提供资助，并采取华人与葡人平等对待、"不分中西"的做法，甚至在付费资助方面鼓励向华人提供慈善服务以补充政府投入之不足："第三款，凡举行善事施与华人及不是华人，以华人得二、不是华人得一为率，使费银两亦系照此匀计。"

澳门社会公共空间的建构和成长依赖于诸如此类的各种社会机构及其具体的组织活动，华人在其中发挥了主导作用。《澳门宪报》社会公告所反映的华人成立的各类慈善公会团体及其组织的社会活动是浮于此庞大的华人社会网络之上的"冰山一角"。从这些繁杂公告现象的多维截面，我们可以窥探当时的官方与民间处于不同社会理念之间的一种博弈和融合关系。

从澳葡政府的官方策略来看，对待华人社会团体的态度表现为既不得不依赖又尝试加强控制的意图。其政策背景是19世纪下半叶开始的华人移民的大量、持续迁入，尤其在1900年前后由于内地政局动荡，使得澳葡政府难以有效地管控大量涌入的华人，因此陆续出台了诸如上文提到的各类社会公益组织、慈善公会等管理章程，加快建构涵盖入籍政策、安全法规、公共事务章程等多方面的制度体系；另外，由于澳葡政府在华人群体及其社会活动的管控上往往力不从心，因此当局希望调动社会组织的力量协助其管理并引导华人在维护其殖民统治的制度框架下有效地自治，更好地维护社会的稳定与发展。因此在上述社会公告中，引导和鼓励成立各类分担政府管理职能的社会组织及行业机构恰恰体现了官方的政策导向，他们希望通过扶持社会中间阶层的力量，弥补其对社会公共领域的管理空白。这种政策导向客观上有利于澳门近代社会公共领域的建构与成长。

从民间组织的行动目标来看，以华人为主的各类社会团体也希望借助成立政府认可的组织机构实现更大的权益保障，并能够积蓄社会资源和力量，更有力地表达诉求，在一定程度上与官方的殖民统治相抗衡。这些组织机构的发起者和中坚力量是以澳门的华人绅商为主。诸如与梁启超合作创办《知新报》的何廷光等人，以及《澳门宪报》中表彰华人公告中出现的大量华商，他们都是近代澳门华人资产阶级崛起过程中的代表人物。这些官绅群体早在1854年广东天地会起义时就因逃避战乱而来到澳门，他们不仅带来了大量资本和财富，也带来了华人精英阶层和知识分子的独立思想和"心忧天下"的社会责任意识，而这些在内地无法实现的抱负却在澳门不同的社会体制下找到了更为广阔的施展空间。

近代公共领域中最主要载体就是大众报刊,虽然《澳门宪报》作为官方喉舌难以提供这样的自由空间,但澳门创办的其他中文商业报刊《知新报》《镜海丛报》等进步报刊却是扶助澳门近代公共空间成长的重要舞台。这些报刊背后的出资人往往都是广大经营致富,凭借在珠三角和出洋华侨之间的土货贸易形成的华商。例如出资创办《知新报》的何廷光等众多刚刚脱离皇朝体制的澳门华人商绅,他们与毗邻的珠三角保持着频繁、密切的家族文化联系,而这种文化与社会网络资源也是其在澳门开展社会活动的有力支持。因此,在澳门19世纪下半叶陷入贸易萎缩、财政锐减的时局下,拥有雄厚财力的华商群体成为澳葡当局不得不倚重的力量,政府对华人的政策转型为其社会话语权的成长与壮大创造了良机。自此,华人登上了澳门近代发展的历史舞台,成为主导澳门社会发展的关键力量,华人自身政治地位这一过程中也获得了空前的提升,这也为"华洋共居"的澳门塑造了更加合理的社会结构,为澳门近代社会的顺利转型奠定了坚实基础。

三 辅助现代社会管理制度的导入与建构

因澳门相对独立的政治地位和长久以来作为东西方贸易中心的经济吸引力,使内地华人19世纪下半叶开始大量迁居于此。而这些华人刚刚脱胎于传统农耕文明的社会环境,故各种观念、习俗和社会交往规则并不能很快适应澳门西方式管理和城市化发展的需要。因此,澳葡政府希望通过加强对华人在社会生活各个领域的规制,逐渐引导以华人为主体的居民更加适应并服务于其主导的殖民治理体系。而导入这些与中国传统体制迥异的西方制度,华人对此必然有一个比较困难的理解、接受到适应的过程,作为官方媒体的《澳门宪报》自然承担了说服和宣教的喉舌职能,这些具体措施和官方意图都可以在刊载的中文公告内容中得以体现。

首先,澳葡政府以控制和劝导为主的方式管理华人传统的社会公共活动。如《澳门宪报》刊登的两则管理华人开展传统文化活动的公告:

> 大西洋署澳门理事官办理华政事务梁绍为奉大宪命示谕奥中华人知悉:
> 凡有出会耍菩萨,不论由何庙所出,在街游行者,该值事人等应先赴本衙门报明,领取准纸,并赴巡捕营报知,一体准行。如违,不

领准纸报明，定即饬巡捕兵将会逐散。各宜遵照毋违。特示。乙卯年闰三月十六日示。①

惟查该华人在临近各房屋之处，每搭棚厂，唱戏祭神等教内诸事，谕该烧纸焚香等物，不独火之危，且多人拥挤喧闹，及有滋生事端，临近家难堪忍受，又碍路上行人。②

上述两则公告虽出于控制社会群聚活动和防火安全、噪声扰民的考虑而颁布，但是也反映了澳葡当局面对华人社区的社会公共活动和传统文化习俗的意欲抵制而又无奈的态度。面对大量迁居澳门并成为居民主体的华人，澳葡政府也无法彻底实行"华洋分居"的殖民治理政策，更无法遏制东西方不同文化间的碰撞与交融过程，因此，他们在发布城市管理公告时并不是强制性地禁止，而是注意文化的差异，并采取了理性规劝的方式试图加以协调，体现了政府希望引导华人逐步适应城市化生活的意图。

其次，澳葡当局在加强管控华人社会组织活动的同时，也注意植入具有现代管理制度雏形的西方治理方式和制度体系对其各个社会生活领域加以改造。诸如入籍政策、遗产政策、丧葬制度、各类社会慈善事业的管理政策等，都能体现出西方式的治理思维和契约式社会的文化理念。突出反映在这些制度中普遍重法规、重合约的色彩，大量采用条文规章的行文格式。而通过《澳门宪报》官报公告大量公布规章的方式本身，就体现一种社会契约式管理的文化理念。如下面一则1893年刊载的慈善公告：

大西洋钦命澳门、地扪暨属地总督布为札知事。

照得现在本澳设立一会，专行善举，及助殡葬帛金事宜，其名曰仁济社。该章程先经各股份商人允，又查得此章程遵依华人风俗，及依现各善会规矩。兹据所设，乃是行善之事，有裨于本澳华人贫民，现经与澳门公会酌议，是以按照西纪一千八百六十八年十月廿二日之上谕第二款准行，并照查西纪一千八百六十九年十月廿六日所来咨文声明，该上谕可准各处属地遵行。又按西纪一千八百八十一年七月十

---

① 《澳门宪报》1879年5月10日（第十九号）。
② 《澳门宪报》1851年7月19日（第三十五号）。

三日本国总理外务部属地司，亦有咨行小西洋督宪声称，该上谕各处属地均可遵行等因。①

上述内容中多次出现"章程""规矩""酌议""遵行"等字样，组织社会慈善活动的机构规章本身是由股东协商确定的，即由"各股份商人允"。其具体的活动办法也是经上级管理机构"澳门公会"商议审批通过，即"经与澳门公会酌议"后实施的。可见，这些规制及其机构运作的特点比较鲜明地体现了现代社会制度体系下的法制化、契约化色彩。

社会经济活动方面也是如此，例如澳葡政府通过《澳门宪报》向华商设立的公司发布的一则推广现代公司制度的公告：

> 大西洋钦命澳门、地扪暨所属地方总督贾为札知事。
> 照得现有华人合伙设立公司，为畅叙遣兴之所，取名曰同和公司。其公司章程，先经各合伙商允。兹查设此公司之起见，甚是平和于澳门华人固有裨益，亦为律例所准，现经与澳门公会商议，是以将后开并经辅政司画押之章程，本大臣均已准行，惟该公司应将允准之饷银及印厘缴纳。现查该公司所立之意愿与例相符，倘该公司有违创立之意，即将准行之权销废。为此合札各官军民人等一体得知。特谕。辛巳年十二月十一日第九号札谕。②

上述公司制度也具有明显的行政规制色彩，尤其强调了公司的经营行为必须符合公司律例，遵行"经辅政司画押之章程"，一旦有违于公司法则有被注销危险："现查该公司所立之意愿与例相符，倘该公司有违创立之意，即将准行之权销废。"可见，澳葡政府的社会制度化治理并不仅限于民众的日常生活和社会活动，也涵盖了经济、文化等各个领域，是成系统化、规范化的。

例如在社会文化管理上，澳葡政府引入的立意更长远的现代社会制度则是通过设立公共机构对普通民众实行西方化教育的改造、同化政策。如《澳门宪报》1882年7月29日（第三十号）刊载的一则公益教育公告：

---

① 《澳门宪报》1893年2月22日（第七号附报）。
② 《澳门宪报》1882年2月4日（第五号）。

>　　大西洋护理澳门、地扪总督辅政使司噶为照复事。
>　　照得接到第四十一号华六月来文内称，现欲创设义塾两所，一在凼仔，一在过路湾，专以华文教诲男童，俾该处穷家小子无力就学者，准其入塾肄业。该义塾经费则由该二埠街坊公局自备资斧开支等语。……复查来文，内称凼仔、过路湾该处多有穷民小子，常在街上闲游，虚费读书时日，致坏其风俗，必须设立义塾，使该童入塾读书，以便教化、开导、诱劝为善等情，所言足见深思虑远，大为合宜。尤见贵兵总认真竭思办理，甚善。故本护理部堂喜如所请，深为欣羡。又查如可开设书馆，教习大西洋言语，大为有裨。……如果能教以大西洋言语及训以大西洋史记，深为合宜。俾在大西洋属地生长教养、栽培各人心意见，尽可致该民人与大西洋无殊一家，惟现在设立义塾，其施恩已不小矣。在本澳华人须本澳大宪重视华民而特为设法教育华童，在百姓所纳各项公钞，虽属辛苦，诚以该公钞内，亦分发其资，以为建立书院，冀将来必获利益。此诚国家保护人民，使得安稳，亦可任其各得自主，并得便宜，尤不忘作欲人材之美意也。为此照会。凼仔、过路湾兵总办立政务听。壬年六月初七日。第五百二十八号。

从上述公告中可以明确地了解到澳葡政府设立"义塾两所"的意图：改造"穷民小子"，"以便教化、开导、诱劝为善等情"，防止其"常在街上闲游，虚费读书时日，致坏其风俗"。虽然主旨上是为了同化华人青少年的思维观念，防止其成为无业游民危害社会安全，从而维护殖民统治下的社会稳定；但另外也体现出政府希望通过引入西方公共教育制度，来提升华人居民文化素质的现代社会治理理念。

四　城市化转型中社会服务功能的拓展与完善

澳葡政府除了在社会管理方式上强化覆盖各个社会生活领域的规制，还重视向澳门居民提供各种社会公共服务及其所需的公共基础设施建设。虽然政府主导的这些社会职能根本目的在于维护其殖民统治，获取更大的经济与社会收益，但具体目标和客观效果上都有助于澳门社会的现代化转型和城市化进程。

具体的大型公共服务功能及其基础设施建设包括：开通现代邮政服务

和电话服务及其网络铺设、面向公众发布的气象服务、大众传媒事业管理以及设立与民生密切相关的各类慈善资助机构、教育机构等。其中邮政和通信服务在澳门社会的现代化转型与城市化进程中是最具代表性的公共服务事业。《澳门宪报》中就刊载了大量的此类公告：

> 澳门德律风馆（José Agostinho de Sequeira）为通知事。
> 照得本馆添设德律风两号，合就通告各人知悉。板障庙前救火壹局，内河东边救火第三局。戊申年十二月二十二日。公务司美（A. P. de Miranda Guedes）阅。①

> 大西洋澳门驿务局疏（F. M. X. de Souza）。
> 现因香港轮船改期开行，是以凡由本局附寄信件往港者，自本年五月初一日起，每早晨限七点钟截收；若系担保信件，至迟六点钟一刻至三刻截收。特此通知。庚子年三月二十七日。②

从上述两则电话、邮政公告的内容中我们可以推测，政府刊载公告的目的除了具体邮政和通信线路、服务区域的告知以外，也起到了宣传和引导广大华人居民逐步适应城市化生活的作用。而且，还专门设立了管理通讯事业的"德律风馆""驿务局"，可以明显体现出澳葡政府对此类现代公共服务的重视程度。

除了大力发展以上几类现代公共事业的建设，澳葡政府还针对华人的社会风俗习惯设立了一些专门性的公共设施，旨在满足华人社会生活的日常需求，并通过相应的管理制度，更有效地对澳门华人进行社会治理和现代化改造。比如一则丧葬制度管理类的公告：

> 照得现欲新设华人坟园之章程，业经澳门公会允准，亦经与各衙门会商，兹将该章程后开颁行。查在澳门创设华人坟园，大有裨于人民，实为公便，是以将后开章程并经辅政司画押，本部堂均一准行。③

---

① 《澳门宪报》1909年1月16日（第三号）。
② 《澳门宪报》1900年4月28日（第十七号）。
③ 《澳门宪报》1881年6月4日（第二十三号）。

从上述内容中可以看出，澳葡政府设立的华人专用公墓，一方面反映了政府逐渐接受并尝试服务于华人丧葬风俗的管理意图，其目的是公益性质的："大有裨于人民，实为公便"；另一方面也体现了当局注意利用"澳门公会"等组织机构与社会力量提供公共服务的方式。

依据史料统计，这些社会公共服务的公告集中出现于19世纪80年代以后。这种变化是与鸦片战争后获得澳门治权的澳葡当局大规模开展城市化建设的历史背景相吻合的。大量的城建基础设施建设项目上马，主要就涉及了邮政通信、交通事业、公共安全以及医疗卫生服务等社会民生密切相关的领域。

该现象与澳葡当局的殖民统治的目标及治理思路的变化密切相关。

首先，因为葡萄牙殖民者在19世纪中叶陷入了财政危机，澳门传统的贸易中心地位由于鸦片战争导致的香港崛起和内地开放而优势不在。在内外交困的环境下，澳葡政府需要依靠不断崛起澳门华人的社会力量进行产业转型与城市化改造，以提升澳门的经济竞争力和城市竞争力。这种城市经营的思维在当时的历史条件下无疑是一种先进的理念和实践行动。

其次，澳葡当局也逐渐意识到澳门华人力量的崛起是不可遏制的，占居民主体的广大华人也是其推进城市化建设的重要目标和依靠力量。从19世纪初，"澳门华人就开始把人力和资本都投向澳门"。[①] 这种情况发展到19世纪中叶呈现加速趋势，大批珠三角地区的官绅或平民为避内地战乱而持续迁入澳门，随之迁入的大量财富，使华商资本成为澳葡当局主导的产业转型与经济发展的重要财源。随着经济的发展和人口的聚集，社会文化事业也日渐繁荣，澳门19世纪出现了许多具有重要社会影响的文化机构，如马礼逊学校、医疗事业机构，以及《中国丛报》《知新报》《镜海丛报》等报社和出版机构。这些文化机构组织是澳葡政府旨在推动刚脱胎于传统社会的大量华人实现现代化转型的重要辅助力量，他们在提升居澳华人的整体文化素质和改造其传统文化观念等方面发挥了重要作用。因为澳门的城市化发展与社会转型最终还是落脚于对人的改造和使之现代化的问题上，而各类教育机构设施为大规模地开展对华人的现代化改造提供了必要的物质基础和社会保障。

---

① [美] 杰弗里·C.冈恩：《澳门史（1557—1999）》，中央编译出版社2000年版，第62页。

最后，在澳门近代邮政、通信、教育、卫生等公共事业的发展过程中，财力雄厚的华商发挥了主导力量。突出表现在他们往往是此类公共设施建设工程的投标者和日常运营的出资方，这与澳葡政府在公共基础建设上一般实行公开招标制度有密切关系。而这种公开招标建设的方式也是当局希望借助社会力量完成城市化进程的目标使然，反映在《澳门宪报》中的社会公告上就是此类招标公告的数量大幅增多，特别是到了19世纪末期，社会公告的数量出现了"井喷式"的增长。而在澳门日益依赖华人群体的社会力量的同时，也使得澳门社会力量的结构发生了根本性的变化，从"华洋分居"到"共处共治"是澳门社会近代发展模式最显著的变迁。

第四节 《澳门宪报》中文社会公告对澳门近代社会转型的呈现及影响

《澳门宪报》中文社会公告多元地呈现了近代澳门华人力量的崛起过程，以及华商群体在澳门近代现代化转型、城市化建设中所发挥的关键作用。同时，社会族群结构的变迁使得澳葡政府不得不借助公告传播的形式来充分调动华人居民的力量参与社会治理，并进一步在公共服务方面强化现代政府职能，相较内地的时代进步性也为日后澳门顺利实行"一国两制"奠定了必要的制度基础。

一 《澳门宪报》中文社会公告推动澳门近代社会的转型

《澳门宪报》的社会公告不仅满足了居澳华人在近代城市生活中的各种信息需求，作为官方发布民生政策的宣传渠道和提供公共服务的一种承载工具，它为澳门的现代化与城市化转型起到了关键的助推作用。

社会类报刊公告的传播效果主要体现在两个方面：对澳葡政府来说，《澳门宪报》的公告发挥了宣传喉舌的功能。在应对澳门城市规模的扩大及其带来的日益复杂的社会活动需求时，澳葡当局不得不通过公告的形式颁布一系列完善市政设施建设、市容管理法规辅助其执行城市经营管理的职能。对澳门居民来说，公告也是他们获知官方的政策信息与导向、动态的重要媒介，通过公告信息市民能更加便捷、及时地了解当局的政策与各项举措，依照规章约束自身的行为方式，更快地适应澳门城市化、现代化转型的进程。

从澳门社会公告中所反映出来的官方政策导向及其主导下的近代澳门社会形态变迁,可以归纳这样的演进路径:

首先,大量华人从19世纪下半叶开始为躲避内地的动荡局势陆续迁入澳门,从19世纪60年代开始华洋人口的数量就一直维持在20∶1的比例[1]。对于不断涌入的移民,澳葡政府也逐步建立并完善入籍制度,通过澳门宪报颁布一系列规制,以加强对华人社会活动的管控,维持社会秩序的相对稳定。但从澳门社会近代史发展的视角来看,大量内地华人的"移民潮"给澳门带来了大量财富和丰富的人力资源,为澳门在19世纪下半叶开始加速推进城市化建设和现代化转型奠定了必要而坚实的社会基础。

其次,受香港崛起和内地被迫开放通商口岸的影响,澳门传统的贸易中心优势鸦片战争以后迅速消减,财政收入大幅萎缩,澳葡政府陷入了严峻的财政危机。在内外交困的环境下,澳葡政府不得不依靠不断崛起的澳门华人社会力量进行产业转型与城市化改造,以提升澳门的经济竞争力和城市竞争力。因此,政府不得不转变之前"华洋分治"的殖民政策,放弃了对华商和华人力量严加防范的传统思维,转而接受澳门华人社会力量已经崛起的事实,适应以华人为主体的族群结构来制定政策,并出于巩固殖民统治的目的,尊重华人的社会诉求和生活习俗,授予华人居民平等的政治身份和社会地位,借此拉拢华商投入其主导的产业转型与城市化改造,为提升澳门的经济竞争力和城市竞争力服务。

最后,澳葡政府治理思路的转变最终产生了明显效果。从19世纪80年代开始,澳门的公共事业机构纷纷设立,各类公共服务性的基础设施建设也进入了高峰期,从社会慈善事业、公共医疗与卫生事业到教育与文化事业、邮政与通信事业等多个社会领域,都迎来了一个高速发展的阶段,澳门城市化进程和现代化转型的步伐大大加快了。与此同时,澳葡政府也通过在官方媒体《澳门宪报》上大量刊载此类公告和相关的政策规章,大力宣传和引导华人接受并适应社会的现代化与城市化进程,培养居民逐步形成城市化所需的现代社会生活方式,广大华人在这一社会大环境的演

---

[1] 程美宝:《把世界带进中国:从澳门出发的中国近代史》,社会科学文献出版社2013年版,第226页。

进当中也完成了人的现代化过程。

二 近代澳门社会的融合形塑了《澳门宪报》中文公告的多元化

《澳门宪报》的社会公告从自身形态变化来看，成为反映近代澳门社会形态变迁的"多棱镜"，这种变迁体现为从传统社会形态向现代社会形态演变的过程；对公告业自身的发展而言，公告也在社会大环境的变迁中不断成熟与完善。因此可以说，《澳门宪报》中文公告的形塑是由社会环境和产业基础的演进共同推动的，这种演进过程正是今天的发展社会学所关注的话题。当然公告形态的变迁有其自身一定的特殊性，张金海教授曾深入地分析公告自身发展所需的要素。他认为："资源与制度，同样是发展公告学研究框架与分析框架建立的两大基点。"[1]

首先，从报刊公告发展所需的资源要素看，澳门近代产业的多元化是《澳门宪报》中文公告涉及领域多元化的重要基础。"就公告发展而言，最基本的资源要素却是经济资源和市场资源，即经济总量与经济潜量，市场总量与市场潜量。其他还有企业资源、媒介资源和人力资源等。正是上述各重要资源要素占有的差异，造成世界各国各地区公告业发展的不平衡。"[2] 而《澳门宪报》作为官方媒体刊载的公告仍然是近代并不成熟的公告形态，公告目标上服务于官方政策导向的政治色彩比较浓厚，当时的公告业尚未出现，公告发展模式也无从谈起，但公告形态演进所需的主要资源要素却已经存在。具体表现为，澳门公告发展所依托的经济资源与近代澳门的产业类别密切相关，《澳门宪报》公告中涉及的产业领域涵盖了澳门几乎全部的产业类别，尤其是诸如鸦片、博彩、苦力贸易等澳门地方特殊的产业领域，甚至包括社会公告中的娼妓"产业"和乞丐"职业"，都被悉数收录到公告内容当中。与19世纪仍处于传统农业国的内地和以国际经贸业务为主的香港相比，弹丸之地的澳门能具有如此多的产业类别，是实属独特而鲜见的；而这也为其公告的发展提供了更加丰富的经济资源，使《澳门宪报》中文公告所涉猎的产业领域和服务对象蔚为多元而复杂。

---

[1] 张金海：《发展广告学的分析框架与国家案例研究》，《现代传播》2013年第12期。
[2] 同上。

其次，从报刊公告发展的制度要素看，澳门近代制度文明的多元化是《澳门宪报》中文公告所指向的诉求目标多元化的重要依据。澳葡政府引入西方式的治理方式和契约式的社会运作模式使澳门在制度文明上较之内地更加具有现代社会的特征。同时，刚刚脱胎于传统农耕文明的华人移民也将中国传统的社会运作模式、理念和以宗族、人情维系的东方式制度文明带入了澳门。这种来自东西方不同社会结构的制度文明的交汇使得近代澳门在社会运作上始终面临制度和理念上的冲突与协调问题。在《澳门宪报》的公告中也能够清晰地看到澳葡政府旨在努力包容和引导华人居民转变传统的社会交往方式、适应城市化生活而颁布的各类规制，因此，理念迥异的不同制度文明为社会公告中丰富而多元的内容呈现提供了思想源泉。

最后，从报刊公告发展的文化要素来看，澳门近代多元文化是《澳门宪报》中文公告内容及思想理念多元化的重要来源。近代澳门的国际商埠地位和华洋混居的社会结构吸收了来自东西方不同社会制度的基因，在此基础上形成了自身独特的文化特质。尤其在思想观念、社会风气和生活习惯方面，这种多元文化的共存与融合是它最具特色的社会魅力所在，也使得它对内地毗邻地区产生了深远影响，成为西风东渐的"桥头堡"。而公告则是体现一个地区制度活力、文化特质的最显著载体，《澳门宪报》公告中体现出的这些不同文化习俗以及传统与现代交杂的社会行为方式是构成澳门近代社会生活风貌的基本要素。而澳葡政府对此采取的包容态度和平等、尊重的治理方式为《澳门宪报》公告能够自由地呈现当时丰富、多元的生活原貌提供了相对宽松的环境，也使得我们今日能够直观地解读其社会生活形态及其背后的制度运作规律。

结　　论

澳门是中国最早和西方接触的地区，是中国近代以来最早对外开埠通商的城市和东西方文化交流的桥头堡。《澳门宪报》作为葡萄牙人在澳门创办的第一份政府公报，不仅刊登官方公告，而且还发布社会消息，承载了非常丰富的历史史料，是近代澳门社会的历史缩影。传播学者威斯来格·克拉克（Wesleg Clark）曾经指出："大众传播媒介并非置身于改变我们社会的其他力量之外独立存在，媒介不只塑造社会，亦被社会所塑造。"[①] 在澳门历史的进程中，类型多样、内容丰富的《澳门宪报》中文公告动员整合澳葡民众、协调平衡多元利益、规范社会行为方式，与澳门近代社会扮演着互动的角色，共同演绎着澳门近代的政治变迁、经济转型、文化融合与社会发展，参与建构了澳门独特的社会机制。

公告是一种具有宣传功能的知照性、公布性公文，《澳门宪报》中文公告是中国近代公告的重要组成部分，在中国近代公告发展史上具有独特的地位。

首先，《澳门宪报》中文公告是中国近代报刊公告的一个重要来源。作为中国近代报刊史上历史最悠久、出版发行时间最长的报纸之一，《澳门宪报》中文公告与《察世俗每月统记传》《东西洋考每月统记传》等早期传教士报纸上的公告以及《申报》《循环日报》《广州纪事报》等商业报纸上的公告一起，构成了我国近代报刊公告的源头，在我国近代公告发展史上有着重要的地位。

其次，《澳门宪报》中文公告在中国近代报刊公告发展史中有着特殊的史料价值。《澳门宪报》中文公告内容涉及范围大、反映面广，提供了

[①] 门继光、柳丝：《〈澳门日报〉在澳门社会变迁中的角色》，《新闻前哨》2007年第12期。

中国近代公告发展的重要史料。这是由两个方面的原因决定的。一是《澳门宪报》是一份官报，其公告与其他早期传教报纸上的公告和商报上的公告相比，存在着很多的差异。它包含的中文资料内容丰富而广博，除了政策公告、法律条款、军事训令、经济信息以外，还有市政建设、邮政交通、金融、教育、宗教、文化、民事、海外移民等分类信息外，完整地记录了澳门当时的社会活动现象与历史变迁轨迹。即使是那些不起眼的启示、告白，所折射出的澳门早期华人家族的传承兴衰、澳门下层社会娼妓或乞丐等边缘人群的生存状态、葡华群体之间的社会矛盾冲突等，都是不可多得的一手史料。从公告史的学术研究上看，"《澳门宪报》中文资料，是一座澳门近代史原始资料的宝库"。[①] 二是《澳门宪报》是我国近代官报中出版发行时间最早、发行时间最悠久、影响力最大的一份报纸，其中文公告开启了我国近代官报公告的先河，影响了我国近代官报公告的发展进程，对此后出现的其他官报公告有着引导与借鉴的作用。因此，《澳门宪报》中文公告可谓是中国近代官报公告的始祖，影响深远。

  政治是对社会治理的行为，是政府、政党等治理国家的行为。19世纪下半叶，澳门政治的主题是对华人的管控与利用，澳葡政府通过颁布各类具有殖民色彩和现代城市管理色彩的公告，推动了澳门的城市化进程。《澳门宪报》中文公告中出现的吸引华人参政公告、招聘华人官员公告正寓此意。虽然在政治上，澳门是中国的一个面积很小、人口不多的"政治特区"。但澳葡政府在1887年因签订《中葡和好通商条约》而获取正式的殖民地位后，加强对华人的管控、维护统治的稳定一直被视为殖民政府的首要目标；与此同时，澳葡政府也不得不利用居于主体地位的华人力量，通过加强税收、吸引华人参政、任命华人官员、加大对华人的表彰等措施推动经济社会发展。当时的澳葡政府为了巩固其殖民统治地位，依托《澳门宪报》，对外发布证明其独立"治权"和"主权"的外交公告、军事公告，对内发布旨在加强对居澳华人管控的治安公告、法务公告，并通过政令形式的中文公告颁布税收、城建、交通、华人参政办法等各类行政措施，调动成为澳门居民主体的华人力量以帮助澳门产业转型和城市化发展。可见，澳葡政府是在政府管理上充分利用近代报刊媒体和公告传播的

[①] 汤开建、吴志良：《澳门宪报·中文资料辑录（1850—1911）》，澳门基金会2002年版，"前言"第IX页。

这些手段，实现政治上对华人的管控目标，并能够一定程度上缓和民族矛盾，有效调动了华商的主导力量，这些举措也为探索现代政府管理职能提供了有益的历史借鉴。

因此，《澳门宪报》中的政治公告呈现了澳葡当局在政治管理上的时代进步性，以及具备了现代政府职能的雏形，这在客观上推动了澳门的城市化发展，使澳门社会在长达400多年历史中得以保持长期的稳定、发展，也为今天的澳门实行具有中国特色的"一国两制"奠定了一定的制度基础；而且，在这个政治现代化的过程中，《澳门宪报》的中文公告不仅扮演了宣传喉舌的角色，还发挥了传播西方的先进执政理念、推动华人传统政治观念转型的沟通管道作用。《澳门宪报》作为政府喉舌的官方媒体功能定位使澳葡政府得以控制和利用公告传播作为手段实现对华人的管控并在客观上达到缓和民族矛盾、推动澳门城市化转型的目标，这种依托现代媒体强化管理的举措也为探索政府的现代行政管理职能提供了有益的历史借鉴。

政治是经济的集中体现。《澳门宪报》中的经济公告始于1850年，从1850年到1911年，《澳门宪报》共计刊登了1131则经济公告。这些经济公告内容涉及澳门经济活动的众多行业。航运、专卖、海外招工是澳门近代经济发展史上最具特色的产业类别，与其对应的航运公告、专卖公告、海外招工公告也异常丰富，这些经济公告不仅折射着官方的政策导向，也彰显着自身的特征与经济使命。

首先，在我国报刊公告发展史上，《澳门宪报》中的经济公告占有重要地位。一方面，因为《澳门宪报》作为澳葡政府的官办媒体，其政府的喉舌功能决定了该报更加鲜明地体现了澳葡当局在经济政策方面的政策导向，其刊载的涉及各行各业的经济公告政策及商业活动信息不仅开启了中国官报公告之先河，而且长达61年的刊载历史也比较充分地反映了澳门近代经济转型的历史过程，较为系统地体现了澳门地区独特的产业结构及发展情况；另一方面，《澳门宪报》很多领域的经济公告具有开创性的历史意义和宝贵的研究价值，例如船期公告、博彩公告、海外招工公告包括了已知我国近代中文报纸的第一则此类公告，体现澳门实行独特专卖制度的各类专卖公告在我国其他的近代报纸上也是极为少见的，这些都为我们全面地认识中国近代公告形态及其发展规律提供了宝贵的一手资料。

其次，《澳门宪报》中的经济公告比较系统、真实地反映了澳门近代经济产业结构及历史变迁过程。例如通过19世纪下半叶澳门推行的包括鸦片专营、博彩专营等专卖公告的研究，我们可以解读包税专卖制度、招标制度在澳门近代经济活动中的具体运用和历史影响：澳葡政府通过系统地颁布诸如特许专卖等产业管理制度达到弥补财税亏空的经济政策主旨；而该项制度涵盖了大部分的民生经济领域，进一步强化了对居澳华人经济行为的管控，这种经济管理思路从短期上看实现了政府改善财政收入的目标，扶持了鸦片、博彩等带来高额利润的特殊产业，但从长期来看却推高了各行业的经营成本，加重了民众的生活负担，扼杀了澳门长期发展的经济活力，使之错失了近代工业化转型的机会，从而促成了今日澳门地区独特的产业结构，也揭示了当时政府依赖专卖制度、鸦片贸易、博彩业等特殊产业的经济政策所引发的负面影响。再如海外招工公告的研究则帮助我们直观地了解到澳门早期依赖"苦力贸易"、不惜刊载带有欺骗性质的招工公告的强烈殖民色彩，这些历史经验和教训对当代政府主导下的城市经济转型研究具有重要的借鉴价值。更如船期公告的研究使我们了解到澳葡政府对澳门国际贸易中心定位的重视程度和扶植举措，长年刊载的船期信息以及实行"自由港"的政策传达了当局希望通过免除航行税费的方式发展国际贸易的官方态度。此外，从大量涵盖企业经营、税收、货币流通等领域各类经济活动的公告中，我们也能了解到近代澳门在经济发展与规制方面较内地更加严格也更加系统、成熟的治理经验，体现了澳葡当局一定程度上具有现代政府职能的经济管理理念。

最后，从报刊公告表现形式等特征来看，《澳门宪报》中的经济公告反映了当时中文公告的历史形态。相比当时西方国家比较丰富的公告表现方式，近代中文报刊公告的文案内容相对单一，以简单的"告白式"的表述方式为主，缺少明显的商业利益色彩，具有强烈的政策导向意图等特征，这些都是当时澳门经济发展水平的真实反映，从一个侧面印证了澳葡当局对于澳门经济转型和产业结构调整的管控态度和政策导向上的官方意图。

所以，澳门地区迅速的经济转型和具有地区特色的多元产业结构，是推动报刊公告发展的重要动力，依托于《澳门宪报》的经济公告所涉及的领域较内地和香港更为广泛。而且，在澳葡政府具有现代政府对经济管理意识雏形的影响下，作为官报媒体上的公告对澳门近代经济转型的服务功能发挥了更为积极的推动和引领作用。《澳门宪报》中文公告的这种经济功能也较内地近代报刊公告具有更多的主导性,具有与官方政策导向紧密联系的色彩,在服务经济运行的同时也更多地体现政府对经济管控和产业扶持的意图。但是在专卖制度等方面的某些错误导向也使澳葡政府在引导澳门经济发展方面扩大了错误经济政策的负面影响,其历史教训对当代政府主导下的城市经济转型研究具有重要的借鉴价值。

澳门近代文化是东西方多元文化融汇与聚合的结果,《澳门宪报》中文文化公告反映了近代澳门在思想观念与生活方式等方面的变迁,以及具有独特魅力的澳门文化之融合与生成的过程。澳葡政府在多元的文化环境中注重通过报刊公告宣传、推行相对温和的文化治理政策,并引导华人逐步向现代化、城市化的转型。

历史证明,这种文化策略符合了澳门社会"华洋杂居"的文化环境特点。澳门作为近代中国与西方文化交汇互动的通道,是近代中国与西方文化交错共处的中心,是中国近代思想形成、发展与走向西方的摇篮。澳门的葡人与华人、天主教与佛教(妈祖)、西方文化与中华文化能够和安相处、相蓄包容,而没有发生过诸如美国学者亨廷顿(Samuel Phillips Huntington)所说的"文明冲突",这背后政策导向的因素发挥了关键的调和作用,也加速了具有独特魅力的澳门文化之融合与生成过程。澳门400年相对稳定的城市文化发展史也表明,多元文明的碰撞与相处并不一定带来对抗与冲突,反而形塑了澳门在不同种族、民族的文化交往中的包容性与开放性,在其迈向全球化、现代化进程中发挥了重要的促进作用。

《澳门宪报》作为官方媒体反映了当时澳葡政府通过宗教民俗公告等对华人传统习俗的尊重态度,以及借助整治市容公告来实现社会治理的目的。《澳门宪报》通过文化公告颁布了适合于现代城市文明进步的义务教育、人才招考制度以及公共卫生防疫等各类措施,其公告传播功能有力推动了澳门的城市化发展和华人传统观念的转型。

由此我们也可以推断,《澳门宪报》中文文化公告作为传递该地区较为先进的思想观念与文化活力的媒介载体,在历史上的确发挥了重要的黏合效应与引导作用:作为一种社会交往和沟通方式,它在西方殖民者与当地华人居民的理念沟通与行为互动中潜移默化地改变着双方的思维定式、弥合着可能由文化差异而导致的激烈冲突,并在澳门文化迈向全球化、现代化进程中发挥了重要的促进作用,成为我们研究中国近代传播思想演进过程的珍贵资料。

澳门近代社会华洋共处，《澳门宪报》中文社会公告呈现了近代澳门社会生活与城市发展的变迁过程。这一转型过程中澳葡当局扮演了重要的角色，它通过《澳门宪报》的社会公告规制和引导以华人为主体的澳门居民逐步向现代化、城市化的生活方式转型。其在社会管理职能上的现代政府雏形以及在社会公共服务方面的时代进步性，为今天的澳门顺利并卓有成效地实行"一国两制"的管理方针奠定了必要的制度基础。

澳门近代社会以华人居民为主体的族群结构从 19 世纪中叶大规模内地华人移民开始逐渐成形，为澳门加速城市化的发展提供了必要的人力和财力资源。这种人口构成情况也使澳葡政府不得不转变以往"华洋分治"的社会管理政策，转而采取了符合了澳门社会"华洋杂居"特点的治理方式，对华人社会习俗采取了平等、尊重与包容的态度，并愈发依赖于调动华人群体的力量参与其主导的城市化建设。

澳门从 19 世纪 80 年代起开始了在城市发展史上的大规模城市化改造，一方面是公共基础设施建设，另一方面则是各类公共事业机构的设立及城市化公共服务的提供。《澳门宪报》社会公告记载了 19 世纪 50 年代后澳门社会加速现代化的转型过程，包括开通现代邮政服务、电话服务及其网络铺设、面向公众发布的气象服务、大众传媒事业管理以及设立与民生密切相关的各类慈善资助机构、教育机构等。而财力雄厚的华商在此过程中发挥了主导力量，突出表现在他们往往是此类公共设施建设工程的投标者和日常运营的出资方。由此可见，澳门华人力量的崛起和华商群体在澳门近代社会转型中发挥了关键作用，这也是我们研究澳门（乃至中国）城市现代化发展的重要切入点。

在政府主导下，以华人为主体的澳门居民也在城市化进程中完成了自身的现代化转型，成为构建澳门近代社会公共领域的主要力量，具体表现在各类社会团体纷纷成立、华人政治地位空前提高、维护华人群体的社会权益诉求日渐高涨等，这些现象也是澳门近代社会向现代化转型的重要表征。

作为官方媒体，《澳门宪报》刊载的社会公告突出反映了澳葡政府推动社会转型与城市化发展的政策导向，也使其公告传播具有了更具体的社会目标指向和更宏观的现实影响。因此，从发展社会学的观点来看，《澳门宪报》报刊公告的自身发展也在这种社会背景下具有更显著的政治色彩和历史进步意义。报刊公告发展所涉及经济资源和制度资源要素，与澳门丰富多元的产业类别、文化制度直接相关，这些澳门近代独特的社会资源也为其报刊公告的发展提供了有力支撑，使《澳门宪报》报刊公告在近代报刊发展史中发挥了独特的社会治理功能，具有不可替代的时代价值。

参考文献

一 中文著作类

查灿长、孟茹：《现代广告与城市化》，上海三联书店2014年版。

查灿长：《转型、变项与传播：澳门早期现代化研究（鸦片战争至1945年）》，广东人民出版社2006年版。

陈翰笙主编：《华工出国史料汇编》第四辑，中华书局1981年版。

陈培爱：《广告学原理》，复旦大学出版社2009年版。

陈培爱：《中外广告史》，中国物价出版社1997年版。

陈序经：《中国南北文化观》，中国人民大学出版社2004年版。

程美宝主编：《把世界带进中国：从澳门出发的中国近代史》，社会科学文献出版社2013年版。

邓开颂：《澳门历史》，珠海出版社1999年版。

邓开颂、吴志良、陆晓敏：《粤澳关系史》，中文印刷出版社1999年版。

方汉奇：《中国新闻事业通史》，中国人民大学出版社1992年版。

费成康：《澳门四百年》，上海人民出版社1988年版。

戈公振：《中国报学史》，生活·读书·新知三联书店1955年版。

戈公振：《中国报学史》，上海古籍出版社2003年版。

广东省档案馆编：《广东澳门档案史料选编》，中国档案出版社1999年版。

郭庆光：《传播学教程》（第二版），中国人民大学出版社2011年版。

胡正荣：《传播学总论》，北京广播学院出版社1998年版。

黄培坤：《澳门界务争持考》，《近代史资料》总第94号，中国社会科学出版社1998年版。

黄启臣：《澳门通史》，广东教育出版社1999年版。

李磊：《外国新闻史教程》，中国传媒大学出版社2008年版。

李向玉：《汉学家的摇篮：澳门圣保禄学院研究》，中华书局 2006 年版。

林家有：《孙中山的革命观——兼论辛亥革命对中国近代化的影响》，广东人民出版社 1996 年版。

刘泓：《广告社会学》，武汉大学出版社 2006 年版。

刘家林：《新编中外广告通史》，暨南大学出版社 2000 年版。

龙思泰、吴义雄：《早期澳门史》，东方出版社 1997 年版。

罗荣渠：《现代化新论》，北京大学出版社 1998 年版。

倪宁：《广告学教程》，中国人民大学出版社 2004 年版。

聂宝璋编：《中国近代航运史资料》第一辑上册，上海人民出版社 1983 年版。

施雪华：《政治科学原理》，中山大学出版社 2001 年版。

汤开建：《明清士大夫与澳门》，澳门基金会 1996 年版。

王淑兰：《中外广告发展史新编》，南京师范大学出版社 2010 年版。

王铁崖：《中外旧约章汇编》第 1 册，生活·读书·新知三联书店 1982 年版。

吴郁文主编：《香港·澳门地区经济地理》，新华出版社 1990 年版。

夏东元：《郑观应集》，上海人民出版社 1982 年版。

夏文蓉：《中外广告发展史》，南京大学出版社 2009 年版。

许正林：《中国新闻传播史》，上海交通大学出版社 2008 年版。

杨海军：《中外广告史新编》，复旦大学出版社 2009 年版。

杨海军、王成文：《世界商业广告史》，河南大学出版社 2006 年版。

杨金观、宗文龙：《中级财务会计》中国财政经济出版社 2007 年版。

姚贤镐：《中国近代对外贸易史资料》第三册，中华书局 1962 年版。

张仲礼主编：《近代上海城市研究》，上海人民出版社 1999 年版。

章文钦：《吴渔山及其华化天学》，中华书局 2008 年版。

周穗明：《现代化：历史、理论与反思》，中国广播电视出版社 2002 年版。

二 外文类（著作、期刊论文）

［英］爱德华·泰勒：《原始文化》，蔡江浓译，浙江人民出版社 1988 年版。

［美］巴兰·戴维斯：《大众传播理论：基础、争鸣与未来》，清华大学出版社2004年版。

［美］白瑞华：《中国近代报刊史》，中央编译出版社2013年版。

［英］大卫·奥格威：《一个广告人的自白》，林桦译，中国友谊出版公司1991年版。

［美］戴维·波普诺：《社会学》（上册），刘云德、王戈译，辽宁人民出版社1988年版。

［美］丹尼尔·贝尔：《资本主义文化矛盾》，严蓓雯译，江苏人民出版社2007年版。

［德］黑格尔：《美学》（第一卷），商务印书馆1979年版。

［美］杰弗里·C. 冈恩：《澳门史（1557—1999）》，中央编译出版社2009年版。

［韩］金一：《我们呼吸的有氧气、氮气还有广告》，《中国广告》2002年第12期。

［美］理查德·凯勒·西蒙：《垃圾文化——通俗文化与伟大传统》，关山译，社会科学文献出版社2001年版。

［法］龙巴：《德·波瓦广爵在澳门》，《文化杂志》1995年第23期。

［法］卢梭：《爱弥尔》（下卷），李平沤译，商务印书馆1978年版。

［加］马歇尔·麦克卢汉：《理解媒介》，何道宽译，商务印书馆2000年版。

［美］米勒：《文明的共存——对塞缪尔·亨廷顿"文明冲突论"的批判》，邮红译，新华出版社2002年版。

莫世祥等编译：《近代拱北海关报告汇编（1887—1946）》，澳门基金会1998年版。

［美］塞缪尔·亨廷顿：《文明的冲突与世界秩序的重建》，周琪译，新华出版社2002年版。

［葡］施白蒂：《1851—1894苦力移民·澳门卷宗》，澳门基金会1994年版。

［葡］施白蒂：《澳门编年史：十九世纪》，金国平译，澳门基金会1999年版。

［葡］施白蒂：《澳门编年史·1900—1949》，姚京明译，澳门基金会1998年版。

[美]苏特·杰哈利：《广告符码——消费社会中的政治经济学和拜物现象》，中国人民大学出版社2004年版。

苏精：《马礼逊与中文印刷出版》，中央编译出版社2009年版。

[美]威廉·阿伦斯：《当代广告学》，丁俊杰等译，人民邮电出版社2006年版。

吴义雄：《在宗教与世俗之间——基督教新教传教士在华南沿海的早期活动研究》，广东教育出版社2000年版。

[葡]徐萨斯：《历史上的澳门》，黄鸿钊、李保平译，澳门基金会2000年版。

[美]约瑟夫·塔洛：《分割美国——广告与新媒介世界》，洪兵译，华夏出版社2003年版。

[美]詹姆斯·特威切尔：《美国的广告》，屈晓丽译，江苏人民出版社2006年版。

郑永福，Despatch of Commissioners Chen Lan-pin, Macpherson and Huber, Reporting to The Tsungli Yamen The Results of Their Enquiry into The Condition of Chinese in Cuba，中国第二历史档案馆，1792年。

Boletim do Governo da Província de Macao, Timor, e Solor.

Henry Sampson (1874), *A History of Advertising from the Earliest Times*, London：Chatto and Windus.

Ramond Williams, Culture, Princeton University Press, 1993：13.

三 论文类（期刊论文）

查灿长：《"澳门宪报"中文广告评述》，《新闻界》2007年第1期。

查灿长：《中国近代中文报刊起源探究——以〈澳门宪报〉为个案》，《新闻界》2006年第6期。

陈刚：《结构、制度、要素——对中国广告产业的发展的解析》，《广告大观》（理论版）2011年第8期。

陈杰：《中国经济增长与广告支出关系的实证——基于中国（1979—2010）数据的检验》，《现代营销》（学苑版）2012年第8期。

陈丽萍：《中国近现代报刊广告的兴起及社会功能》，《新闻界》2009年第5期。

陈伟军：《广告与日常生活的文化诗学》，《天津社会科学》2010年第

2 期。

程曼丽:《论〈蜜蜂华报〉对中国近代社会和近代报业的影响》,《国际新闻界》1998 年第 1 期。

程曼丽:《中国的第一份外报〈蜜蜂华报〉的历史坐标》,《国际新闻界》1997 年第 2 期。

程美宝:《水上人引水——16—19 世纪澳门船民的海洋世界》,《学术研究》2010 年第 4 期。

初广志:《关于发展广告学研究的思考》,《广告大观》(理论版) 2011 年第 4 期。

戴海波、杨惠:《论恐惧诉求在建构公益广告情境中的运用》,《传媒观察》2011 年第 8 期。

邓开颂:《澳门的苦力贸易及其对世界经济的影响》,《濠镜》1989 年第 5 期。

何大章、缪鸿基:《澳门地理》,广东省文理学院,1936 年。

胡雪莲:《何廷光与〈知新报〉的诞生——兼及 19 世纪末年澳门华商的交往》,《新闻与传播研究》2011 年第 2 期。

胡雪莲:《整合"澳门人":〈镜海丛报〉中文版的地方意识》,《学术研究》2012 年第 7 期。

黄汉强:《澳门文化、澳门精神及其价值》,《濠镜》(澳门社会科学学报)1997 年第 15 期。

赖晓飞、邱耕田:《建立完整的发展学学科体系》,《重庆大学学报》(社会科学版)2002 年第 1 期。

乐正、郑翔贵:《西国近事汇编及其亚洲报道研究》,《近代史研究》1995 年第 2 期。

李长吉、金丹萍:《个案研究法研究述评》,《常州工学院学报》(社科版)2011 年第 6 期。

李德超:《台湾出版之有关澳门史料及庋藏之澳门档案举隅》,《文化杂志》1994 年第 19 期。

李文海:《对中国近代化历史进程的一点看法》《清史研究》1997 年第 1 期。

梁海燕:《产业结构的变化影响广告》《大市场》(广告导报)2004 年第 3 期。

刘凡：《广告在社会经济发展中的功能和作用》《中国工商管理研究》2005 年第 8 期。

刘家林：《中国近代早期报刊广告源流考》，《新闻大学》1999 年夏。

刘英华：《从近三十年来户外广告解析广告的政治语境与话语权力》，《现代传播》2011 年第 9 期。

卢元镇：《休闲的失落：中国传统文化的遗憾》，《体育文化导刊》2007 年第 1 期。

芦影：《"间架性设计"的物质生活——中国广告史与设计史的相关性研究》，《装饰》2008 年第 7 期。

陆易欢：《"读报人"的传播策略》，《青年记者》2018 年第 22 期。

门继光、柳丝：《〈澳门日报〉在澳门社会变迁中的角色》，《新闻前哨》2007 年第 12 期。

莫世祥：《近代澳门贸易地位的变迁——拱北海关报告展示的历史轨迹》，《中国社会科学》1999 年第 6 期。

宋树君：《浅谈殖民主义》，《文化研究》2009 年第 7 期。

孙会：《近代报纸广告语境中的女性身份认同与建构——以〈大广报〉广告为例》，《广告大观》（理论版）2009 年第 6 期。

孙万海：《浅析广告对拉动经济增长的作用》，《中国工商管理研究》2011 年第 12 期。

孙文清：《谈广告与消费流行》，《商业时代》2004 年第 24 期。

汤开建：《进一步加强澳门近代史研究——以〈澳门宪报〉资料为中心展开》，《学术研究》2003 年第 6 期。

王海港：《澳门经济落后的根本原因：制度问题——用新制度经济学解读澳门的经济绩效》，《中山大学学报》1999 年第 2 期。

王儒年：《国近代广告的最初形态》，《常德师范学院学报》（社会科学版）2007 年第 5 期。

王珊珊：《论 19 世纪中期拉丁美洲的契约华工——以古巴为例》，《安阳师范学院学报》2006 年第 1 期。

王昭明：《鸦片战争前后澳门地位的变化》，《近代史研究》1986 年第 3 期。

吴义雄：《〈镜海丛报〉反映的晚清澳门历史片段》，《广东社会科学》2012 年第 2 期。

武齐：《近代广告媒介发轫：报刊及报刊广告的发展》，《国际商务》（对外经济贸易大学学报）2012年第5期。

席成孝：《中西方社会发展理论研究的不同路径与共同意蕴》，《唐山学院学报》2011年第5期。

肖枫：《"发展学"的发展与"可持续发展"的共识》，《世界经济与政治》1996年第11期。

徐昊天：《20世纪初叶的〈青岛官报〉》，《新闻爱好者》2010年第11期。

徐莉莉：《电影情境中品牌文化植入的叙事策略研究》，《当代电影 CN11-1447/G2》2017年第8期。

徐莉莉：《金庸小说改编剧的缺陷、原因及改进路径》，《中国广播电视学刊 CN 11-1746/G2》2015年第10期。

徐莉莉：《论媒介融合背景下电视读报类节目的升级转型》，《中国广播电视学刊 CN 11-1746/G2》2016年第5期。

徐莉莉：《媒体互动性的变迁与广告信用的构成》，《北京工商大学学报 CN：11-4509/C》2012年第9期。

徐莉莉：《网络出版中的"柠檬效应"及其对策研究》，《编辑学刊 CN31-1116 G2》2014年第5期。

徐莉莉：《新媒体环境下广告主题表达》，《新闻爱好者 CN41-1025/G2》2011年第12期。

姚金楠：《浅析译报在中国社会发展中的作用》，《企业技术开发》2011年第1期。

叶农：《两次鸦片战争期间澳门政治发展——以〈华友西报〉资料为中心》，《华南师范大学学报》（社会科学版）2009年第6期。

叶农、欧阳开方：《两次鸦片战争之间澳门经济转型与发展——以〈华友西报〉为中心》，《暨南学报》（哲学社会科学版）2011年第6期。

于东霞：《论经典影视剧的反派文学教育》《文学教育》2011年第12期。

原付川、姚远、卫玲：《〈西国近事汇编〉的期刊本质及其出版要素再探》，《今传媒》2010年第5期。

曾宪明：《可喜的"第一本"——评陈培爱〈中外广告史〉》，《新闻大学》1998 年第 1 期。

张殿元：《政治经济学批判——广告传播研究的另类视角》，2006《浙江大学学报》（人文社会科学版）2006 年第 1 期。

张辉锋、吴文汐：《消费者情境的发掘——大数据时代广告投放的新水平》，《西北大学学报》（哲学社会科学版）2007 年第 4 期。

张金海、陈玥：《发展广告学的分析框架与国家案例研究》，《现代传播》2013 年第 12 期。

张芊芊：《论"情境"原理在"真人秀"节目中的运用》，《中国电视》2004 年第 9 期。

郑永福、郭立珍：《澳门经济的历史与前瞻》，《郑州大学学报》（哲学社会科学版）1999 年第 6 期。

中国传媒发展指数课题组：《宏观经济与广告市场：影响及规律的实证分析》，《国际新闻界》2008 年第 1 期。

朱英：《近代中国广告的产生、发展及其影响》，《近代史研究》2000 年第 4 期。

四 论文集 档案

邓开颂、黄启臣编：《港史资料汇编（1553—1986）》，广东人民出版社 1991 年版。

古万年、戴敏丽：《澳门及其人口演变五百年》，澳门统计暨普查司中文版，2001 年。

《海关十年报告·1912—1921（拱北关）》，中国第二历史档案馆·财政部档案，1797 年。

何大章：《解放前夕之中山县地理概要》，载中国人民政治协商会议中山市委员会文史委员会编《中山文史》总第 15 辑。

何大章：《中山县湾仔乡土地理》，载《中山文献》创刊号，中山县文献委员会编印，1947 年。

黄汉强、吴志良：《澳门总览》，澳门基金会 1996 年版。

黄培坤：《澳门界务争持考》（近代史资料），中国社会科学出版社 1998 年版。

黄一农：《明清之际红夷大炮在东南沿海的流布及其影响》，《"中央研究院"历史语言研究集刊》第 81 册，2010 年。

莫世祥等编译：《近代拱北海关报告汇编（1887—1946）》，澳门基金会 1998 年版。

汤开建、吴志良：《澳门宪报·中文资料辑录（1850—1911）》，澳门基金会 2002 年版。

印光任、张汝霖：《澳门记略》卷下《澳蕃篇（诸蕃附）》，人民出版社 1999 年版。

郑炜明：《葡占氹仔、路环碑铭楹匾汇编》，香港加略山房有限公司 1993 年版。

中国第一历史档案馆等：《明清时期澳门问题档案文献汇编》（六），人民出版社 1999 年版。

五　学位论文

程曼丽：《〈蜜蜂华报〉研究》，博士学位论文，北京大学，1998 年。

杜艳艳：《民国时期广告观研究》，博士学位论文，厦门大学，2010 年。

胡明宇：《预告、呈现、揭示：文学广告视角的现代文学传播研究（1915—1949）》，博士学位论文，苏州大学，2012 年。

孙会：《〈大公报〉广告与近代社会（1902—1936 年）》，博士学位论文，河北师范大学，2009 年。

汪前军：《〈大广报〉（1902—1916）与中国广告近代化》，博士学位论文，华中科技大学，2012 年。

王儒年：《〈申报〉广告与上海市民的消费主义意识形态》，博士学位论文，上海师范大学，2004 年。

六　报纸

《申报》1881 年 8 月 1 日。

汤一介：《中国的儒道文化可以让文明不再冲突》，《中国民族报》2006 年 4 月 18 日。

七　电子文献、数据库

澳门特别行政区政府统计暨普查局，http：//www.dsec.gov.mo。

澳门特别行政区政府地球物理暨气象局，http：//www.smg.gov.mo。

中国国家图书馆网站，http：//www.n,lc.gov.cn。

中国博士学位论文全文数据库，http：//acad.cnki.net/Kns55/brief/result.a2spx?dbPrefix=CDFD。

中国期刊网，http：//www.cnki.net/。